짬짬이, 배짱두둑하게 즐기는

직장인
주말·휴가
해외여행백서

짬짬이 배짱두둑하게 즐기는
직장인 주말·휴가
해외여행백서

초 판 1쇄 펴냄 2012년 10월 10일

개정판 1쇄 인쇄 2015년 5월 2일
개정판 1쇄 펴냄 2015년 5월 15일

지은이 김수진
펴낸이 유정식
디자인 이승현

펴낸곳 나무자전거
출판등록 2009년 8월 4일 제 25100-2009-000024호
주소 서울 노원구 덕릉로 789, 2층
전화 02-6326-8574
팩스 02-6499-2499
전자우편 namucycle@gmail.com

ⓒ김수진 2015
ISBN : 978-89-98417-10-9
ISBN : 978-89-964441-7-6(세트)
정가 : 20,000원

파본이나 잘못 인쇄된 책은 구입하신 서점에서 교환해드립니다.

이 책은 저작권법에 따라 보호받는 저작물이므로 무단전재와 복제를 금합니다. 이 책 내용의 일부 또는 전부를 이용하려면 반드시 저작권자와 나무자전거의 서면동의를 받아야 합니다.

이 도서의 국립중앙도서관 출판예정도서목록(CIP)은 서지정보유통지원시스템 홈페이지 (http://seoji.nl.go.kr)와 국가자료공동목록시스템(http://www.nl.go.kr/kolisnet)에서 이용하실 수 있습니다.(CIP제어번호: CIP2015012234)

짬짬이, 배짱두둑하게 즐기는

배짱이의 여행스토리

직장인 주말·휴가 해외여행백서

김수진(배짱이) 지음

나무자전거

소통하며 공유하는,
마음과 마음이 통하는 공간을 꿈꾸며...

평범한 직장인이 짬을 내서 다녀올 수 있는 여행

2012년 9월 28일, 2년간 준비한 〈직장인 해외여행백서〉를 처음으로 세상에 알리는 날이었습니다. 회사 다니면서 틈틈이 다녀온 여행을 바탕으로 누구나 배짱이만큼 배짱 두둑하게 여행을 즐길 수 있다는 취지하에 초보여행자, 자유여행자들에게 조금이나마 도움이 됐으면 하는 바람으로 책을 출간하게 되었습니다. 저의 바람대로 많은 사람들이 관심 있게 책을 봐주셨고, 주변에서 책에 대해 이야기하고 여행한 사람들의 목격담도 들으니 신기하면서도 뿌듯했습니다.

책에 대한 관심이 많아지면서 간혹 이 책에 대한 잘못된 시선으로 오해를 하는 사람도 있었습니다. 이 책은 취재를 목적으로 다녀온 여행도 아니고, 전문적으로 한 여행지만을 자세하게 다루는 가이드북도 아닙니다. 여러분과 같은 평범한 직장인이 짬을 내서 다녀올 수 있는 여행으로 어떻게 하면 알차게 여행을 준비할 수 있는지에 대한 방향을 제시하는 책입니다. 이번에는 어디로 여행 가면 좋을까? 단기간 여행으로 갈만한 여행지는 어디가 좋을까? 보통 사람들은 어떻게 여행을 할까? 등 여행지를 결정하기 전 또는 결정한 후에라도 언제든지 꺼내어 볼 수 있는 길잡이 같은 책이라고 보면 됩니다. 이 책으로 기본을 다듬고 좀 더 여행지를 상세히 다룬 전문 가이드북이나 웹상에서 필요한 정보를 추가적으로 정리한다면 더욱 도움이 될 것입니다.

'배짱이의 여행스토리' 여행 블로그를 시작한지 8년째가 되었습니다. 한 직장에서 대리라는 직급에서 이제 과장, 그리고 차장 진급을 앞두고 있습니다. 직위가 오르면서 책임지고 해야 할 일이 많아지고 그로 인해 시간이 갈수록 블로그 관리와 여행을 하는 것이 쉽지 않은 일이 돼가고 있습니다. 빠른 개정판 출간과 두 번째 직장인 해외여행백서도 선보이고 싶었지만 시간적인 여유도 없었고 신경 쓸 여력도 되지 않았습니다. 그렇다보니 쉽게 생각했던 개정판 준비도 1년이라는 오랜 시간이 흐르게 됐습니다.

개정판을 새롭게 준비하며, 여행작가로서의 길

이번 개정판은 〈직장인 해외여행백서〉에서 다룬 총 9개 여행지 중 두 개의 휴양지가 빠지고 새롭게 '괌'과 '세부'를 추가하였습니다. 현재 직장인들이 선호하는 휴양지로서 별도 가이드북을 구매할 필요 없이 이 책만으로도 여행을 계획하고 준비하는데 부족함은 없을 거라 봅니다. 그리고 홍콩, 타이베이, 도쿄는 그새 다시 다녀온 여행을 통해 새로운 내용들을 추가하면서 더욱 알차게 구성했습니다. 그 외에도 모든 여행지들은 내용과 가격, 위치 등을 재차 확인하고 달라진 다양한 여행 정보 등을 보완하여 최신의 정보를 전달하고자 노력했습니다.

〈직장인 해외여행백서〉의 많은 관심 덕에 방송, 강연, 인터뷰 등 여행블로거가 아닌 여행작가라는 타이틀을 알릴 수 있는 좋은 기회들이 많았지만, 아직까지도 작가라는 타이틀을 내세우기에는 부족함이 많다는 걸 알기에 정중히 이러한 제의들은 거절할 수밖에 없었습니다. 차마 제 입으로 '나는 여행작가다.'라고 말해본 적은 없습니다. 이번 개정판을 발판으로 앞으로는 당당히 여행작가라고 말할 수 있도록 스스로 부족한 것을 채워나가려고 합니다. 그리고 보다 많은 사람들이 배짱 두둑한 여행을 할 수 있도록 다양한 기회도 만들어 보겠습니다.

개정판을 준비하기까지 묵묵히 지켜봐준 나무자전거 출판사 가족과 배짱이의 여행스토리 블로그 이웃님들께 감사드립니다. 항상 저를 믿어주는 가족과 친구들에게도 고마움을 전합니다.

여전히 '평생여행'을 꿈꾸는 중이며, 많은 사람들과 여행으로 소통하길 원하고 있습니다. 재정비하고 또 다시 세상에 나온 이 책이 배짱 두둑한 자유여행을 꿈꾸는 모든 이들에게 꼭 필요한 가이드가 되었으면 합니다.

2015년 4월 개정판 출간을 기다리며, 배짱이

이 책은 총 10개의 파트에 직장인들이 가장 가고 싶어 하는 베스트 여행지 9곳을 3박 4일이나 5박 6일의 일정으로 여행할 수 있도록 안내하고 있습니다. 1파트에는 해외여행을 처음 준비하면서 미리 알고 있어야 할 정보들이 알차게 수록되어 있습니다. 2파트부터는 여행지 소개이며, 꼭 둘러봐야 할 명소부터 먹거리, 즐길거리, 쇼핑, 근교 여행지 등이 별도의 섹션으로 구성됩니다.

섹션 제목 여행지에 따라 볼거리, 먹거리, 쇼핑, 근교 여행지 등이 별도의 섹션으로 처리되어 원하는 스팟들을 바로 찾아볼 수 있도록 하였습니다.

큰제목 주로 여행지의 스팟을 큰제목으로 처리하였습니다. 스팟의 제목만 봐도 어떤 곳인지 미루어 짐작할 수 있도록 부제를 삽입해뒀습니다.

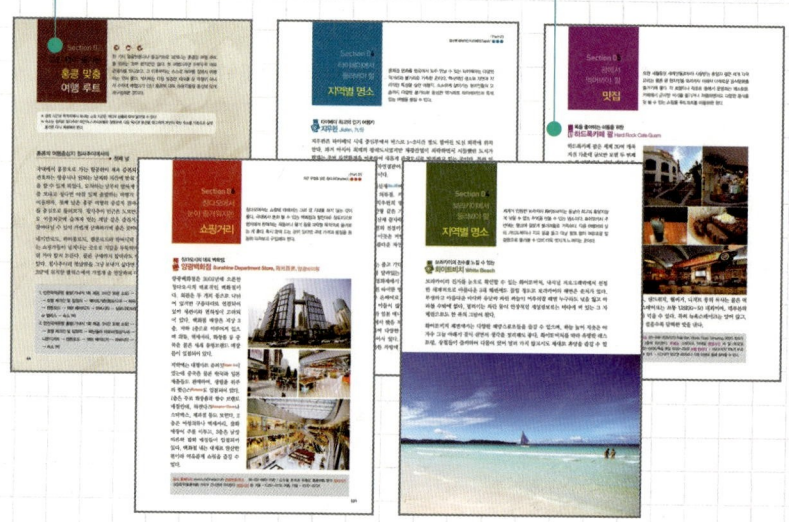

여행 TIP 본문에서 미처 다루지 못한 부분들 중 추가적인 스팟이나 해당 여행지에서 알고 있으면 좋은 내용들을 팁의 형태로 정리하였습니다.

스팟정보 해당 스팟에 대한 정보를 일목요연하게 정리했습니다. 찾아가는 방법, 추가적인 정보를 위한 홈페이지, 연락처, 추천메뉴, 영업시간 등과 필자가 개인적으로 얘기해주는 귀띔 한 마디 등 꼭 필요한 스팟에 대한 정보가 수록되어 있습니다.

추천동선 날짜별로 여행지에 대한 스팟들을 효율적으로 둘러보기 위한 추천 동선을 제시합니다. 어디를 가야 할지, 무엇을 먹어야 할지 등이 고민된다면 이 부분을 참고하세요.

동선 미리보기 한눈에 일정을 사진으로 미리 볼 수 있도록 구성하였습니다. 사진 밑에는 해당 스팟에서 무엇을 해야 할지, 교통편은 무엇을 이용해야 하는지, 시간은 얼마나 걸리는지 등도 표시됩니다.

전체일정지도 본문에서 소개되는 스팟들을 한눈에 보기 좋게 지도에 담았습니다. 또한 색으로 일자에 맞게 동선을 표시하였으므로 지도만 봐도 대충 하루 일정을 계획해볼 수 있습니다.

보다 자세한 지도를 확인하려면 배짱이의 블로그(http://blog.naver.com/1978mm) [메모게시판]-[여행지도] 메뉴에서 확인할 수 있습니다.

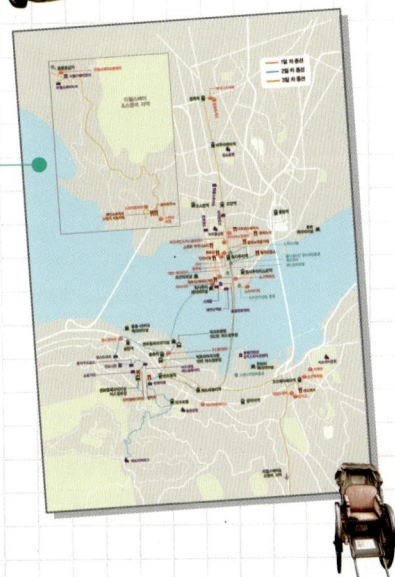

동선 일정 속의 아이콘

- ✈ 비행기
- ⛵ 선박, 모토보트, 방카 등 배편
- 🚆 지하철, 기차, 유리카모메 등 철도편
- 🚶 도보
- 🚌 시내버스, 셔틀버스, 공항버스 등 버스편
- 🚕 택시
- 🛺 트라이시클

지도 속의 아이콘

- 🍴 식당, 레스토랑, 편의점 등 먹거리
- 🛒 백화점, 상점, 마트 등 쇼핑거리
- 📷 해당 지역의 중요 명소 등 볼거리
- 🏠 호텔이나 민박 등 숙소
- 🌴 해수욕장이나 비치
- 🚆 기차, 지하철 등 철도역
- 🚌 버스정류장
- 🌲 공원
- ✈ 공항
- ⚓ 항구나 선착장
- ● 지역이나 거리 이름

Part 01 해외여행 출발부터 도착까지 알아둘 사항

Section 01 배짱두둑 해외여행을 즐기기 위한 10가지 제언 • 24
우선 본분에 충실한 후 여행을 계획하라! • 24
아는 만큼 보이고, 보는 만큼 즐거운 여행이 된다 • 25
여행 일정은 부탁하지 말고 직접 계획하라 • 25
여행 중에 실행할 미션을 스스로 만들어보자 • 26
세계 공용어는 보디랭귀지이다 • 26
여행을 위한 준비, 여행 통장 그리고 이벤트 • 27
열린 생각으로 세상을 바라보자 • 28
혼자만의 여행을 두려워하지 마라 • 29
해외여행에 모범 답안이란 없다 • 30
배짱 두둑하게 즐겨라! • 31

Section 02 해외여행의 시작은 여권과 비자발급부터 • 32
여권에 관한 정보 • 32
비자 발급 정보 • 33

Section 03 항공권 및 숙소 예약하기 • 34
항공권 예약하기 • 34
숙소 예약하기 • 35

Section 04 여행정보 수집 및 일정/예산 세우기 • 38
여행정보 수집하기 • 38
일정 짜기 및 예산 세우기 • 39

Section 05 환전과 해외여행보험 • 40
최적의 환전 방법 • 40
해외여행보험 • 41

Section 06 짐 꾸리기와 면세점 이용하기 • 42
짐 꾸리기 • 42
인터넷 면세점 이용하기 • 43

Section 07 공항으로 이동 및 출입국 절차 • 45
공항으로 이동하기 • 45
체크인 및 자동출입국심사 • 48

Section 08 공항라운지 이용 및 비행기 탑승 • 51
공항라운지 이용하기 • 51
공항면세점 이용하기 • 52

Section 09 휴대폰로밍 VS 현지 유심카드 그리고 애플리케이션 • 55
쓰던 기기 그대로 사용하는 휴대폰로밍 서비스 • 55
현지 유심카드, 데이터 이용 • 57
저렴한 국제전화카드 • 58
유용한 여행애플리케이션 • 58

Part 02 별별 이야기로 넘쳐나는, 홍콩(Hongkong)

Section 01 홍콩 여행을 시작하기 전에 · 62

Section 02 고민 없이 즐기는 홍콩 맞춤 여행 루트 · 64
홍콩의 여행중심지 침사추이에서의 첫째 날 · 64
홍콩섬의 엑기스를 만나는 둘째 날 · 66
홍콩 속의 또 다른 볼거리를 만나는 셋째 날 · 67
아쉬운 반나절 끝까지 홍콩을 즐기는 넷째 날 · 68

Section 03 홍콩에서 환전 및 대중교통 이용방법 · 70
공항에서 시내로 이동하기 · 70
환전하기 · 71
현지 교통편 이용하기 · 72

Section 04 홍콩에서 둘러봐야 할 지역별 명소 · 76
여행자들에게 사랑받는 해변산책로와 스타의 거리 · 76
화려한 야경과 레이저 쇼가 볼만한 심포니오브라이트 · 77
민초들의 바람이 향연기로 채워진 만모사원 · 77
이제는 런닝맨 에스컬레이터로 불리는 미드레벨 에스컬레이터 · 78
홍콩야경의 최고봉! 빅토리아피크 · 78
무일푼으로 만끽할 수 있는 홍콩야경 뤼가르로드 전망대 · 79
홍콩의 낭만 실은 빨간 돛단배 아쿠아루나 · 80
홍콩 속 휴양지 리펄스베이 · 80

Section 05 홍콩이 즐거워지는 대표적 거리와 쇼핑거리 · 81
침사추이 대표 거리 네이던로드 · 81
한곳에서 모든 상품을 만나는 하버시티 · 82
명품브랜드로 즐비한 캔톤로드 · 83
홍콩스러움이 묻어나는 하이퐁로드 · 84
홍콩의 대표 야시장, 템플스트리트 야시장 · 85
여자들이 가면 좋을 레이디스마켓 · 85
할인해서 운동화를 살 수 있는 운동화거리 · 86
홍콩섬에 우뚝 솟은 대표 빌딩, IFC몰 · 86
홍콩에서 가장 오랜 역사를 지닌 쇼핑센터, 웨스턴마켓 · 87
손때 묻은 세월을 간직한 캣스트리트와 할리우드로드 · 87
홍콩과 유럽이 절묘하게 조화를 이룬 거리, 소호 · 88
여행자에게 활기를 북돋아주는 란콰이펑 · 89
낭만이 흐르는 카페골목, 너츠포드테라스 · 89
아담하지만 홍콩의 축소판 같은 스탠리 · 90
다양한 쇼핑을 즐길 수 있는 코즈웨이베이 · 90
코즈웨이베이 뉴복합쇼핑몰 하이산플레이스 · 91

품격 있는 건축물이 아름다운 1881 헤리티지 • 93
카오룽을 대표하는 쇼핑몰 엘리먼츠 • 93

Section 06 홍콩에서 먹어봐야 할 맛집 • 95
딤섬으로 유명한 제이드가든 • 95
단돈 만 원으로 누리는 호사 울루물루프라임 • 96
망고 디저트 전문점, 허유산 • 97
스파이시크랩이 일품인 템플스트리트 야시장 노천식당 • 97
미슐랭가이드가 인정한 세계에서 가장 저렴한 딤섬 팀호완 • 98
한 번 먹으면 잊을 수 없는 맛, 허니문디저트 • 98
미슐랭가이드가 인정한 완탕면, 정두 • 99
미슐랭가이드도 반한 완탕면 호흥키 • 99
홍콩에서 가장 맛있는 에그타르트, 타이청베이커리 • 100
24시간 브런치를 즐기는 플라잉팬 • 101
오랜 전통의 완탕면 전문점, 웡치키 • 101
칠리새우맛이 일품인 레드페퍼 • 102
회전초밥 전문점 겡끼스시 • 102
전통 애프터눈티를 경험하고 싶다면, 페닌슐라호텔 더로비 • 103
홍콩의 핫 디저트카페 티우드 • 104
홍콩의 유명한 차찬텡 란퐁윤 • 104
아시아요리를 한자리에서 즐기는 푸드코트 푸드 리버블릭 • 105
Special 01 아침식사 하기 좋은 홍콩의 음식점 • 106

Section 07 배짱이가 머물렀던 홍콩 숙소 • 108
최적의 위치 & 객실마다 컴퓨터가 있는 스카이모텔 • 108
정겨운 한인게스트하우스 파크모텔 • 109
전통과 품격이 느껴지는 페닌슐라호텔 • 109
도심 속 휴양지의 느낌, 그랜드하얏트홍콩 • 111

Part 03 알수록 매력적인 타이베이(Taipei)

Section 01 타이베이 여행을 시작하기 전에 • 114

Section 02 고민 없이 즐기는 타이베이 맞춤 여행 루트 • 116
타이베이 근교 인기 명소 단수이에서 첫째 날 • 116
인기 만점 관광지를 만나는 둘째 날 • 118
타이베이 자연과 감각을 만나는 셋째 날 • 119
여유롭게 산책하듯 둘러보는 넷째 날 • 120

동선에 따른 예산 책정하기 • 121

Section 03 타이베이에서 환전 및 대중교통 이용방법 • 123
공항에서 시내로 이동하기 • 123
환전하기 • 124
현지 교통편 이용하기 • 125

Section 04 타이베이에서 둘러봐야 할 지역별 명소 • 127
타이베이 최고의 인기 여행지 지우펀 • 127
장제스를 기억하려는 타이완, 국립중정기념당 • 129
타이완 최고의 사원 룽산쓰 • 130
타이완 3대 야시장 중의 하나인 화시제예스 • 131
중화권 최고의 대학 국립타이완대학 • 131
먹거리가 풍성한 스린예스 • 132
대자연의 신비를 온몸으로 느낄 수 있는 • 예류 • 133
아시아에서 가장 높은 빌딩 타이베이101관경대 • 134
온천으로 유명한 신베이터우 • 135
Special 02 도보로 즐기는 단수이 • 136
Special 03 푸통푸통(두근두근) 설레는 가슴 핑시선 열차여행 • 138
Special 04 환상적인 규모로 즐기는 타이완 등불축제 • 140

Section 05 타이베이에서 먹어봐야 할 맛집 • 141
샤오롱바오가 맛난 덴수이러우 • 141
유럽스타일의 인테리어가 돋보이는 디저트카페 멜란지카페 • 142
2천 원도 안 되는 한 그릇의 행복 두샤오웨 • 143
타이완식 선술집을 찾는다면 100타이완달러 선술집 • 144
상하이식 딤섬레스토랑 가오지 • 145
먹거리가 풍성한 먀오커우예스 • 146
면이 먹고 싶다면 노동우육세분면점 • 147
회전초밥 전문점 스시익스프레스 • 147
빙수의 대명사 용도빙과 • 148
융캉제 빙수 전문점 스무시 • 148
캔디향이 솔솔 풍기는 달콤한 카페 VVG Bon Bon • 149

Section 06 타이베이에서 눈이 즐거워지는 쇼핑거리 • 150
홍대거리가 생각나는 융캉제 • 150
인파로 붐비는 타이베이의 명동, 시먼딩 • 151
백 년의 역사를 간직한 극장, 시먼홍러우 • 151
복합 문화공간 청핀수뎬 • 152
디자인 관련 상품은 물론 인테리어잡지도 발행하는 피피페이퍼숍 • 153

깜찍한 선물을 원한다면 소피스카 • 154
번화가 산책, 중샤오푸싱과 중샤오둔화 • 154

Section 07 배짱이가 머물렀던 타이베이 숙소 • 156
타이베이여행을 위한 최적의 위치, KDM 호텔 • 156
저렴하지만 깔끔한 숙소, 타이베이호스텔 • 158

Part 04 아름다운 자연을 만끽 할 수 있는 괌(Guam)

Section 01 괌 여행을 시작하기 전에 • 162

Section 02 고민 없이 즐기는 괌 맞춤 여행 루트 • 164
설렘만큼 기대가 커지는 첫째 날 • 164
휴양과 쇼핑을 두루두루 즐기는 둘째 날 • 165
괌의 자연과 역사를 온몸으로 느끼는 셋째 날 • 166
마지막으로 즐기는 쇼핑타임 넷째 날 • 168

Section 03 괌에서 환전 및 대중교통 이용방법 • 170
공항에서 시내로 이동하기 • 170
현지 교통편 이용하기 • 171
환전하기 • 173

Section 04 괌에서 둘러봐야 할 지역별 명소 • 174
괌 최고의 번화가 투몬시내 • 174
괌 최고의 인기 해변, 투몬비치 • 174
두 눈을 의심케 하는 쇼! 샌드캐슬괌 • 175
남태평양 돌고래&스노클링, 돌핀와칭투어 • 176
슬프도록 아름다운 사랑이야기, 사랑의 절벽 • 176
해맑은 아이들의 다이빙 천국, 이나라한천연풀 • 177
Special 05 괌에서 즐기는 드라이빙투어, 투몬에서 남부까지 한나절 • 178

Section 05 괌에서 먹어봐야 할 맛집 • 184
록을 좋아하는 이들을 위한 하드록카페 괌 • 184
해산물요리가 맛있는 나나스카페 • 185
현지음식을 맛볼 수 있는 킹스레스토랑 • 186
일본라멘이 먹고 싶다면 후지이찌방라멘 • 186
싱싱한 해산물요리를 맛볼 수 있는 잔지스바이더시 • 187
맛있는 버거를 먹을 수 있는 해적소굴, 제프스파이리츠코브 • 188

Section 06 괌에서 눈이 즐거워지는 쇼핑거리 • 189
기념품 사기에 좋은 JP슈퍼스토어 • 189
명품브랜드를 한자리에서 만나는 DFS갤러리아괌 • 190
실속 있는 인기브랜드로 가득한 쇼핑몰, 더플라자 • 191
24시간 언제든지 즐길 수 있는 쇼핑센터 K마트 • 191
괌 최대 규모의 쇼핑몰, 마이크로네시아몰 • 192
가족단위 쇼핑을 즐기기에 좋은 괌프리미어아웃렛 • 192
없는 게 없는 인기 마켓, ABC스토어 • 193

Section 07 배짱이가 머물렀던 괌의 숙소 • 194
괌을 제대로 즐기기에 좋은 웨스틴리조트괌 • 194

Part 05 작은 유럽을 담은 칭다오(Qingdao)

Section 01 칭다오 여행을 시작하기 전에 • 198

Section 02 고민 없이 즐기는 칭다오 맞춤 여행 루트 • 200
이국적인 칭다오 풍경을 만끽하는 첫째 날 • 200
칭다오의 과거와 현재를 만나는 둘째 날 • 202
칭다오맥주가 있어 즐거운 셋째 날 • 203
아쉬움을 뒤로 한국으로 돌아가는 넷째 날 • 204

Section 03 칭다오에서 환전 및 대중교통 이용방법 • 206
공항에서 시내로 이동하기 • 206
현지 교통편 이용하기 • 208
환전하기 • 211

Section 04 칭다오에서 둘러봐야 할 지역별 명소 • 212
이국적인 유럽 모습을 담은 소어산공원 • 212
규모와 시설이 잘 갖춰진 칭다오 제1해수욕장 • 213
전 세계 전통적인 건축양식이 모여 있는 바다관관광지 • 214
바다관에서 가장 유명한 별장, 화석루 • 215
칭다오의 상징, 5월의 바람과 5.4광장 • 216
동화책 속에서 튀어나온 듯한 집, 영빈관 • 216
아름다운 고딕양식의 건축물, 천주교당 • 217
칭다오맥주 로고로도 사용되는 대표 명물 칭다오잔교 • 218
칭다오 10경을 완성하는 등대섬, 샤오칭다오공원 • 219
세계적인 맥주 칭다오맥주의 역사를 만나는 칭다오맥주박물 • 220

가장 신선하고 맛있는 맥주를 마실 수 있는 칭다오맥주거리 • 221

Section 05 칭다오에서 먹어봐야 할 맛집 • 222
퓨전식 중국요리를 맛볼 수 있는 홍콩97 • 222
칭다오에서 만나는 한국 음식점, 샹강화웬 • 223
싱싱한 해산물과 맥주맛이 좋은 어수정대주점 • 223
중국 정통산동요리의 맛을 이어온 춘허루 • 224
맛있는 길거리 음식이 넘쳐나는 야시장, 타이둥예스 • 225
소문난 칭다오 대표 먹자골목, 운소로미식가 • 226
한국인 입맛에 맞는 딤섬 전문점, 비펑탕 • 227
중국을 대표하는 커피브랜드, SPR커피 • 227
딤섬 맛이 일품인 해윤노반점 • 228
백여 년의 역사를 지닌 미식거리, 피차이위엔 • 228
중국 훠궈 전문체인점, 추이펑위엔 • 230

Section 06 칭다오에서 눈이 즐거워지는 쇼핑거리 • 231
칭다오시의 대표 백화점, 양광백화점 • 231
세계적인 대형할인점 까르푸 • 232
원스톱 쇼핑이 가능한 쟈스코 • 233
이국적인 정취와 중국 전통이 공존하는 거리, 중산루 • 234
칭다오 최대의 번화가 타이둥상업지구 • 235
비가와도 맑은 하늘 실내 아케이드 쇼핑몰, 티엔무청 • 236
맛있기로 소문난 음식점들이 모여 있는 민장루 • 236
이미테이션 상품들을 판매하는 찌모루스창 • 237

Section 07 배짱이가 머물렀던 칭다오 숙소 • 238
여행하기 좋은 위치에 있는 삼도공간 • 238
여행에 도움을 받을 수 있는 양광신지호텔 • 240

Part 06 다이내믹한 즐거움이 가득한 보라카이(Boracay)

Section 01 보라카이 여행을 시작하기 전에 • 244

Section 02 고민 없이 즐기는 보라카이 맞춤 여행 루트 • 246
가깝고도 먼 곳, 보라카이를 만나는 첫째 날 • 246
다양한 액티비티를 체험하는 둘째 날 • 246
여유와 낭만을 느낄 수 있는 셋째 날 • 248
아쉬움을 뒤로한 채 여행을 정리하는 넷째 날 • 248

동선에 따른 예산 책정하기 • 248

Section 03 보라카이에서 환전 및 대중교통 이용방법 • 251
공항에서 보라카이로 이동하기 • 251
보라카이에서 칼리보공항으로 이동하기 • 253
환전과 현지에서 사용하기 • 254
현지 교통편 이용하기 • 255

Section 04 보라카이에서 둘러봐야 할 지역별 명소 • 256
보라카이의 진수를 느낄 수 있는 화이트비치 • 256
화이트비치의 메인거리, 화이트비치패스 • 258
한가로이 거닐기 좋은 해변 푸카쉘비치 • 259
현지인들이 쉼터처럼 찾는 아담한 해변 블라복비치 • 259
보라카이를 대표하는 중심가, 디몰 • 260
사람냄새 물씬 풍기는 현지시장, 드딸리빠빠 • 261
여행자들이 즐겨찾는 대형 슈퍼마켓, 버짓마트 • 262

Section 05 보라카이에서 먹어봐야 할 맛집 • 263
멕시코 요리와 보라카이 최고의 망고셰이크를 만날 수 있는 마냐냐 • 263
지중해 향이 느껴지는 그리스 음식점 시마 • 264
갈릭버터 맛 새우가 일품인 가스트호프 • 265
보라카이 커피맛이 궁금하다면 카페델솔 • 265
달콤하고 쫀득한 크레이지 크레페 • 266
정통 이탈리안 피자를 먹을 수 있는 아리아 • 266
정열적인 스페인 요리가 먹고 싶다면 올레 • 267
들고 다니며 먹는 망고셰이크, 요나스 • 267

Section 06 보라카이에서 안 해보면 후회할 즐길거리 • 268
열대어들과 한바탕 즐기는 바닷속 체험, 스쿠버다이빙 • 268
보라카이를 보다 가까이 느끼는 버그카 & ATV 체험 • 268
전통방식의 줄낚시와 스노클링을 즐기는 호핑투어 • 269
낭만적인 시간을 보낼 수밖에 없는 선셋세일링 • 270
온몸이 개운해지는 마사지 • 270
즉석에서 즐기는 화이트비치 마사지 • 271

Section 07 배짱이가 머물렀던 보라카이 숙소 • 272
전 객실 스위트룸에 풀장까지 갖춘 그랜드비스타리조트 & 스파 • 272
저렴하면서 위치도 좋은 보라카이 홀리데이리조트 • 274

Part 07 반할 수밖에 없는 매력을 지닌, 도쿄(Tokyo)

Section 01 도쿄여행을 시작하기 전에 • 278

Section 02 고민 없이 즐기는 도쿄 맞춤 여행 루트 • 280
도쿄의 심장부 신주쿠에서 첫째 날 • 280
도쿄 쇼핑가이자 인기 명소를 만나는 둘째 날 • 282
활기가 넘치는 츠키지시장과 오다이바에서 보내는 셋째 날 • 283
일본스러운 관광명소 아사쿠사와 우에노에서의 넷째 날 • 284
동선에 따른 예산 책정하기 • 285

Section 03 도쿄에서 환전 및 대중교통 이용방법 • 287
공항에서 시내로 이동하기 • 287
현지 교통편 이용하기 • 290
환전하기 • 293

Section 04 도쿄에서 둘러봐야 할 지역별 명소 • 294
신주쿠 전체를 공짜로 조망할 수 있는 도쿄도청전망대 • 294
도쿄 최고의 엔터테인먼트타운, 오다이바 • 295
여유로운 오다이바를 느낄 수 있는 오다이바해변공원 • 296
멋진 사진을 만드는 촬영 스팟, 오다이바 자유의 여신상 • 296
다양한 볼거리로 넘쳐나는 덱스도쿄비치 • 297
자동차에 관심이 많다면 자동차 테마파크 메가웹 • 298
오다이바의 대표 쇼핑몰, 비너스포트 • 299
시오도메에 둘러볼만한 카렛타시오도메와 니혼TV • 300
도쿄에서 가장 세련된 공간, 롯폰기힐즈 • 300
수많은 별들로 수놓은 듯한 야경, 모리타워 전망대 도쿄시티뷰 • 301
공원 산책하는 기분으로 둘러보는 메이지신궁 • 302
다채로움이 가득한 휴식처, 요요기공원 • 302
아사쿠사의 핵심 볼거리, 아사쿠사 센소지와 나카미세도리 • 303
에도시대 거리를 재현한 아사쿠사 덴보인도리 • 304
세계에서 제일 높은 전파탑 도쿄스카이트리 • 305
소박한 일본인의 삶을 느낄 수 있는 우에노 • 306
Special 06 특별하게 즐겨보는 도쿄(Tokyo, 東京) • 307

Section 05 도쿄에서 먹어봐야 할 맛집 • 310
정통 덴푸라 맛이 일품인 츠나하치 • 310
신선한 스시맛, 스시노세키 • 311

소박한 분위기에서 술 한 잔 기울이고 싶은 오모이데요코초 • 311
신선한 재료의 먹거리가 넘치는 선술집, 토리엔 • 312
츠키지의 유명한 스시전문점, 다이와스시 • 313
일본라멘을 맛보고 싶다면 규슈장가라 • 313
유명 연예인도 반한다는 카레맛, 모우양카레 • 314
터치스크린으로 주문하는 이자카야 킨노쿠라 • 315
탱탱한 새우튀김덮밥이 일품인 아오이마루신 • 315
스물다섯 겹의 밀푀유로 튀겨낸 돈가스, 키무카츠 • 316

Section 06 도쿄에서 눈이 즐거워지는 쇼핑거리 • 317
도쿄 여행에 빼놓을 수 없는 1순위 신주쿠거리 • 317
Special 07 없는 것이 없을 거 같은 드럭스토어 탐방 • 319
언제라도 쇼핑이 가능한 할인마트, 돈키호테 • 320
고민 없이 일본 인기 상품을 살 수 있는 랭킹랭퀸 • 320
생동감 넘치는 수산시장을 엿볼 수 있는 츠키지시장 • 321
롯폰기의 최첨단 주상복합단지, 도쿄미드타운 • 321
통통 튀는 젊음의 거리, 하라주쿠 다케시타도리 • 322
시부야의 인기 쇼핑거리, 스페인자카와 센터가이 • 323
감각적인 건축물을 만날 수 있는 오모테산도힐즈 • 324
아이디어가 돋보이는 숍이 많은 캣스트리트 • 324
걷는 즐거움이 있는 거리, 기치조지 • 325
오다이바의 핫 복합쇼핑몰 다이버시티 도쿄플라자 • 326
명품브랜드의 대표거리, 긴자 • 327

Section 07 도쿄 여행 중에 둘러볼만 한 근교여행지 • 328
역사와 문화의 도시, 작은 에도를 만나러 가는 가와고에 • 328
가와고에의 상징 전통가옥거리와 종 • 330
슬램덩크 강백호가 타던 에노덴을 타고 만나는 에노시마 • 332
800년 역사를 간직한 고도, 가마쿠라 • 334
센과 치히로의 행방불명 배경이 된 에도 도쿄건축공원 • 336
봄과 가을을 제대로 느낄 수 있는 고가네이공원 • 337

Section 08 배짱이가 머물렀던 도쿄 숙소 • 338
신주쿠 중심지의 저렴한 • 신주쿠빈티지호텔 • 338
위치와 주변 환경 모두 인기 만점인 호텔프린세스가든 • 339
세심한 배려가 돋보이는 우에노 미츠이가든호텔 • 340
최고의 서비스를 지닌 호텔류메이칸 • 342

Part 08 무지갯빛 색을 가진 싱가포르(Singapore)

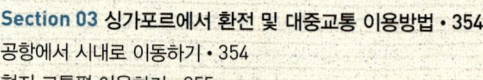

Section 01 싱가포르 여행을 시작하기 전에 • 346

Section 02 고민 없이 즐기는 싱가포르 맞춤 여행 루트 • 348
마리나베이를 도보로 즐기는 첫째 날 • 348
즐거운 테마로 가득한 둘째 날 • 350
싱가포르 쇼핑아이콘 명소를 만나는 셋째 날 • 351
여행을 마무리하는 싱가포르 넷째 날 • 352
동선에 따른 예산 책정하기 • 352

Section 03 싱가포르에서 환전 및 대중교통 이용방법 • 354
공항에서 시내로 이동하기 • 354
현지 교통편 이용하기 • 355
환전하기 • 359

Section 04 싱가포르에서 둘러봐야 할 지역별 명소 • 360
문화공간으로 꾸며진 시티홀역 주변 • 360
독특한 외관 속 문화공간, 에스플러네이드 • 360
싱가포르를 대표하는 이미지, 멀라이언파크 • 361
젊음과 낭만이 있는 보트키 • 362
싱가포르의 열정이 느껴지는 클락키 • 363
싱가포르 대표 랜드마크로 떠오르는 마리나베이샌즈 • 364
가장 오래된 이슬람사원 술탄모스크 • 365
화려하면서 아기자기한 아랍스트리트 • 365
서민들의 재래시장, 부기스빌리지 & 부기스스트리트 • 366
인도인들의 작은 마을, 리틀인디아 • 367
센토사의 신나는 볼거리, 윙스오브타임 • 367
센토사의 대표 해변 실로소비치 • 369
센토사를 한눈에 내려 보는 센토사 멀라이언 • 369
가족들이 즐기기 좋은 팔라완비치 • 370
Special 08 싱가포르에서 만나는 중국, 차이나타운(Chinatown) • 372
싱가포르의 남쪽 끝, 아시아 최남단 포인트 • 371
쇼퍼들의 천국, 오차드로드 • 374
싱가포르강을 따라 도심을 관람하는 히포리버크루즈 • 374
서양인들의 작은 마을, 홀랜드빌리지 • 376

Section 05 싱가포르에서 먹어봐야 할 맛집 • 377
초콜릿을 좋아한다면 막스브래너 초콜릿바 • 377
싱가포르 크랩의 대표, 점보시푸드 레스토랑 • 378
이슬람 음식을 즐길 수 있는 잠잠 • 379
달콤한 향기가 가득한 캔디엠파이어 • 380

다양한 맛집이 모여 있는 라우파삿 • 381
사테 맛을 제대로 즐길 수 있는 사테스트리트 • 381
싱가포르슬링이 처음 탄생한 곳, 롱바 • 382

Section 06 싱가포르에서 눈이 즐거워지는 쇼핑거리 • 383
백화점 같은 패션잡화점, 부기스정션 • 383
인도 상품을 싱가포르에 만나는 리틀인디아아케이드 • 384
가족단위 쇼핑에도 적합한 쇼핑몰, 비보시티 • 385
오차드로드의 대표 쇼핑몰, 아이온오차드 • 386
로컬브랜드를 만날 수 있는 파이스트플라자 • 386
임산부부터 유아를 위한 쇼핑몰 포럼더쇼핑몰 • 387
명품브랜드 쇼핑몰, 파라곤 • 387
테마공간을 갖춘 복합쇼핑센터 선텍시티몰 • 388

Section 07 배짱이가 머물렀던 싱가포르 숙소 • 389
시내 접근성이 좋은 팬퍼시픽오차드 • 389
명성에 걸맞은 세계적인 호텔 그랜드하얏트 싱가포르 • 390

Part 09 중국의 과거와 미래가 공존하는 상하이(Shanghai)

Section 01 상하이 여행을 시작하기 전에 • 394

Section 02 고민 없이 즐기는 상하이 맞춤 여행 루트 • 396
상하이 도심을 걸어보는 첫째 날 • 396
거대한 중국을 상하이에서 만나는 둘째 날 • 398
선물이나 기념품도 준비하면서 여행을 마무리하는 셋째 날 • 399

Section 03 상하이에서 환전 및 대중교통 이용방법 • 401
공항에서 시내로 이동하기 • 401
현지 교통편 이용하기 • 403
환전하기 • 406

Section 04 상하이에서 둘러봐야 할 지역별 명소 • 407
상하이 현지인들의 여유가 느껴지는 상하이인민광장과 공원 • 407
중국 예술작품을 관람할 수 있는 상하이미술관 • 408
상하이 최고의 번화가 난징둥루보행가 • 409
상하이를 대표하는 포토존 와이탄산책로 • 410
유럽식 건축물이 아름다운 신천지 • 411
Special 09 시간이 멈춰버린 상하이 뒷골목 풍경 • 412
아름다운 정원이 돋보이는 예원 • 413

골동품의 천국 둥타이루 골동품시장 • 414
국가란 무엇인가를 다시 생각하게 하는 대한민국임시정부유적지 • 414
상하이의 멋진 야경을 감상할 수 있는 진마오타워 • 415
상하이에서 가장 높은 전망대, 상하이 월드파이낸셜센터 • 416
상하이의 랜드마크 동방명주타워 • 417
가장 멋진 와이탄의 야경을 감상할 수 있는 빈장다다오 • 417
거리 곳곳에 감각이 묻어나는 타이캉루 예술인단지 • 418
상하이 순수예술 종합단지, 모간산루 상하이디자인예술단지 M50 • 419

Section 05 상하이의 쇼핑거리와 먹어봐야 할 맛집 • 420
육즙이 흥건한 일품 만두를 만나는 짜짜탕바오 • 420
군침이 도는 군만두집 샤오양성젠 • 420
시간을 거슬러 온 듯한 찻집, 노상하이차관 • 421
수제버거로 유명한 블루프로그 • 422
중국의 다양한 선물용 차를 구입하기 좋은 텐푸밍차 • 422
상하이의 대표적인 종합쇼핑몰, 래플즈시티 • 423
푸둥을 대표하는 종합쇼핑몰, 상하이 • 423
퓨전요리로 유명한 맛집, ZEN • 424
믿을 수 있는 식료품을 판매하는, 상하이제일식품상점 • 424
상하이 최초의 번화가, 예원상장 • 425
푸짐한 사천요리를 맛볼 수 있는 위신찬차이 • 426
옹기종기 옛 상점들이 모인 상하이노가 • 426

Section 06 상하이 여행 중에 둘러볼만 한 근교여행지 • 427
고즈넉한 수향마을, 시탕 • 427
백성을 사랑했던 관리를 모신 사당, 호국수량왕묘 • 429
중국에서 가장 작은 정원, 취원 • 429
운치 있는 상점거리, 연우장랑 • 429
중국술 황주를 만나는 주문화박물관 • 430
시탕 지역에서도 빠질 수 없는 도교사원, 성당 • 430
중국 명청시대 만들어진 다양한 목조물을 만나는 명청목조관 • 431

Section 07 배짱이가 머물렀던 상하이 숙소 • 432
환상적인 위치에 자리한 참스호텔 • 432
룸 컨디션이 좋은 코트야드메리어트호텔 상하이푸시 • 433

Part 10 제대로 휴양을 만끽할 수 있는 세부(cebu)

Section 01 세부 여행을 시작하기 전에 • 436

Section 02 고민 없이 즐기는 세부 맞춤 여행 루트 • 438
다음 날 컨디션을 위해 바로 취침해버리는 첫째 날 • 438
맛보기 휴양과 세부시티를 즐기는 둘째 날 • 438
세부의 아름다운 바다를 만나는 셋째 날 • 439
마지막까지 알차게 보내는 넷째 날 • 440
동선에 따른 예산 책정하기 441

Section 03 세부에서 환전 및 대중교통 이용방법 • 443
공항에서 숙소로 이동하기 • 443
현지 교통편 이용하기 • 444
환전하기 • 444

Section 04 세부에서 둘러봐야 할 지역별 명소 • 445
푸른바다를 만끽할 수 있는 호핑투어 • 445
온 가족이 즐길 수 있는 어메이징쇼 • 446
여행의 피로를 마사지로 풀어내는 큐스파 • 447
가볍게 산책하기 좋은 산페드로요새 • 448
오랜 세월의 흔적을 그대로 간직한 산토니뇨성당 • 448
필리핀 가톨릭의 역사가 시작된 마젤란십자가 • 449

Section 05 세부에서 먹어봐야 할 맛집 • 450
필리핀의 국민햄버거, 졸리비 • 450
필리핀의 인기빙수를 맛 볼 수 있는 차우킹 • 450
세부에서 유명한 바비큐전문점, AA바비큐 • 451
늦은 밤에도 안전하게 즐길 수 있는 더워크 • 452
한국인들에게 입소문 난 맛집, 골드그릴망고 • 453
맛과 가격 모두 만족할 수 있는 골든카우리 • 454
세부시티의 야경을 감상하며 칵테일 한 잔, 블루바 • 455
피자와 파스타가 맛있는 라테골라 • 456

Section 06 세부에서 눈이 즐거워지는 쇼핑거리 • 457
세부시티를 대표하는 쇼핑센터, 아얄라센터세부 • 457
세부에서 가장 큰 규모를 자랑하는 SM시티세부 • 458
기념품을 구입하기에 좋은 대형슈퍼마켓, 세이브모어 • 459
출국 전 들리기 좋은 쇼핑몰, 마리나몰 • 459

Section 07 배짱이가 머물렀던 세부의 숙소 • 460
필리핀 최대 규모의 워터파크, 제이파크아일랜드리조트 세부 • 460
세부시티 최적의 위치에 자리한 퀘스트호텔&컨퍼런스센터 세부 • 462

Part
01

해외여행 출발부터 도착까지 알아둘 사항

Ready for Travel

Section01 배짱두둑 해외여행을 즐기기 위한 10가지 제언
Section02 해외여행의 시작은 여권과 비자발급부터
Section03 항공권 및 숙소 예약하기
Section04 여행정보 수집 및 일정/예산 세우기
Section05 환전과 해외여행보험
Section06 짐 꾸리기와 면세점이용하기
Section07 공항으로 이동 및 출입국 절차
Section08 공항라운지 이용 및 비행기 탑승
Section09 휴대폰로밍 VS 현지 유심카드 그리고 애플리케이션

Section 01
배짱두둑 해외여행을 즐기기 위한 10가지 제언

> 필자의 닉네임 '배짱이'라는 이름답게 누구나 배짱두둑하게 해외여행을 즐길 수 있다. 이번 섹션에서는 수년간 혼자서 해외의 여러 도시를 여행하면서 보고 느낀 것을 통해, 어떻게 하면 자신만의 특별한 여행을 즐길 수 있을지 10가지 제언으로 시작한다.

 우선 본분에 충실한 후 여행을 계획하라!

직장을 다니면서 해외여행을 한다? 그것도 자주? 물론 쉽지 않은 일이다. 남들 다 가는 여름 휴가철에도 큰맘 먹어야 한 번 떠날까말까 할 정도니 말이다. 그렇다고 휴가철에 가자니 몰려드는 여행객 때문에 몸살을 앓을게 뻔하고, 무섭게 치솟은 항공권과 숙박비를 감당하며 떠나기란 쉽지 않다. 그렇다면 어떻게 해외여행을 갈 수 있을까?

많은 회사들이 주 5일제를 시행하면서 주말 여가를 즐기는 이들이 많아졌다. 그래서 금요일과 월요일만 휴가를 낼 수 있다면 2박 3일에서 3박 4일 또는 3박 5일까지 짧지만 알찬 해외여행도 즐길 수 있다. 하지만 아무리 여행이 좋다 해도 자신이 맡은 업무를 내팽개치고 휴가를 갈 수는 없다. 너무 뻔한 얘기지만 가장 중요한 것이 바로 본분에 충실하라는 것이다. 본인 일도 제대로 하지 못한 이에게 누가 휴가를 주고 싶겠는가?

연차가 있다면 진행 업무를 파악한 후 차질 없도록 마무리를 하고 휴가를 내면 되지만 연차도 없고 보건 휴가 내는 것도 힘들다면 몇 가지 조건을 내걸어보자. 단도직입적으로 '하루 휴가를 내고 싶습니다.'라고 해서 흔쾌히 받아준다면 더할 나위 없지만 그게 아니라면 휴가를 내야 할 만큼 야근이나 토요일 근무 등으로 대치하여 일에 차질이 없도록 하겠다라고 제안해보자. 앞서 말한 제안은 평소 본분에 충실할 때 통할 수 있는 방법이다. 그리고 자신의 업무를 대체해주며 도움을 주는 동료에게 점심이나 혹은 술 한 잔 사는 등 고마움을 표시하는 센스도 필요하다.

1년에 한 번이라면 모르지만 두세 번 이상의 해외여행을 다니려면 직장 동료를 위한 작은 선물도 챙기는 것이 좋다. 사탕 몇 봉지, 그 나라 특산의 작은 선물 하나라도 마음을 표한다면 다음에 여행을 가려할 때 자연스레 우군이 되어줄 것이다.

또한 직장 동료 간에 신뢰는 물론 상사하고 유대관계도 신경을 써야 한다. 눈 밖에 난 사람이라면 휴가 얘기 꺼내는 것이 결코 쉽지 않을 것이다.

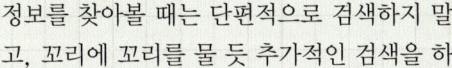 아는 만큼 보이고, 보는 만큼 즐거운 여행이 된다

여행을 준비할 때 시간이 없더라도 최소 가이드북 한 권쯤은 제대로 읽고 출발하는 것이 좋다. 최소한 내가 여행할 곳이 어떤 곳인지는 대충이라도 알고 가야 한다. 책이 없다면 인터넷을 통해 필요로 하는 정보를 검색해보는 것도 좋은 방법이다. 블로그나 카페를 통해 내가 가고자 하는 여행지를 간접적으로나마 미리 선배 여행자들의 경험을 통해 시뮬레이션 해보는 것이다.

정보를 찾아볼 때는 단편적으로 검색하지 말고, 꼬리에 꼬리를 물 듯 추가적인 검색을 하는 것이 좋다. 예를 들어 '홍콩의 템플스트리트 야시장에 가면 잡다한 물건을 팔겠지?'라고 검색을 끝내기 보다는 이곳과 더불어 둘러볼만한 주변 여행지가 더 있는지, 괜찮은 맛집은 근방 어디에 있는지까지 검색해보라는 것이다. 그러다보면 배짱이가 추천하는 템플스트리트 야시장의 스파이시크랩 음식점도 찾아낼 수 있을 것이다.

필자는 해외여행을 많이 했지만 처음 가는 여행지라면 역시 초보 여행자일 뿐이다. 그럼에도 남들보다 더 알찬 정보를 블로그를 통해 전달할 수 있었던 것은 끊임없이 스스로에게 질문을 하면서 하나씩하나씩 궁금증을 해결해나갔기 때문이다.

여행 일정은 부탁하지 말고 직접 계획하라

몇 년간 블로그를 운영하다보니 여행일정을 짜달라는 분을 심심찮게 보게 된다. 이미 계획한 여행에 대한 피드백은 조언을 아끼지 않았지만 처음부터 다짜고짜 여행일정을 짜달라는 요구엔 지금껏 답변을 해준 적이 없다. 질문을 한 사람을 무시해서도 아니고, 시간을 내기 어려워서도 아니다. 여행이란 무엇인가? 나를 위한 것이 아닌가? 그렇다면 자기 여행 스타일에 맞게 여행일정을 스스로 계획하는 것이 올바르기 때문이다.

사람마다 좋아하는 이상형이 다르듯 여행의 스타일도 제각각이므로 자칫 일정 전체를 누군가가 짜준다면 자신과 맞지 않아 그 여행은 좋지 않은 추억으로 남을 수도 있다. 가보지도 않은 곳의 여행일정을 제대로 짠다는 것은 결코 쉽지 않은 일이다. 하지만 다양한 채널을 이용하여 여행지에 대한 정보를 수집하고, 분석하여 자신에 맞게 일정을 계획한다면 스스로 만족할 수 있는 뜻 깊은 여행이 될 것이다.

여행 중에 실행할 미션을 스스로 만들어보자

특별한 추억을 만들고 싶다면 여행을 떠나기 전 여행지에서 꼭 해야 할, 또는 꼭 해보고 싶은 미션을 정해보자. 필자의 경우 도쿄 메이지 신궁 마당 한가운데에서 태극기를 가슴에 대고 촬영하기, 혼자서 멋들어지게 맥주 마시기, 현지인 식당에서 현지인처럼 음식 먹어보기, 기내에서 와인 마시기 등 다양하지만 소소한 미션들을 스스로 정하고 이를 실행하면서 여행을 나름대로 즐기려고 노력했었다. 대단한 미션이 아닌 본인에게 남들이 생각지 못한 일이나 소소한 미션을 만들어 도전해본다면 그것만큼 기억에 남고 뿌듯한 일이 없을 것이다. 또한 미션을 성취했을 때 자신감도 생겨 이후 여행의 즐거움은 배가 된다.

세계 공용어는 보디랭귀지이다

여러 나라를 여행하는 필자를 보고 영어, 일어, 중국어 도대체 몇 개 국어나 하냐고, 대단한 사람으로 보는 이들도 간혹 있다. 결론부터 얘기하면 안타깝게도 필자는 한국어를 빼고 제대로 소통할 수 있는 외국어 능력을 따로 갖추지는 못했다. 그런데도 해외여행은 소통에 대한 걱정보다는 늘 설렘이 앞선다.

뉴칼레도니아에서 집으로 초대해준 부부

영어나 현지어를 못한다고 아예 한 걸음 물러나 해외여행 자체를 포기하는 사람도 있다. 하지만 해외여행은 외국어를 못한다고 해도 걱정할 필요가 없다. 외국어 실력은 어디까지나 여행의 보조수단일 뿐 필수조건이 아니기 때문이다. 실제 다급한 상황이 되면 아는 단어 몇 개와 보디랭귀지만으로도 얼마든지 자신의 의사를 전달할 수 있다. 사람이 사는 곳은 세계 어디나 비슷하므로 몸짓과 간단한 단어만으로 자신의 의사를 충분히 표현할 수 있다는 말이다. 여행지를 찾아갈 때도 현지어가 어렵다면 가이드북을 보여주며 단어로 묻거나 포켓용 해외여행책자 하나를 따로 준비한다면 좀더 쉽게 목적지를 찾아갈 수 있다.

일데빵에서 만났던 모자

사실 여행 중에 현지어나 영어를 한 마디도 안 쓰고 다닐 수는 없을 것이다. 하지만 대부분 반복되는 말이거나 가벼운 인사말 정도이므로 숙소에서 나가기 전 필요한 단어나 여행지 정보를 가이드북이나 메모장에 기록해두면 도움이 된다. 특히 영어권 국가가 아니라면 현지어 몇 마디가 여행에 뜻하지 않은 즐거움을 줄 때가 많다. 영어나 현지어로 말할 때에는 잘하지 못하는 것이 당연한 것이라 생각하고 절대 주눅 들지 말고 배짱 두둑하게 얘기하는 것이 중요하다.

고속철도에서 만났던 타이베이 대학생

여행을 위한 준비, 여행 통장 그리고 이벤트

필자가 해외여행을 자주 할 수 있게 된 직접적인 계기는 단 한 장의 항공권이었다. 큰 생각 없이 우연히 응모한 이벤트에 당첨이 되면서, 그 이후 좀더 많은 이벤트, 여행사 패널에 도전하게 되면서 실제로 큰 비용 부담 없이 해외여행을 다녀올 수 있었다. 해외여행을 자주 가는 블로그 이웃들을 보면 이벤트뿐만 아니라 공모전, 기업원정대 등을 통해 자비부담 없이 해외로 나가는 분들도 많이 있다. 이벤트만을 운영하는 사이트를 통해 이러한 정보를 얻을 수 있으니 수시로 체크해보면서 도전해보는 것도 좋은 생각이다.

물론 처음 해외여행만큼은 자비로 가서 이벤트에 응모할 수 있는 얘깃거리를 만들어 보는 것이 중요하다. 남들과 차별화된 자신만의 여행을 즐길 수 있다면 이벤트 응모 시 당첨될 확률이 좀더 가까이 다가올 것이다. 하지만 이건 어디까지나 당첨 운이 따라줘야 하는 법. 정말 가고 싶은 여행이라면 불필요한 소비를 줄이고 일정 금액을 모아서 해외여행을 계획해보자. 여행지를 정하고 여행경비에 맞춰 예산을 책정한 뒤 여행 준비 통장을 마련하는 것이다. 또한 직장인들의 13월 보너스 연말정산 소득공제도 여행자금으로 활용하기에는 안성맞춤이다.

요즘 저가항공사들이 공격적인 마케팅을 하면서 다양한 프로모션을 통해 최저가 항공권을 내놓는 경우가 많으므로 수시로 체크해보는 것도 중요하다. 봉급을 받는 직장인들은 나오는 돈이 너무 뻔하다. 진심으로 여행을 가고 싶다면 '기회를 내 것으로 만들 수 있어야 하고, 계획을 세워 하나씩 준비해 들어가는 지혜가 필요하다.'

🧳 열린 생각으로 세상을 바라보자

여행자에게 가장 필요한 덕목 중에 하나는 현지인을 바라보는 오픈마인드이다. 국내만 보더라도 지역 색이 있어 지방마다 인심도 다르고, 정을 표현하는 방법도 조금씩 다르다. 하물며 우리나라가 아닌 외국을 방문한다면 우리와는 완전히 다른 삶의 방식을 가지고 살아가는 사람들을 만나게 될 것이다. 필자 스스로도 여행지에 대한 모습은 간접적으로 경험한 모습이 전부라고 생각했는데 중국 상하이를 여행할 때 비로소 오픈마인드에 대한 고민을 진지하게 시작했었다. 화려한 겉모습 속에 감춰진 서민들의 일상 모습에서 여행이라는 것이 보여주려고 하는 것과 볼 수 있는 것이 다를 수 있다

는 것을 깨달았다. 마음을 열고 그들의 삶을 있는 그대로 바라보고 그 속으로 들어갈 수 있는 마음자세가 바로 오픈마인드이다.

'어떻게 이럴 수 있지?', '모 저런 것을 먹나?' 등과 같이 반감 어린 시선으로 바라보면 안 된다. 그들만의 전통과 문화를 존중해주고, 우리와 다른 삶의 방식을 보고 배우면서 때로는 즐겁게, 때로는 엄숙하게 동질감을 가지려고 노력하는 것이 여행에서는 무엇보다 중요하다. 여행자는 이방인으로서의 배려도 누릴 수 있지만, 이방인이기 때문에 배타적인 홀대를 받을 수도 있다. 배려를 받느냐, 배타적인 홀대를 받느냐는 바로 여행자 스스로의 마음가짐에 많이 좌우된다. 여행에서의 오픈마인드는 더욱 편안한 여행과 즐거운 여행을 보장해주는 중요한 연결고리이다. 여행 중에는 웃어라~ 무한 긍정의 에너지가 발산되고 재생산될 것이다.

🧳 혼자만의 여행을 두려워하지 마라

혼자만의 여행은 어찌 보면 외로운 여행일 수도 있다. 하지만 우리는 살아가면서 이보다 더 큰 외로움을 무수히 겪었거나 겪게 될 것이다. 살면서 자신을 뒤돌아 볼 시간이 없었다면, 아직도 내가 누구인지 잘 모르겠다면 혼자만의 여행을 계획해보는 것도 좋은 생각이다.

필자는 처음으로 혼자 여행을 갈 당시의 벅차 오르던 희열을 아직까지도 잊지 못한다. 두려움도 많았지만 이때 비로소 내 자신을 뒤돌아 볼 수 있는 마음의 여유를 갖게 되었다. 물론 돌아와서는 한결 정리된 생각으로 달라진 태도에 스스로 놀라기도 했다. 무엇보다 자신감이 충만해졌다는 사실, 이것만으로도 돈으로 살 수 없는 값진 걸 얻을 수 있었다.

해외여행에 모범 답안이란 없다

여행을 잘하려면 어떻게 해야 하나? 아주 난감한 질문 같으면서 어찌 보면 고민할 필요도 없는 질문이기도 하다. 그렇다! 답은 하나다. 그저 여행 자체를 즐기면 되는 것이다. 즐긴다는 말 그대로 즐겁게 여행지를 돌아다니면서 먹고 싶을 때 먹고, 쉬고 싶을 때 쉬면 되는 것이다.

똑같은 휴양지를 가더라도 하루가 짧을 정도로 액티비티를 즐기는 사람이 있는 반면 아무것도 하지 않으면서 리조트에서 여유롭게 책도 보면서 편히 쉬는 사람도 있다. 이 둘을 두고 어떤 사람이 더 멋진 여행을 즐겼다고 단적으로 말할 수는 없다. 그들이 얼마만큼 여행을 스스로 만족하고 즐겼느냐가 더 중요한 문제이기 때문이다. 잊을 수 없는 최고의 여행이 되는 것도 여행 자체를 아예 망쳐버리는 것도 결국 여행자 스스로의 몫이다. 어느 누구도 스스로의 여행을 대신해줄 수는 없는 것이다.

🧳 배짱 두둑하게 즐겨라!

처음 블로그를 운영할 때 생각은 초보여행자나 자유여행을 떠나는 사람들이 필자처럼 배짱 두둑하게 여행 자체를 즐겼으면 좋겠다는 마음뿐이었다. 여행은 자신이 노력하기에 따라 지금껏 잊고 살던 또 다른 자신을 발견할 수 있는 기회를 만들어 준다. 여행지 현지인이 운영하는 식당에서 밥 먹는 것조차 두려워 한 발짝 물러선다면 여행에서 느낄 수 있는 커다란 즐거움 중의 하나를 잃는 것과 같다.

간혹 주변 사람들 중에 영어나 현지어를 못해서 해외여행을 못 간다는 말을 들을 때면 참으로 안타깝고, 열변을 토해서라도 그렇지 않다는 사실을 꼭 이해시켜 주고 싶다. 대화가 통하지 않을까 두려워 여행을 가지 못하는 것만큼 어리석은 사람은 없을 것이다. 도전하라! 필자처럼 평범한 사람도 두려움보다는 새로운 세상에 대한 기대를 안고 여행 자체를 배짱 두둑하게 즐기고 있지 않은가. 이런 생각과 여행하는 실제 모습을 여과 없이 많은 사람들에게 보여주고, 보는 이들도 필자처럼 느끼길 바랄 뿐이다. 여행! 이왕 가는 거라면 배짱 두둑하게 즐겨보자.

Section 02
해외여행의 시작은 여권과 비자발급부터

국내여행은 주민등록증만으로 자신의 신분을 증명할 수 있지만, 해외여행에서는 여권이 주민등록증을 대신하게 된다. 여권은 비행기를 탈 때뿐만 아니라 숙소나 렌터카 등 자신의 신분을 증명해야 할 경우에는 반드시 필요하다. 또한 해외여행을 하려면 해당 국가로부터 체류할 수 있는 허가를 받아야 하는데, 이를 비자라 하고 국가에 따라 비자가 면제되거나 체류기간이 다르게 설정되어 있다.

여권에 관한 정보

여권은 1년에 1회 외국여행을 할 수 있는 단수여권과 유효기간 만료일까지 횟수에 제한 없이 외국여행을 할 수 있는 복수여권이 있다. 해외여행 시 여권을 사용하려면 최소 유효기간이 6개월 이상 남아 있어야 하므로 여행을 준비할 때 이 부분도 꼼꼼히 확인해야 한다. 여권은 종류에 따라 유효기간과 발급 수수료가 다른데 다음 표를 참고하자.

구분			발급 수수료+국제교류기여금	
			국내	재외공관
복수여권	5년 초과, 10년 이내		53,000원	53달러
	5년	만 8세 이상~18세 미만	45,000원	45달러
		만 8세 미만	33,000원	33달러
	5년 미만(20~24세 병역 미필자)		15,000원	15달러
단수여권	1년 이내		20,000원	20달러

※ 2014년 4월부터 사증란이 48쪽에서 24쪽으로 줄어든 알뜰여권(3,000원 인하)이 발급되고 있다.

여권을 발급받으려면 여권발급 신청서 1부(소정약식 창구 비치), 신분증(주민등록증, 운전면허증, 공무원증, 군인신분증), 여권용 사진 2매를 미리 준비해야 한다. 여권용 사진은 귀가 보여야 하며, 흰색 배경 등 몇 가지 조건이 있으므로 외교통상부 홈페이지를 참고하여 촬영하자. 여권 발급은 여권발급기관(www.passport.go.kr)에서 신청해야 하며 특별한 결격사유가 없는 한 보통 4일 이내에 발급된다.

여권은 해외에서 본인을 증명할 수 있는 증명서이므로 철저한 관리가 필요하다. 따로 가지고 다니지 않을 때는 호텔 금고에 보관하거나 프런트에 맡길 수 있다. 또한 지니고 다녀야 할 때에는 가장 안전한 곳에 보관하는 것이 좋다. 복대 등을 이용하여 소매치기 등으로 인한 피해를 줄일 수 있다. 만약 해외여행 중 여권을 분실했을 경우 가까운 대사관이나 총영사관에 여권 분실 신고를 하고 여행증명서나 단수여권을 발급받으면 된다. 이런 경우에 대비하여 여권용 사진 2매와 여권 복사본은 별도로 준비해가자.

비자 발급 정보

비자는 여행하는 국가에서 입국을 허가해 주는 일종의 증명서로 여권 다음으로 중요하다. 반드시 해당 국가의 비자 유무를 사전에 확인하여, 비자가 필요한 국가라면 요구하는 구비서류를 준비하여 발급 받도록 하자. 최근 우리나라는 많은 나라들과 비자 면제 협정을 맺고 있어서 단기 여행이라면 무비자로 여행할 수 있다. 하지만 중국, 인도네시아 등의 국가는 비자가 필요함으로 국내에서 미리 발급 가능한지, 현지 공항에서 발급받는지 자세히 알고 준비해야 한다.

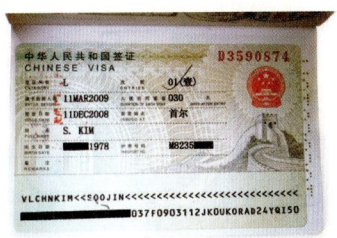

구분	국가 또는 도시	비자 기간	기타 내용
무비자	타이완	90일 무비자	여권 잔여 유효기간 – 6개월 이상
	괌	45일 무비자	비자 면제 프로그램 Visa Waiver Program 적용
	홍콩	90일 무비자	여권 잔여 유효기간 – 1달 + 체류기간
	싱가포르	90일 무비자	여권 잔여 유효기간 – 6개월 이상
	도쿄	90일 무비자	여권 잔여 유효기간 – 여행에 필요한 충분한 기간
	세부	30일 무비자	여권 잔여 유효기간 – 6개월 이상, 왕복항공권 소지
	보라카이	30일 무비자	여권 잔여 유효기간 – 6개월 이상, 왕복항공권 소지
비자	상하이	비자	단수 30일, 단수 90일, 더블비자(6개월 안에 2회 입국 가능, 30일 체류) 등 다양한 형태로 비자를 발급 받을 수 있다. 보통 3박 4일 소요
	칭다오		

앞의 표에서는 이 책에서 소개되는 국가나 도시만을 대상으로 간략하게 정리한 것이다. 이외의 비자정보가 필요하다면 외교통상부 홈페이지에서 각국 비자정보를 확인할 수 있다. 비자 정보는 수시로 변경될 수 있으므로 여행을 계획할 때, 출국 전에 반드시 다시 한 번 확인해보는 것이 좋다.

Section 03
항공권 및 숙소 예약하기

여행지와 여행 일정을 결정했다면 그에 맞춰 항공권과 숙소를 예약해야 한다. 항공권은 출발시점이나 구입시점에 따라 가격이 천차만별이며, 숙소의 경우에도 미리미리 준비한다면 저렴한 가격으로 만족스러운 숙박을 즐길 수 있다. 최저가의 항공권이나 숙박업소를 찾는 것은 상당히 번거롭고, 귀찮은 일이지만 관심을 갖는다면 그만큼 저렴하게 여행을 다녀올 수 있다.

항공권 예약하기

직장을 다니면서 저렴한 항공권을 구입하기란 쉽지 않다. 동일한 노선일지라도 주말이나 성수기에는 항공료가 비싸지기 때문이다. 그러므로 직장을 다니면서 저렴한 해외여행을 원한다면 좀더 부지런을 떨어야 한다. 휴가 기간에 맞춰 항공권을 잡아야 하는 경우라면 어쩔 수 없지만, 항공권 날짜에 맞춰 휴가를 낼 수 있다면 남들보다 조금 더 서둘러 항공권을 최대한 빨리 예약하는 것이 좋다. 예약할 때 가격이 미정이라도 과거 항공권 가격을 참고하여 저렴했던 곳으로 항공권을 예약하는 것도 방법이다.

인터파크투어 홈페이지(tour.interpark.com)

최저가 항공권을 찾기 위해서는 항공사나 여행사의 항공권예약 사이트를 검색하여 가격 비교를 해봐야 한다. 때때로 항공사나 여행사에서 진행하는 항공권 프로모션도 있을 수 있으므로 공지사항 체크도 빼먹지 말자. 항공권은 여행기간, 특정 시간대, 마일리지 적립 유무 등 제약 조건에 따라 가격이 많이 달라진다.

대한항공 홈페이지(kr.koreanair.com)

급작스럽게 여행을 떠나는 경우라면 땡처리 항공권도 노려볼만하다. 땡처리는 여행사에서 미리 확보한 항공권을 출발일이 다가오도록 판매하지 못한 경우 저렴하게 시장에 내놓는 경우이다. 그러므로 출발일이 당장 내일이나 모레일 수 있고, 나오는 기간도 예측할 수가 없다. 땡처리 항공권은 땡처리닷컴이나 땡처리항공닷컴에서 수시로 확인할 수 있다.

땡처리닷컴 홈페이지(www.072.com)   땡처리항공닷컴 홈페이지(072air.com)

연말, 명절, 공휴일, 휴가 시즌 같은 성수기에는 항공권 좌석 확보가 쉽지 않으므로 최소 3개월 전에 미리 구매하는 것이 좋으며, 실제 이렇게 서둘러도 예매보다는 '대기' 상태로 기다리는 경우도 많다. 항공권을 구입한 후 취소하는 경우에는 취소 수수료가 별도 부과되므로 결재할 때는 항상 신중하게 생각해야 한다.

항공권 예약사이트	사이트 주소	항공사	사이트 주소
인터파크투어	tour.interpark.com	대한항공	kr.koreanair.com
모두투어	www.modetour.com	아시아나항공	flyasiana.com
투어익스프레스	www.tourexpress.com	제주항공	www.jejuair.net
웹투어	www.webtour.com	진에어	www.jinair.com
하나투어	www.hanatour.com	에어부산	www.airbusan.com
지마켓투어	tour.gmarket.co.kr	이스타항공	www.eastarjet.com
여행박사	www.tourbaksa.com	티웨이항공	www.twayair.com
투어자키	www.tourjockey.com	필리핀항공	www.philippineair.co.kr
스카이스캐너	www.skyscanner.co.kr	세부퍼시픽	www.tourjockey.com
		에어아시아	www.airasia.com/kr/ko/home.page
		스쿠트항공	www.flyscoot.com
		캐세이패시픽 항공	www.cathaypacific.com

 숙소 예약하기

항공권을 해결했으면 그 다음 절차는 숙소 예약이다. 당연한 얘기겠지만 숙소는 최적의 위치와 시설대비 저렴한 가격을 찾아 결정하는 것이 좋다. 숙소의 종류에는 민박, 유스호스텔, 모텔, 호텔 등이 있으며, 객실도 도미토리, 싱글, 트윈, 더블 등 형태에 따라 숙박 가격이 천차만별이다. 호텔사이트에서는 그럴싸하게 포장하여 안내하는 경우가 많으므로 숙소를 결정할 때는 해당 숙소 후기도 관심 있게 살펴보고 결정해야 한다.

호텔 사이트에서 판매되지 않는 민박, 모텔 등은 검색으로 직접 해당 사이트 게시판, 이메일 등을 이용하여 예약할 수 있다. 호텔은 등급에 따라 별 1개짜리부터 5개짜리짜리까지 매우 다양하다. 일반적으로 단기 여행에서는 별 2~3개짜리 호텔에서 많이 묵게 되지만 같은 등급이라도, 시설 차이가 있으므로 온라인을 통해 사전에 잘 살펴보는 것이 중요하다. 또한 호텔은 보증금을 요구하는 경우가 있으므로 현금이나 해외에서 사용가능한 VISA, MASTER 등의 신용카드를 준비해야 한다. 체크인할 때 지불한 보증금은 아무런 문제가 없다면 체크아웃할 때 현금을 돌려받거나 카드 취소 처리를 해준다.

익스피디아 홈페이지(www.expedia.co.kr)   호스텔월드 홈페이지(www.korean.hostelworld.com)

호텔 예약 전문 사이트	홈페이지 주소
익스피디아	www.expedia.co.kr
호스텔월드	www.korean.hostelworld.com
호텔패스	www.hotelpass.com
오마이호텔	www.ohmyhotel.com
호텔재팬	www.hoteljapan.com
호텔자바	www.hoteljava.co.kr
호텔스닷컴	kr.hotels.com
부킹닷컴	www.booking.com
호텔엔조이	www.hotelnjoy.com
아고다	www.agoda.co.kr
호스텔타임즈	www.hosteltimes.com/kr
트립어드바이저	www.tripadvisor.co.kr

※ 사이트에 따라 한 번 예약을 완료하면 취소 시 수수료가 부과되거나 환불 자체가 되지 않는 경우도 있으므로 예약 전에는 항상 신중해야 한다.

호텔이 아닌 일반적인 숙소나 유스호스텔 등을 이용할 때는 온라인 평가를 더더욱 세심히 살펴볼 필요가 있다. 또한 다소 고생스럽더라도 현지에서 발품을 판다면 저렴한 가격에 만족할만한 숙소를 찾을 수도 있다. 여럿이 묵는 숙소를 이용할 때는 용어도 관심 있게 살펴야 한다.

> 4Bed female dorm ensuite(여자 4명이 자는 도미토리 방, 개인 프라이버시가 어느 정도 보장되는 방으로 화장실도 별도로 있다.)
>
> 4Bed Private ensuite(총 4명이 잘 수 있으며 이 방을 통째로 빌린다는 의미이므로 2~3명이 이 방을 쓰더라도 그 방에 책정된 요금을 다 내야 한다.)

영어로 소통하는 것이 어렵지만 현지에서 유용한 여행정보를 얻고 싶은 여행자라면 한인민박을 추천한다. 한인민박은 호텔보다 저렴하면서 내 집처럼 편히 쉴 수 있고,

한국 여행자를 위한 맞춤 편의시설을 갖춘 곳이 많아 선호되는 추세이다. 민박과 관련된 전문 사이트를 통해서 알아보는 방법과 '홍콩 한인민박' '싱가포르 한인민박' 식으로 여행지 한인민박을 검색하면 해당 민박집과 많은 후기들을 참조할 수 있으므로 충분히 검토하고 결정한다.

민박다나와 홈페이지(www.minbakdanawa.com)

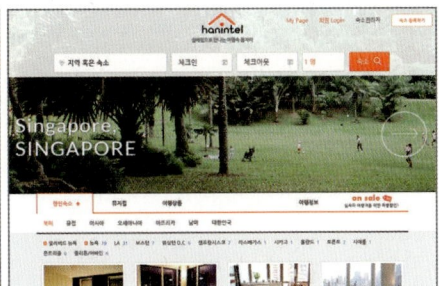
한인텔 홈페이지(www.hanintel.com)

민박 검색 사이트	홈페이지 주소
월드민박예약센터	whbcenter.com
민박다나와	www.minbakdanawa.com
한인텔	www.hanintel.com

참고로 항공권과 숙소를 한 번에 해결할 수 있는 에어텔(Airtel)이라는 상품도 있다. 에어텔은 항공과 숙박을 각각 예약하는 것보다 저렴할 경우도 있지만 그렇지 않은 경우도 있으므로 꼼꼼히 비교해보고 선택해야 한다. 2인 이상이 여행을 한다면 고려해 볼만하지만 혼자서 가는 여행이라면 호텔 숙박 시 싱글차지가 부과되어 만만치 않은 금액을 지불해야 하므로 오히려 비싸게 느껴질 것이다.

Section 04
여행정보 수집 및 일정/예산 세우기

항공권과 숙박을 해결했다면 다음으로 떠나고자 하는 여행지에 대한 정보 수집과 그 정보를 바탕으로 일정과 예산을 계획해봐야 한다. 모처럼 떠나는 여행이 좀 더 재미있고 행복하려면 약간의 수고는 감수해야 된다는 것을 꼭 명심하자.

 여행정보 수집하기

여행지가 결정되면 국내여행 가듯이 무작정 일정부터 짜려고 하는 사람도 있다. 하지만 이는 잘못된 접근 방법으로 최소한 여행지가 어떤 역사적 배경을 가졌으며, 볼거리, 먹거리, 즐길거리 등이 무엇이 있는지 알아보고 여행을 계획해야 한다. 필요로 하는 최소한의 여행정보는 해당 국가 관광청 사이트에서 얻을 수 있으며, 더 많은 정보를 원한다면 가이드북이나 인터넷 블로그, 카페 등을 참고해야 한다.

필자의 경우 여행지가 결정되면 가이드북을 구입하여 최소 1~2번 정도 정독하면서 여행지를 충분히 이해하고 가고 싶은 곳들을 선별한다. 그런 후 블로그나 카페 등을 검색하여 추가로 필요한 정보를 습득한다. 이렇게 계속 관심을 가지며 검색하다보면 가이드북에도 소개되지 않는 새로운 곳을 찾아낼 수도 있다.

국가 또는 도시	관광청 홈페이지	참고할 만한 블로그나 카페
타이완	www.tourtaiwan.or.kr	대만손들어(cafe.daum.net/taiwan) 즐거운 대만여행(cafe.naver.com/taiwantour)
괌	www.welcometoguam.co.kr	괌 자유여행 길라잡이 카페(cafe.naver.com/guamfree)
홍콩	www.discoverhongkong.com/kor	포에버홍콩(cafe.naver.com/foreverhk) 정대리의 홍콩이야기(blog.naver.com/hktb1)
싱가포르	www.yoursingapore.com	싱가폴 사랑(cafe.naver.com/singaporelove) 멀리가 전하는 싱가포르 이야기(cafe.naver.com/yoursingapore)
도쿄	www.welcometojapan.or.kr	네일동(cafe.naver.com/jpnstory.cafe) J여동(cafe.daum.net/japanricky)
상하이	www.shanghaitrip.net/	중여동(cafe.daum.net/chinacommunity)
보라카이, 세부	www.wowphilippines.or.kr	온필(www.onfill.com)
칭다오	www.sdta.cn	알짜배기청도여행(cafe.naver.com/tdhouse1)
종합적인 여행정보	아쿠아(aq.co.kr) / 김치군의 내 여행은 여전히 ing(www.kimchi39.com)	

괌 관광청 홈페이지(www.welcometoguam.co.kr)   다음 일본여행카페 J여동 홈페이지(cafe.daum.net/japanricky)

🧳 일정 짜기 및 예산 세우기

일정을 짤 때는 절대 무리하게 잡으면 여행을 망치기 십상이므로 가급적 여유를 가지고 짜는 것이 좋다. 또한 시간을 넉넉하게 짤 때에는 남는 시간에 둘러볼 수 있는 주변 여행지 1~2곳을 미리 추가해두면 시간을 허비하지 않고 제대로 여행을 즐길 수 있다. 수집된 정보를 바탕으로 해당 여행지까지 이동하는 교통비부터 입장료, 주변 맛집 등을 세세하게 조사해두면 그만큼 불필요한 지출이나 시간낭비를 줄일 수 있게 되는 것이다.

교통이 발달된 여행지라면 역을 중심으로 동선을 직접 그려보는 것이 중요하다. 특히 짧은 여정에 많은 곳을 보고, 즐기고 싶다면 출발 전에 미리 동선 시뮬레이션을 충분히 해보는 것이 그만큼 유리하다. 동선을 계획했으면 동선에 맞춰 해당 관광지의 입장료, 교통비, 음식점의 대략 평균 금액을 검색하여 하루 동안 사용할 금액을 뽑아보자. 이를 토대로 전체 일정을 잡으면 총 여행 예산을 책정할 수 있다. 실제 여행에서는 생각지 못한 지출도 발생할 수 있으므로 책정된 예산보다 대략 10~20만 원 정도의 비상금이나 신용카드를 챙겨두는 것이 좋다.

Section 05
환전과 해외여행보험

처음 해외여행을 가는 사람이라면 환전과 여행자보험에 크게 관심을 갖지 않는 경우가 많다. 하지만 환전도 관심을 가지면 수수료를 절약할 수 있어 작지만 비용을 절약하는 방법이 되고, 해외여행 중 만일에 대비할 수 있는 해외여행보험도 불안한 해외여행에 큰 힘이 될 수 있다.

최적의 환전 방법

사실 국제적인 역학관계로 움직이는 환율은 경제 전문가도 예측하기 힘든 부분이라 환전의 적정 시기는 언제가 좋다라고 단언하기 힘들다. 그래서 여행자들 대부분은 떠나기 하루 전이나 일주일 전에 준비하는 경우가 많다. 결국 일반 여행자라면 환차손익은 머리만 아플 뿐 기대하기 힘들다. 하지만 확실하게 환전에서 비용을 줄일 수 있는 방법이 있다. 바로 환전수수료를 절약하는 방법인데, 이를 잘만 활용하면 크진 않지만 여행 경비에서 몇 천 원, 많게는 1~2만 원까지 절약할 수 있다.

인터넷 검색란에 '환율우대쿠폰'이라 입력하면 많은 할인쿠폰들이 나타난다. 이 중 최적의 환율우대쿠폰을 프린트하여 해당 은행에서 환전을 하게 되면 환전수수료를 할인 받을 수 있다. 환전수수료는 은행과 화폐종류에

80%까지 할인되는 환율우대쿠폰

따라 최대 80%까지 할인을 받을 수 있으므로 여행시점에 잘 검색해봐야 한다. 만일 주거래은행이 있고, 담당자와 친분이 있다면 할인을 좀더 적용해달라는 말에 90%까지 할인을 받을 수도 있다. 참고로 환율우대쿠폰을 사용할 때 간혹 오해가 생기는 부분인데, 환율우대쿠폰은 환율에 적용되는 것이 아니라 현찰 매도환율에서 매매기준율을 뺀 차액을 할인받는 것이므로 오해가 없도록 하자.

외환은행의 외환FXKEB(fx.keb.co.kr)

외환은행의 사이버환전을 이용하여 인터넷으로 환전하는 것도 하나의 방법인데, 환전우대를 받을 수 있고, 따로 은행에 갈 필요도 없이 출국할 때 외환은행 공항점에서 바로 인출할 수 있어 더욱 편리하다. 출발일이 다가오도록 미처 환전하지 못한 경우라면 유용하게 이용할 수 있다.

해외여행을 다녀본 사람이면 한결 같이 얘기하는 것이 공항환전소를 이용하지 말라는 것이다. 첫 해외여행에서는 아무 생각 없이 공항에서 환전을 하게 되지만 시중보다 환율이 높게 책정되므로 어쩔 수 없이 환전해야 하는 경우라도 최소 금액만 환전해야 한다. 여행을 마치고 돌아와서 남는 돈이 미화 가치로 300달러 이상일 경우 우대쿠폰을 챙겨 원화로 환전하는 것이 절약하는 방법이다.

해외여행보험

이제 여행의 필수품이 된 해외여행보험, 여행 도중 우연히 발생하게 되는 각종 상해, 사고, 분실, 납치 등에 대한 종합보험이라 할 수 있다. 즐거운 마음으로 떠난 여행지에서 생각지 못한 사고로 인해 신체적, 물질적 피해를 받는다면 고스란히 자신의 몫이 되는 경우가 많으므로 돈 몇 푼 아낀다고 쉬쉬하지 말고 출발 전에 꼭 가입하도록 하자. 해외여행보험은 각 보험사마다 보장내역이 다르므로 충분히 비교하여 자신에게 필요한 보장내역이 있는지 확인하여 가입해야 한다.

LIG손해보험(www.lig.co.kr)

국내에서 가입할 수 있는 해외여행보험은 국내 보험사뿐만 아니라 해외 보험사들까지 가세하고 있어, 상품의 종류도 매우 다양하다. 여행사를 통한 가입이나 금융회사에서 무료로 가입해주는

삼성화재 해외여행보험

보험에 의존하기 보다는 직접 보험사를 알아보고 따져보면서 가입하는 것이 현명한 가입방법이다. 대표적인 보험사는 다음 표의 내용과 같다.

보험사 이름	홈페이지 주소
LIG손해보험	www.lig.co.kr
현대해상	www.hi.co.kr
삼성화재	www.samsungfire.co.kr
차티스 여행자보험	www.travelguard.co.kr

해외여행보험 가입 후 여행 중에 도난을 당했다면, 현지 경찰서에서 도난(Stolen)신고서를 작성한 후 보험사로 신고해야 한다. 이때는 가급적 정확한 제품명을 기재해야 하며, 일행이 있었다면 대표 1인으로 기재하지 말고 도난당한 일행 모두의 이름을 기재하는 것이 보험사로부터 보상을 받을 때 수월해진다. 또한 신용카드 분실이나 훼손 등을 고려하여 소지한 카드사의 분실신고접수센터 등의 연락처는 미리 체크해 가는 것이 좋다.

Section 06
짐 꾸리기와 면세점 이용하기

출발을 위한 준비들이 하나씩 되고 있다. 이제 설레는 마음으로 내게 필요한 여행 가방을 직접 챙겨보자. 가져가고 싶은 것은 한도 끝도 없겠지만 결국 여행하는 동안 한 번도 쓰지 않을 것도 많으므로 꼭 필요하지 않다면 생략하는 것이 좋다. 또한 모처럼 여행에서 면세점도 알차게 이용해보자. 공항에서 허겁지겁 이용하기 보다는 인터넷으로 이용하는 것이 현명한 방법이다.

짐 꾸리기

짐은 되도록 꼭 필요한 것 위주로 양이 적을수록 좋으며, 가방을 쌀 때도 옷은 돌돌 말아서 차곡차곡 넣도록 하자. 여행 기간이 그리 길지 않다면 화장품은 샘플 정도만 챙기고, 의류도 동남아 지역은 저렴하므로 현지에서 구입해 입어보는 것도 여행의 기분을 한결 고조시킬 뿐 아니라 짐을 줄일 수 있는 좋은 방법이다.

짐을 꾸릴 때는 다음 표의 체크리스트를 참고하여 하나하나 따져보면서 빠짐없이 챙겨야 한다. 여행 중 필요로 하는 물품은 여행자에 따라 달라질 수 있으므로 자신의 상황을 우선으로 필요한 짐을 챙겨야 한다.

항목	내용	준비여부
여권	6개월 이상 만료일이 남은 여권과 비자(해당 국가의 비자 정보를 반드시 확인하여 필요한 경우 사전에 승인받아야 한다.)	
항공권	여행지로 가기 위한 티켓.	
현지화폐/한국 돈	여행지의 현지화폐를 미리 환전해두자. 필리핀은 USD100, USD50 고액 미화로 준비하여 현지에서 환전하는 것이 이득이다.	
각종 증명서 사본	모든 서류는 만일을 대비하여 복사본을 준비해 별도로 보관하자. 만일의 경우에 대비하여 여권용 사진 2매도 챙겨두고, 면세점을 이용했다면 면세점교환증도 챙겨두자.	

연락처와 바우처	한국의 긴급 연락처 및 현지 숙소 등의 연락처를 꼭 메모하여 두자. 또한 국내에서 미리 예약한 것이 있다면 바우처도 꼭 출력해야 한다.
의류	속옷, 바지(긴바지 or 반바지), 티셔츠(반팔티셔츠 or 긴팔티셔츠), 카디건(여름이라도 쇼핑센터 등은 상당히 춥기 때문에 가볍게 입을 수 있는 것으로 준비하자.), 재킷(겨울이라면 따로 여러 벌 챙기지 말고 따뜻한 외투로 한 벌 정도만 챙겨가자.), 트레이닝복, 양말
세안 & 화장품	화장품, 샴푸, 린스, 칫솔, 치약, 목욕타월, 바디샴푸, 빗, 비누, 면봉, 세안크림, 수건, 자외선 차단제, 물티슈, 티슈 등 ※ 호텔에 투숙하는 경우에는 샴푸, 린스, 바디샴푸, 비누 등이 구비되어 있으므로 생략해도 된다.
상비약	해열·진통·소염제, 살균소독제, 일회용밴드·거즈, 지사제·소화제, 모기 기피제, 멀미약, 종합감기약·만성질환약(필요한 여행자는 반드시 챙겨야 한다.)
생리대	최소 필요 양을 준비하고 부족하다면 현지에서 구입하자. 하지만 국내보다 질이 떨어지는 경우가 많으므로 민감하다면 두둑이 챙겨가야 한다.
충전기	휴대폰, 카메라, 노트북 등 충전이 필요한 전자 제품의 충전기를 준비하자. 또한 멀티플러그 및 어댑터도 여행지 전력방식에 맞춰 구비해두는 것이 좋다.
카메라	카메라의 이상 유무 체크, 메모리카드, 충전기, 사진을 백업할 수 있는 노트북이나 백업장치, 외장하드, 필름 등
필기도구	간단히 기록할 수 있는 노트나 펜도 준비하자.
신용카드&비상금	호텔 보증금으로 이용하거나 만일을 대비해서 해외 이용이 가능한 VISA, MASTER 카드 중 하나를 준비해두는 것이 좋다.
가이드북&여행관련파일	가이드북이나 여행지 관련 프린트 물을 챙겨서 원하는 일정대로 체크하면서 다니자.
휴양지를 갈 경우	필요에 따라 챙겨가야 한다.(아쿠아슈즈, 샌들, 수영복, 물안경, 해변용 의류, 모자, 선글라스, 지퍼백 등)
기타	그 밖에 필요에 따라 컵라면, 젓가락, 안경(여유분), 삼각대, 계산기, 책, 반짇고리, 맥가이버칼, 고추장, 1회용 커피믹스&녹차, 국제전화카드, 시계, 우산, 손목시계, 알람시계, 수건 등도 따져보고 챙겨가도록 하자.

인터넷 면세점 이용하기

면세점을 이용하는 방법은 다양하다. 가장 일반적인 것이 공항이나 기내 면세점을 이용하는 것이며, 여행을 좀 다녀본 사람이라면 면세점 이용도 여행의 중요한 일정 중의 하나로 보고 시내 면세점이나 인터넷 면세점을 통해 필요한 상품을 저렴하게 구입하는 기회로 삼는 경우도 많다.

특히 인터넷 면세점은 시내나 공항 면세점을 이용하는 것보다 할인이나 각종 쿠폰 등을 이용하면 상품을 더욱 저렴하게 구입할 수 있는 장점이 있다. 면세점이라 하여 세금이 전부 면제되는 것이 아니다. 출국할 때 내국인 구매한도는 1인당 미화 $3,000(국산품 미포함)이며, 입국할 때는 출국할 때 구입한 물품과 해외에서 구입한 물품을 모두 포함하여 1인당 미화 $600까지만 면세 혜택이 가능하다. 그러므로 미화 $600을 초과한다면 세관에 신고한 후 세금을 납부해야 한다. 자진신고를 하지 않을 경우 30%의 가산세가 부과되거나 관세법에 따라 처벌을 받는다.

인터넷 면세점은 다음 표와 같이 다양하며, 해당 홈페이지를 검색하여 상품을 구매할 수 있다. 같은 상품이라 해도 면세점별로 할인 폭이나 이용할 수 있는 쿠폰의 종류가 다르므로 구매 전에 반드시 비교검색해보는 것이 알뜰 쇼핑의 요령이다.

롯데면세점 홈페이지(www.lottedfs.com)   JDC면세점 홈페이지(www.jdcdutyfree.com)

인터넷 면세점	홈페이지 주소
롯데면세점	www.lottedfs.com
신라면세점	www.shilladfs.com
파라다이스면세점	www.paradisemall.co.kr
워커힐면세점	www.skdutyfree.com
JDC면세점	www.jdcdutyfree.com

인터넷 면세점에서 상품을 구입한 후 경우에는 교환권이나 휴대폰 문자로 전송된 교환번호를 꼭 기억해야 한다. 여행 당일 공항 내 해당 면세점 인도장에서 여권과 탑승권을 보여 준 후 교환번호를 확인하면, 구입한 면세품을 인도받을 수 있다.

성수기에는 많은 여행객들로 지체되는 경우가 많으므로 좀 더 일찍 도착하는 것이 좋다. 또한 기내에 반입한 액체물품은 절대 개봉해서는 안 되며, 궁금하더라도 현지에 도착하여 개봉하도록 한다.

Section 07
공항으로 이동 및 출입국 절차

모든 준비가 완료됐다면 이제 기분 좋게 집을 나서면 된다. 해외여행은 설렘만큼이나 두려움도 뒤따르게 되는데, 이번 섹션에서는 국제공항으로 이동하는 방법과 비행기를 타기 위한 출국 절차 등을 간략하게 살펴보기로 한다.

공항으로 이동하기

우리나라의 국제공항은 생각보다 많다. 하지만 김포국제공항을 포함한 대부분의 공항에서는 일본이나 중국, 동남아 일부 국가의 도시로만 취항될 뿐 대부분의 해외 도시는 인천국제공항을 통해서만 출국할 수 있다. 다음 표는 이 책에서 소개하는 여행지 노선을 기준으로 출발공항과 도착공항을 정리한 것이다. 자신이 살고 있는 곳에서 가까운 공항을 이용하는 것이 편하지만 지방의 공항은 항공기 편수가 상대적으로 열악하다는 단점이 있다.

국가/도시	도착 공항 이름	출발공항과 항공사(코드)
타이베이	타이완타오위안국제공항(Taiwan Taoyuan International Airport)	인천국제공항 – 대한항공(KE), 아시아나(OZ), 에바항공(BR), 중화항공(CI), 캐세이패시픽항공(CX), 타이항공(TG), 스쿠트항공(TZ) 김해국제공항 – 에어부산(BX), 부흥항공(GE), 제주항공(7C)
	타이베이쑹산공항 (Taipei Songshan Airport)	김포국제공항 – 에바항공(BR), 중화항공(CI), 이스타항공(ZE), 티웨이항공(TW)
괌	앤토니오B. 원팻국제공항 (Antonio B. Won Pat International Airport)	인천국제공항 – 대한항공(KE), 제주항공(7C), 진에어(LJ), 유나이티드항공(UA) 김해국제공항 – 대한항공(KE), 제주항공(7C)
보라카이	깔리보국제공항 (Kalibo international airport)	인천국제공항 – 필리핀항공(PR), 에어아시아 제스트(Z2) 김해국제공항 – 에어아시아 제스트(Z2)
홍콩	홍콩국제공항 (Hong Kong International Airport)	인천국제공항 – 대한항공(KE), 아시아나(OZ), 제주항공(7C), 진에어(LJ), 캐세이패시픽항공(CX), 타이항공(TG), 홍콩익스프레스 항공(UO) 김해국제공항 – 대한항공(KE), 제주항공(7C), 에어부산(BX), 드래곤에어(KA), 홍콩익스프레스 항공(UO) 제주국제공항 – 드래곤에어(KA)
싱가포르	싱가포르창이국제공항(Singapore Changi International Airport)	인천국제공항 – 대한항공(KE), 아시아나(OZ), 싱가포르항공(SQ), 스쿠트항공(TZ)

도쿄	도쿄나리타국제공항(Tokyo Narita International Airport)	인천국제공항 – 대한항공(KE), 아시아나(OZ), 이스타항공(ZE), 일본항공(JL), ANA항공(NH), 델타항공(DL), 유나이티드항공(UA), 제주항공(7C) 김해국제공항 – 대한항공(KE), 에어부산(BX), 일본항공(JL) 제주국제공항 – 대한항공(KE)
	도쿄하네다국제공항(Tokyo Haneda International Airport)	인천국제공항 – 대한항공(KE), 아시아나(OZ) 김포국제공항 – 대한항공(KE), 아시아나(OZ), 일본항공(JL), ANA항공(NH)
세부	막탄세부국제공항(Mactan-Cebu International Airport)	인천국제공항 – 대한항공(KE), 아시아나항공, 제주항공(7C), 진에어(LJ), 필리핀항공(PR), 세부퍼시픽항공(5J), 에어아시아 제스트(Z2) 김해국제공항 – 대한항공(KE), 에어부산(BX), 세부퍼시픽항공(5J)
상하이	상하이푸둥국제공항(Shanghai Pudong International Airport)	인천국제공항 – 대한항공(KE), 아시아나(OZ), 중국남방항공(CZ), 상하이항공(FM), 중국동방항공(MU) 김해국제공항 – 대한항공(KE), 아시아나(OZ), 상하이항공(FM), 중국동방항공(MU) 대구국제공항 – 중국동방항공(MU) 무안국제공항 – 중국동방항공(MU) 제주국제공항 – 진에어(LJ), 중국동방항공(MU)
	상하이홍차오국제공항(Shanghai Hongqiao International Airport)	김포국제공항 – 대한항공(KE), 아시아나(OZ), 상하이항공(FM), 중국동방항공(MU)
칭다오	칭다오류팅국제공항(Qingdao Liuting International Airport)	인천국제공항 – 대한항공(KE), 아시아나(OZ), 제주항공(7C), 중국국제항공(CA), 중국동방항공(MU), 중국산동항공(SC) 김해국제공항 – 대한항공(KE), 에어부산(BX)

여기서는 많은 사람들이 이용하는 인천국제공항으로 이동하는 교통편을 중심으로 살펴보겠다. 인천국제공항행은 철도나 버스 대부분이 김포국제공항도 경유하므로 참고하면 된다.

공항리무진버스 이용하기

공항까지 이동할 때 가장 많이 이용하는 교통수단은 공항리무진버스이다. 수도권 도심 어디에서나 이용하기 편리하고, 배차 간격도 그리 길지 않으며, 운행시간도 비교적 잘 지켜지는 편이라 이용하기에 좋다. 공항리무진버스는 배차는 많지 않지만 지방의 주요 도시도 운행하므로 지방에 사는 사람도 이용할 수 있다. 출발 전에 자신이 이용하기 좋은 정거장과 운행시간을 미리 체크하여 움직이며, 기다리는 시간도 줄일 수 있다. 특히 공항리무진버스는 비행기 시간에 맞춰 늦게 출입국하는 여행자를 위해 별도로 서울역, 강남고속버스터미널, 영등포역에서 발착하는 심야버스도 운행하므로 참고하자. 다음 표는 공항버스를 이용할 때 한번쯤은 방문해볼 필요가 있는 사이트들이다.

Part 01
해외여행 출발부터 도착까지 알아둘 사항

서울공항리무진버스(www.airportlimousine.co.kr)

경기공항리무진버스(ggairportbus.co.kr)

구분	홈페이지	비고
서울공항리무진버스	www.airportlimousine.co.kr	서울시내 13개 노선의 운행시간, 요금 등을 확인할 수 있다.
서울버스	www.seoulbus.co.kr	서울시내 5개 노선의 운행시간, 요금 등을 확인할 수 있다.
KD운송그룹	www.buspia.co.kr/_airbus	서울시내, 경기, 강원, 충북, 영남권 운행 노선의 시간과 요금 등을 확인할 수 있다.
KAL리무진	www.kallimousine.com	서울시내 호텔행 6개 노선의 운행시간과 요금을 확인할 수 있다.
경기공항리무진버스	ggairportbus.co.kr	수원/안양 노선의 운행시간, 요금 등을 확인할 수 있다.

※ 해당 홈페이지에서 종종 이벤트로 공항버스 할인권이 나오기도 하고, 투어익스프레스(www.tourexpress.com) 회원이면 서울 지역 공항리무진버스 1,000원 할인권을 바로 받을 수 있다.

🧳 공항철도 이용하기

정확하게 시간을 계산하여 움직이는 사람들 한테는 철도가 최선이다. 2014년 6월부터는 수색연결선이 개통되면서 신경의선(문산~용산)과 인천공항철도가 연결되어 부산이나 목포, 광주 등에서도 KTX를 타고 서울역이나 용산역에서 환승할 필요 없이 인천공항까지 바로 KTX로 이동할 수 있어 편리하다.

직통열차는 인터넷으로 예매할 수 있으며, 30~40분 간격으로, 서울역발은 06시 첫차를 시작으로 오후 10시 20분까지 운행하며, 인천국제공항발은 05:20~21:50 운행한다. 일반열차는 서울역발 인천국제공항행은 05시 20분부터 23시 38분까지 수시 운행된다. 운행 소요시간은 직통열차 43분, 일반열차

47

56분 정도 걸리며, 운임은 일반열차 이용 시 성인기준으로 서울역에서 김포공항역까지 1,250원, 인천국제공항역까지는 3,950원, 직통열차는 14,700원이다. 직통열차에 한하여 2015년 말까지 8,000원으로 이용할 수 있다.(대한항공, 아시아나항공, 제주항공 이용객 6,900원 / 4인 이상 동시 이용 시 단체할인 6,000원) 공덕역, 홍대입구역, 디지털미디어시티역에서도 탑승이 가능하며, 공항철도의 운행시간이나 요금, 운행하는 역 등의 정보는 코레일공항철도 홈페이지(www.arex.or.kr)를 통해서 확인할 수 있다.

코레일공항철도 홈페이지

🧳 체크인 및 자동출입국심사

처음 해외여행이라면 공항에 도착해서 무엇부터 해야 할지 난감할 수도 있다. 이런 경우를 대비하여 미리 공항 홈페이지에서 탑승수속이나 출입국 과정을 한 번 훑어보고 가는 것이 좋다.

🛄 탑승수속하기

공항에 도착했으면 우선 탑승할 항공사의 체크인카운터를 찾아 체크인부터 해야 한다. 체크인카운터는 공항별로 항공사마다 다르게 배치되어 있으므로 미리 공항 홈페이지에서 확인해두면 시간을 절약할 수 있다. 최소 2시간 전에 도착하여 체크인을 한다. 체크인 과정은 간단한 과정이지만 사람들이 붐빌 경우에는 자동체크인 키오스크Self Check-in Kiosk를 이용하거나 항공사 웹/모바일를 통해 미리 웹체크인을 활용하는 것도 좋은 방법이다(항공사에 따라 이용여부 다름). 자동체크인은 비자가 없는 국가로 출국할 때만 이용가능하며, 짐이 없는 경우에는 전용카운터를 통해 더욱 빠르게 체크인 과정을 마칠 수 있다. 체크인할 때는 여권과 항공권을 지참하고, 부칠 수화물을 챙겨서 보딩패스와 짐표를 받으면 된다.

공항 이름	홈페이지 주소
인천국제공항	www.airport.kr
김포국제공항	www.airport.co.kr/doc/gimpo
김해국제공항	www.airport.co.kr/doc/gimhae
제주국제공항	www.airport.co.kr/doc/jeju

🧳 보안검색 및 출국심사

탑승수속을 완료했으면, 세관신고서를 작성하여 출국장으로 이동해서 보안검색을 받으면 된다. 세관신고는 고가의 제품이 있는 경우 '휴대물품반출신고(확인)서'를 받아둬야 입국할 때 면세를 받을 수 있다. 보안검색 과정은 휴대한 물품을 보안검색기에 통과시키는 과정으로 특이사항이 없는 경우 금방 끝나게 된다.

보안검색이 끝나면 바로 출국심사를 받을 수 있다. 여기서 기다리는 것이 싫다면 무인 자동출입국심사 서비스를 이용하면 된다. 이 서비스를 이용하려면 사전에 인천공항 3층의 F카운터 부근에 위치한 법무부 자동출입국심

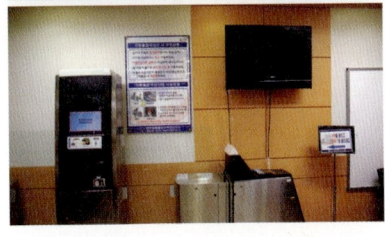

사 등록센터를 방문하여 지문등록 및 사진촬영을 해야 한다. 한 번 등록해두면 여권 유효기간 만료일까지 사용할 수 있으므로 성수기 때 여행을 가거나 해외여행이 잦다면 등록해두는 것이 여러 모로 편리하다. 이용대상은 주민등록증과 여권을 발급 받은 만 14세 이상 내국인과 기업투자 등 전문 직종 외국인만 가능하며, 만 14세~17세 미만일 경우 부모의 동의를 받아야 이용 가능하다.(단수여권 / 무효여권 소지자 제외) 자동출입국 심사 과정은 다음과 같이 이뤄진다.

① 여권의 인적사항면을 펼쳐 판독기에 벨이 울릴 때까지 잠시 누르고 있는다.

② 지문등록을 할 때 사용한 손가락 중 하나를 지문인식기에 올려놓는다.

③ 심사완료 메시지가 나타나면 출구로 나간다.

* 손가락이 건조하여 지문이 인식되지 않을 때는 입김을 불은 후 다시 시도하자. 그래도 실패하면 직원 안내를 받아 일반심사대를 이용해도 된다.

여행 TIP

● ● 군대를 다녀오지 않은 남자라면 병무신고도 체크하자.

만 18세~35세 이하의 대한민국남자(군필자와 제 2국민역 제외)는 출국 전에 반드시 병무신고를 해야 한다. 이때 여권, 국외여행허가증명서, 출국신고서 등이 필요하다. 여행을 마치고 나서는 여권과 귀국신고서를 준비해 귀국 후 30일 이내 공항 병무청신고 사무소나 지방 병무청 민원실에 신고한다.(병무청 www.mma.go.kr)

●● 한눈에 살펴보는 출입국 절차와 주의사항

1. 출국절차

탑승수속 및 수하물 탁송 → 세관신고(여부)→ 보안검색 → 출국심사 → 탑승(항공기 출발 40분 전까지 지정 탑승구로 이동하여 탑승한다)

인천국제공항의 경우 탑승구 1~50번 : 여객터미널에서 항공기 탑승. 탑승구 101~132번 : 셔틀 트레인을 타고 탑승동으로 이동하여 항공기 탑승

- 수하물 탁송 시 카메라, 귀금속류 등 고가품이나 파손되기 쉬운 물품은 직접 휴대하고, 분실을 대비해 이름, 주소, 목적지를 영문으로 작성해 붙여두자.
- 항공사나 좌석 등급별로 수하물 위탁과 항공기 내 반입 수하물 크기와 무게가 다르므로 짐이 많다면 항공사에 미리 확인하자.
- 액체, 젤류 휴대반입 제한 : 용기 1개당 100ml 이하로, 1인당 1L 이하의 지퍼락 비닐봉투 1개만 허용된다.
- 기내에는 라이터 1개까지는 반입이 허용된다.

출국할 때 신고해야 하는 물품
- 입국 시 재반입할 귀중품 및 고가의 물품
- 수출신고가 수리된 물품
- 미화 1만 달러를 초과하는 외화나 원화
- 내국세 환급대상(Tax Refund)물품

2. 입국절차

공항 도착 → 검역 → 입국심사 → 수하물 찾기 → 세관신고 → 입국장

- 입국신고서 작성 시 참고할 내용

항목	설명	기입 예
Family Name/Surname	성	KIM
First(Given)Name	이름	SOOJIN
Date of Birth/Birth Day(DD/MM/YYYY)	생년월일(일/월/년도)	10/10/1980
Nationality/Citizenship	국적	South Korea
Sex(Male/FeMale)	성별(남자/여자)	FeMale
Passport Number/Travel Document No.	여권번호	AB1234567
Date of Issue(DD/MM/YYYY)	여권발급일(일/월/년도)	02/12/2012
Place of Issue/Place and Date of Issue	여권발급지	Seoul
Country of Birth	출생국가	South Korea
Flight No	입국 시 이용한 항공편명	KE123
Occupation	직업	
Address Abroad No/Home Address	한국 내 주소	
Address in XXX(해당국가)/Residence in XXX(해당국가)	해당 국가에서 묵는 숙소	민박 등일 경우 아무 호텔이나 기재한다.
From	출발지	Incheon
Purpose of Travel(Holiday/Pleasure, Convention, Others, Visit Friends /Relatives, Business)	여행목적(여가, 회담, 기타, 친지방문, 사업)	Holiday/Pleasure
Signature of Passenger(Traveller)	서명	
VISA NO.	비자번호	

Section 08
공항라운지 이용 및 비행기 탑승

출국심사를 마치면 이제 비행기를 탑승하기만 하면 된다. 하지만 대체로 탑승 시간까지는 대합실에서 제법 기다려야 하는 불편함이 있다. 남는 시간이라고 이리저리 기웃거리지 말고 어떻게 하면 이 시간을 효율적으로 보낼 수 있는지 살펴보자.

공항라운지 이용하기

공항라운지는 출국심사 후 간단한 식사, 수면, 샤워 등 휴식을 취하면서 탑승 전까지 대기할 수 있는 곳이다. 하지만 모두가 혜택을 누릴 수 있는 것이 아니라 항공편의 비즈니스, 퍼스트 등 상위 클래스이거나 크레디트카드 사용자 중 상위 카드를 보유한 사람 등에 한해서 무료 제공된다. 다행히도 일반인들도 PP카드라 부르는 프라이어리티패스Priority Pass를 가지고 있으면 얼마든지 무료로 이용할 수 있다. PP카드 소유자는 전 세계 400개 도시에 700여 개의 공항에서 VIP 라운지를 이용할 수 있다.

프라이어리티패스는 프라이어리티패스 홈페이지(www.prioritypass.co.kr)에서 독립적으로 발급받을 수 있으며, 카드 사용이 많은 사람이라면 씨티, 외환, 삼성, 신한, BC, 현대 등의 플래티늄Platinum카드에서 프라이어리티패스를 제공받을 수 있다. 단 연회비가 만만치 않으므로 일 년에 5번 이상 해외여행을 가는 사람들에게 추천할 만하다. 일부 카드사에서는 공항라운지 이용에 제한이 있으니 확인하고 발급하도록 한다. 프라이어리티패스로 한국에서 이용할 수 있는 대표적인 라운지는 다음 표와 같다.

공항	라운지 이용 안내
인천국제공항	대한항공 라운지 – 탑승동(06:30~23:55) 아시아나항공 라운지 – 탑승동(06:00~21:00) 허브 라운지 – 메인 터미널(07:00~21:00) 마티나 라운지 – 메인 터미널(07:00~21:00)
김포국제공항	아시아나항공 라운지 – 국내선 터미널(05:00~21:30)
제주국제공항	대한항공 라운지 – 체크인 카운터 옆(06:00~21:20) 아시아나항공 라운지 – 체크인 카운터 옆(06:00~21:00)
김해국제공항	대한항공 라운지 – 국내선 터미널(05:40~20:00), 국제선 터미널(06:00~21:30) 아시아나항공 라운지 – 국내선 터미널(06:00~20:00), 국제선 터미널(06:00~20:00)
대구국제공항	대한항공 라운지 – 국제선 터미널(06:00~20:00)

공항라운지에서는 간단하게 식사를 할 수 있으며, 푹신한 소파에서 TV를 보거나 잡지, 신문 등을 볼 수 있다. 또한 인터넷을 무료로 사용할 수 있고, 샤워시설도 이용할 수 있다. 단기로 해외여행을 즐기는 여행자들이 늘어나면서 퇴근하고 바로 공항으로 이동하거나 입국하자마자 바로 회사로 출근하는 여행자들이 많아졌다. 또한 결혼식을 마치고 시간에 쫓겨 허겁지겁 공항으로 향하는 신혼부부도 많아지면서 대두되기 시작한 것이 공항 내 샤워시설이다.

인천국제공항에서 샤워를 하려면 출국심사를 마친 후 여객터미널 4층의 허브라운지Hub Lounge 앞에 위치한 무료 샤워시설을 이용하면 된다. 독립적으로 샤워시설이 설치되어 있으며 샴푸, 비누 등도 구비되어 있고, 더 필요한 샤워 용품이나 수건 등은 구매할 수 있다. 운영시간은 07:00~22:00까지이다.(운영시간은 변동될 수도 있다.)

늦은 밤 또는 새벽에 입국했다면 인천국제공항 지하 1층에 위치한 스파온에어Spa on air를 이용해보자. 스파온에어는 사우나시설로 개인수면실, 단체실, 마사지숍, 스낵바 등과 가방, 외투 보관 등의 편의시설이 있으며, 연중무휴로 24시간 운영된다. 비용은 다소 비싼 편이지만 너무 늦거나 이른 시간이라면 만족할 만하다. 사우나 주간 06:00~20:00까지는 15,000원(20:00시가 넘으며 추가 요금 5천원)이고, 개인 수면실은 24시간 12,000원, 가방 보관은 사우나 이용 동안은 무료이며 별도로 보관할 시는 1일 1개당 6,000원, 외투 보관은 1일 1벌당 2,000원이다. 스파온에어 032-743-7042

공항면세점 이용하기

공항면세점은 시내면세점이나 인터넷면세점에 비해 할인폭도 작고, 충동구매가 많이 이뤄지는 곳이다. 계획적인 쇼핑을 위해서라도 추천하고 쉽지 않지만 탑승 전까지 지루하다면 시간을 보내기에는 적당한 곳이다. 공항 면세점에서는 인터넷면세점에서는 구매할 수 없는 술이나 담배 같은 상품을 주로 구입하게 된다. 여기서도 최대 할인을 받으려면 안내데스크에서 멤버십카드를 발급받아두는 것이 유용하다.

●● 알아두면 좋은 여행영어

영어에 대해 크게 걱정할 필요는 없다. 굳이 영어를 하지 않아도 간단한 단어, 제스처만으로도 의사소통이 될 수 있다. 아니면 가이드북을 보여주며 물어봐도 된다. 그래도 불안하다면 여행용 영어 포켓북 하나 정도 들고 다니는 것도 좋은 방법이다.

장소	한국어	영어
공항 관련	창(통로)쪽으로 해주세요.	A window(An aisle) seat, please.
	7번 게이트는 어디입니까?	Where is Gate 7?
교통 관련	(장소)에 가는 버스는 몇 번 타면 되나요?	Which number of bus do I have to take to get to(장소)?
	(장소)에 가는 버스는 어디서 타면 되나요?	Where can I take a bus to get(go) to(장소)?
	(장소)는 언제 내리면 되나요?	When do I have to get off the bus to get(go) to(장소)?
	여기가(목적지)입니까?	Is here(목적지)?
	피크트램 편도로 두 장 주세요.	I want to buy two one-way tickets to Peaktram.
	피크트램 왕복으로 두 장 주세요.	I want to buy two round-trip tickets to Peaktram.
	여기는 어떻게 가면 됩니까?(책을 보여주며)	How can I get here?
쇼핑 관련	이 제품보다 작은(큰) 사이즈 있나요?	Do you have any smaller(bigger) size like this?
	이 제품 다른 컬러로 있는지요?	How many colors does it come in?
	영수증을 주세요.	Can I get a receipt?
	계산해주세요.	How much is it altogether?
	할인된 가격입니까?	Is it already a discounted(reduced) price?
	입어 봐도 됩니까?(구두나 신발의 경우에도 사용한다)	Can I try it on?
	교환 또는 환불이 되나요?	Is it possible to refund it or to change it in sizes or colors?
	언제까지 세일하나요?	When does this term of discount end?
	탈의실은 어디죠?	Where is the fitting room? / Can you tell me where the fitting room is?
	너무 비쌉니다.	It is pretty(very) expensive.
식당 관련	여기에서 인기 있는 메뉴는 어떤 건지요?	What is your popular dish(food)?
	음료수는 따로 계산하나요?	Do I have to pay extra money for a drink?
	계산서를 주세요.	I want to have a bill.
	다시 한 번 말해주세요.	Can you say that to me again? / Can you explain it for me again?
	이거랑 이거 주세요.(음식을 손가락으로 가리키면서 말할 때)	I want to take this one and this one.
	물은 무료입니까?	Does drinking water come with my food for free? / Is water free?
	생맥주 한 잔씩 주세요.	I want to have draft beer.
	바로 계산하는 겁니까 아니면 나중에 합니까?	Do I have to pay for that now or later?
	주문했는데 아직까지 나오지 않는군요.	I think we have been waiting for our food for a long time.

장소	한국어	영어
식당 관련	여기서 먹고 가겠습니다.	I want to eat it here.
	아니 괜찮습니다.	No, thanks.
	전망 좋은 자리로 부탁합니다.	I want to have a table with a nice view.
	이 음식 맛있습니까?	Is this good? / Is this delicious?
	저는 이것이 싫습니다. 제 음식에 넣지 말아 주세요.	I don't want(이것) in my food. So I want you not to put(이것) in my food.
	후추(설탕, 소금)좀 가져가 주시겠습니까?	Can you give me some pepper(sugar, salt), please?
	전화로 오늘 저녁식사 예약을 하려고 합니다.	I am calling about making a reservation for dinner today.
	오늘 저녁 7시경 예약 가능합니까?	I want to know if it is possible to have dinner at around 7. / Can I have dinner at around 7?
	오늘 저녁 7시경 창가자리로 예약 가능합니까?	Can I have a table near the windows to view outside during the dinner at around 7 tonight?
	배짱이라는 이름으로 예약했습니다.	I made a reservation under the name of Baejjangi.
호텔 관련	체크인 부탁합니다.	I'd like to check in, please.
	물이 안 나오네요.	I can not use water now.
	고장 났습니다. 새로운 걸로 바꿔주세요.	I think it is broken. Can you change it to new one?
	방이 무척 춥습니다.	My room is very cold.
	에어컨이 고장 났어요. 작동이 안 됩니다.	I think air-conditioning in my room is broken. It is not working.
	택시를 불러 주세요.	Please call a taxi for me.
	이 짐을 맡아 주세요.	Please keep this baggage.
	맡긴 짐을 돌려주세요.	Can I have my baggage back?
	지금 체크아웃하고 싶습니다.	I'd like to check out now.
기타	죄송하지만 영어를 잘 못하니 천천히 말해주세요.	Sorry. My English is not good. Can you say it to me again slowly?
	그래도 이해가 안 됩니다.	So sorry. I don't think I can understand you.
	우리 사진 좀 찍어주시겠어요?	Can you take a picture of us?
	여권을 잃어버렸어요.	I lost my passport.
	한국 대사관이 어디에 있는지 말해 주시겠습니까?	Can you tell me where Korean embassy is?
	어떻게 하면 됩니까?(무엇을 할 때 모를 경우)	What do I have to do now? / What should I do now?
	이거 사용하는데 무료입니까?	Can I use it for free? / Is it free to use it?
	여기서 흡연해도 되나요?	Can I smoke here? / Is here a smoking area?
	여기 들어가도 됩니까?	Can I come in?
	여기서 사진 찍어도 됩니까?	Can I take pictures, here?

Section **09**

휴대폰로밍 VS 현지 유심카드
그리고 애플리케이션

로밍서비스는 한국에서 사용하던 휴대폰을 해외에서도 번호 그대로 사용할 수 있는 서비스이다. 그 편리함 때문에 대부분의 여행자는 해외여행 시 이 서비스를 이용하고 있다. 그러나 잘 모르고 이용하면 생각지도 못한 요금 때문에 즐거웠던 여행 기분을 망칠 수 있으므로 자세히 알고 떠나야 한다.

🧳 쓰던 기기 그대로 사용하는 휴대폰로밍 서비스

휴대폰로밍은 통신사, 기종, 출국 지역 등에 따라 로밍 여부와 서비스 종류가 달라진다. 출국 전 통신사의 고객센터 혹은 공항 로밍센터를 방문하여 서비스 이용안내를 받으면 된다. 해외로밍은 국내와 다른 기준으로 데이터 요금이 부과됨으로 항상 유의해야 한다. 자칫 국내와 같이 사용을 한다면 엄청난 요금폭탄에 기절할지도 모른다. 간단한 안부전화나 급한 통화만 사용하는 것이 현명하며 되도록 SMS(문자)을 이용하는 것이 요금을 절약하는 방법이다.

해외로밍은 수신전화에도 요금이 부과되므로 현재 해외에 있음을 알려주는 로밍 음성 안내 메시지(무료)를 신청하면 불필요한 전화를 사전에 차단할 수 있다. 로밍 요금은 분단위로 부과된다는 것도 알아두자. 1분 1초나 1분 59초 모두 통화 요금은 2분으로 책정된다는 것을 기억해두면 통화를 현명하게 할 수 있다. 로밍 정액제를 이용하면 한도 내에 사용이 가능하고, 그 이상은 사용할 수 없도록 하는 서비스도 있으므로 필요하다면 고객센터로 문의하자.

SK텔레콤 로밍서비스

LG U+ 해외로밍서비스

olleh 로밍

통신사	홈페이지	고객센터
SK텔레콤 로밍서비스	www.sktroaming.com	114, 1599-0011
LG U+ 해외로밍서비스	lguroaming.uplus.co.kr	114, 1544-0010
olleh 로밍	mobile.olleh.com	114, 1588-0010

참고로 국가마다 전압, 플러그 모양이 다를 수 있으므로 출국 전 그에 맞춰 미리 준비해야 하는데, 통신사별로 충전기, 멀티 어댑터 등은 무상으로 대여해 주고 있다.

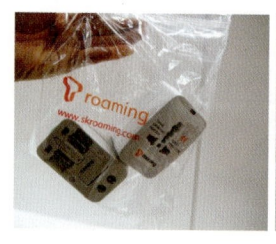 

🧳 자동로밍

국제전화발신금지 서비스를 해제해야 이 서비스를 이용할 수 있다. 자동로밍을 사용할 수 있는지 여부는 휴대폰 기종에 따라 다르므로 미리 확인해야 한다. 해외로밍은 3G(WCDMA/GSM)로 자동로밍서비스가 제공되며, 현재 LTE 단말기는 자동로밍이 불가능하다. 해당 국가에 도착한 후 전원만 껐다 켜도 자동으로 이용이 가능한 서비스다.

🧳 스마트폰 3G 데이터로밍

스마트폰이 점점 일상화되면서 무의식적으로 사용하는 빈도도 높아지고 있다. 이에 따라 해외여행 중에 잘 모르고 국내처럼 사용했다가는 막대한 요금을 감내해야 한다. 스마트폰은 국내에서 무료로 이용하던 콘텐츠들도 해외에서 로밍을 사용하면 불필요한 업데이트에도 데이터로밍 이용요금을 내야 한다. 그러므로 반드시 3G 데이터로밍을 차단해야 하는데, 미리 해외 로밍 시 3G 데이터로밍 차단 서비스(무료)를 신청하거나 차단방법을 알고 있어야 한다.

●● 통신사별 무제한 데이터로밍서비스

1. SKT T로밍데이터 무제한 OnePass
전 세계 주요 123개국 로밍 시 데이터를 무제한으로 이용할 수 있는 가입형 할인 요금제(음성, 영상, SMS 및 MMS, 데이터 정보이용료 제외)이다. 신청한 시각부터 24시간 단위로 적용되며, SKT 홈페이지나 고객상담전화 114 또는 공항 로밍센터에서 신청가능하다.
- T로밍데이터 무제한 OnePass : 1일 9,000원, 3G 데이터 무제한
- T로밍데이터 무제한 OnePass 기간형 : 1일 9,000원, 무제한 데이터로밍(기간설정)

2. KT 데이터로밍 무제한 서비스
전 세계 92개국에서 사용 가능하며, 다양한 요금제를 선택하여 사용할 수 있다. 신청한 시각부터 24시간 단위로 적용되며, KT 홈페이지나 고객상담전화 114 또는 공항 로밍센터에서 신청가능하다.
- 올레 데이터 로밍 무제한 : 1일 10,000원(부가세별도)에 데이터 로밍 무제한 제공
- 데이터로밍 1만원권 : 2주(14일) 동안 10,000원(부가세별도)에 데이터(LTE/3G/GPRS) 10MB까지 이용 가능
- 데이터로밍 3만원권 : 2주(14일) 동안 30,000원(부가세별도)에 데이터(LTE/3G/GPRS) 50MB까지 이용 가능
- 데이터로밍 5만원권 : 홍콩, 싱가포르 등 12개국에서 LTE 가입고객만 이용 가능하며 5일 동안 50,000원(부가세별도)에 데이터(LTE/3G/GPRS) 150MB 이용 가능

3. LG유플러스 데이터로밍
전 세계 85개국에서 사용 가능하며, 무제한 데이터로밍 요금제가 가능한 국가에서 한 번 가입으로 데이터를 무제한 이용 가능하다. 신청한 시각부터 24시간 단위로 적용되며, 유플러스 홈페이지나 고객상담전화 1544-2996 또는 공항 로밍센터에서 신청가능하다.
- 무제한 데이터로밍 : 1일 10,000원(부가세별도)에 데이터 로밍 무제한 제공

아이폰 사용자는 [에어플레인 모드], [데이터 로밍 차단]으로 설정하면 된다. 잘 모르겠다면 돌다리도 두드려 보고 건너는 심정으로 고객센터에 연락하여 정확한 데이터로밍 차단에 대한 안내를 받자. 만일 여행 중에도 스마트폰을 국내처럼 사용하고 싶다면 통신사별로 여행자를 위해 서비스되는 데이터무제한 요금제를 이용하면 된다. 하루 만원 내외의 금액으로 데이터를 무제한으로 이용할 수 있다.

참고로 3G 데이터로밍을 차단하더라도 와이파이를 지원하는 곳에서는 바로 접속이 되므로, 여행 중 카페나 호텔 등에서 접속할 때는 미리 패스워드 등을 파악해두는 것이 좋다. 또한 와이파이가 가능한 곳 어디서나 무료로 카카오톡, 네이버라인 등을 통해 무료 메시지 등을 이용할 수 있다.

🧳 현지 유심카드, 데이터 이용

국내 통신사에서 서비스되는 데이터무제한 요금제의 경우 하루 1만 원이라면 3-4일만 되어도 3~4만 원으로 이용 부담이 클 수밖에 없다. 이 경우에는 현지 유심카드와 데이터를 이용하는 것이 효과적이다. 단, 현지에서 구입한 유심카드를 교체하는 순간, 현지 휴대폰이 된다. 한마디로 기존 휴대폰 번호로 전화 착신, 발신이 안될 뿐 아니라 문자도 할 수 없다. 대신 카카오톡, 라인과 같은

메신저를 이용해서 통화, 메시지를 주고받을 수 있다. 또한 여행하면서 지도 등 다양한 정보 등 체크할 수 있어 유용하다. 보통 1-2만원 이내로 일주일간 데이터 무제한 등 다양한 조건으로 저렴하게 이용할 수 있으니 여행 전, 포털사이트 검색을 통해 사용후기 등을 참고하여 결정하는 것이 좋다.

🧳 저렴한 국제전화카드

휴대폰 로밍서비스를 이용하지 않거나 가지고 다니지 않을 경우에도 국제전화카드를 이용해 해외 공중전화, 무선, 유선전화를 통해 연락할 수 있다. 단, 자동로밍 서비스가 되는 국내 휴대폰을 이용할 경우 별도 로밍요금이 부과되므로 사용하지 말아야 한다. 국제전화카드는 국가별로 저렴한 요금이 책정되는 카드들도 판매되고 있으므로 여행 전에 미리 확인하고 구입하면 된다. 국내-해외, 해외-국내, 해외-해외로 이용이 가능하며 접속 방법을 사전에 알아두는 것이 좋다. 참고로 일부 국가에서는 공중전화에서 이용이 불가능할 수도 있다.

폰카드(www.phonecard.co.kr)

🧳 유용한 여행 애플리케이션

스마트폰 하나로 항공, 숙소 가격비교, 예약 등은 물론 각종 여행정보, 공항의 발착시간, 공항버스 시간, 환율, 여행영어 등 여행과 관련된 다양한 애플리케이션을 이용하여 보다 편리하고 간단하게 이용할 수 있으며 수시로 체크할 수 있어 편리하다.

🧳 트립어드바이저

TripAdvisor는 여행자 리뷰, 사진, 지도를 토대로 다양한 여행정보를 알려주는 앱이다. 전세계 주요 여행지의 호텔, 음식점, 관광명소, 쇼핑, 체험활동 등 원하는 정보를 쉽게 찾을 수 있고 리뷰를 통해 여행자들과 여행 정보를 공유할 수 있다. 호텔의 경우 최저가 비교는 물론 해당 모바일 사이트로 이동되어 바로 예약할 수 있어 편리하다.

네이버 글로벌회화

Naver Global Phrase는 영어, 일어, 중국어를 비롯한 15개의 언어를 지원한다. 여행 시 필요한 기본표현, 공항/비행기, 숙박, 식당, 쇼핑, 교통 등 카테고리별로 구분하여 상황별 다양한 문장을 제공하고 있어 편리하게 이용할 수 있다. 원하는 외국어 문장을 확인하면 한국어로 표기된 발음과 플레이 버튼만으로 현지어 발음 그대로 읽어주는 기능도 있어 말이 통하지 않아 난감해지는 일은 어느 정도 모면할 수 있다.

구글지도

Googlemap은 해외여행에도 만족도가 높은 지도앱이다. 길을 헤매다 현재 위치가 파악이 안 될 경우 현재 위치 파악이 가능하며 주소, 도로명 등 검색만으로도 목적지 이동 경로를 쉽게 파악할 수 있다. 목적지를 자가용, 대중교통, 도보를 구분하여 현재 위치에서 소요시간, 이동 경로 등을 확인할 수 있다.

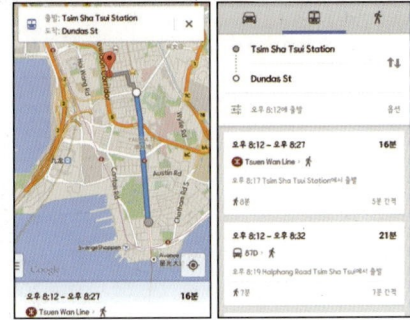

해외안전여행

외교부에서 제공되는 해외안전여행 앱은 예상치 못한 사고에 대비하여 해외여행팁과 위기상황별 대체 방안에 대한 매뉴얼을 제공한다. 현지 긴급 구조 등 위급한 상황에 각 나라별 영사콜센터로 바로 통화가 가능하다. 해외여행등록제 '동행'은 해외안전여행홈페이지(0404.go.kr)을 통해 신상정보 등 등록하면 등록된 여행자의 목적지의 안전정보를 수시로 이메일을 받을 수 있으며 해외에서 대규모 재난, 재해가 발생하여 안전을 확인하는 경우 비상연락처, 소재지 등 파악되어 빠른 조치를 할 수 있다.

별별 이야기로 넘쳐나는, 홍콩(Hong Kong)

Section01 홍콩 여행을 시작하기 전에
Section02 고민 없이 즐기는 홍콩 맞춤 여행 루트
Section03 홍콩에서 환전 및 대중교통 이용방법
Section04 홍콩에서 둘러봐야 할 지역별 명소
Section05 홍콩이 즐거워지는 대표적 거리와 쇼핑거리
Section06 홍콩에서 먹어봐야 할 맛집
Special01 아침식사 하기 좋은 홍콩의 음식점
Section07 배짱이가 머물렀던 홍콩 숙소

✈ Section 01
홍콩 여행을 시작하기 전에

필자에게 가장 기억에 남는 여행지가 어디였냐고 물어본다면 서슴없이 홍콩이라고 말한다. 1999년 우물 안 개구리가 우물 밖 세상과의 첫 만남을 이룬 곳이었기 때문이다. 단돈 30만 원을 들고 보름간 홍콩 구석구석을 누비면서 비록 풍족하지는 않았지만 지금까지도 잊지 못할 행복했던 여행이었다. 단지 젊은 열정과 패기만으로 처음 만난 홍콩, 새로운 세상에 대한 추억은 10년이 훨씬 지난 지금까지도 그립다.

홍콩하면 생각나는 것들은 너무도 많다. 쇼핑, 영화, 야경, 음식……, 천 가지 얼굴을 지닌 홍콩답게 사람마다 생각나는 것들도 제각각일 수밖에 없다. 홍콩 구석구석에 숨어 있는 보물을 찾아낼 때의 기분은 말로 표현할 수 없을 만큼 흥미진진하다. 여전히 홍콩에 도착하면 가장 먼저 향하는 곳은 네이던로드 Nathan Road이다. 밤이 되면 현란한 네온사인들이 기다렸다는 듯이 화려함을 뽐내며, 노랫말 가사처럼 별들이 소곤대는 '홍콩의 밤거리'가 된다. 소박한 현지인들의 노천카페가 즐비한 곳에서 오동통한 흰 속살을 내밀고 있는 크랩과 함께 맥주 한잔 가볍게 걸치고, 시끌벅적 정신없이 바삐 돌아가는 시장을 둘러보는 재미 또한 즐겁다.

유럽 분위기가 풍기는 너츠포드테라스 Knutsford Terrace에서 와인 한잔을 마시며 그날의 여독을 푸는 일도 행복하다. 우두커니 네이던로드를 바라보며 생각에 잠긴다. '22살의 아이가 서른이 넘은 미래의 어른이 된 자신을 바라보며 함께 걷고 있는 건 아닌지'라는 만감이 교차되는 순간, 짜릿한 설렘이 온 몸을 휘 감고 만다. 홍콩을 누비는 순간 오감을 자극하는 매력에 푹 빠질 것이다.

●● 홍콩 가기 전에 체크하세요!

비자 90일 이하 무비자 **전압** 220V, 멀티어댑터 **시차** 한국보다 1시간 느리다. **공용어** 광둥어, 영어 **통화** HK$ 홍콩 달러(HK$ 1 = 142.6원, 2015년 4월 기준) **날씨** 12~3월 평균 10℃, 그 외는 대체적으로 덥고 습도가 높다. 특히 5~9월 폭풍우, 비가 오는 경우가 많으므로 날씨 정보도 챙겨야 한다. **항공소요시간(인천-홍콩)** 3시간 30분 내외

국가/도시	도착 공항 이름	출발공항과 항공사(코드)	거리	예상 소요시간
홍콩	홍콩국제공항 (Hong Kong International Airport)	인천국제공항 - 대한항공(KE), 아시아나(OZ), 제주항공(7C), 진에어(LJ), 에어인디아(AI), 캐세이패시픽항공(CX), 타이항공(TG), 유나이티드항공(UA), 홍콩익스프레스항공(UO)	2,059Km (1,287마일)	3시간 45분
		김해국제공항 - 대한항공(KE), 제주항공(7C), 에어부산(BX), 드래곤에어(KA), 홍콩익스프레스 항공(UO)	2,040Km (1,270마일)	3시간 30분
		제주국제공항 - 드래곤에어(KA)	1,753Km (1,089마일)	3시간 00분

- **홍콩공항 샤워시설** - The Traveler's Lounge는 1번, 35번 게이트 쪽에 위치하며 PP(Priority Pass)카드 소지자는 무료로 이용할 수 있고, 없다면 HK$24를 지불하면 된다. 24시간 운영되며 칫솔, 샴푸, 바디샤워, 면봉, 화장솜, 빗, 수건 등이 구비되어 있고 시설도 깨끗한 편이다. 성수기에는 많은 사람들로 붐비기 때문에 한두 시간을 기다려야 할 때도 있으므로 되도록 일찍 도착해 이용하는 것이 좋다.

- **인타운 체크인(In-town Check-in)** - 실제 공항까지 가지 않고도 도심공항에서 탑승 수속을 미리하고 항공권을 발권 받아 좌석까지 배정받을 수 있다. 짐을 미리 부치고 공항에서 체크인 없이 바로 탑승할 수 있기 때문에 항공편이 오후라면 오전에 미리 인타운 체크인을 하고 귀국 당일에도 자유롭게 여행할 수 있다. 귀국편 항공사가 있는지 확인하고 출발 90분 전 인타운 체크인을 마쳐야 한다. 반드시 AEL(고속전철) 탑승권을 소지해야 하고, 홍콩역, 카오룽역에서 05:30~00:20까지 이용할 수 있다.

- 홍콩은 침사추이 해변산책로를 비롯하여 해변, 공공장소 등에서 흡연을 제한하므로 금연 표지판을 먼저 확인해봐야 한다. 만약 금연 구역에서 흡연을 하다 적발되면 벌금이 부과된다.

- **홍콩 관련 정보 사이트** : 여행 전에 미리 인터넷을 통해 필요한 여행정보를 수집해보자.
  홍콩관광청 www.discoverhongkong.com/kor
  홍콩포에버 cafe.naver.com/foreverhk 정대리의 홍콩이야기 blog.naver.com/hktb1

홍콩관광청

홍콩포에버

천 가지 얼굴만큼이나 즐길거리로 넘쳐나는 홍콩은 여행 루트를 정하는 것이 쉽지만은 않다. 첫 여행이라면 두루두루 대표 관광지를 만나보고, 그 이후부터는 스스로 테마를 정해서 여행하는 것이 좋다. 제시되는 다음 일정은 테마를 둔 여행이 아니라 수차례 배짱이가 만난 홍콩의 대표 관광지들을 동선에 맞게 재구성해본 것이다.

※ 경로 시간과 목적지에서 보내는 소요 시간은 개인의 상황에 따라 달라질 수 있다.
※ 숙소는 임의로 침사추이 부근의 스카이모텔로 정했으며, 다음 제시된 동선을 참고하여 자신이 묵는 숙소를 기준으로 실제 동선은 다시 계획해야 한다.

홍콩의 여행중심지 침사추이에서의 •── 첫째 날

국내에서 홍콩으로 가는 항공편이 계속 증편되면서 선호하는 항공사나 원하는 날짜와 시간에 맞춰 여행을 할 수 있게 되었다. 도착하는 날부터 알차게 하루를 보내고 싶다면 아침 일찍 출발하는 비행기 편을 이용하자. 첫째 날은 홍콩 여행의 중심지 침사추이를 중심으로 둘러보자. 침사추이 인근은 도보만으로도 이곳저곳에 숨겨져 있는 깨알 같은 즐길거리를 찾아다닐 수 있어 가볍게 산책하기에 좋은 곳이다.

네이던로드, 하이퐁로드, 캔톤로드와 하버시티 등에는 쇼핑가들이 넘쳐나는 곳으로 지갑을 두둑하게 채워 가야 할지 모른다. 물론 구매하지 않더라도 아이쇼핑만으로도 충분히 행복해질 수 있다. 침사추이의 첫날밤을 그냥 보내기 싫다면 너츠포드테라스나 페닌슐라호텔 신관 28F에 위치한 펠릭스에서 가볍게 술 한잔하며 다음 일정을 고민해도 좋다.

추천동선

1. 인천국제공항 출발(기내식 1회 제공, 3시간 30분 소요) → 홍콩첵락콕국제공항 도착(입국심사 및 짐 찾기) → 호텔 체크인 및 짐정리 → 제이드가든(점심식사) → 허유산 → 해변산책로 → 네이던로드 → 하이퐁로드 → 캔톤로드 → 1881 헤리티지 → 하버시티 → 심포니오브라이트 → 실버코드(저녁식사) → 너츠포드테라스 or 펠릭스 → 숙소 1박

2. 인천국제공항 출발(기내식 1회 제공, 3시간 30분 소요) → 홍콩첵락콕국제공항 도착(입국심사 및 짐 찾기) → 호텔 체크인 및 짐정리 → 페닌슐라 더로비(점심식사) → 해변산책로 → 네이던로드 → 하이퐁로드 → 허니문디저트 → 캔톤로드 → 1881 헤리티지 → 하버시티 → 심포니오브라이트 → 너츠포드테라스(저녁식사) → 숙소 1박

홍콩섬의 엑기스를 만나는 둘째 날

둘째 날은 심포니오브라이트를 뽐내는 빌딩들로 가득한 홍콩섬으로 간다. 10분도 안 되는 짧은 시간이지만 낭만을 느끼기에는 부족함이 없는 스타페리를 타고 향한다. 센트럴페리터미널에서 홍콩역으로 이동하여 미슐랭이 인정한 팀호완에서 딤섬으로 아침식사 후 IFC몰을 시작으로 감각적인 상가들이 몰려 있는 소호, 홍콩이 한 눈에 내려다보이는 빅토리아피크 또는 무일푼으로 멋진 전망을 감상할 수 있는 뤼가르로드 전망대까지 알차게 여행을 즐긴다. 빅토리아피크는 저녁 이후, 주말, 공휴일에는 많은 관광객들로 오래 기다려야 하므로 굳이 피크트램을 타지 않아도 된다면 센트럴익스체인지스퀘어버스정류장에서 15번 버스를 타고 정상까지 이동해서 전망을 감상해도 된다. 저녁식사는 윙치키에서 완탕면으로 하거나 란콰이펑에서 맥주와 함께 식사를 즐겨도 된다.

추천동선

팀호완(아침식사) → IFC몰 → 웨스턴마켓 → 캣스트리트 → 만모사원 → 할리우드 로드 → 미드레벨 에스컬레이터 → 소호(점심식사) → 랑퐁윤 또는 타이청베이커리 → 센트럴 페리 터미널 앞 → 빅토리아피크 or 뤼가르로드 전망대 → 윙치키(저녁식사) → 란콰이펑(간단한 음주) → 숙소 2박

홍콩 속의 또 다른 볼거리를 만나는 • 셋째 날

버스를 타고 또 다른 홍콩 속 볼거리를 찾아 나선다. 리펄스베이를 거닐어보고 스탠리베이의 스탠리마켓도 구경하면서 낭만적인 분위기의 메인스트리트에서 식사를 즐겨도 좋다. 아니면 바로 코즈웨이베이로 향해 하이산플레이스 12층에 위치한 호흥키에서 식사를 한 뒤 이케아 등 유명한 상점들을 찾아 쇼핑을 즐겨보자. 저녁에는 울루물루 프라임 또는 아쿠아루나를 타고 또 다른 시선으로 심포니오브라이트를 감상해보자. 그리고 야시장으로 꼽히는 템플스트리트와 레이디스마켓을 단지 구경만 하지 말고 왁자지껄한 노천식당에서 이곳의 해산물을 맛보도록 하자.

추천동선

1. 아침식사(조식제공이 아닐 경우 취와레스토랑, 카페드코럴 등 이용) → 리펄스베이 → 스탠리 → 호흥키(점심식사) → 하이산플레이스 → 코즈웨이베이 → 침사추이구경 → 아쿠아루나 → 템플스트리트 → 스파이시크랩(저녁식사) → 몽콕 & 레이디스마켓 → 운동화거리 → 숙소 3박

2. 아침식사(조식제공이 아닐 경우 취와레스토랑, 카페드코럴 등 이용) → 리펄스베이 → 스탠리(점심식사) → 하이산플레이스 → 코즈웨이베이 → 울루물루 프라임(맥주 한 잔과 심포닝오브라이트 감상) → 템플스트리트 → 스파이시크랩(저녁식사) → 몽콕 & 레이디스마켓 → 운동화거리 → 숙소 3박

아쉬운 반나절 끝까지 홍콩을 즐기는 • 넷째 날

귀국하는 날 비행기가 이른 아침 출발이라면 바로 공항으로 향해야겠지만 오후라면 못 다한 쇼핑이나 식사를 하며 여유롭게 반나절을 보내도 좋다. 이번 일정은 홍콩역으로 이동해 인타운체크인 수속을 끝낸 뒤 IFC몰로 가서 식사도 하고 쇼핑도 즐긴 후 공항으로 가는 일정으로 세웠다. 공항은 최소 2시간 전에는 도착해야 하므로 AEL 탑승시간을 미리 체크해둬야 한다. 만약 AEL를 이용하지 않는다면 숙소에 짐을 맡긴 후 여행하고 나서 짐을 찾아 공항버스를 타고 공항으로 가도 된다. AEL 홍콩역은 MTR 센트럴역과 연결되어 있으니 이정표를 따라가면 된다.

추천동선

1. 아침식사 및 체크아웃(조식제공이 아닐 경우 취와레스토랑, 카페드코럴 등 이용) → 홍콩역 인타운 출국 체크인 → 정두(점심식사) → 첵락콕국제공항 귀국
2. 아침식사 및 체크아웃(조식제공이 아닐 경우 취와레스토랑, 카페드코럴 등 이용) → 카오룽역 인타운 출국 체크인 → 엘리먼츠(점심식사) → 첵락콕국제공항 귀국

플라잉팬(아침식사)
조식 및 체크아웃

홍콩역 인타운 출국체크인
30분 코스

정두(점심)
주메뉴 : 완탕면, 딤섬, 콘지

첵락콕국제공항
출국심사 및 탑승

Start — 지하철, 도보 20분 — 도보 10분 — AEL 24분 — End

동선에 따른 • 예산 책정하기

홍콩은 호텔 숙박비가 비싼 관계로 저렴한 여행을 생각한다면 한인 숙소나 게스트하우스를 이용하는 것이 좋다. 여기에 2인 이상이라면 상대적으로 숙박비를 더 절감할 수 있을 것이다. 교통편을 이용할 때는 옥토퍼스카드로 할인 혜택을 받고 최소한의 동선을 잡아 도보로 여행을 즐기는 것이 좋다. 또한 공항과 시내 간의 교통은 시간적인 여유가 있다면 AEL보다는 공항버스를 이용하도록 한다.

구분	숙박료	식대 및 간식	관광지 입장료	교통비	합계
첫째 날	64,000원	45,000원	-	5,000원	11~13만 원
둘째 날	64,000원	25,000원	11,500원	3,000원	10~12만 원
셋째 날	64,000원	50,000원	-	5,000원	12~14만 원
넷째 날	-	10,000원	-	15,500원	2~4만 원
총합계	192,000원	130,000원	11,500원	28,500원	35~43만원

※ 해당 경비는 넉넉잡아 산출한 대략적인 여행경비 예산으로 항공과 쇼핑은 제외하였다.
※ 전체적인 비용은 1인을 기준으로 한다.(숙박 시설도 1인실 기준, 한인민박)

홍콩은 버스, 페리, 트램, 지하철 등 다양한 교통수단이 있으므로 그때그때 편한 교통편을 선택하면 된다. 특히 페리나 트램은 탈 일이 없더라도 한 번쯤은 꼭 타봐야 할 홍콩의 오랜 역사를 지닌 교통수단이다. 옥토퍼스카드 한 장이면 대부분의 대중교통을 이용할 수 있고 할인혜택도 받을 수 있다. 홍콩국제공항에 도착한 게이트가 30번 이상이라면 공항 내 트레인을 타고 이동한다.

공항에서 시내로 이동하기

홍콩국제공항尖沙咀, Hong Kong International Airport에서 홍콩 시내로 들어가는 방법은 크게 공항버스, AEL, 택시 등이 있다. 자유여행을 하는 경우라면 대부분 공항버스나 AEL를 많이 이용하게 된다.

공항버스 이용하기

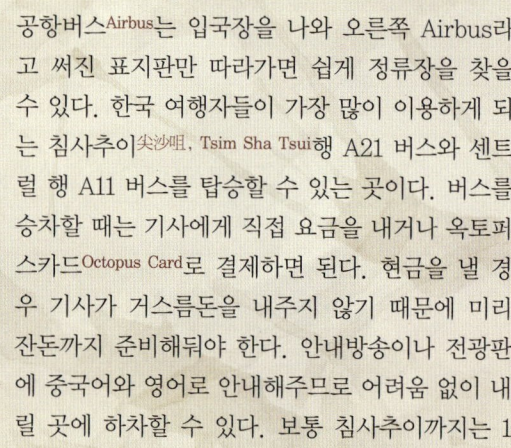

공항버스Airbus는 입국장을 나와 오른쪽 Airbus라고 써진 표지판만 따라가면 쉽게 정류장을 찾을 수 있다. 한국 여행자들이 가장 많이 이용하게 되는 침사추이尖沙咀, Tsim Sha Tsui행 A21 버스와 센트럴 행 A11 버스를 탑승할 수 있는 곳이다. 버스를 승차할 때는 기사에게 직접 요금을 내거나 옥토퍼스카드Octopus Card로 결제하면 된다. 현금을 낼 경우 기사가 거스름돈을 내주지 않기 때문에 미리 잔돈까지 준비해둬야 한다. 안내방송이나 전광판에 중국어와 영어로 안내해주므로 어려움 없이 내릴 곳에 하차할 수 있다. 보통 침사추이까지는 1시간 내외로 소요되는데, 왼편에 앉아가면 칭마대교青馬大橋, Tsing Ma Bridge를 지날 때 멋진 바다 풍경을 볼 수 있다. 참고로 밤 12시 이후에는 N11, N21 버스가 심야 00:20~05:00 시간에 운행되며, 요금은 HK$33~45 정도이다. 경유 노선은 홈페이지(www.nwstbus.com.hk)를 통해 확인할 수 있다.

AEL 이용하기

입국장을 나오면 AEL Airport Express Line 원형 카운터가 보인다. AEL 승강장 앞 티켓 판매대에서 직접 구입하거나 자동 발매기를 통해 표를 구입한 후 Train to City라고 써진 표지판을 따라 가면 AEL 플랫폼이 보인다. 요금은 비싼 편이지만 그만큼 빠르게 시내로 이동할 수 있다. 운행시간은 05:54~12:28으로 10분 간격으로 운행된다. 입국장 Customs Hall A로 가면 A05번 테이블에 한국여행사가 있는데, 여기서 AEL 티켓과 각종 할인 입장권을 구매하거나 여행에 대해 상담 받을 수 있다.

도착역	소요 시간	운임	비고
공항 → 홍콩(Hongkong)역	24분 소요	편도 HK$100 / 왕복 HK$180	어린이는 반 가격
공항 → 카오룽(Kowloon)역	20분 소요	편도 HK$90 / 왕복 HK$160	

AEL 역에서 하차하면 대부분 호텔무료셔틀서비스 Free Airport Express Shuttle Bus service를 이용할 수 있다. 표지판을 따라 승차장이 나오며 홍콩섬 방향 H1~H2, 카오룽반도 방향 K1~K5까지 총 7개 노선이 있다. 노선도를 확인한 후 전광판을 보면서 노선에 맞춰 탑승하면 된다. 운행시간은 06:12~23:12까지이다.

●● 제값 주고 AEL을 탑승하십니까?

AEL은 공항에서 도심까지 가장 빠르게 이동할 수 있는 교통수단이지만 가격이 만만치 않다. 호텔인홍콩(www.hotelinhongkong.net)을 통하면 최대 20%까지 할인된 금액으로 구입할 수 있다. 예약부터 결제까지 완료하면 이메일로 바우처를 보내준다. 바우처를 프린트하여 공항에서 일단 AEL를 탑승하고 하차역 Customer Service Center에서 제시하면 승차권으로 교환해준다. 해당 사이트는 이메일/이름/국적/전화번호 정도만 기재해도 회원가입이 가능하기 때문에 홍콩여행을 가려고 준비한다면 참고하자. 또한 마담투소, 디즈니랜드, 오션파크 등의 할인권도 구매할 수 있다. 국내 여행사이트와 홍콩국제공항 입국장 국내여행사 카운터에서도 판매하므로 비교 후 구매하는 것이 비용을 절약하는 방법이다.

환전하기

홍콩달러로 환전하려면 국내 시중은행의 외환 코너를 이용하면 된다. 홍콩 현지에서 환전할 경우 환전율이 좋지 않으므로 출발 전 한국에서 필요한 금액을 환전해 가는 것이 좋다. 홍콩에서 통용되는 화폐는 홍콩달러(HK$)로 주로 HK$100 이하의 지폐와 동전이 사용된다. 2015년 4월 현재 홍콩달러 HK$1은 142.6원 정도이다. 홍콩공항에 도착해서

도심으로 이동하려면 교통비를 홍콩달러로 지불하므로 미리 준비하는 것이 좋다.

국내에서 미처 환전을 하지 못한 경우에는 홍콩의 공항, 은행, 호텔, 환전소 등에서 홍콩달러로 환전할 수 있다. 하지만 환율 적용이 제각각이기 때문에 몇 군데를 비교해서 환전해야 한다. 은행이 사설환전소보다는 환전율이 좋지만 수수료가 비싸기 때문에 소액을 환전하는 경우라면 오히려 사설환전소를 이용하는 것이 좋다.

현지 교통편 이용하기

홍콩은 세계적인 관광 도시답게 교통편이 잘 정비되어 있다. 여행자의 경우 주로 MTR를 많이 이용하게 되고, 트램이나 스타페리 등도 꼭 타봐야 할 교통편이다. 그 외에 버스나 택시 등도 이용하기에 편리하다.

MTR 이용하기

홍콩은 지하철로 웬만한 여행지를 다 둘러볼 수 있다. 홍콩 MTR은 오전 6시부터 다음날 새벽 1시까지 운행되므로 여행자에게 편리한 교통수단이다. 자동발권기를 이용할 수 있지만 옥토퍼스카드를 이용하면 할인혜택과 매번 구입하지 않아도 되므로 편리하다. 참고로 홍콩에서 SUBWAY는 지하철이 아니라 지하도를 뜻하니 헷갈리지 말자. 지하철 노선 및 소요시간, 요금 등은 홈페이지(www.mtr.com.hk/en/customer/jp/index.php)에서 확인할 수 있다.

여행 TIP

●● 옥토퍼스카드 이용하기

홍콩여행에서 필수품처럼 사용되는 옥토퍼스카드(Octopus Card)는 홍콩 내에서 운행되는 대부분의 교통편을 이용할 수 있는 교통카드이다. 할인 혜택은 물론 편의점, 패스트푸드점, 스타벅스, 왓슨스 등에서도 사용할 수 있어 편리하다. 하나의 카드로 여러 사람이 동시에 사용할 수 없으며, 반납하면 보증금과 잔액을 환불받을 수 있는데, 사용기간이 3개월 미만일 경우 수수료 HK$9를 공제한다. 공항에 도착하자마자 사두면 공항버스를 탈 때 잔돈이 필요없어 편리하다.

홈페이지 www.octopus.com.hk/home/en/index.html **구입처** 공항 입국장 AEL 창구, 전 MTR역 **요금** 성인용 HK$150(보증금 HK$50포함), 청소년용 HK$100, 어린이용 HK$70 **충전** MTR역 내, 편의점

무인충전 시 옥토퍼스카드를 투입구에 투입하면 잔액확인 및 충전이 가능하다. 충전은 HK$50, HK$100 지폐만 사용할 수 있으며, 충전된 후 금액을 확인하고 화면 옆 화살표 ← 를 누르면 카드가 나온다.

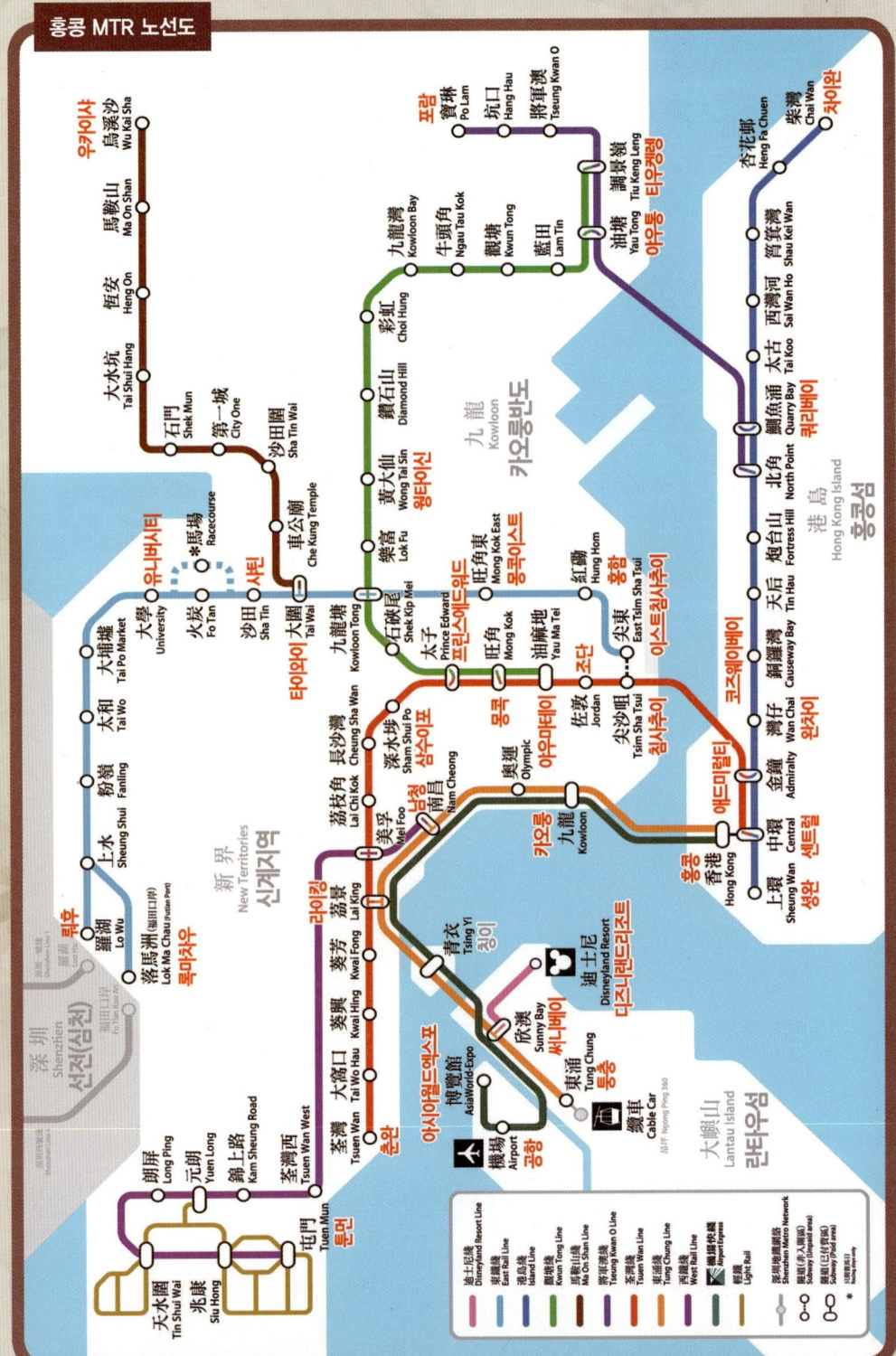

🧳 버스 이용하기

홍콩을 가면 당연히 타보게 될 교통수단 중의 하나이다. 버스정류장에서 목적지 노선을 확인한 후 탑승하면 되는데 잘 모르겠다면 탑승할 때 운전기사에게 해당 목적지를 말하면 친절하게 알려준다. 침사추이에서 몽콕역까지 버스로 이동해야 한다면 2층 앞자리를 노려보자. 네이던로드를 달리며 창밖으로 바라보는 풍경은 정말 끝내준다. 버스를 이용할 때는 옥토퍼스카드를 이용할 수 있으며, 현금을 내야 한다면 거스름돈을 따로 챙겨주지 않으므로 꼭 잔돈을 준비해야 한다.

🧳 스타페리 이용하기

오랜 세월 홍콩의 낭만을 싣고 떠다니는 스타페리 Star Ferry는 침사추이에서 센트럴 등 4개의 노선이 운행되고 있다. 카오룽과 홍콩섬을 이어주는 가장 저렴한 교통수단으로 1층과 2층 가격이 다르다. 센트럴행 1층은 HK$2(주말, 공휴일 HK$2.8), 2층은 HK$2.50(주말, 공휴일 HK$3.4)이다. 요금을 지불할 때는 현금이나 토큰, 옥토퍼스카드 등을 사용할 수 있고, 결제 구간이 다르므로 확인해야 한다. 침사추이에서 센트럴행은 6분 정도 소요되며, 침사추이에서 출발할 때는 왼쪽에 앉고 센트럴에서 출발할 때는 오른쪽에 앉는 것이 제대로 홍콩섬을 볼 수 있고 사진 찍기에도 좋다. 스타페리의 운행시간은 오전 6시 30분에서 오후 11시 30분까지이다.

트램 이용하기

홍콩섬 도심을 느릿느릿 운행하며, 다소 아슬아슬하게 코너를 도는 트램Tram은 100년 이상 된 대중교통 수단으로 아직까지도 여전히 홍콩을 상징하는 명물이다. 내로라하는 유명브랜드는 트램을 통해 반드시 광고해야 할 정도로 유명하다 보니 도심 속을 오가는 트램의 다양한 디자인이 홍콩을 더욱 활기 넘치게 한다. 구간에 상관없이 요금은 HK$2.30로 저렴하고, 2층 창밖으로 내다보는 홍콩 풍경은 여행자라면 반드시 경험해봐야 할 코스이다. 오전 5시 10분부터 오후 11시 50분까지 운행되며, 마지막 종착지가 트램 앞에 표시되므로 확인하고 탑승하면 된다. 뒷문으로 탑승하고 앞문에서 요금을 지불하고 하차하면 된다. 현금과 옥토퍼스카드 이용할 수 있지만 할인혜택은 없다.

택시 이용하기

택시Taxi의 경우 택시정류장Taxi Stand이나 호텔 앞에서 탑승할 수 있다. 택시 전면에 For Hire 라는 표시가 있다면 탑승해도 된다. 기본요금은 HK$20이며 200m당 HK$1.5씩 가산된다. 또한 영어 소통이 안 되는 경우가 많으므로 목적지를 한자로 보여주거나 가이드북을 보여주도록 한다. 사실 홍콩 거리는 번잡하고 좁은 골목이 많으므로 여행자에게는 추천하고 싶지 않은 교통수단이다.

홍콩은 도시 전체가 명소라 해도 될 만큼 모든 것이 홍콩만의 매력을 가지고 있다. 전 세계 관광객이 매료될 수밖에 없는 홍콩만의 천 가지 얼굴, 그 속에서 만나는 대표적인 명소를 찾아보자.

여행자들에게 사랑받는
해변산책로와 스타의 거리 Tsim Sha Tsui Waterfront Promenade & Avenue of Stars

침사추이 페리터미널 앞 시계탑에서 시작되는 침사추이 해변산책로는 홍콩하면 빼놓을 수 없는 대표적인 관광지이다. 카오룽반도 쪽에서 바라본 홍콩섬의 빌딩들은 제각각 현대적인 아름다움을 지니고 있어 보는 눈이 즐거워진다. 특히 밤이 되면 하나둘 빌딩 조명들이 켜지면서 화려한 야경이 한눈에 들어오는데 보고 있는 자체만으로도 벅차오르는 감동을 잊을 수 없다. 특히 저녁 8시부터 20분간 진행되는 심포니오브라이트 Symphony of Lights는 이곳의 분위기를 절정에 다다르게 한다. 산책로 주변에는 홍콩문화센터 Hong Kong Cultural Centre, 홍콩우주박물관 Hong Kong Space Museum 등이 있어 낮 시간대에 둘러보기 좋다. 해변산책로를 따라 걷다보면 장국영, 유덕화, 이연걸, 성룡 등의 핸드프린팅 동판과 사인을 볼 수 있는 스타의 거리가 이어진다. 누구나 한번쯤은 자연스레 동판에 손을 대고 사진을 촬영할지도 모른다.

찾아가기 MTR 침사추이역 동쪽 L6 출구로 나와 2분 거리이고, 침사추이 페리터미널에서 걸어서 1분 거리이다. **귀띔 한마디** • 금연구역이므로 무심코 담배를 펴서는 안 된다. • 밤이 되면 야경을 바라보며 비첸항육포와 캔 맥주 한잔하는 것도 좋다.

화려한 야경과 레이저 쇼가 볼만한
심포니오브라이트 Symphony of Lights

홍콩에 가서 심포니오브라이트를 보지 않았다면 홍콩의 진가를 제대로 보지 못한 것이다. 홍콩섬의 빌딩들이 제각각 화려한 조명으로 위풍당당 뽐내며 홍콩의 밤을 아름답게 수놓는다. 오후 8시 안내방송이 시작되면서 홍콩섬의 대표적인 건물들이 하나씩 소개된다. 재미있는 것은 이때 소개되는 건물들이 소개에 맞춰 조명으로 인사를 한다. 또한 신나는 음악에 맞춰 건물들이 오페라 지휘를 받는 것처럼 조명을 순차적으로 밝히고 레이저 불빛을 쏘아대는 광경은 누구라도 탄성을 자아낼 수밖에 없다. 쇼는 5가지 큰 주제 자각 Awakening, 에너지 Energy, 유산 Heritage, 파트너십 Partnership, 축하 Celebration를 빛으로 표현하고 있다고 한다.

홈페이지 www.tourism.gov.hk/symphony **전화번호** 852-2810-2770 **찾아가기** MTR 침사추이역 동쪽 L6 출구로 나와 2분 거리이고, 침사추이 페리터미널에서는 1분 거리이다. **귀띔 한마디** • 보통 시작보다 30분 전에 좋은 자리를 잡고 있어야만 제대로 홍콩의 아름다운 밤을 감상할 수 있다. • 야경촬영을 제대로 하고 싶다면 삼각대를 챙겨가자.

●● 야경 촬영 이렇게 하세요!
전문가가 아닌 이상 멋진 야경을 찍기란 쉽지 않다. DSLR 카메라를 사용할 경우 렌즈에 따라 다르지만 ISO를 최소 수치(ISO50~200)로 낮추고 조리개는 최대한(F8~32)으로 닫아주는 것이 좋다. 야경을 제대로 촬영하고 싶다면 셔터스피드를 느리게 하여 노출 시간도 길게 해줘야 하므로 DSLR이든 콤팩트 디지털카메라이든 간에 촬영할 때는 플래시를 터트리지 말고 삼각대를 사용하는 것이 좋다.

민초들의 바람이 향연기로 채워진
만모사원 Manmo temple, 文武廟

중국 삼국지에 나오는 명장 관우를 모신 사원으로 황금색과 붉은색이 조화를 이루며 화려한 느낌마저 드는 곳이다. 1840년에 건립된 만모사원 천장에는 대롱대롱 종처럼 매달린 삿갓모양의 향이 여러 개 걸려있어 내부는 늘 향연기로 자욱하다. 향 안에는 붉은 종이들이 보이는데, 이곳에 이름을 적어 소원을 빈다. 이 향이 다 타고 나면 소원 종이는 수거하여 태운다고 한다. 가격은 HK$100로 우리나라 사찰 연등에 매달아놓는 형식과 비슷한 것 같다. 오랜 세월 중국 민초들의 삶 속에 깊게 뿌리내린 종교의식을 지켜보는 것도 흥미로운 일이다.

전화번호/주소 852-2540-0350 / Hollywood Rd., Sheung Wan **찾아가기** MTR 성완(Sheung Wan)역에서 걸어서 10분 거리, 캣 스트리트(Cat St.)에서 래더스트리트(Landder St.)로 향하는 계단을 오르면 된다. **방문가능시간** 08:00~18:00 **귀띔 한마디** 사원이므로 경내를 둘러볼 때는 다른 사람들에게 폐가 되지 않도록 조용히 둘러보자.

이제는 런닝맨 에스컬레이터로 불리는
미드레벨 에스컬레이터 Mid-Levels Escalator, 行人電動樓梯

미드레벨 에스컬레이터는 세계에서 가장 길이가 긴 에스컬레이터이다. 그 길이가 무려 800m로 옥외에 설치되어 있으며, 끝까지 올라가는데 20여 분 정도가 소요된다. 천천히 움직이며 올라가는데 중간 중간에 내려서 여러 골목으로 빠질 수 있다. 오르다보면 홍콩 간판들이 한눈에 들어오는데 그 마저도 홍콩다운 매력을 발산한다. 보통 끝까지 오르지 않고 중간에서 소호로 빠지는 경우가 많다.

에스컬레이터는 한쪽에만 설치되어 있어 오전 10시 이전에는 아래쪽으로 움직이고, 그 이후 시간대에는 위쪽을 향해 움직인다. 멋모르고 끝까지 오르게 되면 내려오는 것도 만만치 않음으로 호기심을 발동할 필요는 없다. 예전에는 영화 중경상림으로 유명했다면 요즘은 런닝맨 홍콩편이 방영되고 나서 런닝맨 에스컬레이터로 불릴 정도 인기가 좋다.

찾아가기 MTR 센트럴(Central)역 C번 출구로 나와 걸어서 5분 거리에 위치한다. **운행시간** 하행 06:00~10:15, 상행 10:15~24:00
귀뜸 한마디 미드레벨 에스컬레이터 중간쯤 MTR fare save 기계에 옥토퍼스카드를 스캔하면 MTR 센트럴역, 성완역, 홍콩역에 한해 탑승 시 HK$2 요금을 할인해준다.

홍콩야경의 최고봉!
빅토리아피크 Victoria Peak

빅토리아피크는 환상적인 홍콩의 야경을 해발 482m의 전망대에서 내려다 볼 수 있는 홍콩의 대표적인 관광지이다. 홍콩의 시내 전경이 한눈에 펼쳐지면서 건물마다 화려한 조명이 켜지면 벅차오르는 희열을 느낄 수 있다. 45도 급경사를 아슬아슬하게 올라가는 홍콩의 명물 피크트램Peak Tram을 타고 이동하여 피크타워를 둘러보는 것이 일반적인 코스이다. 피크타워에서 스카이테라스Sky Terrace는 제일 높은 곳에 위치한 전망대로 더욱 멋진 홍콩의 전망을 감상할 수 있는 곳이다.

매표소에서 피크트램+스카이테라스+마담투소, 피크트램+마담투소 등으로 구성된 콤보티켓을 판매하므로 함께 둘러 본다면 좀 더 저렴하게 구입할 수 있다. 피크타워 주변에는 전망을 감상하며 식사를 할 수 있는 레스토랑과 세계적인 유명 인사와 스타를 밀랍인형으로 만나는 마담투소Madame Tussauds, 각종 기념품점 등이 위치해 있다. 워낙 인기가 많아 늘 많은 사람들로 붐비는 곳이라 피크트램을 탑승할 때부터 기다림을 감수해야 된다.

홈페이지 • 빅토리아피크 www.thepeak.com.hk(한국어 지원) • 마담투소 www.madametussauds.com/HongKong(한국어 지원) **전화번호/주소** 마담투소 852-2849-6966 / Shop P101, The Peak Tower No. 128 Peak Road The Peak, Hong Kong **찾아가기** 센트럴 페리터미널 8번 출구로 나와 버스정류장에서 15C 버스를 탑승하여 피크트램 타는 곳에서 내린다. 전망대가 있는 정상까지 피크트램을 타거나 센트럴 페리터미널 앞 또는 센트럴 익스체인지스퀘어(Exchange Square)에서 15번 버스를 탑승한다. **입장료** • 마담투소 – 성인 HK$240, 어린이 HK$170(인터넷 구매 시 최대 40% 할인) • 피크트램 – 편도(왕복) 성인 HK$28(40), 어린이 HK$11(18) • 피크트램 스카이패스(피크트램 + 스카이테라스) 편도/왕복 – 성인 HK$68/HK$80, 어린이 HK$32/HK$39 • 투인원 콤보패키지(피크트램 왕복+ 마담투소) – 성인 HK$280, 어린이 HK$198(인터넷 구매시 할인 적용) • 쓰리인원 콤보패키지(마담투소+피크트램왕복+스카이테라스) – 성인 HK$310, 어린이 HK$196(인터넷 구매 시 할인) ※ 어린이 3~11세(65세 이상 노인), 콤보패키지는 가든로드 피크트램역(09:30~21:00)에서 살 수 있다. **영업시간** 마담투소 – 11:00~23:00 / 피크트램 – 07:00~24:00(운행 간격 10~15분) **귀띔 한마디** • 피크트램을 타고 오를 때는 오른편에 앉아야 전망이 좋다. • 피크트램 탑승 시 옥토퍼스카드도 이용 가능하지만 붐비는 시간대는 이용하지 못할 수도 있다. • 15번 버스를 타고 내려갈 경우 피크갤러리아 지하터미널로 이동하여 탑승한다. 꼬불꼬불한 산길을 내려가므로 어지러울 수 있다.

무일푼으로 만끽할 수 있는 홍콩야경
뤼가르로드 전망대 Lugard Road Lookout

홍콩야경의 최고라는 빅토리아피크에 버금가는 환상적인 야경을 무일푼으로 감상할 수 있는 곳이 뤼가르로드 전망대이다. 숲길을 따라 걷다보면 매연으로 살짝 지친 영혼에 상쾌함이 밀려든다. 10여 분쯤 가면 우거진 나무 사이로 탄성을 자아내는 홍콩 도심전경이 펼쳐지는데 이 지점에서 5분만 더 걸어가면 장애물 없이 탁 트인 시야로 아름다운 홍콩의 야경을 감상할 수 있는 하이라이트 뷰포인트가 있다. 홍콩섬, 빅토리아항, 카오룽반도 그리고 저 멀리 이름 모를 섬까지 파노라마로 펼쳐지는 전경을 제대로 즐길 수 있다. 특히 해질 무렵을 시작으로 시시각각 변하는 홍콩의 도심야경은 빼놓을 수 없는 볼거리이다.

전화번호/주소 Lugard Road, The Peak, Hong Kong **찾아가기** MTR 센트럴(Central)역으로 나와 익스체인지스퀘어(Exchange Square)에서 15번 버스 탑승 후 종점 피크타워에서 하차 후 언덕이 보이는 방면으로 가면 베이지색 건물입구에 Lugard Road / Hong kong Trail 표지판이 보인다. **귀띔 한마디** • 홍콩 더운 기간에는 산모기가 극성이니 반드시 모기차단제를 바르고 간다. • 저녁에는 숲길이 어두워짐으로 손전등, 휴대폰 보조등 앱을 이용하도록 한다.

홍콩의 낭만 실은 빨간 돛단배
아쿠아루나 Aqualuna

빅토리아항에서 낭만적으로 홍콩을 감상할 수 있는 아쿠아루나는 또 다른 홍콩을 보여준다. 배에 승선하면 칵테일, 맥주, 주스 중에 한 잔은 무료로 마실 수 있다. 침사추이를 출발하여 빅토리아항을 유유히 지나 15분 뒤 센트럴선착장에서 탑승객을 태우고, 45분 동안 빨간 돛을 멋지게 휘날리며 빅토리아항을 유람한다. 특히 심포니오브라이트를 감상할 수 있는 침사추이 출발 19시 30분과 센트럴 출발 19시 45분은 아쿠아루나의 인기타임이다. 바로 눈앞에서 펼쳐지는 화려한 레이져 쇼의 강렬하면서도 아름다운 광경은 잊지 못할 추억을 안겨줄 것이다.

홈페이지 www.aqua.com.hk **전화번호/주소** 852-2116-8821 **찾아가기** 침사추이 1번 부두, 센트럴 9번 부두 **입장료** 어른 HK$195, 어린이(4~11살) HK$155(심포니오브라이트 감상_침사추이 오후 7시 30분, 센트럴 오후 7시 45분은 어른 HK$275 어린이 HK$220) **영업시간** 침사추이 17:30, 18:30, 19:30, 20:30, 21:30, **센트럴** 17:45, 18:45, 19:45, 20:45, 21:45 **귀뜸 한마디** • 뱃머리 기준으로 2층 왼쪽 갑판 자리가 명당이다. • 배가 많이 흔들려 삼각대 촬영이 힘들며 배멀미가 예상될 경우 멀미약을 미리 복용한다. • 탑승 기준 10일 전부터 예약이 가능하며 반드시 인터넷이나 전화로 해야 한다.

홍콩 속 휴양지
리펄스베이 RepulseBay

리펄스베이는 번잡한 홍콩 시내와는 완전히 색다른 느낌의 홍콩 속 휴양지이다. 입지조건이 너무도 좋아 바로 눈앞으로 바다가 펼쳐져 있고 산을 끼고 있어 공기 또한 좋은 곳이다. 홍콩의 갑부들이 모여 사는 곳으로 알려진 리펄스베이맨션 RepulseBay Mansion 은 이곳의 대표적인 건물로 바다와 산을 오가는 용신의 길을 열어주기 위해 특이하게도 건물 가운데에 구멍을 만들었다고 전해진다. 리펄스베이 쇼핑센터에는 영화 색계의 촬영지였던 더 베란다 The Verandah 가 있다. 이곳은 애프터눈티가 유명하므로 들려서 여유로운 식사를 해보는 것도 좋은 생각이다.

찾아가기 MTR 센트럴역 A번 출구로 나와 오른쪽 에스컬레이터를 타고 나온 후 익스체인지스퀘어(Exchange Square)에서 버스 6, 6A, 61, 66, 260, 262번 중에 탑승하면 된다. **귀뜸 한마디** • 샤워시설도 갖추고 있으므로 수영이나 일광욕을 한다면 수영복 등을 미리 준비해서 가자. • 더 베란다 애프터눈티 예약 메일 verandahtrb@peninsula.com(화-금 15:00~17:30 / 주말, 공휴일 15:30~17:30)
• 바로 스탠리로 향할 경우 리펄스베이 도착 버스 정류장에서 버스 6, 6A, 260번 중에 하나를 탑승하면 된다.

| Part 02
별별 이야기로 넘쳐나는, 홍콩(Hong Kong)

세계적으로 쇼핑의 천국이라 일컫는 홍콩은 어느 거리를 걷든 그 거리만의 특색 있는 다양한 제품들을 만날 수 있다. 꼭 물건을 구입하기 위해서가 아니더라도 상점들이 몰려 있는 거리에는 많은 볼거리가 있으므로 여유롭게 거리의 분위기를 즐겨보자.

침사추이 대표 거리
네이던로드 Nathan Rd.

네이던로드는 '별들이 소곤대는 홍콩의 밤거리~'라는 노래를 저절로 흥얼거리게 되는 침사추이부터 몽콕MongKok까지 약 3.8km에 달하는 메인 로드이다. 쏟아져 나오는 세계 각국의 여행자들로 늘 북적이고 언제나 활기가 넘친다. 다양한 상품들을 판매하는 상점들과 제멋대로 걸린 듯한 네온사인들은 밤이 되길 기다렸다는 듯 휘황찬란한 불빛을 밝힌다. 그때부터 비로소 홍콩에 와 있음을 제대로 실감할 수 있다.

특별히 무엇을 하지 않아도 그냥 걷는 자체만으로 설렘이 있는 네이던로드. 침사추이에서 몽콕까지 걸어가는 것은 생각보다 힘이 들지만 홍콩의 정취를 제대로 느끼고 싶다면 천천히 걸어보기를 추천한다. 만약 걷다가 힘들다면 2층 버스 맨 앞자리에 앉아 네이던로드를 바라봐도 좋다. 또 다른 시선으로 네이던로드를 느낄 수 있을 것이다.

찾아가기 MTR 침사추이(Tsim Sha Tsui)역에서 프린스에드워드(Prince Edward)역 까지 이어지는 도로가 네이던로드(Nathan Rd)이다. **귀띔 한마디** 늦은 밤 으슥한 골목이 아니라면 네이던로드는 많은 사람들로 붐비는 거리라 여행자에게 저녁에도 안전한 거리이다.

●● 네이던로드에서 만나는 쇼핑!

- 지오다노컨셉(Giordano Concepts) - 홍콩의 로컬브랜드로 우리나라에서도 인기 있는 의류브랜드이다. 매장 규모가 상당히 큰 편이고 다양한 의류 등을 합리적인 가격에 판매하므로 한번쯤 들려볼만하다. 운영시간 : 08:30~24:30

- 미라마쇼핑센터(Miramar Shopping Centre) - 유니클로, b+ab, 안나수이, 비비안 웨스트우드 등이 입점된 작지만 알찬 쇼핑센터이다. 특히 아큐브렌즈를 국내보다 40% 가까이 저렴하게 구입할 수 있다. 아큐브렌즈는 1027A 매장으로 구매할 생각이라면 미리 렌즈 도수를 체크해가는 것이 좋다. 또한 물량이 부족할 수 있으므로 미리 예약하는 것이 좋다. 운영시간 : 10:00~21:30

- 파크레인 쇼퍼스불르바드(Parklane Shopper's Boulevard) - 네이던 로드를 따라 약 60여 개의 매장이 늘어선 곳으로 홍콩의 중저가 로컬 브랜드를 비롯하여 구두 브랜드 스타카토, 나이키 등이 있고 한국의 라네즈 매장도 입점되어 있다. 운영시간 : 10:00~22:00

- 각종 드럭스토어(Drugstore) - 홍콩 곳곳에는 왓슨스(Watsons), 매닝스(Mannings) 등이 위치하고 있다. 화장품, 의약품, 생활용품 등을 판매하고 있어 여성들에게 인기가 많다. 혹시나 두통, 배탈 등 건강상의 문제가 있다면 이곳에서 약도 구입할 수 있다. 단, 의사 치료가 필요한 경우에는 병원으로 가야 한다.

한곳에서 모든 상품을 만나는
하버시티 Harbour City

침사추이에 위치한 하버시티는 쇼핑에는 관심 없는 사람이라도 한번쯤 들려볼 만한 대형쇼핑몰이다. 명품 브랜드뿐만 아니라 다양한 중저가 브랜드도 만날 수 있고, 토이저러스, 화장품, 주방용품, 전자제품, 푸드코트, 웰컴할인슈퍼마켓 등 셀 수 없이 많은 매장들이 입점하고 있다. 맘먹고 둘러볼 각오가 아닌 이상 다 둘러보기란 어려운 일이므로 반드시 인포메이션에서 하버시티 배치도를 받거나 가고자 하는 매장위치를 물어보는 것이 좋다. 하버시티는 게이트웨이 아케이드Gateway Arcade, 오션센터Ocean Center, 오션터미널Ocean Terminal, 마르코폴로 홍콩호텔 아케이드The Marco Polo Hongkong Hotel Arcade 등 4개의 구역으로 나뉜다. 상점 배치도를 먼저 꼼꼼히 확인한 후 이동하는 것이 불필요한 시간낭비나 정작 둘러볼 곳을 놓치지 않는 방법이다.

홈페이지 www.harbourcity.com.hk(한국어 지원) 전화번호/주소 852-2118-8666/ 3-27 Canton Road, Tsim Sha Tsui, Kowloon, Hong Kong 찾아가기 침사추이 페리터미널 앞에 위치한다. 영업시간 10:00~22:00 귀띔 한마디 홈페이지를 통해 미리 매장을 위치를 파악하고 가는 것이 좋다.

명품브랜드로 즐비한
캔톤로드 Canton Rd.

홍콩의 최대 명품매장 거리인 캔톤로드·는 시선을 확 끄는 루이뷔통 매장을 비롯해 프라다, 구찌, 디올 등 알만한 명품브랜드들이 즐비하게 입점되어 있다. 캔톤로드 한쪽은 홍콩 최대 쇼핑몰인 하버시티 입구로 5개나 연결되어 있어 자유롭게 드나들며 구경할 수 있다. 명품은 사고 싶고 주머니 사정이 좋지 않은 이들에게는 곤욕이 될 수 있는 거리임을 각오하고 둘러보자. 명품에 관심이 없더라도 루이뷔통 등의 명품브랜드 매장의 디스플레이를 살펴보는 재미도 쏠쏠하다.

귀띔 한마디 1881 헤리티지(Heritage) 바로 옆 거리부터 캔톤로드가 시작된다.

●● 일 년에 두 번 대박, 홍콩 쇼핑 세일 시즌!

천 가지의 모습을 지닌 홍콩, 하지만 방문 목적 중의 으뜸은 관광보다도 쇼핑이 앞서는 곳이다. 그렇다면 쇼핑의 적기는 언제일까? 홍콩의 세일 기간은 크게 여름과 겨울 두 번에 걸쳐 진행된다. 여름은 6월 초에 시작해서 30~50% 할인율을 보이고 7, 8월에는 최고 70%까지 할인 된 금액으로 구입할 수 있다. 겨울은 12월 초에 시작해서 30~50% 할인율을 보이고 1, 2월에는 최고 70%까지 할인 된 금액으로 구입할 수 있다. 하지만 할인율이 높다고 꼭 좋은 것은 아니다. 세일 시즌 막바지가 되면 원하는 상품을 찾기 힘든 경우가 많다. 그러므로 구매 계획이 있다면 할인율이 낮더라도 이른 쇼핑 세일 시즌을 찾는 것이 더 현명한 방법이다. 매년 정확한 쇼핑 세일 시즌은 홍콩관광청에서 확인할 수 있다.

🛍️ 홍콩스러움이 묻어나는
하이퐁로드 Haipong Rd.

거리는 짧지만 늘 많은 사람들로 붐비는 인기 만점의 거리 하이퐁로드. 실제 홍콩을 방문하는 여행자라면 하루에도 몇 번씩 이 거리를 걷게 될지도 모른다. 깨끗하면서도 홍콩스러움을 간직한 거리에는 한국인들에게 인기 좋은 쫄깃한 육포를 파는 비첸향 Bee Cheng Hiang, 美珍香 육포(국내 명동이나 온라인상에서 판매하고 있지만 현지에서 구입하여 반입할 수는 없다.), 허유산 Hui Lau Shan, 許留山 먹거리 상점을 비롯하여 사사 SaSa, 봉주르 Bounjour 등의 화장품 매장이 위치하고 있다.

귀띔 한마디 카우룽 모스크 옆 골목으로 침사추이역 A1 출구를 나오자마자 오른쪽에 있는 거리를 말한다.

여행 TIP

● ● 사사(SaSa) & 봉주르(Bounjour) & 컬러믹스(CoLourmix)

홍콩 곳곳에 매장이 있을 정도로 인기가 있는 사사는 면세점보다 더 저렴한 가격으로 다양한 브랜드의 화장품과 향수 등을 구입할 수 있는 곳이다. 그에 못지않은 봉주르와 컬러믹스도 전 세계 화장품을 만날 수 있고 향수 등을 저렴한 가격에 구입할 수 있어 여성들에게 인기가 높다. 특히 야우마테이역 주변의 봉주르 매장에서 판매되는 향수는 진품이 의심될 정도로 가격이 저렴하다.

홍콩의 대표 야시장,
템플스트리트 야시장 Temple Street Nights Market

좁은 길 양옆으로 노점상들이 줄지어 들어선 템플스트리트 야시장은 카오룽의 조단 Jordan역에서 야우마테이 Yau Ma Tei역 사이에 위치한다. 의류, 액세서리, 담배케이스, 라이터, 각종 전자제품 등을 판매하는 상점들이 줄지어 늘어서 있다. 그리고 그 뒤로 성인용 CD 등 다소 민망한 용품을 판매하는 곳도 자리한다. 템플스트리트 야시장에서 흥정은 필수이다. 이곳에서는 물건을 구매하는 목적보다는 야시장 주변에 넘쳐나는 노천식당에서 싱싱한 해산물 요리를 맛보는 즐거움이 더 크다.

찾아가기 MTR 야우마테이(Yau MA Teii)역 C번 출구에서 오른쪽으로 가서 두 번째 왼쪽 골목 또는 MTR 조단(Jordan)역 A번 출구로 나가 오른쪽으로 세 번째 골목이다. **영업시간** 17:00~24:00(업소마다 다름) **귀띔 한마디** 폭우나 태풍 등으로 날씨가 좋지 않을 경우 열지 않는다.

여자들이 가면 좋을
레이디스마켓 Ladies Market, 女人街

여인의 거리라 불리는 레이디스마켓은 꼭 여성이 아니더라도 한번쯤 들려볼만한 시장이다. 좁고 긴 거리 양쪽에는 아기자기하고 다양한 상품이 진열되어 있어 보는 즐거움이 있다. 의류, 액세서리, 가방, 신발, 잠옷, 시계, 거울 등 여성들이 좋아할만한 상품이 주로 진열대를 차지하며, 홍콩의 대표적인 거리답게 발 디딜 틈 없는 인파로 북적인다. 한집 건너 똑같은 물건을 판매하는 경우도 있으므로 구입할 생각이라면 가격을 충분히 비교한 후 흥정을 통해 구매하는 것이 좋다. 보통 2~3배 이상 높은 가격을 부르므로 일단 반 이상 깎고 봐야 한다. 만일 가격 흥정이 안 되면 미련 없이 돌아서자. 대부분은 다시 불러 계산기를 내밀며 얼마를 원하느냐고 물어온다. 그럴 때 처음 깎았던 금액을 다시 말하면 흔쾌히 수락하는 경우가 많다. 저렴한 물건을 파는 곳이라 품질은 장담할 수 없다.

찾아가기 MTR 몽콕(Mong KoK)역 D3 출구로 나가면 된다. **영업시간** 12:00~23:30(업소마다 다소 다름) **귀띔 한마디** • 전자기기는 배터리와 상관없이 고장 나는 경우가 종종 있으므로 가급적 구입하지 않는 것이 좋다. • 비가 많이 오면 문을 열지 않는 상점이 더러 있다.

할인해서 운동화를 살 수 있는
운동화거리 Fa Yoen Street, 花園街

다양한 브랜드의 운동화를 저렴한 가격에 구입할 수 있는 곳이 운동화거리이다. 우리가 익히 들어 알고 있는 나이키, 아디다스, 푸마, 리복 등은 물론 우리나라에는 매장이 없는 해외 유명 브랜드 상품도 판매한다. 이곳의 매장들은 모두 정품을 판매하는 곳이므로 믿고 구입해도 되는데, 똑같은 브랜드를 여러 상점에서 판매하므로 가격을 비교해보고 구입하면 된다.

찾아가기 MTR 몽콕(Mong KoK)역 D3 출구로 나오면 만날 수 있다. **영업시간** 11:00~23:00 **귀뜸 한마디** • 운동화를 구입할 때 먼저 쇼핑센터의 가격과 비교해보자. 쇼핑센터에서는 세일이나 특가가 있으므로 이곳보다 더 저렴할 수 있다. • 운동화거리의 상점들은 구정 전날부터 약 한 달가량 빅세일 행사를 진행한다.

홍콩섬에 우뚝 솟은 대표 빌딩,
IFC몰 IFC Mall

홍콩섬을 대표하는 건물 중의 하나로 늘씬하게 쭉 뻗은 멋진 건물이다. 영화 '툼레이더 Tomb Raider2'에서 안젤리나졸리 Angelina Jolie가 멋지게 뛰어 내리던 장면이 기억에 남아 있는 빌딩이다. 명품 브랜드를 비롯해 중저가 브랜드들까지 입점되어 있으며, 특히 ZARA 매장은 규모가 큰 편이다. 쾌적한 환경을 자랑하는 IFC몰에는 쇼핑상점뿐만 아니라 각종 레스토랑, 디저트 전문점, 영화관 등도 입점되어 있는 복합쇼핑몰이다. AEL 홍콩역이 있는 G/F(1층)는 귀국하는 날 항공사 인타운체크인을 마친 후 천천히 둘러보면서 쇼핑과 식사를 한 번에 해결하는 것도 좋은 방법이다. 참고로 홍콩섬을 전체를 조망할 수 있는 IFC몰 전망대는 88F에 위치한다.

홈페이지 www.ifc.com.hk **전화번호/주소** 852-2295-3308 / 8 Finance Street, Central, Hong Kong **찾아가기** MTR 센트럴(Central)역 A출구로 나와 걸어서 5분 거리로 익스체인지스퀘어를 지나면 바로 있다. 센트럴 페리터미널에서는 정면으로 5분 거리이다. **영업시간** 10:00~22:00(상점마다 다소 차이 있음)

홍콩에서 가장 오랜 역사를 지닌 쇼핑센터,
웨스턴마켓 Western Market, 西港城

이국적인 붉은 벽돌이 인상적인 웨스턴마켓은 1906년부터 운영했다고 하니 100년이 넘는 오랜 역사를 지닌 쇼핑센터이다. 그러한 역사적인 의미를 배제한다면 대단한 볼거리는 없는 곳이므로 성완 지역을 둘러볼 때 함께 둘러보면 된다. 이곳에는 제과점, 원단상가, 각종 액세서리 등을 판매하는 상점이 입점되어 있는데, 홍콩을 대표하는 2층 버스 미니어처 모형을 구입할 수 있는 '80M BUS MODEL SHOP'은 기념품을 구입하기에 괜찮은 곳이다.

주소 323 Des Voeux Road Central, Sheung Wan, Hong Kong **찾아가기** MTR 성완(Sheung Wan)역 C번 출구로 나와 걸어서 5분 거리이다. **영업시간** 10:00~19:00(상점마다 다소 차이 있음)

손때 묻은 세월을 간직한
캣스트리트와 할리우드로드 Cat Street, 摩羅上街

캣스트리트는 좁은 골목사이로 골동품과 각종 기념품을 파는 가게들이 즐비한 거리이다. 10분이면 다 둘러볼 정도로 짧은 거리지만 소소한 것 하나까지 살펴본다면 한참동안 한 자리에 머물게 되는 곳이다. 우리나라 예전 황학동의 모습도 살짝 느낄 수 있는데, 오랜 세월 여기를 지켜왔을 한 할아버지 모습에서 하루가 멀다 하고 변화하는 도심과 달리 여기만이라도 옛 정취를 계속 이어가길 바라게 된다. 중국의 골동품이 거래되는 유명한 거리지만 많은 여행자들이 찾는 곳이라 저렴한 기념품을 판매하는 매장도 많다.

할리우드로드Hollywood Road, 荷李活道는 상대적으로 한산해서 관심이 없다면 그냥 지나칠 수 있는 거리이다. 이곳은 중국 느낌이 물씬 풍기는 엔티크 상품과 골동품들로 가득하지만 고가라는 점에서 여행자들에게는 눈요깃거리에 머문다. 만약 마음에 드는 물건

이 있다면 믿고 살 수 있는 QTS마크가 있는 매장인지 꼭 확인을 하고, 흥정도 해야 한다.

찾아가기 MTR 셩완(Sheung Wan)역 A2 출구로 나와 걸어서 10분 거리이다. **영업시간** 12:00~22:00 **귀띔 한마디** 여기서도 흥정은 필수이므로 일단 50% 이상 깎되 서로 기분 좋은 선에서 조율해야 한다.

홍콩과 유럽이 절묘하게 조화를 이룬 거리,
소호 Soho

세계 각국의 음식을 즐길 수 있는 소호거리. 골목으로 들어서면서부터 감각적인 디자인이 돋보이는 상가가 즐비한 곳이다. 홍콩 특유의 아름다움과 유럽의 아기자기한 카페들이 멀리 보이는 세련된 고층 아파트와 절묘하게 조화를 이루며 소호만의 매력을 발산하고 있다. 다양한 종류의 음식을 맛 볼 수 있는 곳이므로 미리 정하고 가는 것보다 무작정 길을 걷다 맘에 드는 레스토랑에 들어가는 것도 특별한 추억이 될 수 있다. 추천할 만한 카페는 와인바를 겸하고 있는 스톤튼즈 바Staunton's BAR와 브런치 레스토랑인 플라잉 팬The Flying Pan 등이 있다. 세계 각지의 음식을 맛볼 수 있는 이국적인 레스토랑이 많아 동양인 못지않게 서양의 여행자들이 특히 눈에 많이 띈다. 소호 뒤편에는 더운 날씨에도 현장에서 근무하는 아저씨들의 쉼터이자 소박한 현지인식당들이 눈에 들어온다. 이 모습마저도 인상적으로 다가오는 곳이 소호이다.

찾아가기 MTR 센트럴(Central)역 D2 출구로 나와 왼쪽의 퀸즈로드센트럴(Queen's RD, Central)을 따라 걷다가 미드레벨 에스컬레이터를 타고 스탠톤스바가 보이는 골목으로 빠지면 된다. **추천업소** 스톤튼즈 바(Staunton's BAR), 플라잉 팬(The Flying Pan) **영업시간** 업체마다 다름 **귀띔 한마디** 여행자들과 현지인들이 많이 찾는 곳이라 늦은 밤까지 운영되는 레스토랑이 많다.

여행자에게 활기를 북돋아주는
란콰이펑 NLan Kwai Fong, 蘭桂坊

어스름한 저녁 무렵부터 세계 각국의 여행자가 몰려드는 란콰이펑은 그제야 시끌벅적 활기를 되찾는다. 다양한 클럽과 바들이 모여 있어 젊은 여행자들로부터 사랑받는 이곳은 길을 걷다보면 저절로 어깨까지 들썩이는 음악소리가 흥을 돋우면서 맥주 한 잔이 갑자기 간절해진다. 젊은 사람들이 많이 밀려오는 주말에는 새벽 2시까지 영업하는 곳도 많으므로 홍콩의 밤을 제대로 즐기고 싶다면 이곳으로 향해보자.

홈페이지 www.lkfe.com **찾아가기** MTR 센트럴(Central)역 D2번 출구 나와 오른쪽의 디 아길라 스트리트(D'Aguilar Street)의 거리이다. **귀띔 한마디** 란콰이펑을 제대로 즐기려면 늘 사람들이 많으므로 초저녁부터 움직이는 것이 좋다.

낭만이 흐르는 카페골목,
너츠포드테라스 Knutsford Terrace

유럽의 멋진 카페골목에라도 와 있는 듯한 낭만과 로맨틱함이 흐르는 너츠포드테라스. 이곳이라면 근사한 식사도 어울리고, 분위기 있는 칵테일이나 와인, 맥주 한잔도 너무 잘 어울릴 것 같은 곳이

다. 규모는 크지 않지만 아기자기하고 예쁜 카페들이 그냥 지나치기 힘들게 하는 곳이다. 연인이 함께 왔다면 라이브밴드에 맞춰 사랑을 속삭이기에는 더 없이 좋다. 그런 면에서 혼자라 부담이 될 듯도 하지만 전혀 그렇지 않은 낭만과 로맨틱함이 흐른다. 아쉬운 것은 음식 가격에 이러한 로맨틱함마저 포함이 되는지 가격이 다소 비싼 편이다.

찾아가기 MTR 침사추이(Tsim sha Tsui)역 B1출구에서 걸어서 10분거리이다. 미라마쇼핑센터(Miramar Shopping Centre)에서 오른쪽 킴벌리로드(Kimberley Road)를 걷다가 좌측 계단 쪽으로 오르면 된다. **귀띔 한마디** • 꼭 식사를 하지 않아도 가볍게 맥주 한 병 시켜 놓고 자유롭게 즐길 수 있는 곳이 많다. • 규모가 크지 않으므로 끝까지 둘러본 후 갈 곳을 정하는 것도 좋은 선택 방법이다.

아담하지만 홍콩의 축소판 같은
스탠리 Stanley

스탠리는 홍콩의 엑기스만을 따로 모아놓은 곳이라 할 만큼 즐거움이 넘치는 곳이다. 온갖 기념품, 운동화, 의류 등의 쇼핑거리가 가득한 스탠리마켓Stanley Market, 유럽의 정취를 느끼며 분위기 있는 레스토랑에서 식사를 할 수 있는 스탠리 메인스트리트Stanley Main Street, 그리고 해변은 넓지 않지만 아담하고 깨끗한 스탠리 메인비치Stanley Main beach가 모두 한곳에 모여 있다. 대체로 규모가 크지 않아 이곳을 처음 방문한다면 홍콩을 짧은 시간에 쭈욱 둘러본 듯한 느낌을 받을 수 있다. 참고로 스탠리마켓은 오전 10시에 오픈하여 평일은 5시 30분, 주말 7시까지 영업을 한다.

찾아가기 MTR 센트럴(Central)역 A번 출구로 나와 오른쪽 에스컬레이터를 탄 후 익스체인지스퀘어(Exchange Square)에서 6, 6A, 6X, 260번 버스를 탑승하면 스탠리까지 이동할 수 있다. **귀띔 한마디** • 시푸드요리를 맛볼 수 있는 보트하우스(The Boathouse)는 인기가 좋은 레스토랑이다. • 코즈웨이베이로 향할 경우 미니버스 40번을 탑승하면 된다.

다양한 쇼핑을 즐길 수 있는
코즈웨이베이 Causeway Bay

'쇼핑은 내가 책임진다!' 중저가 브랜드를 비롯하여 고가의 명품 브랜드까지 다양한 제품을 코즈웨이베이에서 만날 수 있다. 타임스퀘어Times Square, 하이산플레이스Hysan Place, 소고Sogo, 이케아IKEA, 지오디G.O.D 등 한국인들이 많이 찾는 쇼핑몰들이 한 곳에 모여 있어 쇼핑을 즐기기에는 천국인 셈이다. 다양한 매장이 많은 만큼 대박세일기간이 아니라도

잘만 찾으면 저렴하게 원하는 물건을 구입할 수 있으므로 쇼핑 때문에 홍콩을 방문한 여행자라면 반드시 들려봐야 할 곳이다. 대부분 오전 10시에서 오후 10시까지 운영한다.

홈페이지 타임스퀘어(www.timessquare.com.hk), 이케아(www.ikea.com/hk), 소고백화점(www.sogo.com.kr) **전화번호/주소** 1 Matheson Street, Causeway Bay, Hong Kong **찾아가기** MTR 코즈웨이베이(Causeway Bay)역에서 내리면 된다.

코즈웨이베이 뉴복합쇼핑몰
하이산플레이스 HYSAN PLACE

2012년 새로 선보인 코즈웨이베이의 복합쇼핑몰, 하이산플레이스HYSAN PLACE는 고급스러운 인테리어와 쾌적한 환경으로 패션, 뷰티, 음식, 문화를 한자리에서 만날 수 있다. B2층 Jasons 슈퍼마켓부터 G~1층 뷰티샵, 1~2층 애플스토어, 3~5층 패션과 액세서리 매장이 주를 이루며 4층에는 스카이가든이 자리하고 있다. 6층은 Garden Eden으로 이너웨어를 판매하고 7층은 슈즈전문점들이 있다. 8~10층까지는 홍콩 최대 규모의 서점 Eslite가 자리하고 있다. 대형 도서관 못지않은 상당 규모의 도서를 보유하고 있다. 서점 내에는 음반가게, 카페도 자리하고 있다. 10층 기프트샵에서는 다양한 팬시용품들을 비롯해 구매욕을 일으키는 제품들로 가득하다. 11층은 11개 음식점에 다양한 요리들이 판매되는 키친일레븐Kichen eleven 푸드코트가 있다. 12층에는 완탕면으로 유명한 호홍키Ho hung kee 등 음식점들이 있다.

홈페이지 hp.leegardens.com.hk **주소** 500 hennessy road, Causeway Bay **찾아가기** MTR 코즈웨이베이(Causeway Bay)역 F2번 출구에서 B1층으로 바로 연결된다. **영업시간** 일~목 10:00~22:00, 금·토·공휴일 전날 10:00~23:00 (레스토랑은 11시부터 영업) **귀띔 한마디** 3층에는 서점과 푸드코트 등으로 가는 직통 엘리베이터가 있다.

●● **한국인이 좋아하는 베스트 홍콩 쇼핑아이템**

- **제니베이커리(Jenny Bakery)** – 마약쿠키라 불리며 은근 중독성 강해 홍콩을 찾는 한국인 여행자 절반이 구매한다고 해도 과언이 아닐 만큼 인기가 높다. 그래서 길게는 1시간 이상 기다려야 하는 수고를 감수해야 한다. 버터, 초코, 커피 맛 등으로 4MIX와 8MIX 쿠키가 가장 많이 판매되며 4MIX는 (S) HK$70 (L) HK$130, 8MIX는 (S) HK$120 (L)HK$1900이다. 단, 현금 결제만 가능하고 환불은 불가능하다. 보통 1인 3~5개 한정수량 판매되며, 운영시간 종료 후 외부에서 판매되는 가짜 쿠키는 구매하지 말자.

운영시간 침사추이점 09:00~19:00, 성완점 10:00~19:00 **찾아가기** 침사추이점 MTR 침사추이역 N5출구 미라도맨션 1F, 성완점 MTR 성완점 2번 출구 **홈페이지** www.jennybakery.com

- **달리치약(DARLIE)** – 흑인치약으로 불리며 치석 제거, 충치 예방, 미백 효과 등으로 인기가 많은 상품이다. 3개 묶음으로 한화 4천 원도 안되는 가격에 구입할 수 있다

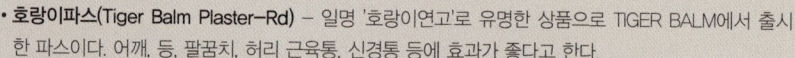

- **크랩트리앤에블린 핸드크림(Crabtree&Evelyn)** – 고소영 핸드크림으로 알려지면서 국내 구입 가격보다 2, 3배 저렴하게 구입할 수 있다.

- **백화유(White Flower)** – 만병통치약으로 통하는 백화유는 근육통, 벌레 물린 곳 등 다양한 곳에 바를 수 있다.

- **호랑이파스(Tiger Balm Plaster-Rd)** – 일명 '호랑이연고'로 유명한 상품으로 TIGER BALM에서 출시한 파스이다. 어깨, 등, 팔꿈치, 허리 근육통, 신경통 등에 효과가 좋다고 한다.

- **흑진주 마스크팩(Black Pearl Mask)** – 국내 여성들의 쇼핑 베스트 품목으로 소문난 상품이다. 피부를 맑고 부드럽게 해주는 팩으로 더욱 화사하게 가꾸어 준다.

구매처 사사, 봉쥬르, 컬러믹스,. 매닝스, 왓슨스 등

백화유(White Flower)

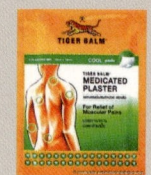
호랑이파스(Tiger Balm Plaster-Rd)

흑진주 마스크팩(Black Pearl Mask)

- **기화병가(Keewah)** – 파인애플 쇼트케이크, 팬더쿠키 등 인기 과자로 달콤한 맛이 일품이죠. 홍콩 시내와 공항에 매장이 있습니다.

품격 있는 건축물이 아름다운
1881 헤리티지 Heritage

홍콩의 1881년을 재현하였다는 1881 헤리티지는 동서양의 과거와 현재가 조화를 이룬 복합쇼핑몰이다. 세계적인 명품 브랜드를 비롯하여 홍콩의 명품 브랜드까지 만날 수 있어 럭셔리한 쇼핑을 즐길 수 있다. 또한 부티크 호텔 휼렛하우스Hullett House가 있는데 레스토랑과 바 등이 운영된다. 특히 이곳은 유럽풍 건축물들이 아름다워 현지인들의 웨딩촬영뿐만 아니라 여행자들에게도 빼놓을 수 없는 촬영지로 사랑받고 있다.

홈페이지 www.1881heritage.com **전화번호/주소** 852-2926-8000 / Canton Rd, Tsim Sha Tsui, Hong Kong **찾아가기** MTR 침사추이(Tsim Sha Tsui)역 동쪽 L6 출구로 나오면 만날 수 있다. **영업시간** 10:00~22:00 **귀띔 한마디** 낮에 보는 거리도 럭셔리하지만 밤에 보면 건물들이 조명을 받아 더욱 아름답게 느껴진다.

카오룽을 대표하는 쇼핑몰
엘리먼츠 Elements

카오룽의 대표적인 쇼핑명소 엘리먼츠는 총 4개 층에 세계적인 명품 브랜드부터 홍콩에서 잘나가는 자라Zara, 키엘Kiehls, H&M, 비비안 웨스트우드Vivienne Westwood 등 대중적인 브랜드들도 입점되어 있다. 건물 천장은 자연채광으로 화이트와 오렌지 컬러를 매치하여 세련되고 쾌적한 분위기 속에 여유롭게 쇼핑을 즐길 수 있다. 또한 레스토랑, 카페, 서점, 유기농을 판매하는 쓰리식스티Three Sixty 등도 만날 수 있으며, 실내에 아이스링크가 있어서 잠시나마 더운 바깥 날씨를 잊을 수 있다. 엘리먼츠와 바로 연결된 카오룽역에서 AEL을 탑승할 수 있기 때문에 인타운체크인을 마친 뒤 공항에 가기 전까지 쇼핑겸 식사를 즐기기에 좋다.

홈페이지 www.elementshk.com **전화번호/주소** 852-2735-5234 / 1 Austin Rd, West, Tsim Sha Tsui, Hong Kong **찾아가기** MTR 카오룽(Kowloon)역과 바로 연결된다. **영업시간** 10:00~23:00

●● 현지인들의 삶을 고스란히 느낄 수 있는 홍콩재래시장

이미 많은 가이드북과 인터넷사이트를 통해 홍콩의 유명 관광지를 접하는 것은 쉬워졌다. 하지만 그들의 소소한 일상을 느끼고 체험하기란 그리 쉽지 않은 일이다. 홍콩섬의 센트럴에 위치한 소호 주변, 완차이에 위치한 타이윤시장(Tai Yeun Market) 등은 현지인들이 이용하는 재래시장이 있어 한 번 둘러볼만 하다. 좁은 골목에 빼곡히 들어선 상점들에서 현지인들의 삶을 엿볼 수 있다. 재래시장은 주로 과일, 야채, 고기, 생선 등 식탁을 풍성하게 하는 먹거리들로 가득하다. 생생한 삶의 현장을 거닐다 나도 모르게 무언가 바리바리 사들고 집으로 향해야 할 것 같다. 나이가 지긋한 백발노인이 손님에게 맛보라며 칼로 살짝 도려내 과일을 내미는 모습에서 서민의 삶은 어딜 가나 비슷하다는 생각이 들어 정겹다.(위치 : 타이청 베이커리 주변 뒷골목, MTR 완차이역 A3번 출구로 나와 횡단보도를 건너 골목 안쪽)

Part 02
별별 이야기로 넘쳐나는, 홍콩(Hong Kong)

쇼핑만큼이나 셀 수 없이 다양한 맛집들이 즐비한 홍콩은 전 세계인들의 입맛을 사로잡을 만큼 다채로운 요리가 있는 곳이다. 미식 여행을 테마로 해도 좋을 만큼 미식가들에게는 행복한 여행지이다. 여기서는 한국인이 가면 좋아할 만한 맛집 위주로 꼭 먹어봐야 할 음식들을 추천해보겠다.

딤섬으로 유명한
제이드가든 Jade Garden, 翠園

홍콩에서 유명한 딤섬點心을 먹고 싶다면 추천하고 싶은 곳이 제이드가든이다. 테이블에 놓인 메뉴 종이에 먹고 싶은 음식을 체크하여 주문하며 된다. 이 집에 추천할 만한 딤섬으로는 얇은 피에 오동통한 새우가 들어 있어 씹을 때마다 담백한 맛이 우러나오는 히가우蝦餃, 달걀노른자와 새우, 돼지고기를 피로 감싼 샤오마이燒賣가 있다.

이외에도 돼지고기나 버섯을 넣어 돌돌 말아 바삭하게 튀겨 내오는 춘권春卷, 쫄깃한 찹쌀피에 돼지고기를 넣은 차사오창펀叉燒腸粉, 죽의 일종인 콘지Congee, 粥 등이 있다. 아름다운 항구를 조망할 수 있는 하버뷰Harbor View 자리에서 식사를 하고 싶다면 개점 시간에 맞춰가는 것이 좋다. 또한 주말에는 손님이 많기 때문에 줄을 서서 대기하는 경우도 있다.

전화번호/주소 852-2730-6888 / 4/F, Star House, 3 Salisbury Road, Tsim Sha Tsui, Kowloon **찾아가기** 침사추이 스타페리 선착장 바로 앞쪽 스타하우스 4F에 위치한다. **추천메뉴** 히가우, 샤오마이, 춘권, 창펀, 콘지 **영업시간** 월~토 11:00~23:30, 일요일, 공휴일 10:00~23:30 **귀띔 한마디** 주중 14:00~16:30까지는 딤섬 소점~대점을 HK$19로 저렴한 가격에 맛 볼 수 있다.

단돈 만 원으로 누리는 호사
울루물루프라임 WOOLOOMOOLOO PRIME

울루물루프라임은 맛있기로 유명한 스테이크집으로 근사하고 로맨틱한 시간을 보낼 수 있는 있는 레스토랑이다. 특히 통유리 창가자리를 선택한다면 홍콩섬과 빅토리아항을 감상하며 멋진 식사를 즐길 수 있다. 스테이크가 유명하다고 꼭 여기서 스테이크를 먹을 필요는 없다. 야외 테라스는 식사보다는 간단히 맥주를 마시거나 티 한 잔 가볍게 즐길 수 있는 곳이다. 특히 심포니오브라이트를 감상할 수 있어 일찍 서두르지 않으면 자리가 없을 정도이다. 맥주 등을 1만 원 내외로 부담없이 마실 수 있다. 비록 심포니오브라이트의 경쾌한 음악은 들리지 않지만 하늘 높이 치솟는 레이저의 화려한 쇼는 또 다른 장소, 다른 시각으로 바라본 특별한 야경이 된다.

홈페이지 www.wooloo-mooloo.com **전화번호/주소** 852-2870-0087/ Level 21 The ONE 100 Nathan Road Tsim Sha Tsui **찾아가기** MTR 침샤추이역 B1번 출구로 나와 도보 2분 거리의 더원(The One)에서 UG2층으로 올라가 엘리베이터로 21층 **추천메뉴** 스테이크, 와인, 맥주, 차 **영업시간** 일~목 18:00~23:00, 금~토 18:00~23:30, 라운지바 11:45~마감시까지 **귀뜸 한마디** • 모든 식사와 드링크류는 서비스차지 10%가 추가 부과된다. • 야외테라스는 인기가 좋아 심포니오브라이트 감상하고 싶다면 1시간 전에 가는 게 좋다.

망고 디저트 전문점,
허유산 Hui Lau Shan, 許留山

허유산은 설명할 필요가 없는 우리나라 사람들이 가장 많이 찾는 홍콩의 대표적인 디저트 전문점이다. 알록달록 색깔도 다양하고 달콤함까지 전해지는 메뉴들은 사진만 보고도 알 수 있으므로 주문하기도 쉽다. 특히 이 집은 망고 종류 디저트가 인기가 좋으며 그 외에도 다양한 과일 주스들을 판매한다. 습하고 더운 홍콩 날씨에 지쳤다면 잠시 쉬면서 달콤한 여유를 가져보는 것도 좋다. 워낙 유명한 집이라 점심시간이나 저녁식사 시간 때에는 줄을 서서 기다려야 하므로 이 시간대는 피하는 것이 좋다. 이곳에서는 옥토퍼스카드를 이용하여 결제할 수도 있다.

공식 홈페이지 www.hkhls.com **전화번호/주소** 852-2384-9868 / G/F, 263 Shanghai Street, Yau Ma Tei, Hong Kong
찾아가기 침사추이 페리 터미널 앞, 하이퐁로드, 코즈웨이베이 등 **추천메뉴** 망고주스 **영업시간** 11:30~24:00

스파이시크랩이 일품인
템플스트리트 야시장 노천식당

템플스트리트 야시장 주변에는 스파이시크랩 Spicy Crabs 간판을 큼지막하게 내건 노천식당들이 많다. 싱싱한 해산물을 맛볼 수 있어 현지인뿐만 아니라 여행자들에게도 인기가 좋다. 단연 이곳의 인기 메뉴는 스파이시크랩으로 가격은 시가지만 일반 레스토랑에 비해 꽤 저렴한 편이다. 고추씨로 범벅이 된 스파이시크랩의 오동통한 속살은 매콤하면서도 짭조름한 맛이 한국인 입맛에도 딱 맞는다. 그밖에 새우, 조개 등도 인기 메뉴이다. 모든 메뉴가 사진으로 제공되므로 주문하기도 편하고, 가볍게 맥주 한잔 들이키면 금상첨화가 된다. 현지인들이 많이 찾는 곳이므로 넉살이 조금만 있어도 함께 식사를 즐길 수 있어 좋다.

찾아가기 템플스트리트 주변에 노천식당들이 위치한다. **추천메뉴** 크랩, 새우, 조개류 **귀띔 한마디** 일단 한 바퀴 돌아보면서 수족관 상태가 좋고 사람이 많은 곳을 찾아 들어가는 것이 좋다.

■ 미슐랭가이드가 인정한 세계에서 가장 저렴한 딤섬
팀호완 Tim Ho Wan 添好運

세계 최고 권위의 미슐랭가이드에서 별 하나를 받은 레스토랑으로 현지인뿐 아니라 해외 각지에서 그 맛을 보기 위해 일부러 찾아올 만큼 인기가 대단한 레스토랑이다. 보통 30분~1시간이상 기다려야 되지만 그 맛이 궁금해 돌아가기가 아쉬워 기다리게 된다. 일단 도착하면 대기번호표 받고 미리 주문서에 체크표시를 한다. 딤섬은 HK$12~26 정도의 저렴한 가격으로 즐길 수 있다. 팀호완에서 추천하는 메뉴는 달콤한 소보루처럼 바삭하고 짭조름한 양념으로 볶은 돼지고기가 들어간 차슈바우(Baked burn with BBQ), 새우와 돼지고기, 달걀노른자가 들어가 있어 특유의 씹히는 맛이 담백한 샤오마이(Steamed pork Dumplings with Shrimp), 쫀득한 얇은 피로 감싸진 오동통한 새우가 들어 있는 히가우(Steamed Fresh Shrimp Dumplings) 등이다.

전화번호/주소 852-2332-3078 / Shops 12A, Hong Kong Station Podium Level 1, IFC Mall, Central **찾아가기** MTR 홍콩역 G층 인타운 체크인카운터를 등지고 왼편으로 가서 에스컬레이터를 타고 L1층으로 가면 된다. **추천메뉴** 딤섬 **영업시간** 09:00~21:00
귀띔 한마디 • 합석은 기본이며 계산시 차 값 HK$30이 추가된다. • 팀호완은 삼수이포, 통충스트리트 등 여러 지점이 있다.

■ 한 번 먹으면 잊을 수 없는 맛,
허니문디저트 Honeymoon Dessert, 滿記甜品

허니문디저트는 이름만큼이나 부드럽고 달콤한 디저트를 판매하는 곳이다. 부드러운 생크림과 달콤한 망고를 쫄깃한 노란 크레이프로 감싸서 내오는 망고팬케이크는 이집의 인기 메뉴이자 여행자들에게 사랑 받는 디저트이다. 한입 베어 물면 생크림과 망고가 어우러지면서 시원하면서도 상큼한 맛이 입안에 감돈다. 가격은 HK$24이며, 이외에도 푸딩을 비롯하여 다양한 디저트 메뉴가 많으므로 여행 중 잠시 여유를 갖고 쉬었다 가면 좋다.

홈페이지 www.honeymoon-dessert.com **찾아가기** IFC몰 3F, 하버시티 3F 시티슈퍼 푸드코트, 타임스퀘어 지하 1F 등 홍콩 곳곳에 체인점들이 있다. **추천메뉴** 망고팬케이크, 생과일주스 **영업시간** 10:00~21:00

미슐랭가이드가 인정한 완탕면,
정두 Tasty congee & noodle wantun shop, 正斗

매년 봄에 발행되면서 세계적으로 유명한 식당을 소개하는 미슐랭가이드Michelin Guide에도 선정된 바 있으며, 홍콩의 대표적인 음식 완탕면을 맛볼 수 있는 곳이다. 정두는 배우 하유미의 남편 클라렌스 입Clarence Yip이 운영하는 레스토랑이기도 하다. 클라렌스 입이 광동 지역의 레스토랑에 갔을 때 그 지역에서 완탕면으로 유명한 요리사를 알게 되면서 그 맛에 반해 사업을 제안하여 오픈하였다고 한다. 정두의 인기 메뉴는 역시 새우 완탕면으로 꼬들꼬들한 면발과 담백하면서 깔끔한 국물 맛이 일품이다. 완탕면 외에도 콘지나 볶음밥, 딤섬, 칠리새우 등도 맛이 좋은 편이다. 고급스러운 레스토랑 내부를 보고 가격이 비싸지 않을까 싶지만 새우 완탕면 HK$38 정도로 부담 없이 즐길 수 있는 가격이다.

홈페이지 www.tasty.com.hk **전화번호/주소** 852-2327-2628 / Shop 1080-82, Level One, Elements, 1 Austin Road West, Kowloon **찾아가기** MTR 카오룽(Kowloon)역 엘리먼츠 Shop 1층에 위치한다. **추천 메뉴** 새우 완탕면 HK$38 **영업시간** 11:30~23:00(연중무휴) **귀띔 한마디** 인기만큼 소문난 집이라 식사 시간대에는 대기행렬이 길 수 있으므로 되도록 오픈 시간에 맞춰가는 것이 좋다.

미슐랭가이드도 반한 완탕면
호흥키 Ho Hung Kee Congee & Noodle Wantun Shop, 何洪記粥麵專家

정두와 같이 미슐랭가이드가 인정한 완탕면을 맛볼 수 있는 집으로 1946년 창업한 오랜 역사를 지닌 레스토랑이다. 호흥키의 대표메뉴인 완탕면(House Speciality Wonton Noodles in Soup)은 S사이즈가 HK$38, L사이즈 HK$54이며, 꼬들꼬들한 면발과 진하고 시원한 국물 맛은 미슐랭도 반할 만하다. 완탕면에서 하나씩 건져먹는 새우만두의 씹히는 식감도 좋아 더

욱 완탕면의 맛을 배가시켜준다. 새우살의 담백함과 쫀득한 맛을 내는 새우창펀(Rice Noodle Rolls filled with Shrimp)부터 다양한 딤섬류들도 먹을 만하다. 호홍키는 이 외에도 콘지나 각종 홍콩식 요리 등의 메뉴도 갖추고 있다.

홈페이지 www.tasty.com.hk/shop_hohungkee.html **전화번호/주소** 852-2577-6060 / Shop 1204-1205, Hysan Place, 500 Hennessy Road, Causeway Bay **찾아가기** MTR 코즈웨이베이(CausewayBay)역 F2번 출구에서 B1층으로 바로 연결된 하이산플레이스(HYSAN PLACE) 12층 **추천메뉴** 완탕면, 딤섬, 콘지 **영업시간** 11:30~23:00 **귀뜸 한마디** • 합석할 수 있다. • 차 값 HK$3와 서비스차지 10%가 부과된다.

홍콩에서 가장 맛있는 에그타르트,
타이청베이커리 Tai Cheung Bakery, 泰昌餅家

타이청베이커리는 홍콩의 유명인사들도 일부러 찾아 나설 정도로 소문난 맛집이다. 특히 바삭바삭한 파이 위에 부드럽고 촉촉한 커스터드크림을 올려주는 에그타르트Egg Tarte는 홍콩 제일의 맛이라고 알려져 있다. 보기에도 먹음직스러운 노란 에그타르트는 따끈할 때 먹어야 제 맛을 즐길 수 있다. 입안에서 사르르 녹는 달콤한 맛을 잊을 수 없는 에그타르트는 개당 HK$6이다.

전화번호/주소 852-2544-3475 / G/F 32 Lyndhurst Terrace, Central, Hong Kong **찾아가기** MTR 센트럴(Central)역 D2번 출구에서 걸어서 10분 거리에 위치한다. **추천메뉴** 에그타르트 **영업시간** 월~토요일 07:30~20:30, 격주 일요일 08:30~19:30

24시간 브런치를 즐기는
플라잉팬 The Flying Pan

24시간 언제라도 브런치를 즐길 수 있는 레스토랑 플라잉팬, 늘 사람들로 붐비는 곳이라 소호점 같은 경우 자리가 없어 되돌아가는 경우도 많다고 한다. 주문이 복잡할 수 있는데 세트에 따라 메인 요리와 음료 그리고 사이드 메뉴를 선택해 주문하면 된다. 가격은 HK$100 내외이며, 그밖에도 팬케익, 와플, 토스트 등을 판매하고 있으므로 입맛에 맞춰 주문하면 된다. 플라잉팬의 인기 메뉴는 잉글리시머핀 위에 볶은 시금치와 버섯 등을 얹고 그 위에 계란 반쪽을 반숙상태로 올려 홀란데이즈 Hollandaise 소스를 뿌려 내오는 에그eggs 세트이다. 맛은 부드럽고 담백하면서도 먹을수록 중독성이 강하므로 한 번 맛보게 되면 금방 다시 먹고 싶어진다.

홈페이지 www.the-flying-pan.com 전화번호 852-2528-9997 / 주소 3F 81-85 Lockhart Road, Wanchai, Hong Kong 찾아가기 소호, 완차이 와니호텔 옆 건물 3F에 위치함.(완차이점 외에도 여러 곳에 지점이 있다.) 추천메뉴 에그세트 영업시간 24시간

오랜 전통의 완탕면 전문점,
웡치키 Wong chi Kee, 黃枝記

홍콩에 가면 꼭 먹어봐야 하는 완탕면을 제대로 맛 볼 수 있는 음식점이 웡치키이다. 웡치키는 마카오에 본점을 두고 있는 오랜 전통의 완탕면 전문점으로 직접 뽑아 쫄깃한 수타면에 조미료를 첨가하지 않고 맛을 내는 집이다. 그래서 따뜻한 국물은 더욱 시원하면서도 깔끔한 맛이 난다. 완탕면을 주문할 때는 밀가루와 쌀로 만든 면 중에서 식성에 맞게 선택할 수 있다.

전화번호/주소 852 2869-1331 / 15B Wellington Street, Central, Hong Kong 찾아가기 MTR 센트럴(Central)역 D2번 출구로 나와 란콰이퐁 방면으로 걸어서 5분 거리이다. 추천메뉴 완탕면 HK$20~35 영업시간 월~금요일 08:00~02:00, 토~일요일, 공휴일 09:00~02:00

칠리새우맛이 일품인
레드페퍼 The Red Pepper, 南北樓

칠리새우로 인기 만점인 레스토랑 레드페퍼. 달 궈진 철판 위에서 지글대는 통통한 새우와 칠리 소스가 곁들여져 그야말로 환상적인 맛을 낸다. 또한 매콤한 맛을 내며 땅콩 소스를 비빌수록 더 욱 담백해지는 단단면担担面은 이곳에서 추천하는 메뉴 중의 하나이다. 레드페퍼라는 이름대로 매 콤한 맛이 주를 이루는 사천요리 전문점이라 한 국인 입맛에도 잘 맞아 실제 한국 여행자들이 많 이 찾아오는 곳이다. '안녕하세요~'라며 한국말 로 인사를 건네는 종업원 덕분에 기분까지 좋아 지는 집이다.

전화번호/주소 852-2577-3811 / G/F 7 Lan Fong Road, Causeway Bay, Hong Kong **찾아가기** MTR 코즈웨이베이 (Causeway Bay)역 F번 출구로 나와 걸어서 5분 거리이다. **추천메뉴** 레드페퍼, 단단면 **영업시간** 11:30~24:00

회전초밥 전문점
겡끼스시 Genki sushi

저렴한 가격에 맛 좋은 스시점을 찾는다면 홍콩 곳곳에 눈에 띄는 노란간판 집 겡끼스시를 찾아 가면 된다. 일식집답게 '이랏샤이마세~'하며 반 갑게 반긴다. 깔끔한 인테리어로 캐주얼한 분위 기이며, 회전바와 테이블석으로 나뉜다. 접시색 깔에 따라 HK$10~40 정도로 부담 없는 가격에 즐길 수 있다. 회전바에 앉아 골라 먹어도 되지 만 원하는 스시가 없을 때에는 요리사에게 별도 로 주문을 하면 된다.

홈페이지 www.genkisushi.com.hk **전화번호/주소** 852-2735-7370 / 1/F, Zhongda Building, 38, 39, 40 Haiphong Road, Kowloon **찾아가기** MTR 침사추이(Tsim Sha Tsu i)역 A1 출구로 나와 하이퐁로드(Haipong Rd.)에 위치한다. 그 외에도 몽콕, 코즈웨이베이, 완차이를 비롯해 많은 분점들이 있다. **추천메뉴** 다양한 스시 **영업시간** 11:30~23:00 **귀띔 한마디** 오후 12시부터 2시까지는 런치세트도 판매한다.

전통 애프터눈티를 경험하고 싶다면,
페닌슐라호텔 더로비 | Peninsula Hotel

페닌슐라호텔은 카오룽반도를 대표하는 호텔 가운데 하나로 클래식한 분위기에서 가장 전통적인 애프터눈티를 즐길 수 있는 곳이다. 호텔 내 카페 더로비 The Lobby에서는 삼단 접시에 미니 샌드위치, 케이크, 갓 구운 스콘 등과 함께 그윽한 차를 즐기면서 낭만적인 시간을 보낼 수 있다. 이곳은 별도로 예약을 받지 않기 때문에 손님이 많을 경우 기다림을 감수해야 한다. 물론 이 호텔에 묵는 투숙객일 경우 바로 이용할 수 있다.

홈페이지 www.peninsula.com **전화번호/주소** 852-2920-2888 / G/F Peninsula, Salisbury Road, Tsim Sha Tsui, Hong Kong **찾아가기** MTR 침사추이역 1번 출구로 나와 걸어서 3분 거리이다. **추천메뉴** 1인 HK$338, 2인 HK$598 부가세 10% **영업시간** 애프터눈티 14:00~18:00

홍콩의 핫 디저트카페
티우드 Tea Wood

홍콩 맛집사이트에서 베스트로 꼽힐 만큼 인기 좋은 타이완식 카페&레스토랑이다. 이름에 걸맞게 나무를 형상화한 인테리어가 돋보이는 싱그러운 분위기로 주로 젊은층이 많이 찾는다. 티우드에서는 저렴한 가격에 각종 티, 커피, 허니토스트, 케이크 등을 선보이는데 메뉴 이미지만 봐도 먹음직스럽다.

티우드에서 추천하는 메뉴는 허니토스트Honey Toast로 딸기, 블루베리, 초코, 망고 등 총 4가지 바닐라맛이 있다. 가격은 HK$68이며, 워낙 손님이 많아 기다려야 하지만 기다린 보람만큼 푸짐한 허니토스트에 행복한 미소를 짓게 된다. 2cm정도 되는 두툼한 토스트 3조각을 지그재그 층을 쌓고 토스트 위에 휘핑크림을 푸짐하게 쌓아 올린 다음 딸기 바닐라아이스크림을 동그랗게 올려 달콤하고 부드러운 맛을 낸다. 혼자 먹기에는 다소 양이 많은 편임으로 2~3명이 티 한잔과 함께 먹으면 좋다.

홈페이지 www.teawood.hk **전화번호/주소** 852-2780-2321 / 10th, Floor, King Wah Centre, 628 Nathan Road, Mong Kok **찾아가기** MTR 몽콕역 E2출구로 나와 침사추이역 방면으로 가면 첫번째 좌측 거리 Shantung Street에 위치한 King Wah Centre 10층 **추천메뉴** 허니토스트, 티, 케이크, 식사류 **영업시간** 월~목 12:00~01:00 / 금~일요일, 공휴일 12:00~02:00 **귀뜸 한마디** • 몽콕점은 늦은 밤까지 운영함으로 레이디스마켓 야시장 구경 후 들리기 좋다. • 서비스차지 10%가 부과된다. • 침사추이, 코즈웨이베이에도 체인점이 있다.

홍콩의 유명한 차찬텡
란퐁윤 Lan Fong Yuen, 蘭芳園

60년 역사를 지닌 홍콩의 유명한 차찬텡茶餐庭 란퐁윤은 우리나라의 분식점 같은 대중적 음식을 판매하는 식당이다. 입구에 걸린 사진부터 주윤발 등 홍콩 유명배우들도 찾아올 만큼 인기가 대단하다. 볼품없는 외관 때문에 과연 찾는 이가 있을까 싶지만 안으로 들어서면 쉽게 자리를 찾을 수 없을 정도로 항상 많은 사람들로 붐빈다. 란퐁윤은 실내에서 먹을 경우 HK$25 이상을 먹어야 하며 합

석은 기본이다. 추천메뉴로는 계란을 입혀 구워
낸 토스트 위에 설탕과 버터로 달콤하고 담백함
을 낸 프렌치토스트와 고밀도 울 소재 천으로 거
른 만큼 부드럽고 달콤한 밀크티가 있다.

전화번호/주소 852-2544-3895 / 2 Gage Street, Central **찾아가기** MTR 센트럴Central역 D1번 출구로 나와 도보 6분 Gage Steet **추천메뉴** 프렌치토스트, 햄버거, 밀크티 **영업시간** 07:00~18:00(매주 일요일 휴무) **귀뜸 한마디** 소호에서 가까운 곳에 위치하므로 저렴한 한 끼를 원한다면 란퐁윤에서 간단한 식사와 타이청베이커리에서 에그타르트를 먹는 코스가 좋다.

아시아요리를 한자리에서 즐기는 푸드코트
푸드 리버블릭 FOOD REPUBLIC

홍콩의 편집샵과 로컬, 일본 브랜드를
취급하는 실버코드Silvercord라는 쇼핑몰
과 함께 대형 푸드코트를 운영하고 있
다. 지하에 위치한 푸드 리버블릭은
한국, 일본, 타이완, 태국, 말레이시아
등 다양한 아시아의 다양한 요리를 만
날 수 있다. 십여 개가 넘는 식당 중
페퍼런치Pepper Lunch는 넙적한 무쇠그
릇에 지글지글 고기가 구워지는 일본
식 스테이크점이 인기가 좋다.

전화번호/주소 B/F, Silvercord, 30 Canton Road, Tsim Sha Tsui **찾아가기** MTR 침사추이역 A1번 출구에서 도보 7분, 하이퐁로드와 캔톤로드가 만나는 지점 **추천메뉴** 아시아 요리 **영업시간** 일~목요일 10:30~22:30 / 금~토요일, 공휴일 전날 10:30~23:00 **귀뜸 한마디** • 일부 식당은 기대 이하의 맛을 수 있다. • 일부 인기 식당은 영업 마감 시각 30분 전까지만 주문을 받는다.

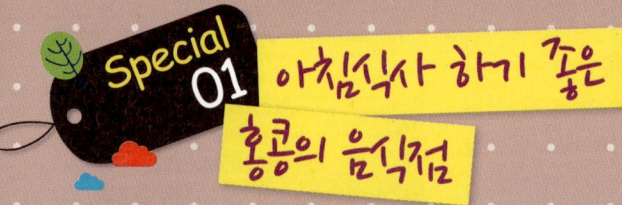

Special 01 아침식사 하기 좋은 홍콩의 음식점

조식이 제공되는 숙소에 묵는 경우라면 문제가 없지만, 조식이 제공되지 않는 곳에서 숙박을 한다면, 아침식사를 해결하는 것도 고민이 된다. 홍콩에는 간단하게 아침식사를 하기 좋은 패스트푸드점들이 많이 있다. 주로 체인형태를 띠므로 어디서나 쉽게 찾을 수 있으므로 숙소 인근의 체인점을 이용하면 된다.

브런치로 안성맞춤인 델리프랑스 Delifrance

델리프랑스는 브런치를 즐기기에 제격인 곳으로 조식이 포함되지 않는 숙소에 묵을 때 이용하면 좋다. 가벼운 아침식사 메뉴로는 오믈렛과 크로와상, 토스트와 스크램블 에그, 감자와 후라이드 계란 세트 등이 있다. 델리프랑스의 모든 세트에는 차나 커피가 기본적으로 포함되어 있으며 가격도 HK$20~30 이내로 부담 없이 즐길 수 있다. 블랙퍼스트 타임은 오전 11시까지만 주문이 가능하다.

홈페이지 www.delifrance.com.hk **전화번호/주소** 852-2873-3893 / Flat A, 2/F Tin Fung Industrial Building 63 Wong Chuk, Hang Road, Hong Kong **찾아가기** 침사추이 EAST 외 여러 곳에 위치한다. **추천메뉴** 블랙퍼스트 **영업시간** 08:00~22:00

만화 속 주인공이 있는 찰리브라운카페 Charlie Brown Cafe

귀여운 캐릭터 찰리브라운과 스누피를 만날 수 있는 찰리브라운카페는 음식의 맛보다는 온통 캐릭터로 장식된 실내분위기 때문에 많은 사람들이 찾아오는 곳이다. 아침에는 블랙퍼스트 세트를 판매하기 때문에 간단하게 식사를 하기에 좋다. HK$30 내외로 베이글치즈, 오믈렛 등 음료가 포함된 모닝세트 메뉴를 판매한다. 카페에서는 각종 찰리브라운 관련 기념품들도 판매하고 있다.

홈페이지 www.charliebrowncafe.com **전화번호/주소** 852-2366-6315 / G/F-1/F, Kok Pah Mansion, 58-60 Cameron Road, Tsim Sha Tsui, Hong Kong **찾아가기** MTR 침사추이역 B2 출구 파크호텔 맞은편에 위치한다. **추천메뉴** 블랙퍼스트, 차 **영업시간** 08:30~13:30(일~목요일), 08:30~24:00(금, 토요일)

카페 드 코랄 cafe de coral

홍콩 전역에서 쉽게 찾아볼 수 있는 프랜차이즈 레스토랑으로 간단한 빵과 면, 콘지 등과 같이 부담 없이 먹을 수 있는 아침식사부터 점심세트메뉴까지 다양하다. 가격은 HK$20~50내외이며 국내 관광객들 사이에서 하버시티 내 매장이 맛있고 푸짐하게 주는 걸로 알려져 있다.

홈페이지 www.cafedecoralfastfood.com **영업시간** 07:00~22:30 **귀띔 한마디** 이 밖에도 홍콩을 대표하는 프랜차이즈 패스트푸드점으로는 맥심 엠엑스(Maxim MX) www.maxims.com.hk, 페어우드(Fairwood) www.fairwood.com.hk 등이 있다.

취와 레스토랑 Tsui wah Restauant

1967년 몽콕을 시작으로 홍콩 전역에 매장을 두고 있으며 마카오와 상하이, 광저우, 항저우 등에도 레스토랑이 있는 유명한 차찬텡이다. 아침식사메뉴가 다양해서 골라먹는 즐거움도 있다. 아주 맛있지는 않지만 홍콩 현지인들의 차찬텡 문화를 엿볼 수 있는 경험이 된다.

홈페이지 www.tsuiwah.com **찾아가기** MTR 침사추이역 D2출구로 나와 도보 1분 거리이다. **영업시간** 07:00~02:00

요시노야 Yoshinoya

일본의 대표 패스트푸드점으로 우리에게도 익숙한 요시노야를 홍콩에서 만날 수 있다. 규동, 소고기덮밥, 카레 등 단품메뉴부터 세트메뉴까지 다양하게 준비되어 있다. 홍콩 음식이 입맛에 맞지 않는 여행자들에게는 간단하게 한 끼를 해결 할 수 있는 곳이다.

찾아가기 MTR 침사추이역 B1 출구로 나와 도보 1분 거리이다. **영업시간** 08:00~23:00

홍콩은 여행자들의 천국답게 게스트하우스, 한인민박, 호텔 등이 많이 있으므로 상황에 맞게 선택하면 된다. 대부분 한국 여행자들은 침사추이에 위치한 숙소를 선호하는데 실제 여행에 있어 여러모로 유리하다. 홍콩은 국제행사가 많으므로 그 시기라면 호텔을 예약하는 것 자체가 불가능할 수도 있으므로 미리 정보를 검색해보거나 한인민박을 이용하는 것이 좋다.

최적의 위치 & 객실마다 컴퓨터가 있는
스카이모텔 Sky Motel

침사추이 네이던로드 중심지에 위치한 한인숙소 스카이모텔은 최적의 위치와 깔끔한 시설로 한국 여행자들 사이에 인기가 좋은 숙소이다. 입구에서부터 CCTV와 게스트하우스 라이선스가 부착되어 신뢰를 더할 뿐 아니라 안전하여 믿음이 간다. 공용으로 이용하는 거실에는 냉장고, 전자레인지, 냉온수기, 커피머신, 컴퓨터, 팩스, 복사기, 무료인터넷폰, 홍콩 관련 여행책자 등이 구비되어 있어 여행자를 위한 세심한 배려가 엿보인다. 각방마다 초고속 인터넷을 자랑하는 컴퓨터가 비치되어 있으며 TV는 한국방송도 시청할 수 있다. 또한 욕실을 비롯하여 군더더기 없는 객실은 청결하고 깔끔한 편이다. 넓은 침대와 에어컨, 온풍기 등이 완비되어 있어 쾌적한 환경에서 지낼 수 있고, 호텔 부럽지 않게 필요한 모든 것이 구비되어 있다. 또한 무료로 한식 조식을 제공한다. 총 9개 객실로 HK$500~HK$800으로 투숙할 수 있다.

홈페이지 www.skymotelhk.com **전화번호/주소** 852-2802-8603(일반전화), 852-5663-5178(핸드폰) / Flat C, 8/F, Golden Crown Court, 66-70 Nathan Road, Tsim Sha Tsui, Kowloon **찾아가기** 홍콩국제공항에서 공항버스 A21을 탑승하고, 13번 정류장 침사추이역에서 하차하여 걸어서 2분 거리이다. 또는 MTR 침사추이역 A2 출구로 나와 씨티은행이 있는 Golden Crown Court 건물 8F으로 걸어서 1분 정도 소요된다. **객실타입** 더블베드, 트윈베드, 킹더블베드 **귀띔 한마디** 더블베드의 경우 창문이 없는 객실도 있으니 확인하고 예약한다.

정겨운 한인게스트하우스
파크모텔 Park Motel

파크모텔은 침사추이 네이던로드에서 3분 거리에 위치하여 여러모로 접근성이 좋다. 저자가 2007년 처음 솔로여행으로 방문했던 한인게스트하우스이다. 투숙객을 친절이 맞아주시는 사장님과 배려하는 직원들의 모습이 오랫동안 기억에 남을 만큼 또 한 번 찾고 싶은 곳이다. 파크모텔은 건물 5, 6층을 사용하는데 6층 거실에는 인터넷이 지원되는 PC와 각종 홍콩여행서적, 전자레인지, 냉장고, 생수기, 인터넷전화기 등 자유롭게 이용 가능한 공용시설들이 갖춰져 있다. 입구 벽면에 빼곡히 붙은 깨알 같은 메모판에서부터 파크모텔의 만족도를 짐작할 수 있다. 객실은 온수샤워가 가능한 개인욕실과 넓은 침대, 벽걸이 TV와 작은 화장대, 드라이기, 알람시계, 에어컨 등이 설치되어 있으며 전반적으로 깔끔하다. 매일 아침 8시부터 50분간 조식으로 한식이 제공된다. 객실은 총 13객실로 HK$480~1,030 정도로 투숙할 수 있다.

홈페이지 www.parkmotel.co.kr **전화번호/주소** 852-2722-1589, 852-9487-4524(핸드폰) / Flat G, 6F, Lyton Building, 32-34 Mody Road, Tsim Sha Tsui **찾아가기** 홍콩 첵랍콕국제공항에서 공항버스 A21을 탑승한 후 16번 정류장 모디로드(Mody Road)역에서 하차 후 도보 2분 거리 또는 MTR 침사추이역 N1출구로 나와 오거리에서 K11쇼핑몰 대각선 방면 Hong Kong Fur라는 파란색 간판이 있는 Lyton Building 6층 **객실타입** 싱글룸, 트윈룸, 트리플룸 **귀뜸 한마디** 5층 거실 입구에 있는 배짱이 메모를 찾아보세요.

전통과 품격이 느껴지는
페닌슐라호텔 The Peninsula Hong Kong

오랜 역사와 전통을 자랑하는 페닌슐라호텔은 이미 국내에도 유명 연예인들의 결혼식이 치러져 품격 있는 호텔로 알려져 있다. 필자가 머물렀던 디럭스룸은 전체적으로 은은한 분위기에 역사가 숨 쉬는 듯한 전통과 품격이 절로 느껴지는 곳이었다. 또한 빅토리아항과 홍콩섬을 한눈에 내려다 볼 수 있고, 저녁에는 심포니오브라이트도 편안하게 감상할 수 있었다. 웰컴티와 웰컴과일을 비롯해 웰컴샴페인까지 투숙객에게 최고의 환영을 해주니 한순간 공주라도 된 듯한

착각마저 든다. 안락한 침대와 고급문양의 가구들이 조화롭게 배치되어 있어 최고의 호텔임을 다시 한 번 느낀다.

페닌슐라호텔에서는 아직도 전자식이 아닌 전통적인 키방식을 고수하고 있다. 화장실, 욕조, 화장대, 샤워실이 분리되어 있어 사용하기에 편하다. 욕실에 놓인 빨간 비누케이스는 투숙객을 위한 선물이므로 페닌슐라를 기억하며 소장할 수 있다. 그 밖에 페닌슐라호텔 G/F에 위치한 더 로비 The Lobby에서는 정통 애프터눈티를 맛볼 수 있고 신관 28F에 위치한 펠릭스 Felix에서 칵테일 한잔 하며 멋진 홍콩야경을 감상할 수 있다. 또한 신관 지하 1층에 페닌슐라 쇼핑아케이드 Peninsula Shopping Arcade 에서는 명품브랜드 매장, 페닌슐라 부티크쇼핑을 즐길 수 있다.

홈페이지 hongkong.peninsula.com **전화번호/주소** 852-2920-2888 / The Peninsula Hong Kong, Salisbury Rd., Tsim Sha Tui **찾아가기** MTR 침사추이역 E번 출구로 나오면 정면에 보인다. 출구에서 걸어서 2분 거리이다. **객실타입** 슈페리어룸, 디럭스룸 등 총 12개 타입의 객실이 있다. **체크인/체크아웃** 14:00/12:00 **귀띔 한마디** • 보증금을 요구하므로 VISA나 MASTER 카드 등 외국에서 사용 가능한 카드를 미리 준비하도록 하자. • 투숙객일 경우 더 로비에서 대기하지 않고 바로 입장이 가능하다.

도심 속 휴양지의 느낌,
그랜드하얏트홍콩 Grand Hyatt Hongkong

전 세계 가장 많은 호텔 중의 하나로 품격을 지닌 그랜드하얏트홍콩은 완차이에 위치한다. 총 556개 객실의 70%가 빅토리아항을 향하고 있어 전망도 아주 좋은 편이다. 호텔로비는 웅장하며, 기품을 뽐내는 고급스러운 조형물들이 세련미를 느끼게 한다. 그랜드하얏트호텔에 머무르는 것은 여행의 즐거움에 여독까지 기분 좋게 풀 수 있어 행복을 배가시켜준다. 커다란 창문에 걸터앉아 빅토리아항을 바라보노라면 홍콩의 멋진 광경을 생생한 사진으로 보는 듯 하여 꿈은 아닌지, 정말 내가 홍콩에 와 있는 것일까라는 의문을 갖게 만든다.

필자가 머물렀던 객실은 그랜드킹룸으로 높은 천장과 탁자, 책장, 벽면 모든 것이 원목으로 이루어져 있어 아늑하고 편안한 느낌이 들었다. 넓은 창을 통해 카오룽반도 전망을 안락한 쇼파에 앉아서도 감상할 수 있어 하루 종일 객실에 머물고 싶다는 생각이 든다. 욕실은 온통 대리석과 부의 상징인 황금색이 맴돌고 욕조와 화장실이 분리되어 있다. 홍콩섬의 높게 뻗은 빌딩을 바라보며 야외 수영을 즐기거나 독서를 하는 등 여가시간을 보낼 수 있다. 저녁이면 야외 풀 사이드 뷔페를 즐길 수 있으니 도심 속 휴양을 떠나는 기분을 낼 수 있다.

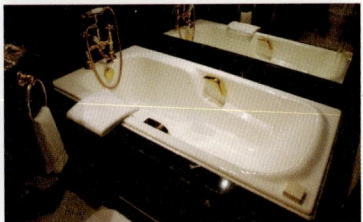

홈페이지 hongkong.grand.hyatt.com **전화번호/주소** 852-2588-1234/1 Harbour Road, Hong Kong, People's Republic of China **찾아가기** 완차이 페리 & MTR 완차이역에서 걸어서 10여 분 거리이다. AEL 홍콩역에서는 택시로 5분 정도 소요되는 거리이다. **객실타입** 그랜드 킹, 그랜드 트윈, 그랜드 하버 킹, 그랜드 하버 트윈, 클럽 킹, 클럽 트윈등 다양한 객실타입 보유 **체크인/체크아웃** 14:00/12:00 **귀띔 한마디** 호텔 내에 세탁서비스, 식당, 미용실 등을 운영하며, 투숙객에 한해 스팀룸, 헬스장, 실외수영장, 사우나, 레저 및 스포츠시설 등도 이용할 수 있다.

알수록 매력적인 타이베이(Taipei)

Taipei Travel Information and Travel Guide

Section01 타이베이 여행을 시작하기 전에
Section02 고민 없이 즐기는 타이베이 맞춤 여행 루트
Section03 타이베이에서 환전 및 대중교통 이용방법
Section04 타이베이에서 둘러봐야 할 지역별 명소
Special02 도보로 즐기는 단수이
Special03 푸통푸통 설레는 가슴 핑시선 열차여행
Special04 환상적인 규모로 즐기는 타이완 등불축제
Section05 타이베이에서 먹어봐야 할 맛집
Section06 타이베이에서 눈이 즐거워지는 쇼핑거리
Section07 배짱이가 머물렀던 타이베이 숙소

✈ Section 01
타이베이 여행을 시작하기 전에

알면 알수록 매력적일 수밖에 없는 타이완Taiwan은 여행에 있어 중독성이 강한 나라 중에 한 곳이다. 아름다운 자연풍경과 지리적 특성을 살린 관광지를 비롯하여 타이베이 시내 곳곳은 다양한 볼거리들로 넘쳐난다. 타이완의 수도 타이베이Taipei는 여행자들이 가장 많이 방문하는 도시이다. 타이베이를 중심으로 한두 시간 남짓 거리에는 색다른 근교 여행지들이 있고, MRT만으로도 타이베이 대부분의 관광지를 누비며 역사, 음식, 쇼핑 등 다채로운 여행을 즐길 수 있다.

타이완의 대표적인 즐길거리 중 하나는 후끈대는 밤의 열기 속에 맛의 세계로 빠져들게 하는 야시장이다. 타이베이 대표 야시장으로 꼽히는 스린예스士林夜市는 많은 사람들로 인해 항상 발 디딜 틈 없이 북적거린다. 어디로 가는지 생각할 필요 없이 그저 사람들 물결에 휩쓸려 돌아다니다 보면 눈과 코를 이끄는 음식 앞에 저절로 멈출 수 있는 초능력이 발휘된다. 주머니 사정이 넉넉지 않은 여행자들에게는 저렴한 가격으로 넘쳐나는 음식들을 제대로 맛볼 수 있어 식도락여행을 즐길 수 있게 한다.

넘쳐나는 야시장의 별미뿐만 아니라 그들의 일상까지 엿볼 수 있는 소소한 볼거리들이 있어 여행의 재미는 배가 된다. 한국에서 온 이방인에게 함박웃음 지으며 타이완에 온 걸 환영하는 기사 아저씨, 한국을 너무 좋아한다며 싱싱한 생선을 추천해주고 맛있게 먹으라며 신경 써서 음식을 내오는 음식점 사장님, 타이완 사람들의 친절함에 또 한 번 반하게 된다. 커다란 빨대를 통해 쏙쏙 빨려오는 탱글탱글한 타피오카tapioca 알갱이가 듬뿍 담긴 전주나이차珍珠奶茶를 마시며 타이베이 어느 골목을 거닐며 행복한 시간을 보낼 수 있다.

●● 타이베이 가기 전에 체크하세요!

비자 90일 무비자. **전압** 110V이므로 멀티어댑터를 준비해야 한다. **시차** 한국 시간보다 1시간 느리다. **공용어** 만다린어, 타이완어 등을 사용하며, 짧막한 영어는 대체로 소통 가능하다. **통화** NT$(TWD, NTD) 뉴 타이완달러 (1NT$ = 35.3원, 2015년 4월 기준) **날씨** 일 년 내내 아열대성 기후로 덥고 습하다. 또한 여름과 가을에는 태풍을 만날 수 있으므로 날씨 정보도 챙겨야 한다. **항공소요시간(인천공항 기준)** 2시간 30분

국가/도시	도착 공항 이름	출발공항과 항공사(코드)	거리	예상 소요시간
타이완	타이완 타오위안국제공항(Taiwan Taoyuan International Airport)	인천국제공항 – 대한항공(KE), 아시아나항공(OZ), 에바항공(BR), 중화항공(CI), 캐세이패시픽항공(CX), 타이항공(TG), 스쿠트항공(TZ)	1,465Km(910마일)	2시간 30분
		김해국제공항 – 에어부산(BX), 부흥항공(GE)	1,345Km(836마일)	2시간 20분
		제주국제공항 – 부흥항공(GE)	1,067Km(663마일)	2시간 10분
	타이베이 쑹산공항 (Taipei Sungshan Airport)	김포국제공항 – 에바항공(BR), 중화항공(CI), 이스타항공(ZE), 티웨이항공(TW)	14,32Km(890마일)	2시간 45분

●● 항공사별 타이완 타오위안국제공항 이용터미널 안내

제1터미널 Terminal 1	제2터미널 Terminal 2
대한항공(KE), 진에어(LJ), 중화항공(CI), 부흥항공(GE), 케세이퍼시픽(CX), 타이항공(TG), 스쿠트항공(TZ)	에바항공(BR), 아시아나항공(OZ), 에어부산(BX)

※ 매년 2월 춘절(중국 설날)은 연휴기간으로 거의 모든 상점과 음식점들이 영업을 하지 않고 귀향으로 인해 차가 붐비고 숙박비가 2배 이상 오르기도 하니 이 연휴기간은 피하는 것이 현명하다.
※ 여행가기 전 타이완관광청을 들러 이지카드 등 다양한 혜택도 미리 챙기는 지혜가 필요하다.

●●타이베이 관련 정보 사이트

여행 전에 미리 인터넷을 통해 필요한 여행정보를 수집해보자.

타이완관광청 www.tourtaiwan.or.kr
대만 손들어 cafe.daum.net/taiwan
즐거운 대만여행 cafe.naver.com/taiwantour

타이완관광청

대만 손들어

타이베이는 3박 4일 일정만으로도 대표적인 관광지, 인기 여행지 등을 여유롭게 둘러볼 수 있는 곳이다. 여기서 제시하는 여행 루트는 배짱이 여행을 바탕으로 일정을 재구성하였다. 테마를 정하고 떠나는 일정이 아닌 처음으로 타이베이를 만나는 여행자를 위해 알차게 보낼 수 있게 일정을 조정하였다. 해당 일정은 참고하여 본인에 맞는 일정으로 나만의 여행 계획을 세워 보세요.

※ 경로 시간과 목적지에서 보내는 소요 시간은 개인의 상황에 따라 달라질 수 있다.
※ 여기서 제시하는 숙소는 중샤오신성역 부근에 KDM 호텔로 조식 포함이다. 제시된 동선을 참고하여 자신이 묵는 숙소를 기준으로 실제 동선은 다시 계획해야 한다.

타이베이 근교 인기 명소 단수이에서 ● 첫째 날

아침 일찍 출발하는 비행기에 탑승한다면 타이베이까지 2시간 30분정도 걸리는데 우리나라보다 1시간이 느리기 때문에 첫째 날부터 알차게 여행을 즐길 수 있다. 첫째 날은 타이베이 중심가에서 지하철로 40여 분 거리에 위치한 인기 명소, 영화 〈말할 수 없는 비밀〉로 유명해진 단수이에서 여유롭게 시작한다. 역사적인 볼거리와 영화촬영지, 먹거리 골목탐방을 즐기고 한가로이 해변공원을 산책해보자.

저녁 무렵에는 풍성한 먹거리가 있는 스린예스 야시장을 찾아 식사를 한 후 타이베이 최고의 번화가 시먼딩에서 젊음의 열기를 느껴보고, 타이베이 최초의 극장 시먼홍러우에서 역사의 흔적을 찾아보자. 만약 출발하는 항공편이 오후 시간대라면 첫날부터 무리하게 일정을 잡지 말고 저녁식사를 겸해 스린예스로 바로 이동하여 천천히 시장을 둘러본 후 다음날 일정을 위해 충분히 휴식을 취하는 것도 좋은 방법이다.

Part 03
알수록 매력적인 타이베이(Taipei)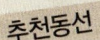

추천동선

인천국제공항 출발(기내식 1회 제공, 2시간 30분 소요) → 타이완 타오위안국제공항 도착(입국심사 및 짐 찾기, 환전) → 호텔 체크인 및 짐 정리 → 단수이(룽싼스, 푸유궁, 마셰샹, 단수이예배당, 단강고등학교, 진리대학, 홍마우청, 단수이라오제, 해변공원) → 스린예스 → 시먼훙러우 → 시먼딩 → 숙소(1박)

인천국제공항
보딩, 출국심사

타이완 타오위안국제공항
입국심사, 환전, 호텔이동

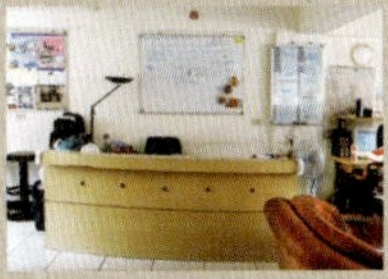

숙소도착
호텔 체크인 및 짐정리

Start — 비행기 2시간 30분 — 공항버스 1시간 — 지하철 45분 — 지하철 30분 — 지하철 15분

시먼훙러우
30분 코스

스린예스(저녁식사)
추천메뉴 : 지파이,
취두부, 소시지, 굴부침,
꼬치, 게튀김, 전주차이나

단수이(룽싼스, 푸유궁, 마셰샹, 단수이예배당, 홍마우청, 단수이라오제, 해변공원 등)
3~4시간 코스

도보 1분

시먼딩
1시간 코스

숙소
1박

지하철 10분

117

인기 만점 관광지를 만나는 둘째 날

둘째 날은 〈꽃보다 할배〉를 통해 더욱 알려진 소원 담은 천등을 날리는 마을 핑시로 떠나자. 이른 아침 루이팡역에서 핑시선 열차를 타고 스펀, 핑시, 징통 등 마을을 들려 철로를 배경으로 펼쳐지는 옛 마을의 정취를 느껴볼 수 있다. 스펀에서 직접 천등 체험도 하고, 각 마을 옛거리에서 먹거리도 먹으며 핑시여행을 즐긴다. 다시 루이팡역으로 돌아와 20여 분 버스를 타고 누구나 반할 수밖에 없는 인기 명소 지우펀으로 향하자. 곳곳에 발길을 붙잡는 먹거리, 볼거리 등으로 행복한 시간을 보낼 수 있다. 해질녘 주렁주렁 매달린 홍등도 빠질 수 없는 지우펀의 매력적인 볼거리이다.

추천동선

호텔조식 → 루이팡역 → 스펀 → 핑시 → 징통 → (허우통 : 시간을 확인하고 가자) → 지우펀 → 덴수이러우(저녁식사) → 중샤오푸싱 → 숙소(2박)

타이베이 자연과 감각을 만나는 셋째 날

셋째 날은 타이베이의 자연과 감각을 만날 수 있는 일정이다. 이른 아침 대자연의 신비를 온 몸으로 느낄 수 있는 예류로 향한다. 자연이 만든 예류만의 독특한 볼거리를 즐길 수 있어 뜻깊은 추억이 된다. 시간이 허락한다면 가까운 지룽의 마우예우커스 시장에 들려 먹거리를 즐겨도 좋다. 다시 시내로 돌아오면 타이완의 국립중정기념당을 여유롭게 둘러보고 타이완 최고의 사원으로 알려진 룽산쓰로 향하자. 다음은 타이베이 101빌딩 전망대에 올라 타이베이 시내 전체의 조망을 한눈에 감상한다. 밤에는 융캉제의 소박한 골목 상가들도 거닐어 보고 딘타이펑, 가오지, 망고빙수 등 맛있기로 소문난 맛집을 들려보자.

추천동선

호텔조식 → 예류 → 국립중정기념당 → 룽산쓰 → 화시제예스 → 용도빙과 → 타이베이 101관경대 → 융캉제(저녁식사) → 숙소(3박)

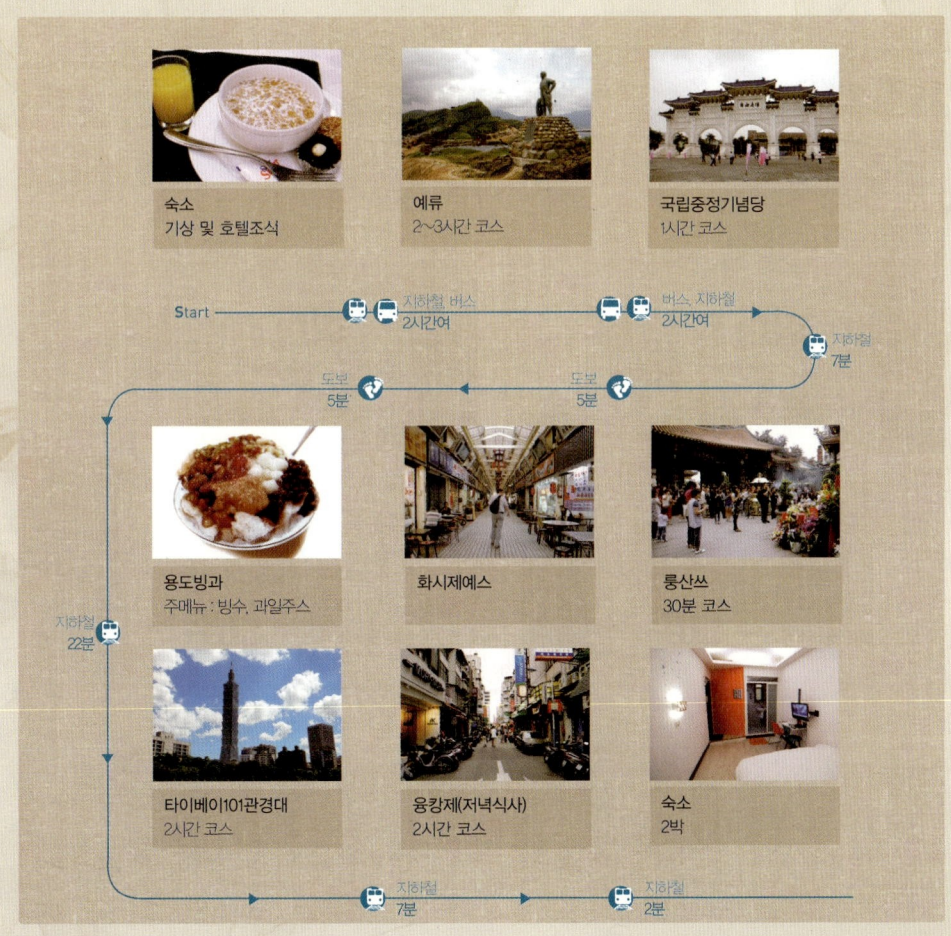

여유롭게 산책하듯 둘러보는 ● 넷째 날

마지막 날은 항공편 시간을 고려하여 일정을 조금 여유롭게 잡는 것이 좋다. 국립타이완대학은 아침 산책코스로 걷는 즐거움이 있다. 대학 주변에는 아기자기한 액세서리점을 비롯하여 음식점, 서점, 의류점 등 많으므로 겸사겸사 둘러보면 된다. 다음은 중샤오둔화로 가서 120년 역사를 지닌 유명한 맛집 두샤오웨에서 단짜이멘을 먹고 주변 일대의 빈티지스럽고 독특한 분위기를 풍기는 카페, 숍들을 둘러보며 여행을 마무리한다. 타오위안국제공항에서 비행기를 탄다면 최소 2~3시간 전에 공항에 가야 하기 때문에 시간을 체크해서 늦지 않도록 한다. 항공편이 오전 출발이라면 바로 공항으로 향하자.

추천동선

1. 호텔조식 및 체크아웃 → 국립타이완대학 → 두샤오웨 → 중샤오둔화 → 호텔 짐 찾기 → 타오위안국제공항(최소 2~3시간 전 출발. 오전 귀국이라면 일정 없이 바로 공항으로) → 인천국제공항
2. 호텔조식 및 체크아웃 → 신베이터우 → 호텔 짐 찾기 → 타이베이역 → 타오위안국제공항(최소2~3시간 전 출발. 오전 귀국이라면 일정없이 바로 공항으로) → 인천국제공항
3. 호텔조식 및 체크아웃 → 국립타이완대학 → 궈푸지녠관역 주변(점심식사) → 호텔 짐 찾기 → 타이베이역 → 타오위안국제공항(최소 2~3시간 전 출발. 오전 귀국이라면 일정 없이 바로 공항으로) → 인천국제공항
4. 호텔조식 및 체크아웃 → 국립타이완대학 → 노동유육세분면점 → 피페이퍼 숍 PPaper Shop → 호텔 짐 찾기 → 타이베이역 → 타오위안국제공항(최소 2~3시간 전 출발. 오전 귀국이라면 일정 없이 바로 공항으로) → 인천국제공항

●● 여행일정이 길 경우 추가로 둘러볼만한 여행지

- **그윽한 전통차를 맛 볼 수 있는 더예차 츠, 룽산쓰** – 셋째날 예류, 지룽을 여행한 후 여유로이 차 한 잔 하고 싶다면 들려보자.
- **구경하는 재미가 쏠쏠한 디자인 숍, 피페이퍼 숍** – 여행 마지막 날 여유롭게 보내고 싶다면 국립타이완대학 대신 들려도 좋다.
- **저렴하고 푸짐한 안주와 맥주를 만나는 타이완식 선술집** – 하루 여행을 마무리하며 타이베이 현지인들의 선술집을 경험할 수 있다.
- **캔디 향이 솔솔 풍기는 달콤한 카페 VVG Bon Bon** – 중샤오둔화 골목 탐방을 하다가 특이한 카페를 찾고 싶다면 들릴만하다.

동선에 따른 예산 책정하기

타이베이 여행은 숙박료가 관건이다. 호텔보다는 호스텔, 게스트하우스 위주로 선택하는 것이 경비를 줄일 수 있는 가장 확실한 방법이며, 2인 이상이라면 에어텔을 고려해보는 것도 경비 절약에 도움이 된다. 교통편도 가급적 지하철을 권장하며, 이지카드로 할인 혜택도 받는다면 이보다 더 여행경비 예산을 줄일 수 있다. 단 여행경비 아낀다고 타이베이의 먹는 즐거움은 놓치지 말자.

구분	숙박료	식대 및 간식	관광지 입장료	교통비	기타 경비	합계
첫째 날	2~7만 원	15,000원	2,200원	10,000원	–	5~11만 원
둘째 날	2~7만 원	20,000원	–	10,000원	–	5~11만 원
셋째 날	2~7만 원	2~3만 원	21,000원	11,000원	–	7~13만 원
넷째 날	–	5,000원	–	8,000원	–	11,000원
총합계	6~21만 원	7~9만 원	23,200원	39,000원	–	18~36만 원

※ 타오위안국제공항 입국을 고려하여 넉넉잡아 산출한 여행경비 예산으로 항공권과 쇼핑은 제외했다.
　비용은 모두 1인을 기준으로 한다.(숙박 1인실 기준)

Part 03
알수록 매력적인 타이베이(Taipei)

국내에서 타이베이로 가는 항공편은 타오위안국제공항과 쑹산공항이 있다. 항공사별 운항일정과 시간대 등을 고려하여 자신에 맞게 선택하는 것이 좋다. 타이베이는 대부분 지하철만으로도 충분히 여행할 수 있으며 노선도 복잡하지 않아 이외의 교통편은 거의 이용할 필요가 없다. 단 타이베이 근교 여행은 2시간 남짓 걸리는 버스를 이용해야 한다.

공항에서 시내로 이동하기

타이베이에 가려면 인천에서 타오위안국제공항, 김포에서 쑹산공항으로 갈 수 있다. 여행자 입장에서는 시내 중심부와 가까운 쑹산공항이 편하지만 타오위안국제공항도 공항버스 시스템이 잘 되어 있어 시내까지 1시간이면 이동할 수 있어 크게 불편하지 않다.

타오위안국제공항에서 시내로 이동하기

타이완 타오위안국제공항Taiwan Taoyuan International Airport, 臺灣桃園國際機場은 타이베이 중심가에서 북서쪽으로 40여km 떨어진 곳에 위치한다. 공항에 내려 타이베이 시내로 들어가는 방법은 크게 고속버스와 택시로 나눌 수 있다. 동행이 3~4명 이상이라면 택시를 타는 것이 유리하지만 이보다 적은 경우 고속버스를 이용하는 것이 저렴하다.

타오위안국제공항은 항공사에 따라 도착하는 터미널이 다른데, 대한항공이나 캐세이패시픽 등은 제1터미널로 도착하고, 아시아나항공이나 에어부산 등은 제2터미널로 도착한다. 각 터미널에 도착하면 Bus Station 또는 스취 바스Express Bus, 市區巴士라는 표지를 따라 걸어가면 공항버

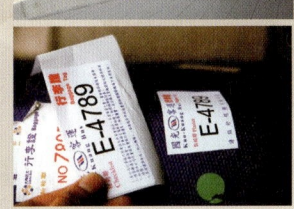

공항버스정류장과 공항버스 스티커

스 창구를 만날 수 있다. 공항버스 창구에서 목적지를 말하고 버스표를 구매한 후 해당 버스 정류장으로 이동하여 표를 보여주면 스티커 두 장을 넘겨받는다. 한 장은 수화물에 바로 부착하고 한 장은 지니고 있다 내리면서 짐을 찾을 때 보여주면 된다.

타이베이台北車역으로 이동하는 경우 국광버스國光客運를 이용하는 것이 가장 빠르다. 보통 50분 정도 걸리며, 1인 편도 기준으로 NT$125이다. 반대로 타이베이역에서 타오위안국제공항으로 이동할 때는 타이베이역 Z3 출구로 나와 타이베이 서부터미널ATaipei West Bus Station Terminal A, 臺北西站A棟에서 타면 된다. 국광 창구에서 티켓을 구매하거나 이지카드로 결제할 수 있으며, 자신이 이용할 항공사가 어느 터미널에서 출발하는지 버스 앞 안내를 꼭 확인해야 한다. 그외 공항버스는 각 숙소에서 가까운 정류장을 알아보고 이용하면 된다.

1 타이베이역 2 국광버스 카운터

🧳 쑹산공항에서 시내로 이동하기

쑹산공항Songshan Airport, 松山機場은 타이베이 도심에 있는 공항으로 지하철만으로도 도심까지 20분 내외면 도착할 수 있을 정도로 시내 접근성이 뛰어나다. 주로 택시와 지하철을 많이 이용하게 되며 지하철의 경우 쑹산공항역에서 원후셴文湖線 라인의 둥우위안動物園역 방면으로 세 정거장을 가면 중샤오푸싱忠孝復興역에 도착할 수 있다. 반대로 쑹산공항으로 이동할 때는 지하철 원후셴 라인의 난강잔란관南港展覽館역 방면으로 가서 쑹산공항역에 하차한 뒤 2번 출구로 나오면 바로 쑹산공항이 있다. 쑹산공항은 타이베이 국내선도 함께 운행되고 있어 항공사 카운터가 헷갈릴 수 있으므로 인포메이션에서 안내를 받는 것이 좋다.

🧳 환전하기

타이완 화폐는 대체로 국내 시중은행 본점에서만 취급하므로 일부러 본점까지 방문해야만 한다. 만일 국내에서 미처 환전하지 못했다면 타이베이 타오위안국제공항은 수화물을 찾기 전, 쑹산공항이라면 공항을 빠져나오기 전에 원화나 달러를 타이완 화폐로 환전해도 된다. 또는 지점에서도 비교적 환전이 쉬운 미국달러(USD)로 먼저 환전한 후 타이베이 도착 후 공항 내 환전소에서 미국달러를 타이완 화폐로 환전하는 것도 좋은 방법이다. 실제로 이렇게 하는 것이 환전수수료 NT$30를 제하더라도 결과적으로 환전율이 좋은 편이다.

또 다른 방법은 타이완 곳곳에 설치된 ATM기기를 이용하는 방법이다. 물론 타이완에서 ATM기기를 이용하려면 여행을 떠나가기 전 씨티은행에서 국제현금카드를 사전에 발급 받아야 한다. 참고로 ATM기기를 이용하여 인출하는 경우 인출할 때마다 수수료 USD1가 부과된다.

타오위안국제공항 내 환전소

현지 교통편 이용하기

타이베이의 유명한 관광명소는 대부분 MRT^Mass Rapid Transit System 탑승만으로 갈 수 있을 만큼 여행자에게는 필수 교통수단이다. 물론 버스도 발달해 있지만 외국인의 경우 안내 방송이 없거나 한자를 잘 모르면 이용하기가 쉽지는 않다. 타이완의 지하철은 쾌적하기로 소문이 나있어 껌, 음료 반입 등이 불가능하고, MRT 첫 번째와 마지막 칸에서는 핸드폰 사용도 금지된다. 이를 어기면 벌금을 물게 되므로 주의해야 한다.

지하철을 탑승하려면 IC코인을 구입해야 한다. 만일 타이베이를 제대로 여행하고 싶은 여행자라면 IC코인보다는 이지카드^Easy Card 와 MRT 1일 패스를 구입하는 것이 여러모로 편리하다. 참고로 MRT 이용시간은 06:00 ~24:00까지이다.

택시는 탑승한 후 1.65km까지 기본요금 NT$70이고, 이후부터는 300m당 NT$5, 매 2분마다 NT$5가 추가되는 시간거리병산제로 계산된다. 또한 심야(23:00~06:00)에는 200m당 NT$5, 매 1분 40초마다 NT$5가 추가된다. 트렁크에 짐을 싣거나 전화로 택시를 호출할 경우 각각 NT$10이 추가된다. 타오위안국제공항까지 운임은 미터요금에 50%가 할증된다. 택시를 이용할 경우 영어로도 소통이 힘드므로 미리 목적지를 한자로 써서 보여주거나 가이드북을 보여주면 된다.

> ●● 만 30세 미만이라면 유스트래블카드^Youth Travel Card를 발급 받자!
> 이 카드를 제시하면 박물관 등에 무료입장이나 할인 받을 수 있으며, 유스트래블 마크가 붙은 상점에서는 카드 제시 시 할인을 받을 수 있다. 카드를 발급받으려면 공항 로비 인포메이션센터나 관광안내센터가 있는 MRT역에서 만들 수 있으며 반드시 여권을 지참해야 한다.
>
> ●● 타이베이 이지카드(Easy Card)와 MRT 1일 패스(One day Pass)
> 이지카드는 보증금 NT$100가 포함된 NT$500에 판매되며, 국내와 같은 교통 할인시스템으로 지하철이나 시내버스를 탈 때마다 20% 할인된다. 또한 환승하면 환승할인도 적용된다. 타이완의 지우펀, 예류 같은 근교를 포함하여 여행할 때 실제적으로 도움이 많이 된다. 티켓 무인승차권 발급기 센서에 카드를 올려놓으면 최근 사용내역과 함께 충전 요금을 확인할 수 있다. 다 사용한 후 보증금은 지하철역 내에서 환불받으면 된다. 참고로 MRT의 경우 어린이는 6살 이상, 키 115m 이상일 경우 정상요금이 지불된다.
>
> 타이베이 MRT 1일 패스(One day Pass)는 하루 동안 타이베이 MRT를 자유롭게 이용할 수 있는 패스이다. 보증금 NT$50가 포함된 NT$200에 구입할 수 있다. 구매당일 지하철 막차시간까지 이용가능하며 3일 내에 보증금 반환신청을 해야 보증금을 돌려받을 수 있다.

●● 타이베이 MRT 노선

타이베이의 MRT 노선은 단순한 편이다. 굳이 탐수이센, 신디안센, 반난센 등으로 외우면 복잡하게 되므로 그린라인, 레드라인, 블루라인 등처럼 MRT 컬러를 기억해두는 것이 이용하기에 편리하다. 가고자 하는 방향의 최종 목적지가 나오는 곳에서 탑승하면 되므로 국내 지하철을 이용해본 사람이라면 누워서 떡 먹기이다.

타이베이 MRT 노선도 – ⓒTaipei Rapid Transit Corporation(www.trtc.com.tw)

Part 03
알수록 매력적인 타이베이(Taipei)

중화권 문화를 한곳에서 모두 만날 수 있는 타이베이는 다양한 먹거리와 볼거리로 가득한 곳이다. 역사적인 명소와 자연과 지리적인 특성을 살린 여행지, 소소하게 살아가는 현지인들의 모습까지 다양한 볼거리와 풍성한 먹거리로 타이베이만의 특색 있는 여행을 즐길 수 있다.

타이베이 최고의 인기 여행지
지우펀 Jiufen, 九份

지우펀은 타이베이 시내 중심부에서 버스로 1~2시간 정도 떨어진 도심 외곽에 위치한다. 과거 아시아 최대의 광석도시였지만 채광산업이 쇠락하면서 시들했던 도시가 현재는 주변 자연환경을 이용하여 새롭게 관광도시로 발전하고 있는 곳이다. 특히 언덕에 위치해 있어 내려다보는 자연경관이 아름답고, 아슬아슬하게 이어진 골목에는 아기자기한 찻집들이 즐비한 곳이다.

지우펀九份의 여행 시작점인 지산제基山街에는 넘쳐나는 먹거리와 기념품점, 의류점, 카페 등이 즐비하게 늘어서 있다. 지우펀의 명물 음식을 맛보고 타이완의 전통인형 같은 기념품을 구매하기에 좋다. 또한 지산제 끝자락에는 산과 바다로 이루어진 지우펀의 전경이 한눈에 들어오는 전망대가 있다. 이곳은 거띵隔頂이라 불리며, 잠깐 쉬면서 아름다운 자연을 감상하기에 아주 그만이다.

지우펀에서 대표적인 인기코스는 좁고 기다란 돌계단을 따라 홍등이 주렁주렁 달려있는 수치루竪崎路이다. 이곳은 베니스영화제에서 그랑프리까지 수상하면서 유명해진 타이완 영화 비정성시非情城市와 국내 드라마 온에어로 잘 알려져 있어 일부러 찾아오는 이들이 많다. 수치루에는 비정성시뿐만 아니라 일본 애니메이션 '센과 치히로의 행방불명'에서 봤음 직한 아메이차주관阿妹茶酒館을 비롯하여 다양한 목조 건물 카페들이 즐비하게 늘어서 있다. 이곳에서 마시는 차 한 잔은 그윽한 차향에 주

1 지우펀 입구 2 지산제 거리 모습 3 지우펀 전망대 풍경

변 운치가 더해져 여행기분을 한껏 들뜨게 한다. 골목 곳곳에서는 핸드메이드로 그려주는 옷가게나 장인들의 다양한 공예품 등을 만날 수 있다. 또한 수치루 계단을 내려오면 타이완 북부에서 최대 규모 극장이었다는 성핑시위안昇平戱院이 보인다. 예전에 이곳에서 황금을 캐던 이들이 떠나고 태풍, 비로 인해 폐광되어 지금은 그 흔적만이 남아 있다. 수치루는 어스름 무렵에 층층이 달린 홍등이 하나둘씩 붉게 켜지면 분위기가 최고조에 달한다.

홈페이지 www.9sale.org **찾아가기** 중샤오푸싱(忠孝復興)역 1번 출구로 나와 뒤쪽 사거리에서 길 건너지 말고 좌회전하여 Tasty 건물 앞에서 1062번 버스를 탑승한다(버스요금 NT$90). 세븐일레븐 못 미쳐 주다오커우(舊道口) 정류장에서 하차(사람이 많이 내림으로 눈치로 짐작할 수 있다.)한 후 언덕을 오르면 지산제이다. 돌아갈 때는 반대편 정류장에서 중샤오푸싱역 방향 동일 버스를 탑승한다(막찬 21:20). 버스 소요시간은 교통상황에 따라 2시간 내외로 걸린다. **귀띔 한마디** • 요금을 현금으로 지불하면 티켓을 주는데 잘 가지고 있다 내릴 때 보여주면 된다. 만일 그렇지 않을 경우 버스비를 부과한다. • 이지카드를 이용할 때는 승하차 시 모두 카드를 찍어야 한다.

1 성핑시위안 2, 3 옷가게와 공예품 4 지우펀 비밀기지 5, 6 수치루 풍경

●● 지우펀에 가면 꼭 먹어봐야할 음식

- **위위안**(芋圓, Taro)
지우펀의 명물 위위안은 호박, 감자, 고구마 등을 반죽하여 둥글게 빚어낸 쫄 깃쫄깃한 떡이다. 입안에서 부드럽게 녹는 말캉한 두부와 계피 맛 시럽이 어우 러지면 그 맛이 더욱 좋다. 가격은 NT$400이다.

- **화성쥐안커빙치린**(花生捲可冰淇淋)
얇은 전병 위에 대패로 간 땅콩가루를 수북이 뿌리고 아이스 크림 두 덩이를 얹어 돌돌 말아주는 화성쥐안커빙치린은 굳 이 한국이름을 붙인다면 땅콩아이스크림전병 쯤 될 듯하다. 샹차이(香菜)를 넣을 것이냐 물어보니 기호에 맞게 선택하면 된다. 달콤한 아이스크림과 듬뿍 넣어주는 땅콩가 루와 전병이 독특하게 어우러져 맛있다. 가격은 NT$400이다.

- **소시지구이**
지우펀에는 연예인 못지않게 유명한 인물이 있다. 그녀 이름은 린후이민林 惠敏으로 소시지를 맛있게 구워 판매하는데 카메라를 들이대도 전혀 당황하 지 않고 셔터에 맞춰 다양한 포즈를 취해준다. 꼬들꼬들한 소시지는 그녀 만큼 통통 튕기는 맛이다.

국립중정기념당 國立中正紀念堂
장제스를 기억하려는 타이완,

타이완의 대표적인 기념건축물로 중국통일을 위해 헌신했던 장제스蔣介石총통의 노력을 기 억하기 위해 타이완과 세계각지의 화교들이 기부를 통해 건립하였다. 국립중정기념당(타 이완 민주기념관) 앞 광장에서는 타이완의 국 가경축일, 5월 가족의 날, 장애인의 날 등 국 가적인 큰 행사를 주로 거행한다. 기념당 안 에는 거대한 장제스 좌상이 있고, 1층에는 장 제스 총통이 사용했던 생전 유물과 업적을 기 린 관련 전시물이 전시되고 있다.

홈페이지 www.ntdmh.gov.tw **전화번호/주소** 886-02-2343-1200~3/10048-타이베이 中正區 中山南路 21號 **찾아가기** MRT 중정지녠탕역 5번 출구로 나오면 바로 연결된다. **입장료** 무료 **영업 시간** 09:00~18:00 **귀띔 한마디** 행사가 있는 날에 간다면 가까이서 현지인들과 어울릴 수 있어 즐거 운 추억이 될 것이다.

타이완 최고의 사원
룽산쓰 LongShang Temple, 龍山寺

룽산쓰는 1738년에 건립한 270여 년의 역사를 지닌 타이완에서 가장 오래되고 아름다운 사원이다. 이곳은 불교와 도교가 공존하고 있어 앞 전당과 뒤 전당에 모시는 신이 다르다. 주말이면 관광객뿐만 아니라 현지 타이완 사람들도 많이 찾는 곳으로 여기저기서 합장을 하고 소원을 비는 모습을 흔하게 볼 수 있다. 향을 피워 들고 뭔가를 비는 듯한 주름진 얼굴의 아저씨, 딸의 학생증을 들고 합장하는 어머니, 저마다의 소원은 다르겠지만 어른, 아이 할 것 없이 모두 경건하고 간절해 보인다.

룽산쓰에는 흥미로운 이야기가 전해진다. 태평양전쟁 당시 룽산쓰는 주민들의 대피장소로 이용되었고, 전쟁을 피해 많은 사람들이 몰려들었다. 근데 갑자기 모기떼들이 몰려들어 주민들은 이를 피해 다시 집으로 돌아갔다고 한다. 그날 밤, 미국의 폭격기가 룽산쓰에 폭탄을 떨어뜨렸다. 만약 모기떼가 몰려들지 않았다면 많은 주민들이 그날 희생되었을 것이다. 그 사건으로 인해 이곳 현지인들은 관세음보살에 대한 믿음이 더욱 견고해졌다. 사원을 돌아보면 반달모양의 빨간 나무조각을 던지는 모습을 볼 수 있다. 자신의 소원을 빌고 나뭇조각 두 개를 던져 볼록한 면과 납작한 면이 각각 나오면 신이 기도를 들어준다는 표시라고 하니 재미삼아 해보는 것도 좋을 듯하다.

홈페이지 www.lungshan.org.tw **전화번호/주소** 886-02-23886-02-5162, 886-02-23886-02-2355/臺北市 廣州街 211號 **찾아가기** MRT 룽싼스(龍山寺)역 1번 출구로 나와 걸어서 5분 거리 **입장료** 무료 **개방시간** 평일 06:00~22:00, 휴일 05:00~22:00 **귀띔 한마디** • 사원이므로 경내에서는 경건한 마음으로 둘러봐야 하며, 노골적인 촬영은 피해야 한다. • 재미삼아 반달모양 나뭇조각을 두 개 던져보자.

타이완 3대 야시장 중의 하나인
화시제예스 華西街夜市

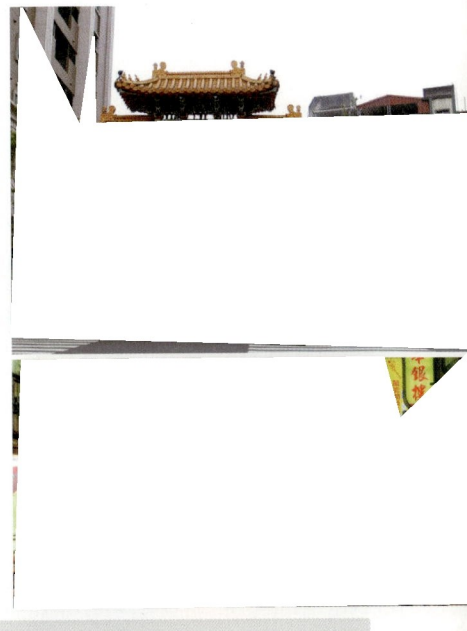

스린예스土林夜市, 솽청제예스雙城街夜市와 더불어 타이완 3대 야시장으로 꼽히는 화시제예스는 룽산쓰 부근에 위치하고 있어 자연스럽게 들리게 되는 코스이다. 특히 화시제예스에는 뱀이나 자라 등을 넣어 만든 보양식을 파는 식당이 많기로 유명하다. 낮에는 한산한 편이라 볼거리가 많지 않지만 밤이 되면 많은 사람들로 붐빈다. 예전에는 뱀골목이라 불릴 정도로 뱀과 관련된 다양한 공연도 많았지만 지금은 거의 볼 수 없다. 화시제예스는 길 양옆으로 가게들이 있는데 걷다보면 성인용품 매장도 있어 살짝 민망해지기도 한다. 화시제예스 주변에는 다양한 먹거리 노점상들도 즐비하므로 간식을 챙겨먹기에 그만이다.

찾아가기 MRT 룽싼스(龍山寺)역 1번 출구로 나와 걸어서 5분 거리(룽산쓰 맞은편) **귀띔 한마디** • 가끔 뱀을 풀어 놓는 경우가 있는데, 물지 않으므로 놀라지 말자. • 오징어수프, 뱀수프와 같이 흔하게 먹어볼 수 없는 요리도 있으므로 한 번 도전해보는 것도 좋다.

중화권 최고의 대학
국립타이완대학 National Taiwan University, 國立台灣大學

국립타이완대학은 타이완을 대표하는 대학으로, 중화권에서 중국베이징대학을 제치고 최고의 대학으로 선정된 바 있다. 정문부터 도서관까지 뻗어 있는 야자수길은 타이완 내에서도 소문난 아름다운 길이다. 캠퍼스 전체가 정원처럼 꾸며져 있으며, 곳곳에 오래된 건물과 연못이 조화롭게 배치되어 있어 여행 중 잠깐 들러서 여유를 찾으며, 산책하기에 좋다. 학생들이 자전거를 타고 캠퍼스를 누비는 모습을 보고 있노라면 낭만적인 느낌마저 드는 곳이다. 이곳은 타이완판〈꽃보다 남자〉가 촬영된 곳이기도 하다.

홈페이지 www.ntu.edu.tw **전화번호/주소** 886-02-3366-3366/10617-臺北市 羅斯福路 四段 一號 **찾아가기** MRT 궁관(公館)역 3번 출구로 나와 걸어서 5분 거리 **귀띔 한마디** 캠퍼스뿐만 아니라 내부 강의실도 둘러보고 교내식당에서 식사도 해보면서 학생 때 기분을 만끽해보는 것도 추억이 될 것이다.

먹거리가 풍성한
스린예스 Shilin Night Market, 士林夜市

타이베이가 자랑하는 야시장 중 가장 큰 시장으로 알려진 스린예스는 먹다 지쳐 포기하고 돌아갈 정도로 먹거리가 넘쳐나는 곳이다. 2013년에 새롭게 단장하면서 스린마켓士林市場 건물 지하 1층에는 푸드코트가 자리하고 있다. 저녁이면 북적이는 사람들 틈에 밀려다니다 보면 넘쳐나는 먹거리에 무엇을 먹어야 할지 행복한 고민을 하게 된다. 주머니 사정이 넉넉지 않아도 저렴한 가격에 맛있는 음식을 양껏 먹을 수 있다.

커다란 바구니에 담긴 쫄깃한 군만두, 통째로 구운 오징어, 각종 해산물 요리, 타이완의 명물 관차이반棺材板, 철판요리 등 다양한 음식을 둘러보는 내내 군침이 마르지 않는다. 메뉴를 주문할 때는 굳이 한자를 몰라도 직접 음식을 살펴보고 맛을 볼 수 있어 한결 수월하다. 소금에 절여 발효시킨 취두부는 고약한 냄새와 달리 맛이 있으므로 한 번 도전해볼만하다. 또한 타이완에서 인기 좋은 전주나이차는 탱글탱글한 타피오카 알갱이가 톡톡 씹히는 맛이 일품이다.

스린예스가 있는 건물 밖에는 빼놓을 수 없는 인기 음식 지파이雞排는 길게 늘어선 행렬이 줄어들 새 없는 닭튀김의 일종으로 오랜 기다림 끝에야 맛볼 수 있는 스린예스 명물이다. 사람 얼굴보다 더 커 보이는 지파이는 매콤하고 바삭바삭 쫄깃한 맛에 끌리지만 무엇보다 가격이 NT$55로 저렴한 것이 매력이다. 지파이를 판매하는 하오따따 지파이豪大大雞排는 스린마켓 옆 파란 간판이 붙은 가게이다.

전화번호/주소 886-02-2720-8889/台北市 士林區 **찾아가기** MRT 젠탄(劍潭)역 1번 출구로 나와 우측 번화가 큰 사거리 방면으로 걷다가 좌측으로 직진하면 보인다. **영업시간** 상점마다 차이가 있지만 관광 야시장은 보통 오후 4~5시경 열어서 자정 무렵까지 운영한다. **귀띔 한마디** 사람들이 붐비는 곳이라 소매치기 우려가 있으므로 소지품 관리에 주의해야 한다. •오픈 시간에 맞춰 가면 한산하게 둘러보며 먹거리를 맛볼 수 있다.

대자연의 신비를 온몸으로 느낄 수 있는
예류 Yehliu, 野柳

지구상의 단 하나, 지명에서 알 수 있듯이 야생 버드나무라 불리는 기암괴석들은 예류지질공원에서 빼놓을 수 없는 볼거리이다. 오랜 세월 자연침식과 풍화작용으로 만들어진 기암괴석들은 제각기 다양한 형체를 띠고 있으며, 그에 걸맞게 이름까지 지니고 있다. 그중 가장 인기 있는 바위는 이집트 여왕의 옆모습을 닮았다는 여왕바위이다. 이밖에도 자연이 만들어 놓은 커다란 바위 다리와 바위 곳곳에 뚫려 있는 구멍들은 자연의 위대함을 느끼기에 충분하다. 예류 끝자락쯤은 오르는 길이 다소 힘들지만 높은 지대로 향하면 넓게 펼쳐진 바다와 예류 전경을 한눈에 볼 수 있어 기분까지 상쾌해진다.

예류지질공원 맞은편에는 저렴한 가격으로 싱싱한 해산물을 맛볼 수 있는 식당들이 즐비하게 늘어서 있다. 만일 아이와 함께 간다면 바다표범과 돌고래 쇼를 관람할 수 있는 예류하이양스제野柳海洋世界도 둘러볼만하다. 나오는 길에는 기념품 매장에서 흥정을 통해 기념품을 구입할 수도 있다.

홈페이지 www.ylgeopark.org.tw **전화번호/주소** 886-02-2492-2016/20744- 臺灣新北市 萬里區 野柳里 港東路 167-1號 **찾아가기** • 타이베이(台北車)역 Z3 출구로 나와 오른쪽 타이베이 서부버스터미널(Taipei West Bus Station Terminal) A에서 8번 게이트 진산(金山)행 버스를 탑승(- 버스요금 NT$96)한다. • 도착한 정류장에서 오던 반대 방향으로 내려가면 왼쪽으로 빠지는 길이 보인다. 거기서 대략 10분 정도 소요된다. **입장료** 어른 : NT$80, 어린이 : NT$40 **영업시간** 하절기(5~9월) 07:30~18:00, 동절기(10~4월) 08:00~17:00 **귀띔 한마디** • 역에 내려서 버스를 타면 버스비용은 NT$960이고, 교통상황에 따라 1시간에서 1시간 30분 정도 소요된다. • 타이베이 시내로 돌아올 때는 정류장 반대편 편의점 앞에서 승차하면 된다.

아시아에서 가장 높은 빌딩
타이베이101관경대 Taipei World Financial Center, 台北101觀景台

세계적인 건축가 리쭈위안李祖原이 설계한 현존 아시아 최고 건축물인 타이베이101관경대에는 세계 명품브랜드와 시티스퀘어, 고급 레스토랑, 대형서점 등이 입점하고 있다. 높은 빌딩이다 보니 가장 인기 있는 곳은 역시 타이베이를 360도 전망할 수 있는 전망대이다. 전망대까지 올라가는 엘리베이터는 현존 세계 최고속도라 하는데 89층까지 37초 만에 올라간다.

한국어로 설명되는 멀티미디어 가이드기도 무료 대여하므로 전망대마다 해당 번호를 누르면 타이베이 시내를 내려다보면서 안내까지 받을 수 있다. 타이베이 시내를 관망하고 한 층 더 올라가면 타이베이101타워를 지탱하는 댐퍼Damper가 있다. 댐퍼는 무게만 680톤에 달하며 태풍이 많은 타이완에서도 강풍이나 지진에도 끄떡없이 건물을 지탱하는 핵심 역할을 수행한다고 한다. 바로 이어지는 전시관에는 다양한 작품을 감상할 수도 있다.

관경대 댐퍼(위)와 관경대에서 바라본 야경(아래)

홈페이지 www.taipei-101.com.tw **전화번호/주소** 886-02-8101-8898/台北市 信義路 五段 7號 89F **찾아가기** MRT 타이베이101 세계무역센터역 4번 출구 **입장료** 5층 매표소에서 구입가능. 어른 NT$500, 어린이 NT$450 **영업시간** 매일 09:00~22:00(마지막 입장 시간 21:15) **귀띔 한마디** • 흐린 날씨 때문에 시야가 좁아지면 티켓을 구매할 때 이런 사실을 미리 공지하며, 구매여부를 확인하므로 스스로가 판단해야 한다. • 전망대 엘리베이터를 탑승하려면 소지한 물품들은 락커에 보관해야 한다.

온천으로 유명한
신베이터우 Xinbeitou, 新北投

신베이터우 지역은 일제강점기 때 타이완 최초로 대규모 온천이 개발되면서 알려지기 시작한 곳으로 현재는 타이완 내에서 가장 유명한 대규모 온천 지역이다. 베이터우역에서 지선으로 연결되는 신베이터우역은 전철을 타면서부터 온통 온천을 주제로 한 다양한 볼거리를 제공한다. 신베이터우역에 내려 중산루中山路를 따라 걸어가다 보면 타이완전통 의상을 입은 커다란 목각인형을 만날 수 있다.

이 앞에 있는 건물이 카이다그란문화관凱達格蘭文化館으로 타이완 원주민 중 카이다그란족의 역사와 문화 등을 한곳에서 만나볼 수 있는 곳이다. 계속 길을 따라 걷다보면 공원을 끼고 목조건물인 베이터우시립도서관市立圖書館北投分館이 보이고, 100여 년 전 일제에 의해 만들어졌다는 베이터우온천박물관北投溫泉博物觀이 있다. 이 박물관은 처음에는 공중목욕탕이었던 것을 주민들의 노력으로 박물관으로 개조한 것이라고 하며, 외형은 영국건축양식이지만 내부는 일본식 다다미가 어우러져 있다.

전체 6개의 전시관으로 구분되어 있으며, 세계적으로 타이완에서만 발견된다는 베이터우 유황석을 직접 볼 수 있다는 것이 포인트이다. 이곳 온천 지역에서 가장 인기 있는 곳은 베이터우친수노천온천新北親水露天溫泉으로 하루 6번에 걸쳐 운영하며 수영복을 착용해야 한다. 디러구地熱谷는 산신령이나 선녀라도 나타날 것처럼 물에서 김이 모락모락 피어오르는 수증기가 자욱하게 덮고 있다. 이 온천수가 온천호텔마다 공급된다고 하니, 호텔에서 하루쯤 묵으며 온천욕으로 피로를 풀어보는 것도 좋을 듯하다.

홈페이지 카이다그란 문화관(www.ketagalan.taipei.gov.tw), 베이터우온천박물관(beitoumuseum.taipei.gov.tw) **전화번호/주소** • 카이다그란 문화관-86-02-2898-6500/臺北市 北投區 中山路 3-1號 • 베이터우온천박물관-886-02-2893-9981/臺北市 北投區 中山路 2號 • 베이터우친수노천온천-886-02-2897-2260/臺北市 北投區 臺北市 北投區 **찾아가기** MRT 베이터우(北投)역에서 갈라지는 지선을 갈아타고 신베이터우(新北投)역에서 하차 **입장료** • 카이다그란 문화관/베이터우온천박물관-무료 • 베이터우친수노천온천-이용료 40NT/락커는 별도 20NT **영업시간** • 카이다그란 문화관/베이터우온천박물관-평일 09:00~17:00(매주 월요일, 국가공휴일은 휴무) • 베이터우친수노천온천-연중무휴(매일 6회 운영 05:30~07:30, 08:00~10:00, 10:30~13:00, 13:30~16:00, 16:30~19:00, 19:30~22:00) **귀띔 한마디** • 대부분 월요일 휴무가 많은 관계로 일정을 잡을 때 참고하여 계획하자. • 노천온천의 경우 오전 8~10시는 65세 이상은 무료라 동네 어르신들이 많이 찾는다. 복잡한 것이 싫다면 이 시간은 피하는 것이 좋다.

Special 02 도보로 즐기는 단수이

한국인에게 영화 〈말할 수 없는 비밀〉의 촬영 장소로 알려진 단수이(淡水)는 현지인들에게 인기 명소이다. 타이완 무역항의 중심 역할을 하였고 스페인과 네덜란드의 식민지가 되어 요새화로 이용되기도 했다. 지금은 토사가 퇴적되면서 항만의 기능을 잃게 되면서 여유로운 항구 도시로서 유유자적 거닐며 단수이의 현재와 과거를 엿볼 수 있는 타이베이 근교 여행지로 각광받고 있다. 타이베이 중심가에서 지하철로 40분 정도면 도착할 만큼 가까워 반나절만으로도 즐거운 한때를 보낼 수 있다.

찾아가기 MRT 단수이역 중정루 출구로 나와 횡단보도 앞에서 바라본 좌측 거리 중정루에서 출발하게 된다. **귀띔 한마디** 만약 주요명소를 둘러보는 코스로 편안히 가고 싶다면 2번 출구에서 紅26번 버스를 이용하고, 단수이 라오제를 시작으로 둘러보고 싶다면 1번 출구로 가면 된다.

단수이 룽산쓰 淡水 龍山寺

중정루(中正路)를 걸으면 룽산쓰(龍山寺) 안내표지판이 나온다. 북적이는 재래시장 안 골목으로 들어서면 옹기종기 모인 시장 상인들의 소소한 모습을 볼 수 있다. 시장 안 단수이 룽산쓰(淡水 龍山寺)라 쓰여진 주황색 벽돌이 보이는 건물로 관음보살과 바다 수호신을 모시는 사원으로 크게 볼 건 없다. 시장 구경하면서 잠시 들리면 된다.

단수이라오제 淡水老街

단수이의 먹거리를 책임지는 먹자골목이다. 갈기갈기 잘려진 오징어구이, 핫도그, 고구마탕, 각종 만두, 과일꼬치 등을 저렴한 가격에 판매한다. 특히 단수이의 오징어튀김은 큰 오징어를 튀겨 후추, 마요네즈 등을 뿌려 먹는 짭조름하면서 씹는 즐거움이 있는 메뉴이다. 주변에는 산책로가 잘 조성되어 있고 수많은 카페, 레스토랑들이 즐비하므로 차 한잔 즐기기 좋고 각종 해산물 요리도 맛 볼 수 있다.

커커우위완 可口魚丸

푸유궁에서 중정로를 따라 조금만 올라가면 단수이의 유명한 먹거리 위완탕(魚丸湯) 맛집이 있다. NT$ 10~30로 저렴한 한끼를 해결 할 수 있으며 워낙 사람들이 많이 찾는 식당이라 합석은 기본이다. 다진 돼지고기가 들어간 어묵과 담백한 국물 맛이 더해져 한국인의 입맛에도 잘 맞는다. 함께 판매되는 만두도 인기 있다.

푸유궁 福佑宮

단수이에서 가장 오래된 사원인 푸유궁은 해양수호여신 마쭈(妈祖)를 모시는 사원이다. 사원 내에는 향을 꽂고 간절히 기도하는 현지인들의 정성어린 신앙심을 엿볼 수 있다.

마셰샹 馬偕像

중정로를 따라 올라가면 삼거리 한 가운데 타이완 근대의학의 창시자로 단수이에 처음으로 기독교를 전파한 마셰박사(Dr George Leslie Mackay)의 동상이 있다.

전리다쉐 眞理大學

캐나다 선교사 조지매케이(George MacKay)가 건립한 신학교로 대만 최초의 서양식 건축물이며, 웅장하면서도 화려하다. 독특한 모양의 교문을 들어서면 작은 정원을 거닐 듯 푸르름이 가득한 교정을 만날 수 있다. 연못근처에는 옥스퍼드대학에서 단수이에 처음 기독교를 전파한 마셰박사가 남긴 글과 사진, 대학 역사 자료들이 전시되어 있다.

단장까오중쉐 淡江高級中學

1925년에 준공된 중학교로, 영화 '말할 수 없는 비밀' 촬영지이다. 영화배우 주걸륜과 타이완 출신 최초 총통이였던 리덩후이(李登輝)의 모교이기도 하다. 푸른 잔디와 야자수가 어우러진 교정과 단장까오중쉐의 심볼과도 같은 팔각형 탑 건물이 이국적이면서도 전통적인 분위기를 자아낸다. 긴 복도를 따라 거닐다 보면 영화 속 장면들이 떠올라 자신도 모르게 감정이입이 될지 모른다.

영화 <말할 수 없는 비밀>

타이완을 대표하는 영화로 주걸륜의 수준급 피아노 실력은 이 영화의 명장면으로 꼽히기도 한다. 다소 지루한 듯 싶지만 마지막 3분 1을 남겨두고 영화제목처럼 말할 수 없는 비밀의 반전이 일어나는 흥미진진한 영화이다. 영화를 보고 간다면 단장가오중쉐를 둘러보는 내내 좀 더 이야깃거리가 풍성해질 것이다.

귀띔한마디 교문에서 여권이나 신분증을 맡긴 후 출입증을 발급받아야한다. **개방시간** 09:00~16:00(월~토요일, 단 점심시간 11:50~13:00까지는 일반인 출입금지)/매주 일요일은 시간과 상관없이 일반인 출입이 통제된다.

훙마오청 紅毛城

1629년 스페인에 의해 세워진 요새이며 1867년부터는 영국영사관으로서 사용되었다. 각 건물마다 그 당시 사용했던 주방, 화장실, 침실 등을 그대로 복원하여 전시하고 있다. 이곳의 매력은 훙마오청에서 바라본 단수이허강과 산으로 시원하게 펼쳐지는 전망이 아름다운 곳이다.

찾아가기 紅26 버스 타고 종점 단수이역 하차 또는 MTR 단수이역에서 도보로 이동 **입장료** NT$60 **영업시간** 09:00~18:00(16:00이전 매표소 운영됨), 월요일, 공휴일 다음날 휴무

Special 03 푸둥푸둥(두근두근) 설레는 가슴 핑시선 열차여행

핑시(平溪)는 1910년 말 이룽하곡에 탄광촌이 발달하면서 형성된 촌락이다. 1990년대 이후 탄광업이 쇠락하면서 핑시선은 관광열차로 개발되어 광물 대신 관광객들을 실어 나르며, 여러 탄광촌을 둘러보는 테마여행 코스로 발달하였다. 음력 1월 15일 원소절(元宵節) 밤에는 천등을 날리며 소원을 비는 천등축제가 열리기도 한다. 꼭 이 날이 아니어도 언제든 천등을 날릴 수 있으므로 방문한다면 체험해보는 것도 즐거운 추억이 된다.

찾아가기 • 기차편 : 타이베이역 TRA(기차) 매표소에서 루이팡(Ruifang, 瑞芳)행 기차표를 구입한다. 요금 NT$49~76(열차에 따라 가격, 소요시간은 다르다. 보통 45분 소요). **• 버스편** : 중샤오푸싱(忠孝复兴)역 1번 출구로 나와 뒤쪽 사거리에서 길을 건너지 말고 좌회전하면 테이스티(Tasty) 건물 앞 정류장에서 1061번이나 1062번 버스를 타고 루이팡역에서 하차한다.

루이팡역에서 핑시선 타기 핑시선여행을 제대로 즐기려면 루이팡역 플랫폼 내 매표소에서 하루 동안 무제한으로 탑승이 가능한 핑시선 원데이패스(Pingxi Line One Day Pass)를 구입하면 된다. 가격은 NT$64 핑시선의 대표적인 마을 허우퉁(Houtong, 侯硐), 스펀(Shihfen, 十分), 핑시(Pingxi, 平溪), 징퉁(Jingtong, 菁桐) 등을 둘러볼 수 있다.

핑시선 열차여행을 효과적으로 즐기려면 핑시선은 일반열차와 달리 열차편수가 적어 한 대를 놓치면 1~2시간을 기다려야 한다. 미리 타이완기차홈페이지(twtraffic.tra.gov.tw/twrail/English/e_index.aspx)를 통해 열차시간대를 체크하는 것이 중요하다. 대표적인 마을을 모두 둘러보는 여정이라면 스펀→핑시→징퉁→허우퉁 순으로 둘러보는 것을 추천한다. 많은 사람들이 몰리는 스펀은 이른 아침에 도착해야 그나마 한산하게 천등체험을 즐길 수 있다. 관광객으로 발 디딜 틈 없이 곤욕스러울 수도 있다는 점을 감안해 하루일정이 아니라면 2~3곳만 들리고, 루이팡역에서 오후 3~4시 쯤 지우펀으로 이동해 홍등구경을 하며 마무리하는 것도 좋은 방법이다.

타이베이기차역

핑시선열차

핑시선 원데이패스

소원을 담은 천등을 날리자! 스펀 Shihfen

세월의 흔적이 고스란히 배인 스펀라오제(十分老街, Shifen Old Street)는 허름한 상점건물들이 다닥다닥 100m 이상 이어진다. 천등을 파는 상점 앞은 항상 정성들여 소원을 적는 사람들과 철로 변에서 천등을 날리려는 사람들로 가득하다. 천등은 색상마다 소원하는 의미가 다른데, 빨강색은 신체건강, 파란색은 사업번창, 노란색은 금전을 뜻한다. 한 가지 색일 경우 NT$150, 여러 가지 색일 경우 NT$2000이며 상점에 따라 천등 날리는 모습을 카메라로 찍어주는 서비스도 제공한다. 또한 상점에는 천등모형, 엽서 등의 기념품도 판매한다. 스펀의 또 다른 볼거리 스펀푸부(十分瀑布)는 스펀라오제에서 30여 분 정도면 갈 수 있지만 제법 멀게 느껴질 수 있다. 스펀라오제에서 스펀역 반대 방향 언덕을 올라 호수를 지나 다리를 건너면 관광안내센터를 지나게 된다. 여기서 한참 더 걸어 들어가면 스펀산수유락원(十分山水遊樂園)이 나온다. 입장료는 NT$100이며, 삼림욕을 즐기기에 좋다. 이곳의 볼거리는 타이완의 나이아가라라 부르는 스펀푸부(十分瀑布)로 힘차게 떨어지는 폭포수에 가슴까지 시원해진다.

찾아가기 루이팡역에서 스펀역까지 27분 소요 **귀띔 한마디** 위의 일정대로 움직이면 대략 2시 이상 소요되며, 이른 아침에 간다면 기다림 없이 바로 천등체험을 할 수 있다. 스펀푸부를 방문하려면 열차시간을 고려하여 다녀올지를 판단해야 한다.

<그 시절 우리가 좋아했던 소녀> 영화 배경지 핑시 Pingxi

핑시에서도 정월대보름 원소절(元宵節)에 천등축제가 열리는데, 스펀보다는 많지 않지만 청혼을 하려는 연인들이 많이 찾는다. 철로 끝 내리막길에는 핑시의 옛 거리인 핑시라오제(平溪老街)가 이어지는데, 핑시선에서 가장 큰 옛 거리이다. 좁은 골목마다 상점, 식당들이 즐비하여 이것저것 볼거리나 먹거리가 많아 점심식사를 즐기기에 좋다. 영화 <그 시절 우리가 좋아했던 소녀>에서 주인공이 첫 데이트를 하던 곳으로 천등도 날리고 핑시선열차를 배경으로 멋진 사진도 촬영해보자. 또한 옛 거리 끝자락에 위치한 메이윤클로스 스킬스튜디오(Mei Yun Cloth Skill Studio, 美雲布藝工作室)에서 영화 속 주인공들이 먹던 달걀모양 아이스크림도 먹어보자. 상점을 지나 조금 더 오르면 관음암(觀音巖)이라는 사찰이 있는데, 이곳 2층에 오르면 산과 어우러진 고즈넉한 핑시마을풍경을 볼 수 있다. 핑시선 여행 시에는 수첩을 챙겨 핑시선기념도장을 모아보는 것도 여행의 재미를 더한다.

찾아가기 스펀역에서 핑시역까지 13분 소요 **귀띔 한마디** • 위의 일정대로 움직이면 대략 2시간 이상 소요되며, 천등체험, 식사 등을 하지 않는다면 1시간 정도면 충분하다. • 감독 실화를 바탕으로 제작된 타이완 인기영화 <그 시절, 우리가 좋아했던 소녀>는 17살 문제아와 모범생 여학생이 성인이 되어서도 서로의 사랑을 끝내 확인하지 못한다는 안타깝고도 아름다운 영화이다. 둘의 첫 데이트 장소였던 핑시, 천등을 날리던 징통, 사진을 찍고 아이스크림을 먹으며 철로를 걷는 모습들이 아름답게 그려진다. 핑시선 여행 전 영화를 미치 챙겨보고 간다면 더욱 즐겁게 핑시선여행을 즐길 수 있다.

핑시선 종착역, 징통 Jingtong

징통(菁桐)역은 타이완 역사건축물로 1931년 목조로 지어진 기차역이다. 역 내에서는 한글로 징통역 안내도 살펴볼 수 있다. 징통이라 이름은 예부터 이곳에 야생 오동나무가 많아서 붙은 이름이라고 한다. 징통역을 나오면 징통라오제(菁桐老街)가 이어지는데, 다른 역에 비해 아주 작고 볼 만한 것은 그다지 없다. 역 주변 3층 목조 건물인 철도 스토리하우스에서는 기차에 관련된 제품, 기념품 등을 판매한다. 이곳에서 특히 눈에 띄는 건 저마다 소원을 적어 매달아둔 대나무통들이다. 소원대나무통은 주변 상점에서 쉽게 구매할 수 있다.

고양이 마을 허우통 Houtong

허우통(侯硐)역 1층에는 이곳의 명예역장 고양이 조형물이 먼저 여행자를 반긴다. 고양이를 좋아한다면 이곳을 놓치면 안 된다. 허우통역 개찰구를 나와 좌측 계단으로 이어지는 길을 따라 가면 캣 스트리트(Cat Street)이다. 마을 곳곳에서는 귀여운 고양이 캐릭터 벽화도 볼 수 있고, 일부 상점에서는 고양이 캐릭터 동전지갑, 파우치 등도 만날 수 있다. 이곳에서는 무엇보다 고양이들의 한가로운 일상을 카메라에 담는 재미가 있다.

찾아가기 핑시역에서 징통역까지 4분 소요 **귀띔 한마디** 위의 일정대로 움직이면 대략 1시간 이내로 소요된다.

찾아가기 징통역에서 허우통역까지 33분 소요 **귀띔 한마디** 위의 일정대로 움직이면 대략 1시간 정도 소요된다.

Special 04 환상적인 규모로 즐기는 타이완 등불축제

타이완의 정월대보름격인 음력 1월 15일 원소절(元宵節)에는 타이완 전역에서 다양한 행사가 개최된다. 그 중 백미는 타이완 교통부관광국에서 타이완 지역 중 한 곳을 지정하여 대규모로 개최하는 등불축제를 빼놓을 수 없다.

등불축제기간 음력 1월 15일 원소절을 시작으로 약 2주간 **개최장소와 시간** 타이완관광청 홈페이지를 통해 장소와 기간 등의 정보를 정확히 확인할 수 있다.

타이완 등불축제 臺灣燈會

해마다 십이지신상을 본 떠 만든 주등(主燈)을 중심으로 불교문화, 인기 애니메이션캐릭터, 영화주인공, 동물, 식물, 타이완의 다양한 원주민, 타이완과 세계 여러 나라의 유명 건축물들과 수백 개의 홍등을 내거는데, 수많은 기업에서 참여하여 정말 입이 벌어질 만큼 대규모로 진행된다. 규모뿐만 아니라 등불의 화려함과 정교함도 볼거리이다.

Section 05
타이베이에서 먹어봐야 할
맛집

식도락여행으로도 손색없는 타이베이는 먹는 즐거움을 빼놓을 수 없다. 쫄깃한 면발에 고소한 국물이 어우러진 면류, 육즙이 사르르 퍼져 나오는 딤섬, 깊고 그윽한 향까지 즐기는 차 한 잔의 여유. 넘쳐나는 먹거리로 저절로 행복해지는 야시장, 시끌벅적한 현지인들 틈에서 즐기는 신선한 해산물과 맥주 한 잔은 여행의 기분을 한껏 끌어올려 즐거움을 배가시킨다.

샤오롱바오가 맛난
덴수이러우 Dian Shui Lou, 點水樓

딤섬의 일종인 샤오롱바오小籠包로 유명한 이곳은 딘타이펑鼎泰豊 창업자와 같이 한 스승 밑에서 배운 수제자가 운영하는 음식점이다. 덴수이러우는 타이베이 내에서도 유명한 맛집으로 여러 곳에 지점을 두고 있으며, 중샤오푸싱忠孝復興역 SOGO 백화점 점은 큰 실내에 탁자, 의자 등이 깔끔한 목조로 배치되어 있어 중국전통음식점 분위기를 물씬 풍긴다. 주방이 공개되어 있어 직접 만두를 빚는 모습을 볼 수도 있다. 샤오롱바오는 10개에 NT$200, 5개 NT$110에 판매한다. 통통하게 잘 빚은 샤오롱바오는 살짝 베어 무는 순간 육즙이 사르르 퍼져 나와 게 눈 감추 듯 먹게 되는데 입 안 가득 전해지는 담백함이 예술이다. 간장과 식초를 섞어 생강채를 얹어 먹으며 더욱 맛있다.

홈페이지 www.dianshuilou.com.tw 전화번호/주소 886-02-8772-5089/台北市 忠孝東路 三段 300號 SOGO復興館 11樓 찾아가기 중샤오푸싱(忠孝復興)역 2번 출구로 나와 SOGO 백화점 내 11층 대표메뉴 샤오롱바오(小籠包) 10개 NT$200, 5개 NT$110/훈둔탕(馄饨汤) NT$160 영업시간 평일 11:00~22:00, 휴일 11:00~22:30 귀띔 한마디 샤오롱바오를 먹을 때는 뜨거운 육즙이 나와 입천장을 데일 수 있으니 조심하자. •중국식 만둣국이라 생각하면 되는 훈둔탕은 담백한 맛이 일품이다.

● ● 타이베이 마트 탐방

• **웰컴(Welcome)** : 대형 슈퍼마켓으로 저녁에 호텔에서 먹을 야식거리나 아침식사 대용을 구매하기에 신라면이나 한국김치까지 판매하고 있어 타이완 먹거리에 살짝 지쳤다면 이곳에서 구입하면 된다. 숙소에서 조용히 분위기 내고 싶을 때는 다양한 치즈와 와인도 판매하므로 구입해도 좋겠다.

찾아 가는 방법 중샤오푸싱(忠孝復興)역 4번 출구로 나와 걸어서 3분 거리

• **까르푸(Carrefour)** : 각종 가공품, 생활용품, 과일 등이 가득한 웰컴과 까르푸 매장에서는 현지 물가를 파악하기 좋고 국내에서는 보지 못한 다양한 브랜드의 제품도 접할 수 있다. 타이완에서 유명한 펑리수(鳳梨酥) 파인애플 케이크도 저렴하게 판매되고 있어 선물용으로 구입하기 좋다.

찾아 가는 방법 시먼(西門)역 1번 출구로 나와 걸어서 10분 거리

유럽스타일의 인테리어가 돋보이는 디저트카페
멜란지카페 Melange Cafe, 米郎琪咖啡館

중산의 한적한 골목 안쪽에는 대만 젊은이들에게 사랑받는 디저트카페, 멜란지가 있다. 식사시간에는 대기표를 받아야 할 정도로 인기가 높은데, 대기시간이 길어지면 직원이 조금 떨어진 곳에 있는 M2호점을 안내해준다. 이 카페가 유명한 것은 다양한 수제와플과 더치커피 Dutch coffee 때문이다. 또한 사과, 라임, 오렌지 등 신선한 과일과 홍차로 맛을 낸 혼합과일아이스티도 유명하다.

평일 오전에는 간단한 아침식사도 할 수 있는 브런치메뉴가 있으며, 와플이나 샌드위치, 조각케이크 등이 있어 간단하게 요기를 해결할 수 있다.

홈페이지 www.melangecafe.com.tw **전화번호/주소** 886-02-2567-3787 / 台北市 中山區中山路二段16巷23號 **찾아가기** 중산(中山)역 4번 출구에서 난징시루23(南京西路23巷)를 따라 걷다 오른쪽 첫 번째 골목으로 들어가면 보인다. **대표메뉴** 딸기크림와플(Strawberry Cream Waffle) NT$170 **영업시간** 07:30~22:30(월~금요일), 09:30~23:00(토~일요일, 공휴일), 07:30~23:00(공휴일전날)/연중무휴 **귀띔 한마디**
• 해1인당 미니엄차지 NT$100, 1인당 음료 1개씩 주문해야 한다.

2천 원도 안 되는 한 그릇의 행복
두샤오웨 Du Hsiao Yueh, 度小月

타이난臺南의 대표 국수 단짜이멘 Tan Tsi Noodles, 擔仔麵으로 유명한 두샤오웨는 1895년 오픈한 오래된 역사 지닌 유명한 맛집이다. 이 곳을 찾는 열에 아홉은 단짜이멘을 맛보기 위해 온다해도 과언이 아니다.

입구에 들어서면 지긋하게 연세가 있는 주방장이 한그릇 한그릇 정성 들여 국물과 고명을 올리고 있는 모습이 인상적이다. 단짜이멘은 윤기 자르르 흐르는 탱글한 면과 으깬 고기와 새우 한마리 그리고 잘게 썰어 뿌려진 샹차이로 담백하면서 시원한 국물맛과 쫄깃한 면발로 국내에서 맛보지 못한 특유의 맛이 난다. 한 그릇 가격은 NT$50, 한화 2천원도 안되는 저렴한 금액이다. 단, 양이 작은 편이다.

단짜이멘 뿐만 아니라 바다와 육지를 넘나드는 다양한 음식들도 있다. 그 중 굴튀김 Crispy Oyster은 굴을 바삭하게 튀겨 나온 고소하지만 조금 느끼 할 수 있어 같이 나오는 소금에 찍어 먹으면 더욱 맛있다.

전화번호/주소 886-02-2773-1244 / 台灣忠孝東路四段216巷8弄 度小月擔仔麵 **찾아가기** MTR 증샤오둔화역 3번 출구로 나와 첫번째 골목으로 죽 걷다가 첫번째 사거리에서 좌측으로 가면 된다 **대표메뉴** 단짜이멘 NT$50 **영업시간** 월~토요일 11:30~22:30, 일요일 11:30~22:00 **귀띔 한마디** • 메뉴판에는 주문번호와 음식이미지가 있으므로 참고해서 주문서에 체크하면 된다. • 샹차이를 먹지 않을 경우 빼달라고 요청하거나 따로 건져내어 먹으면 된다.

타이완식 선술집을 찾는다면
100타이완달러 선술집

하루 여행을 마감하는 밤시간, 타이완식 선술집에서 푸짐한 안주에 시원한 맥주 한 잔은 어떨까? 창안둥루 長安東路에 내리면 여기저기 100타이완달러라고 써진 큼지막한 간판들이 정신없이 보인다. 100타이완달러는 안주 가격을 뜻하는 것으로 무조건 100타이완달러라고 생각하면 안 된다. 실상은 이 가격을 기준으로 훨씬 비싸거나 아주 저렴한 음식도 있으므로 주문할 때 주의해야 한다. 선술집 입구마다 싱싱한 해산물이 가득하므로 뭘 고를지 고민된다면 주인에게 추천해달라고 해보자. 활어는 시가기준이며 한국인 입맛에도 잘 맞는 공심채 空心菜와 같이 곁들여 먹으면 좋다. 현지인들이 많이 찾는 곳이므로 타이완 주점분위기를 제대로 느끼면서 마시는 맥주 한 잔은 그야말로 환상적이다.

주소 台北市 長安東路 一段 54號 **찾아가기** 창안둥루(長安東路)에 위치하며, 택시를 이용하는 것이 편리하다. **대표메뉴** 활어 NT$550(시가기준에 따라 다름). 공심채 NT$70 **영업시간** 17:00~02:00(영업시간은 다소 유동적이며, 가격이나 분위기는 대부분 비슷하다.) **귀띔 한마디** • 여러 선술집을 둘러보고 사람들이 많이 인기 좋은 곳으로 가자. • 한자 메뉴판이라 주문하기 쉽지 않을 수 있다. 이럴 때는 주인에 추천해달라고 요청해보자.

상하이식 딤섬레스토랑
가오지 Kaochi, 高記

타이베이의 딘타이펑鼎泰豊, 덴수이러우點水樓와 더불어 딤섬레스토랑으로 유명한 가오지는 상하이에서 직접 그 맛을 전수 받아 1949년 타이베이에 오픈한 상하이식 딤섬레스토랑이다. 입구의 오픈키친에는 청결을 강조하려는 듯 주방모자부터 마스크까지 착용한 요리사들이 요리에 여념이 없다.

외국인들도 주문하기 쉽도록 음식사진이 크게 잘 나와 있어 메뉴 선택이 편리하다. 상하이 샤오롱바오, 군만두 등도 인기 있지만 히가우, 샤오마이, 창펀 등의 다양한 딤섬류도 추천할 만하다. 이밖에도 각종 요리들이 많은데, 레스토랑 명성에 비해 저렴하게 먹을 수 있어 늘 많은 사람들로 붐빈다. 딘타이펑 본점의 대기시간이 길어진다면 이곳을 생각해보는 것도 좋겠다.

홈페이지 www.kao-chi.com **전화번호/주소** 886-02-2341-9984 / 台灣 永康街 高記 **찾아가기** MTR 동먼역(東門)역 5번 출구로 나와 첫 번째 우측 골목 **대표메뉴** 샤오롱바오, 딤섬 **영업시간** 평일 10:00~22:30, 휴일 08:30~22:30 **귀띔 한마디** 샤오롱바오를 먹을 때 뜨거운 육즙이 나와 데일 수 있으니 조심하자.

먹거리가 풍성한
먀오커우예스 Miaokow Night Market, 廟口夜市

지룽基隆에 가면 반드시 들려봐야 할 코스가 먀오커우예스廟口夜市이다. 이곳에는 청나라 때 지어진 사원 띠엔지궁奠濟宮이 있는데 10여 분 정도면 둘러보기에 충분하다. 화려한 건축 양식으로 지룽이 발전하는 데 있어 영향을 주었다고 믿는 카이징성왕開達聖王을 섬기는 사원이다. 사원 앞으로 음식점들이 쭉 늘어

서 있는데 다양한 먹거리가 있으므로 휘 둘러보고, 먹고 싶은 음식점 번호는 꼭 외워둬야 한다. 다들 비슷비슷하고 다닥다닥 붙어 있어 아무 생각없이 보고 지나치면 다시 찾아오기가 힘들다. 이곳에 대표적인 먹거리로 추천할 만한 것은 윤기가 좔좔 흐르는 찰밥을 소복이 쌓아둔 유판油飯이다. 튀긴 마늘향이 감도는 찰밥으로 꼬들꼬들 찰진 맛을 느낄 수 있다. 또한 타이완 여러 매체에 소개된 바 있는 포포빙泡泡冰은 20여 가지의 빙수로 즉석에서 얼음을 갈아 손님 취향에 맞춰 시럽을 뿌려 준다. 사르르 녹는 달콤한 맛이 더위도 잊을 만큼 시원하고 맛있다. 가격은 NT$45선 정도이다.

찾아가기 • 타이베이台北역 TRA(기차) 방면 지룽(基隆)역 하차(NT$43) 후 걸어서 20분 거리이므로 택시를 타는 것이 편하다. • 예류에서 타이베이로 향하는 정류장에서 지룽행 버스 탑승(20~30분 소요) **대표메뉴** 유판(油飯), 포포빙(泡泡冰), 해산물 **영업시간** 업소마다 다름 **귀띔 한마디** • 다양한 해산물도 맛볼 수 있으며 24시간 운영되는 음식점도 있으니 늦은 시간에도 걱정 없이 식사할 수 있다. • 시간적 여유가 있다면 예류와 함께 여행하기에 좋은 곳이다.

■ 면이 먹고 싶다면
노동우육세분면점 老董牛肉細粉麵店

소고기와 무를 넣고 푹 끓인 육수에 면을 끓여 내오는 니우러우멘(牛肉麵)으로 유명한 노동우육세분면점은 다양한 면 종류를 판매하는 맛집이다. 추천할 만한 면으로 우리나라 바지락칼국수와 흡사한 쓰과방멘(絲瓜蚌麵)은 조개를 듬뿍 넣어 끓인 시원한 국물에 파를 송송 썰어 넣어 개운한 맛이 일품이다. 약간의 기름기가 있어 알싸한 김치가 먹고 싶어지는 것이 다소 아쉽지만 꼬들꼬들한 면발을 후루룩 먹으며 든든하게 배를 채울 수 있어 한 끼 식사로 충분하다.

홈페이지 www.olddon.com.tw **전화번호/주소** 886-02-2369-5198 / 100 台北市 中正區 羅斯福路 四段 44巷 4號 **찾아가기** MRT 궁관(公館)역 4번 출구 직진, 사거리 Campus Book 왼쪽 골목 **대표메뉴** 쓰과방멘(絲瓜蚌麵) NT$95, 니우러우멘(牛肉麵) NT$140 **영업시간** 10:00~21:00 **귀뜸 한마디** 이집의 샤오롱바오는 촉촉한 만두피가 아니라 금세 딱딱해지므로 기대에 못 미칠 수 있다.

■ 회전초밥 전문점
스시익스프레스 Sushi Express, 争鲜回转寿司

스시익스프레스Sushi Express는 타이완의 대표적인 회전초밥 체인점으로 저렴한 가격에 다양한 초밥을 맛볼 수 있다. 타이완 곳곳에 200여 개의 분점들이 위치해 있으므로 생각지 못한 곳에서도 쉽게 만날 수 있다. 여느 초밥집과 마찬가지로 접시색깔에 따라 가격이 다르며, 회전바 적당한 곳에 앉아 원하는 초밥을 골라 먹으면 된다. 접시에는 회만 올려있거나 초밥 개수가 1~3개까지 다양하지만 가격은 접시 색깔로만 결정된다. 메뉴에는 있지만 먹고자 하는 초밥이 없다면 별도로 요청해서 먹으면 된다. 초밥과 더불어 떡이나 케이크, 푸딩 등 디저트들도 준비되어 있으므로 이들도 먹어보자.

홈페이지 www.sushiexpress.com.tw **전화번호/주소** •시먼점 : 886-02-2389-4785, 中正區 寶慶路 32之 1號 B1 •신베이터우점 : 886-02-2895-3960/台北市 北投區 泉源路 12號 1F **찾아가기** 시먼딩, 신베이터우 외에도 여러 곳에 많은 지점이 있고, 대부분 전철역 근처에 위치하다. **영업시간** 시먼점(07:30~22:00), 신베이터우점(11:00~21:30)

빙수의 대명사
용도빙과 龍都冰菓

1920년에 오픈했으니 벌써 90년 이상을 운영해온 용도빙과는 타이완 최고의 빙수 판매점으로 늘 사람들로 붐빈다. 가게 앞에는 망고芒果를 비롯한 다양한 제철과일들이 가득 쌓여 있고, 토핑으로 사용되는 팥이나 녹두 등의 여러 재료가 먼저 시선을 잡아챈다. 주문을 하면 얼음이 보이지 않을 정도로 수북이 얹어주는 토핑을 살살 섞어서 먹으며 진하면서도 부드럽고 달콤한 빙수 맛을 제대로 느낄 수 있다. 8가지 토핑이 들어간 일반적인 빙수, 팔보빙八寶氷 가격은 NT$70선이고, 망고빙수는 NT$130로 토핑에 따라 빙수의 이름과 가격은 제각각이다. 빙수 외에도 제철과일을 갈아서 주는 과일주스도 먹어볼만 하다.

전화번호/주소 886-02-2308-3223, 108 台北市 萬華區 廣州街 168號 **찾아가기** MRT 룽산쓰(龍山寺)역 1번 출구로 나와 직진하여 횡단보도 건너 골목 안쪽에 위치한다. 걸어서 3분 거리 **대표메뉴** 빙수, 과일주스 **영업시간** 연중무휴, 평일 11:00~01:00, 주말 11:00~02:00(영업시간은 다소 차이가 있음) **귀띔 한마디** • 줄서서 기다릴 정도로 항시 사람이 많은 곳이나 회전율이 빠르므로 조금 기다렸다가 먹으면 된다. • 망고빙수의 경우 계절 과일을 사용하므로 제철이 아니면 판매하지 않는다.

융캉제 빙수 전문점
스무시 Smoothie House, 思慕昔

융캉제 빙수전문점 스무시는 국내 부산은 물론 중국에도 매장이 있을 정도로 인기가 대단하다. 스무시 창업주는 미국 시애틀 유학 당시 우연히 대만의 망고셔벗과 흡사한 스무시를 맛보고 그 맛을 잊지 못해 대만에 스무시하우스를 오픈하였다. 생산지에서 직접 공수한 신선한 제철과일의 풍부하고 달콤한 맛과 얼음의 독특한 식감이 더해진 빙수는 한 번 먹은 사람은 잊지 못할 맛으로 기억한다. 아이스크림은 NT$40을 시작으로 각종 빙수는 NT$180~190이며, 특히 망고빙수가 인기 좋다. 혼자 먹기에는 다소 많은 양이라 둘이 먹으면 적당하다.

홈페이지 www.smoothiehouse.com **전화번호/주소** 886-02-2341-8555 / 台灣 永康街 思慕昔 **찾아가기** MRT 동먼(東門)역 5번 출구로 나와 첫 번째 우측 골목, 이곳 외에도 여러 분점이 있다. **영업시간** 10:00~23:00

캔디향이 솔솔 풍기는 달콤한 카페
VVG Bon Bon 好樣棒棒

VVG Bon Bon은 달달한 캔디향이 은은하게 풍기는 것이 동화 속 사탕가게라도 찾아온 듯한 카페이다. 입구에서부터 빼곡히 진열된 다양한 모양의 초콜릿, 사탕, 제리 등이 예쁘게 포장되어 판매되고 있다. 은은한 파스텔 톤 핑크빛이 감도는 내부는 사랑스러운 분위기가 물씬 풍긴다. 이곳에서는 캔디뿐만 아니라 샌드위치, 햄버거, 샐러드, 스프, 다양한 세트메뉴 그리고 케이크, 와인, 커피, 차, 음료 등 넘쳐나는 메뉴가 준비되어 있다. 소품들을 활용하여 독특하게 연출한 카페는 예약을 하고 오는 이가 많을 정도로 인기가 있다고 한다. 상점 내부에 진열된 제품들은 대체적으로 가격은 비싼 편이지만 한 번 들어가면 나오기 싫고 독특한 맛에 반하고 분위기에 반할 수밖에 없는 곳이다.

홈페이지 vvgvvg.blogspot.com **전화번호/주소** 886-02-2711-4505, 台北市 敦化南路 一段 161巷 13號 **찾아가기** 중샤오둔화(忠孝敦化)역 8번 출구로 나와 직진하여 Keds를 끼고 161巷 골목 안쪽의 훼미리마트 바로 옆 상점이다. **대표메뉴** 샌드위치류, 케익류, 사탕류, 각종 차, 음료 **영업시간** 월~금 12:00~21:00 토,일 11:00~21:00 **귀띔 한마디** • 분위기 있는 특별한 자리에 앉고 싶다면 미리 예약하는 것이 좋다. • 비가 오는 날 더욱 많은 사람들이 찾는다고 한다.

Section 06
타이베이에서 눈이 즐거워지는
쇼핑거리

타이베이는 유난히 골목에서 만나는 볼거리가 쏠쏠하다. 자연스레 카메라로 담고 싶은 충동이 생길만큼 아기자기하고 빈티지스러운 상점들도 눈에 많이 띈다. 처음 간다면 타이베이에도 이런 곳이 있었구나 하면서 새롭게 알아가는 즐거움도 느끼게 된다. 다시 타이베이여행을 한다면 또 다른 거리에서 눈이 즐거운 새로운 볼거리를 만나게 될 것이다.

홍대거리가 생각나는
융캉제 永康街

타이베이의 대학로라 불리는 융캉제는 저렴한 음식점과 감각적인 상점들이 곳곳에 들어서 있어 맛과 멋이 공존하는 곳이다. 마치 홍대와 일본의 뒷골목 상점을 걷는 듯 하다. 유명한 딘타이펑鼎泰豊 본점과 샤오롱바오로 소문난 가오지高記 등의 상점을 만날 수 있다. 또한 팔방운집八方雲集에서는 바삭한 군만두와 한국식 고기만두, 김치만두를 개당 NT$5라는 저렴한 가격으로 푸짐하게 양껏 먹을 수 있다. 후식으로는 융캉제에서 유명한 빙수 판매점 스무시思慕昔를 만날 수 있다.

찾아가기 MRT 둥먼(東門)역 5번 출구 **대표 업소** 딘타이펑(鼎泰豊) 본점, 가오지(高記), 팔방운집 (八方雲集), 스무시(思慕昔) **영업시간** 업소마다 다름 **귀띔 한마디** 굳이 무엇을 먹을지 결정하고 가지 않아도 맛집이 즐비하므로 골라 먹는 즐거움이 있다.

인파로 붐비는 타이베이의 명동,
시먼딩 XimenDing, 西門町

시먼딩은 서울의 명동거리와 흡사한 타이베이 최고의 번화가이자 최초의 보행자 거리이다. 명성에 걸맞게 주말에는 발 디딜 틈 없이 많은 사람들로 북적거린다. 대형 쇼핑센터, 각종 브랜드 매장, 잡화, 음식점 등 그야말로 쇼핑하기에는 최적의 장소이다. 눈 둘 곳 없는 현란한 네온사인과 전광판 광고, 곳곳에서 벌어지는 댄스 공연과 거리 음악가의 얼후二胡 연주, 그리고 거리예술가들이 분위기를 한층 돋운다. 타이베이에서 도대체 뭘 먹어야 할지 고민이라면 이곳을 꼭 방문하자. 넘쳐나는 음식점에 오히려 먹을 것을 고르는 것이 정신없겠지만 행복해질 것이다.

찾아가기 시먼딩역 6번 출구 주변 **귀띔 한마디** • 사람이 많이 붐비는 곳이므로 소매치기에 주의해야 한다. • 곳곳에 숨어 있는 맛집을 찾아보는 즐거움을 누려보자.

 백 년의 역사를 간직한 극장,
시먼훙러우 Ximen Honglou, 西門紅樓

1908년에 완공된 타이베이 최초의 극장으로 100여 년의 역사를 자랑하는 곳이다. 시먼훙러우는 유럽풍 스타일의 건물로 건물 외형이 팔각형으로 디자인되어 고전적인 느낌을 풍긴다. 현재는 새롭게 리뉴얼하여 카페, 의류매장, 액세서리점 등을 운영하고 있으며 직접 디자인하여 판매하는 상품도 있어 이곳만의 특별한 상품도 만날 수 있다. 건물 2층에는 극장 운영 당시 상영했던 영화들의 배우 사진과 건물의 역사를 보여주는 다양한 사진들을 전시해놓고 있다.

시먼훙러우 건물 밖 뒤쪽에는 노천카페가 있는데 밤이 되면 식사나 술을 즐기기 위해 이곳으로 사람들이 모여든다.

홈페이지 www.redhouse.org.tw **전화번호/주소** 886-02-2311-9380/台北市 成都路 10號 **찾아가기** MRT 시먼딩(西門町)역 1번 출구에서 걸어서 2분 거리 **영업시간** 11:00~22:00 **귀띔 한마디** 노천카페의 경우 오후 9시 이전에는 식사를 할 수 있는 곳이 많으므로 식사를 겸해서 갈 경우 이른 저녁시간에 들리도록 하자.

●● 타이베이 여행 시 노트를 준비하자

타이완의 유명 관광지에서는 다양한 그림이 새겨진 기념도장이 비치된 것을 종종 볼 수 있다. 아무 것도 아닌 것 같지만 여행의 흥미를 돋고, 나중에 추억으로 간직해볼만하다. 작은 수첩이나 빈 노트를 구입해서 관광지마다 비치된 곳이라면 기념 삼아 도장을 쾅쾅 찍어보자.

복합 문화공간
청핀수덴 Eslite Bookstore, 誠品書店

청핀수덴 둔화점은 24시간 개방하는 서점으로 마음껏 책을 볼 수 있는 곳이다. 목조테이블과 책장들로 장식된 실내는 아늑하고 고풍스러운 느낌을 준다. 타이완 인기서적은 물론 한국여행 가이드까지 최신판으로 진열되어 있어 타이완에서의 식지 않는 한류를 실감할 수 있다. 통로 곳곳에 아무렇게나 주저앉아 책을 보거나 서점 중앙 커다란 테이블에서 여유롭게 책을 보는 사람들의 모습에서 이곳이 아시아 최고의 서점으로 선정되었던 이유가 느껴진다. 청핀수덴 건물은 서점만 운영되는 것이 아니라 복합 문화공간으로 문구점, 의류점, 생활용품점, 카페 등이 층을 달리하여 운영되고 있다.

홈페이지 www.eslite.com **전화번호/주소** 886-02-2775-5977/台北市 敦化南路 一段 245號 **찾아가기** MRT 중샤오둔화(忠孝敦化)역 6번 출구로 나와 직진한 후 안허루(安和路)를 건너 직진하면 된다. **영업시간** 2층 서점은 24시간 운영 **귀띔 한마디** 지하의 음반매장에서는 세계 각국의 음반을 만날 수 있다.

디자인 관련 상품은 물론 인테리어잡지도 발행하는
피페이퍼숍 PPaper Shop

타이완의 대표적인 인테리어잡지 〈PPaper〉를 발행하는 곳에서 운영하는 디자인 상점이다. 건물 지하 1층에 위치한 이곳은 호기심을 자극하는 다양한 의류브랜드부터 각종 출판물이나 디자인 관련 상품들이 넘쳐난다. 감각적인 디자인이 돋보이는 제품 하나하나를 보다보면 자연스레 맘에 드는 것을 고르고 말게 된다. 디자인 쪽에 관심을 가진 여행객이라면 시간 가는 줄 모르고 살펴볼만한 것들이 많은 곳이다. 상점 뒤쪽 2층에는 피페이퍼숍PPaper Shop에서 운영하는 카페도 있으므로 쇼핑 후에 들려보자.

홈페이지 ppapershop.com **전화번호/주소** 886-02-2568-2928/台北市 中山區 中山北路 二段 26巷 2號 B1 **찾아가기** 중산(中山)역 4번 출구 직진 사거리서 우측 직진, 26巷 골목 안쪽에 위치한다. **영업시간** 주중 11:00~20:00, 주말과 공휴일 12:00~19:00(카페는 매주 월요일 휴무) **귀띔 한마디** 다양한 의류브랜드부터 출판물이나 디자인 관련 상품 외에도 카페를 운영한다.

깜찍한 선물을 원한다면
소피스카 SOPHISCA

달콤한 캔디와 초콜릿, 쿠키 등과 아기자기한 상품을 만들어 판매하는 곳으로 타이완 인기드라마 취상뢰저니 就想賴著你의 배경 촬영지이다. 상품 디자인부터 귀엽고, 깜찍하거나 다소 엽기적인 모양이라 젊은 사람들이 좋아할 만하다. SOPHISCA에서는 쿠키, 캔디, 초콜릿 종류만 판매하는 것이 아니라 캐릭터 인형, 담요 등 잡화류의 귀여운 상품들도 판매된다. 예쁘게 포장되어 있고 가격도 저렴한 편이라 타이완의 즐거운 기억들을 주변 사람들에게 선물하기에 안성맞춤이다. 타이베이 시내 곳곳에 분점들이 많으므로 이용하기 편리한 곳을 찾아보면 된다.

홈페이지 www.sophisca.com **전화번호/주소** · 궁관점 : 886-02-2365-7051/台北市 羅斯福路 四段 50-1號 · 시먼점 : 886-02-2370-4740/台北市 武昌街 2段 26號 **찾아가기** · 궁관점 : MRT 궁관(公館)역 1번 출구로 나와 직진, 삼거리 H boy 옷가게 골목 안쪽 · 시먼점 : MRT 시먼(西門)역 6번 출구로 나와 걸어서 5분 거리 **대표상품** 사탕류, 초콜릿류, 쿠키류 **영업시간** · 궁관점 : 주중 11:00~22:30, 주말 10:30~22:30 · 시먼점 : 주중 10:30~22:30, 주말 10:00~23:00 **귀띔 한마디** 초콜릿을 구입할 때는 날씨도 고려해서 구매해야 한다.

번화가 산책,
중샤오푸싱과 중샤오둔화 忠孝復興&忠孝敦化

타이베이의 대표적인 번화가인 중샤오푸싱과 중샤오둔화 거리는 백화점과 음식점, 카페, 감각적인 숍들이 저마다 톡톡 튀는 디자인으로 행인들의 발걸음을 멈추게 하는 곳이다. 교통도 편리하고, 어느 골목을 들어서든 각 상점들마다 빈티지한 매력이 물씬 풍기므로 거리 산책과 사진 찍기에도 좋은 곳이다. 타이완에서는 세일기간에 6折, 7折으로 할인율을 표시한다. 이는 8折일 경우 80% 가격으로 구입 가능하다는 말이므로 20% 할인을 뜻한다. 숫자가 크다고 할인율이 높아지는 것이 아님을 혼동하지 말자.

찾아가기 MTR 중샤오푸싱(忠孝復興)역 4번 출구로 나와 골목으로 들어가면 된다. MTR 중샤오둔화(忠孝敦化)역 2번 출구로 나오면 골목이 시작된다. **귀띔 한마디** 낮과 밤 각각 찾아가보면 또 다른 분위기의 골목을 만날 수 있다.

Part 03
알수록 매력적인 타이베이(Taipei)

중샤오푸싱 거리풍경

중샤오둔화 거리풍경

155

Section 07
배짱이가 머물렀던 타이베이
숙소

타이베이에는 저렴한 게스트하우스부터 고급 호텔까지 다양한 숙소들이 있다. 떠나기 전 국내에서 미리 위치, 요금, 숙소 상태 등을 파악한 후 예약하면 더욱 저렴하다. 타이베이는 MRT만으로도 여행을 즐길 수 있으므로 가급적 역에서 가까운 숙소를 정하는 것이 교통비를 포함하여 여러 모로 도움이 된다. 타이베이 호텔의 경우 별이 아닌 매화로 등급을 표시한다.

타이베이여행을 위한 최적의 위치,
KDM 호텔 KDM HOTEL

합리적인 가격으로 만족스러운 서비스를 제공하는 KDM 호텔은 중샤오신성忠孝新生역 3번 출구에서 엎어지면 코 닿을 만큼 가까운 곳에 위치한다. 타이베이역과 2정거장, 중샤오푸싱, 중샤오둔화역과 1~2정거장 그리고 용캉제가 있는 둥먼역東門站과 1정거장으로 타이베이를 편안하게 둘러보기 위한 최적의 장소이다. 아쉬운 점은 호텔 주변에 편의점이나 음식점이 없다는 점이다.

내부의 가구는 오랜 세월의 흔적이 묻어있지만 객실은 아주 깔끔한 편이며, 전 객실 금연으로 케케묵은 냄새가 나지 않는다. 푹신한 침대 옆 벽면에는 객실 마스터전원과 에어컨 버튼이 있으며 화장대, 냉장고, LCD TV, 붙박이장, 커피포트 등이 준비되어 있다. TV채널에서는 언제든지 한국방송을 즐길 수 있으며, 성인 채널도 다수 있어 어

린 자녀를 동반한 가족이라면 주의를 요한다.(프런트에 성인채널 방송정지를 요청할 수 있다.) 오래된 호텔답게 객실카드키가 아닌 열쇠를 고수하며, 침대와 일부 객실 타입은 출입문이 가까워 발자국 소리 등 소음이 들리기도 한다.

운이 좋으면 멀리서 타이베이101타워가 보이는 전망도 기대해 볼 수 있다. 욕실은 욕조가 있으며 비누, 샴푸, 바디샴푸, 샤워캡, 칫솔&치약이 비치되어 있다. 로비 지하 1층 식당에서는 오전 7시~10시 사이에 조식제공이 된다. 몇 가지 안 되는 음식이지만 입맛 까칠한 사람도 맛있게 먹었다는 평을 받을 만큼 맛은 괜찮다.

홈페이지 www.kdmhotel.com.tw **전화번호/주소** 886-02-2721-1162 / 台北市大安區忠孝東路三段8號 **찾아가기** 중샤오신셩(忠孝新生)역 3번 출구 바로 옆 **객실타입** 스탠더드, 디럭스 트윈, 스위트 등 6개 타입 **체크인/체크아웃** 15:00/12:00 **귀띔 한마디** • 와이파이가 무료로 제공된다. • 타오위안국제공항 6번 정류장에서 5201번 에버그린 공항버스 9번째 정류장, 중샤오신셩역에서 하차, 귀국할 때는 호텔에서 에버그린 공항버스티켓을 구입할 수 있다.

타이베이호스텔 TAIPEI HOSTEL

저렴하지만 깔끔한 숙소,

1976년 오픈한 타이베이호스텔은 40여 년이 되가니 정말 오랜 세월 타이베이를 찾는 여행자들과 함께한 곳이다. MRT 산다오쓰善導寺역에서 불과 5분 남짓 거리로 타이베이의 중심 타이베이台北車역과도 한 정거장 밖에 떨어지지 않았으므로 여행하기에는 최적의 위치이다. 건물 6층에는 공동으로 사용하는 작은 데스크가 있고 거실과 부엌도 있다. 모두 자유롭게 이용이 가능하며, 특히 여행을 마치는 저녁 시간쯤에는 거실에 세계 각국의 여행자들이 모이므로 활기가 넘친다. 거실은 쉼터이자 만남의 장소로 TV를 보거나 간단히 맥주 한 잔 하면서 서로 여행정보를 공유한다. 24시간 인터넷이 개방되어 있으므로 노트북을 가진 여행자라면 하루 일과를 정리하고 다음 날 여행에 필요한 정보들을 미리 검색해볼 수 있다. 건물 옥상에는 코인세탁기가 있으므로 장기 여행자라면 빨래도 해결할 수 있고, 작은 발코니가 마련되어 있어 시원한 바람을 맞으며 맥주 한 잔 즐기기에도 그만이다. 안타까운 것은 전망이 그다지 좋지는 않다는 것이다.

타이베이호스텔은 도미토리, 싱글룸, 더블룸 등이 있으며 전 객실에 선풍기가 준비되어 있다. 도미토리의 경우 에어컨을 무료로 이용할 수 있지만 다른 객실의 경우에는 8

시간 기준으로 NT$100, 12시간 기준 NT$120을 추가 지불해야만 원하는 시간대에 에어컨을 틀어주므로 덥다면 카운터에 요청하면 된다. 또한 욕실이 딸린 룸은 별도로 요금이 책정(싱글룸 기준 NT$600)되므로 원하다면 확인하고 예약하자.

오픈한 지 오래되다보니 룸 상태는 기대에 못 미치지만 관리를 잘해서 그나마 깔끔하다. 예약 전에 확인해야 될 것은 오래된 가구와 욕실에 환풍기가 없어 실내가 눅눅하므로 수건이 잘 마르지 않는 등 불편사항이 있는 객실도 있다는 것이다. 문 잠금 장치는 2개가 설치되어 있어 비교적 안전하다. 현재는 신관이 생겨 더욱 깨끗한 룸도 만날 수 있으므로 충분히 알아보고 예약하자.

홈페이지 www.taipeihostel.com(한글 지원 및 예약가능) **전화번호/주소** 886-02-2395-2950/台北市 中正區 林森北路 5巷 11號 6樓 **찾아가기** • 산다오쓰(善導寺)역 1번 출구로 나와 출구 반대 방향 GIRAFFE ENELISH WORLD라 쓰인 기린이 그려진 건물 보이는 사거리에서 횡단보도 건너서 왼쪽 길로 조금만 올라가다 첫 번째 오른쪽 골목 끝. TAIPEI HOSTEL 간판이 보이는 건물 6F이다. • 공항에서 갈 경우에는 공항버스 카운터에서 라라판디엔(쉐라톤호텔/喜来登饭店, Sheraton Hotel)까지 가는 티켓을 구입하여 라라판디엔에서 내린 후 5분 정도 걸어가면 된다. **객실타입** 싱글룸, 더블룸, 트윈룸, 도미토리(남/여) 대부분 욕실은 별도이며 개인 욕실이 딸린 객실도 있으니 확인하고 예약하자. **체크인/체크아웃** 24시간 운영 **귀띔 한마디** • 키 보증금으로 NT$600을 지불해야 하며 이는 체크아웃 시 다시 되돌려준다. 이른 시간 체크아웃일 경우 미리 전날 얘기토록 한다. • 휴지와 비누만 비치되어 있으므로 필요한 세면도구는 별도로 준비해야 한다. • 근처 도보 10분 거리 쉐라톤호텔 부근에서 타이베이 국제공항으로 가는 공항리무진버스가 운행된다.(승하차지점 동일)

아름다운 자연을 만끽 할 수 있는 괌(Guam)

Guam Travel Information and Travel Guide

Section01 괌여행을 시작하기 전에
Section02 고민 없이 즐기는 괌 맞춤여행루트
Section03 괌에서 환전 및 대중교통 이용방법
Section04 괌에서 둘러봐야 할 지역별 명소
Special05 괌에서 즐기는 드라이빙투어, 투몬에서 남부까지
Section05 괌에서 먹어봐야 할 맛집
Section06 괌에서 눈이 즐거워지는 쇼핑거리
Section07 배짱이가 머물렀던 괌의 숙소

✈ Section 01
괌 여행을 *시작하기 전에*

괌 Guam은 태평양 서쪽 마리아나군도 최남단에 위치한 섬으로 국내에서는 이미 유명한 휴양지 중 한 곳으로 손꼽힌다. 에메랄드빛 바다에서 다양한 해양스포츠를 즐길 수 있을 뿐만 아니라 섬 전체가 면세구역이라 수많은 쇼핑센터들이 즐비하므로 그야말로 제대로 즐기고 쇼핑하며, 힐링을 누릴 수 있는 여행지이다.

하루를 투자하여 드라이빙투어까지 즐긴다면 괌의 또 다른 매력을 만날 수 있다. 여유로운 괌 현지인들의 성격만큼이나 한가로이 드라이브를 즐기며, 아름다운 자연을 만끽할 수 있다. 바닷가에서 다이빙을 즐기는 아이들의 순박한 모습을 볼 수 있는 이나라한 Inarajan 마을은 도시생활에 찌든 우리가 자유와 즐거움까지 잊고 사는 건 아닐까라는 생각마저 들게 한다. 따뜻한 햇살이 내리 쬐는 선베드에 누워 해변을 물끄러미 바라보다 보면 마치 둥둥 떠다니는 배에 홀로 타고 남태평양을 항해하는 기분이다. 바쁜 삶을 살아가는 직장인들에게는 더할 나위 없이 행복한 시간을 안겨주는 곳이 괌이다.

●● 괌으로 가기 전에 체크하세요!

비자 무비자 45일(괌, 북마리아나제도 연방비자면제 정보기재 또는 국내에서 사전 ESTA를 신청한다. 기계인식 여권필요) **전압** 120V 60Hz, 일명 돼지코라 불리는 플러그 변환어댑터를 준비해야 한다. **시차** 한국보다 1시간 빠르다. **공용어** 영어, 차모로어 **통화** US$/미국달러(US$1 = 1,105원, 2015년 4월 기준) **날씨** 아열대성기후로 연평균 27도 전후, 우기(5~10월)와 건기(11~4월)로 나뉘며, 곳에 따라 스콜현상이 자주 일어난다. **항공소요시간(인천-괌)** 약 4시간 30분 이내

국가/도시	도착 공항 이름	출발공항과 항공사(코드)	거리	예상 소요시간
괌(GUM)	안토니오B. 원팻괌국제공항(Antonio B. Won Pat Guam International Airport)	인천국제공항 - 대한항공(KE), 제주항공(7C), 진에어(LJ)	3,230Km (2,007마일)	4시간 30분
		김해국제공항 - 대한항공(KE), 제주항공(7C), 에어부산(BX)	2,892Km (1,797마일)	

※ 에어부산은 2015년 7월부터 취항예정

※ 팁문화가 정착된 곳이라 공항에서 포터나 호텔 벨보이에게 도움을 받았다면 1~3달러, 객실청소 룸메이드에게도 1~3달러 정도의 팁을 준다.
※ 음식점은 별도로 10% 부가세가 추가된다. 부가되지 않을 경우 별도로 음식값의 10%를 서비스팁으로 준다.
※ 기내 반입 시 라이터 1개만 소지가능
※ 출입국신고서와 세관신고서는 영문대문자로 기재해야 하며 도움이 필요하면 승무원에게 요청하자
※ 무비자 입국 시에는 기내에서 미리 괌, 북마리아나제도 연방비자면제 정보를 빠짐없이 기재해두자.
※ 입국심사 시 여행목적, 숙소, 여행일정 등을 물어오므로 미리 질문에 대비하여 준비하자.
※ 괌 쇼핑페스티벌 기간은 11월 초부터 다음 해 1월 초까지로 최고 70~80%까지 할인된다. 자세한 기간은 괌 관광청홈페이지에서 확인하자.
※ 렌터카 이용 시 차량속도, 법규 등을 반드시 지켜야 하며, 국제면허증이 아닌 국내면허증으로도 대여가능하다.
※ 괌관광청에서 제공되는 괌 종합가이드북을 사전에 신청할 수 있다.

●● 괌 정보 사이트

여행 전에 미리 인터넷을 통해 필요한 여행정보를 수집해보자.

괌정부관광청 www.welcometoguam.co.kr
괌여행 제대로 떠나기 카페 cafe.naver.com/guamgogo

괌정부관광청

괌여행 제대로 떠나기 카페

Section 02
고민 없이 즐기는
괌 맞춤 여행 루트

괌에서는 리조트 내 휴양이나 여유로운 쇼핑은 물론 렌터카 드라이빙투어로 아름다운 자연을 만끽할 수 있다. 쇼핑몰까지 셔틀버스도 별도 운영되므로 이용하는데 불편은 없다. 대부분 괌 최고의 번화가인 투몬에 숙소를 정하고 괌을 즐기는 것이 일반적이다. 배짱이여행을 바탕으로 재구성한 3박 4일 일정을 참고하여 본인에 맞게 여행계획을 세워보자.

※ 경로시간과 목적지에서 보내는 소요시간은 개인의 취향에 따라 달라질 수 있다.
※ 숙소는 임의로 투몬지역에 위치한 웨스틴리조트괌으로 정했다.

설렘만큼 기대가 커지는 ● 첫째 날

괌 항공편은 일정에 맞춰 오전이나 오후를 선택하여 출발할 수 있다. 4시간 30분 정도면 괌국제공항에 도착할 수 있는데, 호텔&리조트 픽업차량이나 택시 등을 이용하여 숙소에서 체크인부터 한다. 괌 최고의 번화가 투몬지역에서 저녁식사를 한 뒤 투몬의 밤거리를 여유롭게 활보해보자. 투몬지역 쇼핑은 DFS갤러리아괌, 더플라자, JP슈퍼스토어 등이 있고, ABC스토어에 들려 여행에 필요한 용품이나 간식을 구입할 수 있다. 만일 새벽도착인 경우 바로 취침하는 것이 좋고, 조식포함이라면 식사시간부터 체크하여 움직이자.

추천동선

인천국제공항 출발(기내식 1회 제공, 4시간 30분 소요) → 안토니오B. 원팻괌국제공항 도착(입국심사 및 짐찾기) → 리조트체크인 및 짐정리 → 나나스카페(저녁식사) → 투몬 시내 구경(DFS갤러리아괌, 더플라자, JP슈퍼스토어, ABC스토어 등) → 숙소 1박

휴양과 쇼핑을 두루두루 즐기는 둘째 날

둘째 날은 에메랄드빛 투몬비치에서 수영이나 각종 해양스포츠를 즐기며 행복한 오전 시간을 보낸다. 셔틀버스를 타고 괌프리미어아웃렛(GPO)에 내리면 로컬푸드로 유명한 킹스레스토랑에서 차모르 현지식을 맛보자. 그리고 바로 옆 캘리포니아마트에서 한국음식들도 구매할 겸 둘러본 후 괌 최대 규모의 GPO에서 즐거운 쇼핑시간을 가지면 된다. 현지식이 입에 맞지 않는다면 GPO 내 푸드코트에서 식사를 해도 좋다. 저녁에는 라스베이거스스타일의 쇼를 만날 수 있는 샌드캐슬괌에서 변화무쌍한 1시간의 쇼를 관람하고 독특한 실내인테리어로 인기 있는 하드록카페에서 저녁식사를 하자. 그리고 투몬의 밤거리를 누비며 쇼핑을 하거나 가볍게 칵테일이나 맥주 한잔 즐기며 하루를 마무리한다.

추천동선

리조트조식 → 리조트 내 수영장, 해변산책 → 킹스레스토랑(점심식사) → 괌프리미어아웃렛(옆에 위치한 캘리포니아 마트도 들려도 좋다) → 숙소휴식 → 샌드캐슬 괌 → 하드록 카페 괌 → 투몬 구경(DFS갤러리아괌, 더플라자, JP슈퍼스토어, ABC스토어 등) → 숙소 2박

괌의 자연과 역사를 온몸으로 느끼는
● 셋째 날

셋째 날은 보다 가까이에서 남태평양의 돌고래행진을 만날 수 있는 돌고래와칭투어로 하루를 시작한다. 여행사 프로그램에 따라 돌고래투어 후 낚시나 스노클링을 즐길 수 있다. 열대어들로 가득한 스노클링은 잊지 못할 아름다운 추억을 선사해준다. 모든 투어일정을 마친 후 선상에서 즐기는 연어와 참치회는 그야말로 꿀맛이다. 다시 리조트로 돌아와 잠시 휴식을 취한 뒤 리조트 내 레스토랑을 이용하거나 투몬으로 나와 점심식사를 한다.

차모르빌리지로 가는 셔틀버스를 타고 현지인들의 삶을 엿볼 수 있는 이생송차모르를 시작으로 스페인 통치시대의 유산인 역사적 볼거리를 둘러본다. 저녁에는 24시간 운영되는 K마트에 들려 간단한 쇼핑도 즐기자. 버스 막차시간을 미리 체크하는 것도 잊지 말자. 만약 드라이빙투어를 즐긴다면 추천동선 2와 같이 사랑의 절벽을 시작으로 남부를 둘러보는 일정으로 한나절을 보낼 수 있다.

추천동선

1. 리조트 내 조식 → 돌고래와칭투어 → 숙소휴식 및 점심식사 → 이생송차모르빌리지 → 파세오공원 → 스페인광장 → 스키너광장 → 아가나대성당 → 숙소휴식 → 후지이찌방라멘(저녁식사) → K마트 → 숙소 3박

2. 렌터카 드라이빙투어 시
   리조트 내 조식 → 사랑의 절벽 → 추장카푸하공원 → 이생송차모르빌리지 → 파세오공원 → 스페인광장 → 알마센아치 → 스키너광장 → 아가나대성당 → 잔지스바이더시(식사 고려) → 피시아이머린파크 → 세티만전망대 → 우마탁마을 → 이나라한천연풀 → 탈로포포 만 → 제프스파이러츠코브(식사 고려) → 숙소휴식 → 후지이찌방라멘(저녁식사) → K마트 → 숙소 3박

3. 리조트 내 조식 → 돌고래와칭투어 → 숙소휴식 및 점심식사 → 리조트 내 수영장, 해변산책 → 후지이찌방라멘(저녁식사) → K마트 → 숙소 3박

Part 04
아름다운 자연을 만끽 할 수 있는 괌(Guam)

숙소
기상 및 조식

돌고래와칭투어
2시간 코스

숙소휴식 및 점심식사

Start → 여행사차량 30분여 → 여행사차량 30분여 → 버스 20분여

도보 11분 ← 도보 3분

스페인광장
30분 코스

파세오공원
30분 코스

이생송차모르빌리지
30분 코스

도보 3분

스키너광장
10분 코스

아가나대성당
15분 코스

숙소휴식

← 도보 1분 ← 버스 20분여 → 도보 16분 또는 버스 5분

← 도보 10분 ← 버스 5분

숙소
3박

K마트
2시간 코스

후지이찌방라멘(저녁식사)
주메뉴 : 라멘

167

마지막으로 즐기는 쇼핑타임 ● 넷째 날

마지막 날은 오후 항공편이라면 충분히 휴식을 취한 뒤 시간에 맞춰 체크아웃을 한다. 셔틀버스를 타고 마이크로네시아몰에서 쇼핑, 엔테테인먼트 등을 즐기고 푸드코트에서 점심식사를 한다. 그리고 리조트로 돌아와서 공항 샌딩 예약차량을 타고 공항으로 이동한다.

추천동선
리조트조식 및 체크아웃 → 마이크로네시아몰(점심식사) → 숙소 짐찾기 → 안토니오 B. 원팻괌국제공항(출국심사 및 탑승) 귀국

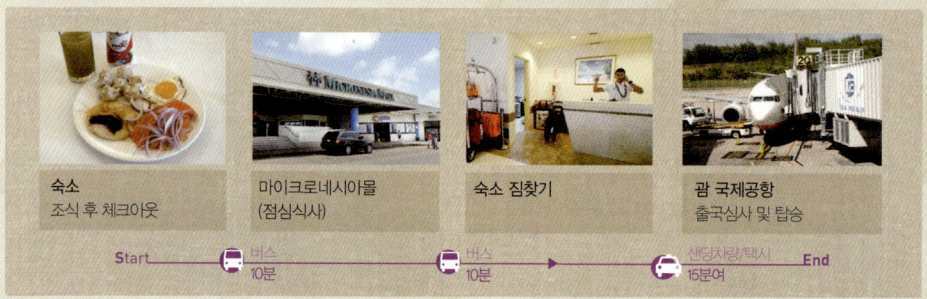

숙소 조식 후 체크아웃 → 마이크로네시아몰(점심식사) → 숙소 짐찾기 → 괌 국제공항 출국심사 및 탑승

Start — 버스 10분 — 버스 10분 — 샌딩차량/택시 15분여 — End

동선에 따른 ● 예산 책정하기

괌은 2인 이상이라면 리조트를 포함한 에어텔상품을 이용해볼 만하다. 하지만 혼자라면 싱글차지가 부과됨으로 개별적으로 예약하는 것이 좀 더 경비를 절감할 수 있는 방법이다. 또한 얼리버드로 저가항공을 예약하거나 비수기여행이라면 더욱 경비를 절감할 수 있다. 괌은 교통비가 비싼 만큼 탑승횟수를 고려하여 1일 패스를 구매하는 것이 좋으며, 가족여행이라면 렌터카도 고려해볼 만하다.

구분	숙박료	식대 및 간식	관광지 입장료	교통비	기타 경비	합계
첫째 날	에어텔	50,000원	-	16,500원	-	6~8만 원
둘째 날		75,000원	110,000원	6,600원	-	18~20만 원
셋째 날		40,000원	66,000원	11,000원	-	11~13만 원
넷째 날		22,000원	-	23,000원	-	4~6만 원
총합계	6~21만 원	187,000원	176,000원	57,100원		39~47만 원

※ 해당 경비는 넉넉잡아 산출한 대략적인 여행경비로 에어텔(항공+숙박), 쇼핑비용은 제외한다. 본 예산내역은 1인 기준으로 공항 - 리조트간 픽업차량, 리조트 해양스포츠 1일권, 쇼핑몰과 명소 등은 셔틀버스를 이용해 다녀오는 것을 전제로 책정된 예산이다.
※ 에어텔상품은 숙소, 출발시기에 따라 요금이 다르므로 여행사를 통해 비교하여 선택한다.

Section 03
괌에서 환전 및 대중교통 이용방법

괌의 대표적인 대중교통수단은 호텔, 리조트, 쇼핑몰들을 연계하는 셔틀버스이다. 대부분 투몬지역을 중심으로 아가냐, 타무닝 등으로 운행되며, 그 밖에 지역을 이동할 때는 택시나 렌터카를 이용하는 것이 편리하다. 단 택시의 경우 요금이 비싸므로 저렴한 주유비와 국내 운전면허증으로도 가능한 렌터카를 고려해볼만하다.

공항에서 시내로 이동하기

안토니오B. 원팻괌국제공항(Antonio B. Won Pat Guam International Airport)에서 시내로 가는 교통편은 택시와 렌터카, 호텔, 리조트 및 여행사 픽업차량 등이 있다. 공항부터 리조트가 몰려 있는 투몬까지는 대략 15분 내외로 소요된다. 동행자 수를 고려하여 교통수단을 선택하는 것이 요금을 아낄 수 있는 방법이다. 만약 혼자라면 호텔&리조트, 여행사 픽업차량 서비스를 이용하는 것이 저렴하다.

택시 이용하기

입국장을 나와 서쪽출구로 가면 택시부스가 있다. 정찰제이므로 요금을 확인한 후 목적지를 말하면 승강장으로 택시가 온다. 택시요금은 투몬지역은 보통 US$20~25이며, 캐리어는 개당 US$1씩 추가요금이 부과된다. 택시요금 확인 후 쿠폰을 구입하여 탑승하거나 택시를 타고 미터기로 정산하는 방식이 있다.
괌 택시의 경우 미키Miki와 인디펜던트Independent 등의 회사가 있는데, 미키택시의 경우 정해진 요금으로 쿠폰을 구입하거나 목적지 도착 후 현금을 지불하면 된다. 간혹 미터택시를 탔는데 부당요금을 요구하는 일도 있으므로 가급적 정찰제 요금택시를 이용하는 것이 좋다. 4인 이상이 함께 움직인다면 택시를 고려해볼 만하다.

렌터카 이용하기

공항 1층에는 많은 렌터카회사들이 입점해 있다. 차종에 따라 24시간 기준으로 저렴한 차량은 US$65 내외면 렌트를 할 수 있다. 국내에서 출발 전 미리 한인렌터카회사를 통해 예약한다면, 공항에서 차량인도 및 숙소까지 픽업서비스를 받을 수 있어 더욱 편리하다.

🧳 호텔&리조트, 여행사 픽업차량 이용하기

에어텔여행상품은 공항-호텔(리조트)간 픽업 및 샌딩서비스가 포함되는 경우도 있고, 별도로 호텔이나 리조트를 예약할 때 픽업 서비스를 요청할 수도 있다. 1인당 US$10~15 정도이며, 이름이 적힌 피켓을 들고 입국홀에서 기다리고 있으므로 어렵지 않게 차량을 이용할 수 있다.

🧳 시내에서 공항으로 이동하기

공항에서 시내로 가는 방법과 크게 다르지 않다. 호텔이나 리조트 프런트에서 택시 혹은 샌딩서비스를 요청하고 렌터카일 경우에는 업체에 따라 공항에서 차량을 반납하거나 샌딩서비스를 직접 해주기도 한다. 일반 택시가 아닌 합법적으로 운영하는 한인콜택시를 이용하면 일반 택시에 비해 저렴하게 이용할 수 있다. 한인콜택시는 미리 예약하는 경우 픽업서비스도 제공받을 수 있다.

한인콜택시&셔틀서비스 777-8253 괌 택시기사의 괌 사는 이야기 blog.naver.com/7778253

🧳 현지 교통편 이용하기

괌을 선택할 때 휴양과 쇼핑을 겸해 여행을 계획했다면 셔틀버스만으로도 충분히 둘러볼 수 있다. 하지만 번화가가 아닌 그 외 지역의 관광명소를 보고 싶다면 택시나 렌터카를 이용해야 한다. 렌터카의 경우 본인의 여행스타일대로 이동할 수 있어 좋고, 주유비 또한 부담이 없어 한번쯤 고려해볼 만하다.

🧳 셔틀버스 이용하기

셔틀버스는 투몬지역과 아가나(하갓냐), 타무닝 등 주요 지역을 운행하는 노선으로 많은 여행자들이 이용하는 교통수단이다. 정류장마다 한국어로 표기된 노선도까지 제공하며 대부분의 셔틀버스는 각 호텔과 쇼핑몰, 주요 관광지를 운행한다. 승차권은 각 쇼핑몰에 있는 티켓부스에서 구입해도 되고 운전기사에게 직접 구입해도 된다. 차내에는 한국어로 버스시간표도 배치되어 있다.

●● 레드괌셔틀버스(Red Guahan Shuttle)

패스가격 One Ride(편도) US$4, One Day Pass(1일권) US$12, Five Days Pass(5일권) 어른 US$25/어린이 US$13, 아가냐차모로 왕복셔틀(Hagatna Chamorro Bus Round-Trip) US$10, 사랑의 절벽 왕복셔틀 + 입장권(Two Lovers Point Shuttle TokuToku Ticket 2 Way Ticket) US$10, 차모르빌리지야시장 왕복셔틀(Chamorro Village Night Shuttle TokuToku Ticke 2 Way Ticket) US$7 **패스구입처** DFS갤러리아, 마이크로네시아몰, K마트, GPO 등에서 구입가능. 한국에서 온라인 트롤리버스(www.tbusmall.com)에서 예약가능.(GPO = 괌프리미어아웃렛, DFS = DFS갤러리아, M.Mall = 마이크로네시아몰, JP = JP슈퍼스토어, TLP = Two Lovers Point)

종류	투몬셔틀버스 (Turmon Shuttle Bus)	쇼핑몰셔틀버스 (Shopping Mall Shuttle)	DFS→K마트셔틀버스 (DFS→Kmart Shuttle Bus)	GPO→레오팔레스셔틀버스 (GPO→Leopalace Shuttle Bus)	아가냐차모로버스 (Hagatna Chamorro Bus)	사랑의 절벽 셔틀버스 (Two Lovers Point Shuttle Bus)	차모르빌리지야시장 셔틀버스 (Chamorro Village Night Shuttle Bus)	플리마켓셔틀버스 (Flea Market Shuttle Bus)
색상구분								
주요정류장	투몬에 위치한 주요 호텔, 리조트, 쇼핑몰 등을 운행하며, 북쪽과 남쪽노선으로 나뉜다.	괌프리미어아웃렛, K마트, 마이크로네시아몰(순환)	DFS갤러리아, JP 슈퍼스토어, K마트(순환)	레오팔레스리조트, SM스토어/아가나쇼핑센터, 괌프리미어아웃렛(순환)	투몬샌드플라자, 괌프리미어아웃렛, 차모르빌리지야시장, 아가나대성당, SM스토어, 아가나쇼핑센터, 메사이레스토랑(순환)	DFS갤러리아, JP 슈퍼스토어, 마이크로네시아몰, 사랑의 절벽(순환)	DFS갤러리아→차모르빌리지야시장, 괌프리미어아웃렛→차모르빌리지야시장(순환)	
One Ride(편도)	US$4	US$4	US$4	US$4	US$4	US$4	US$4	US$4
One Day Pass(1일권)	US$12	US$12	US$12	US$12				
Five Days Pass(5일권)	US$25/US$13	US$25/US$13	US$25/US$13	US$25/US$13				
Two Days Pass+WiFi 2일권 + WIFI 이용권	US$17	US$17	US$17	US$17	US$17			
Five Days Pass+WiFi 5일권 + WIFI 이용권	US$30	US$30	US$30	US$30	US$30	US$30		
Hagatna Chamorro Bus Round-Trip 아가나차모로 왕복티켓	–	–	–	–	US$10	–	–	–
Two Lovers Point Shuttle TokuToku Ticket 사랑의 절벽 왕복셔틀 + 입장권 (2Way Ticket)	–	–	–	–	–	US$10	–	–
Chamorro Village Night Shuttle TokuToku Ticket	–	–	–	–	–	–	US$7	–
Flea Market TokuToku Ticket	–	–	–	–	–	–	–	US$7

●● 시레나버스(Sirena Bus)

패스가격 일주일권 US$18(11세 미만 어린이 무료) **패스구입처** DFS 1층에 위치한 시레나 라운지 혹은 국내 여행사에도 구입가능 하다.

- **A 호텔 코스 운행노선** 투몬에 위치한 주요 호텔, 리조트, 마이크로네시아몰, 괌프리미어아웃렛몰(순환)

- **쇼핑센터 코스 운행노선** 마이크로네시아몰, K마트, 괌프리미어아웃렛(순환)

- **C 라운지 코스 운행노선** K마트, 힐튼 호텔, 라운지(순환)

운행 중인 시레나버스

🧳 택시 이용하기

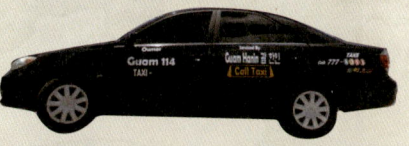

괌 택시는 편리하지만 요금이 비싼 편이라 꼭 이용해야 할 상황이 아니라면 버스를 이용하는 편이 좋다. 괌에서는 지나가는 택시를 잡아타는 것이 아니라 호텔처럼 지정된 곳에서 대기하는 택시나 콜택시를 요청해서 타야 하는데, 콜택시를 불러주면 직원에게 1달러 정도를 팁으로 줘야 한다. 택시 기본요금은 US$2.4로 처음 1마일까지는 US$4이고, 이후 0.25마일마다 US$0.8가 추가된다. 큰 짐이 있을 경우 짐 1개당 US$1의 추가요금과 지불 시에는 요금의 10%를 팁으로 내야 한다. 불법차량이 많은 만큼 믿고 이용할 수 있는 합법적인 괌한인콜택시&셔틀서비스(671-777-8253)나 괌택시기사의 괌 사는 이야기(blog.naver.com/7778253)를 이용하는 것도 방법이다.

🧳 렌터카 이용하기

만 21세 이상으로 운전경력 1년 이상인 국내운전면허증 소지자라면 30일간 렌터카를 빌릴 수 있다. 한인렌터카회사를 비롯해 수많은 렌터카회사가 있으므로 비교하여 선택하면 된다. 차량을 인도 받을 때는 차량 상태를 꼼꼼히 체크해야 하며, 사고에 대비하여 차량보험 가입여부도 확인하고 대여해야 한다. 괌은 우리와 같은 좌측통행 도로이므로 운전하기 수월하며, 렌트비나 주유비가 저렴한 편이고 어디서나 무료주차가 가능하다. 운전을 할 때는 제한속도, 교통법규, 주의사항 등을 한 번 더 염두하고 안전운행을 해야 한다.

🧳 환전하기

미국의 화폐

괌지역 대부분의 쇼핑몰이나 음식점 등에서는 비자나 마스터카드를 국내처럼 편하게 사용할 수 있으므로 꼭 필요한 금액정도만 환전해가는 것이 안전하다. 하지만 국내에서 예약서비스를 충분히 이용하지 않고 현지에서 액티비티 등을 즐길 생각이라면 미리 파악해서 준비해가는 것이 좋다. 또한 팁문화가 발달한 곳이므로 1달러짜리 지폐도 미리 준비해두는 것이 좋다.

괌 현지에서는 호텔과 DFS갤러리아를 비롯한 일부 면세점, 시내은행 등에서 환전이 가능하다. 은행 업무시간은 월~목요일 10:00~15:00, 금요일 10:00~18:00이며 토~일요일은 휴무이다.

Section 04
괌에서 둘러봐야 할
지역별 명소

괌의 가장 큰 매력은 어디서나 에메랄드빛 바다를 만날 수 있다는 것이다. 누구나 쉽게 각종 해양스포츠를 즐길 수 있고 시원스럽게 펼쳐지는 자연풍광을 원 없이 만끽할 수 있다. 국내면허 소지자의 경우 렌터카를 이용해 볼거리가 많은 괌남부까지 둘러본다면 괌의 다양하고 매력적인 모습에 매료될 것이다.

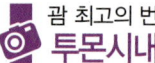 괌 최고의 번화가
투몬시내 Downtown of Tumon

투몬은 호텔닛코괌Hotel Nikko Guam을 시작으로 힐튼괌리조트Hilton Guam Resort까지 3.5km에 달하는 괌 관광의 중심지이다. 해안선을 따라 수많은 호텔과 리조트가 자리하고 있으며, 호텔로드Hotel Rord에는 쇼핑센터와 레스토랑 등의 편의시설이 입점되어 있다. 투몬비치Tumon Beach에서 즐거운 한때를 보내고, 쇼핑과 식사까지 해결할 수 있으므로 투몬지역에 숙소를 정하는 것이 여행자 입장에서는 여러모로 편리하다. 또한 관광객을 위한 셔틀버스노선도 잘 되어 있으므로 버스만 타도 타무닝Tamuning이나 아가냐Agana 등까지 편하게 이동할 수 있다.

 괌 최고의 인기 해변,
투몬비치 Tumon Beach

투몬베이를 따라 포물선을 그리며 펼쳐진 투몬비치는 어디가 하늘이고 바다인지 구별하기 힘들 만큼 아름다운 장관을 연출한다. 뽀송뽀송한 백사장과 에메랄드빛 바다는 파고가 낮고 수심이 얕아 아이들 수영하기 좋고 스노클링, 카약, 바나나보트 등 각종 해양스포츠도 즐길 수 있다. 투몬비치를 따라 자리하고 있는 수많은 호텔과 리조트에서 운영하는 전용 풀장과 더불어 투몬비치를 만끽하기에 그만이다. 그리고 해질 녘 투몬비치에서 바라보는 노을은 가만히 있어도 낭만적인 분위기를 만들어 준다.

귀띔 한마디 해변에서 즐길 때는 자외선 차단제 필수. 산호초가 있으니 아쿠아슈즈를 착용한다.

두 눈을 의심케 하는 쇼!
샌드캐슬괌 Sand Castle Guam

라스베이거스 스타일의 쇼를 괌에서도 즐길 수 있는 샌드캐슬괌은 남녀노소는 물론 언어와 상관없이 관람할 수 있어 더욱 매력적이다. 500명을 수용할 수 있는 극장식 레스토랑으로 보통 디너를 즐긴 후 드림쇼를 감상하지만 디너가 포함되지 않은 디럭스플랜Deluxe Plan을 선택하면 식사 없이 맥주나 음료 중에 선택하여 마시면서 쇼를 즐길 수도 있다. 쇼 내용은 두 어린 소녀의 꿈 이야기부터 시작하여 중국서커스와 같은 다양한 기예공연, 마술쇼, 댄서들의 화려한 춤 등으로 이어지는데 1시간이 어떻게 지나갔는지 모를 만큼 변화무상한 쇼가 조금은 정신이 없을 정도로 펼쳐진다.

© Guam SandCastle

홈페이지 www.guam-sandcastle.com/kr **전화번호/주소** 070-7838-0166/1199 Pale San Vitores Road Tumon Guam 96911 **찾아가기** 투몬 위치로 도보 또는 호텔 픽업 서비스 이용(홈페이지 확인) **입장료** 디럭스플랜 디너 불포함(Deluxe Plan without Meals) - 성인 US$95, 어린이 US$30/디럭스플랜 디너 포함(Deluxe Plan with Meals, 쇼+4코스 식사) - 성인 US$159, 어린이 US$50 **영업시간** 디럭스플랜(디너 포함) - 19:30~20:30(입장마감 18:00)/디럭스플랜(디너 불포함) - 1회 19:30~20:30(입장마감 19:00), 2회 21:30~22:30(입장마감 21:00)/매주 수요일 휴무 **귀띔 한마디** • 샌드캐슬 홈페이지를 통해 72시간 전 미리 예약하면 10% 할인을 받을 수 있다. • 일부 여행사를 통하면 20~30% 할인된 가격으로 구입할 수도 있다. • 수영복과 샌들을 신고 입장할 수 없으며, 공연 중에는 사진촬영이 금지되고, 금연이다.

남태평양 돌고래&스노클링,
돌핀와칭투어 Dolphin Watching Tour

투몬에서 30분가량 차량으로 이동한 후 아가트마리나 Agat Marina에서 크루즈를 타고 시원하게 남태평양 바다를 가로 질러 20여 분정도 가면 수심이 굉장히 깊고 짙은 푸른 바다에 도착한다. 크루즈의 엔진소리가 점점 작아질 때 쯤 힘차게 솟아오르는 돌고래들의 행진이 시작된다. 마치 김연아의 트리플악셀을 보듯 돌고래들이 경쾌하게 솟아올라 공중 3회전을 깔끔하게 마무리한다. 돌핀와칭투어가 끝나면 다시 10분 정도를 이동해서 스노클링과 열대어낚시를 즐길 수 있다. 구명조끼와 스노클링 마스크 그리고 낚싯대는 즉석에 대여할 수 있으므로 수많은 열대어와 행복한 한때를 보내기 좋다. 모든 일정이 마무리되면 크루즈선상에서 싱싱한 연어와 참치, 맥주와 음료수를 마시며 투어를 마친다.

홈페이지 각 여행사에서 예약가능(추천 skyguam.co.kr) 입장료 US$65~(여행사마다 가격이 다르므로 예약 전 비교해보는 것이 좋다.) 투어시간 약 3~4시간 귀띔 한마디 • 자외선 차단제 필수, 스노클링에 대비하여 타월을 준비한다. • 크루즈 속도가 빨라 모자가 바람에 날릴 수 있으므로 주의하자.

슬프도록 아름다운 사랑이야기,
사랑의 절벽 Two Lovers Point

신혼여행으로 괌을 찾는 커플이라면 사랑의 절벽 코스를 빼놓을 수 없다. 괌에서는 남녀가 머리카락을 묶은 인형을 쉽게 보게 되는데, 바로 사랑의 절벽이 이 인형에 얽힌 슬프고도 아름다운 이야기가 시작된 곳이다. 스페인통치 시기 스페인장교가 한 차모르여인에게 반하여 사랑을 갈구하지만 그녀는 이미 사랑하는 차모르남자가 있었다. 차모르여인은 사랑하는 남자와 영원한 사랑을 맹세하고 함께 도망을 치다 결국 스페인군대의 추격을 받고 사랑의 절벽에 다다른다. 더 이상 갈 곳이 없던 연인은 서로의 머리카락을 묶고 영원한 사랑을 꿈꾸며, 절벽에서 뛰어내렸다는 슬픈 이야기가 전해진다.

전망대에 오르면 먼저 셀 수 없이 많은 자물쇠가 연인들의 사랑의 메시지를 간직한 채 반기지만 100m가 넘는 절벽에서 투신할 수밖에 없었던 연인의 아픔이 전해오는 듯하다. 이곳은 꼭 사랑 이야기가 아니더라도 탁 트인 아름다운 풍경을 놓칠 수 없는 곳이다. 전망대 공원 한쪽에는 사랑의 종Love Bell Symbols이 있어 연인들이 함께 울리면 영원한 사랑을 다짐한다.

홈페이지 www.twoloverspoint.com 전화번호 671-647-4107 찾아가기 투몬북부 1번 도로를 따라 가면 마이크로네시아몰(Micronesia Mall) 앞에 Two Lovers Point 안내판이 보인다. 안내판을 따라 좌회전 후 직진한다. 입장료 US$3(6세 이하 무료) 영업시간 07:00~19:00

 해맑은 아이들의 다이빙 천국,
이나라한천연풀 Inarajan Natural Pool

이나라한Inarajan은 때 묻지 않은 소박함을 간직한 마을로 태평양전쟁을 거치면서도 거의 피해를 입지 않아 스페인 통치시대의 흔적을 어렵지 않게 찾을 수 있다. 이나라한 마을은 1977년 역사유적지로 지정되어 관리되고 있다. 이나라한의 최고 명소는 자연적으로 형성된 천연풀장이다. 풀장에는 다이빙대가 있어 다이빙을 즐기는 아이들의 해맑은 모습을 볼 수 있다. 다이빙대가 있는 곳은 수심이 깊은 반면 가장자리는 수영을 못해도 물놀이를 즐길 수 있게 수심이 얕다.

찾아가기 투몬 남부 4번 도로 영업시간 09:00~18:00 귀띔 한마디 • 탈의할 곳이 마땅치 않으므로 미리 수영복을 입고 가는 것이 좋다. • 수영을 잘 하지 못한다면 안전사고를 위해 구명조끼도 미리 챙기는 것이 좋다.

Special 05 괌에서 즐기는 드라이빙투어, 투몬에서 남부까지 한나절

괌을 제대로 즐길 수 있는 방법 중에는 드라이빙투어가 있다. 괌은 시내 중심가를 제외하면 차량통행이 많지 않아 드라이브를 즐기기에 적합하고, 주차장이 있는 곳이라면 대부분 무료주차이다. 대중교통비는 비싸지만 렌트비와 주유비는 상대적으로 저렴한 편이다. 단, 교통표지가 잘되어 있지 않아 목적지를 지나칠 수 있고 일부 도로는 미끄러우니 유의해야 한다.

드라이빙투어를 위한 차량선택, 리치렌터카(Rich Rentacar)

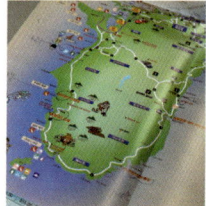

투몬에 위치한 리치렌터카는 믿고 이용할 수 있는 렌터카 회사이다. 10년 전 괌으로 이민 온 한국인 부부가 운영하는 회사로 렌터카 외에도 호텔과 다양한 여행상품을 취급하는데, 렌터카를 예약하면 여행상품을 추가로 할인까지 받을 수 있다. 종합보험 중 개인면책금을 줄인 CDW상품의 경우 타 여행사가 본인 부담금이 US$1,000인 반면, 여기는 US$500로 만일에 사고 시 본인 부담금이 적다.
구수한 입담과 경쾌한 웃음소리가 인상적인 사장님이 지도 한 장 펼쳐두고 드라이브 경로, 교통법규, 주의사항 등을 친절하게 설명해준다. 공항에서 픽업 및 샌딩서비스도 이용할 수 있다.

홈페이지 skyguam.co.kr 전화번호 1-888-7801/7802, 070-4795-1000

괌에서 드라이빙을 즐기기 전 주의할 사항

스쿨존　　　무료주차장　　　교통신호를 준수하자

만 21세 이상으로 운전경력 1년 이상, 국내운전면허증이나 국제운전면허증을 가지고 있으면 되지만 면허증 복사본은 허용되지 않으므로 국제운전면허증을 준비하지 못했다면 국내운전면허증을 꼭 챙겨가야 한다. 또한 렌터카 대여 시 신용카드로 보증금을 임시 결제함으로 신용카드 1장도 반드시 챙겨야 한다. 괌에서 운전할 때 알아 두어야 할 사항은 다음과 같다.

- 속도와 신호위반에 유의하자.(보통 15~45마일(24~72Km/h)까지 속도를 낼 수 있다.)
- 운전석과 조수석에 앉은 사람은 반드시 안전벨트를 매야 한다.
- 스쿨버스의 정지램프가 켜지고 STOP 사인이 들어오면 주변 모든 차량은 반드시 정차해야 한다.(06:30~08:00, 14:30~16:00 등하교시간에 맞춰 스쿨버스 운행이 빈번하다.)
- 차량 내에 물건을 두고 내리지 않아야 하며, 들고 다니기 불편한 물건은 트렁크에 넣어두자.
- 도로 중앙에 보이는 노란색선은 좌회전이나 유턴신호를 기다릴 때 이용한다.
- 괌의 도로는 산호가루가 섞여 미끄러울 수 있으므로 조심해야 한다.
- 파란불신호라도 우회전이 되는 교차로가 있으므로 주의하자.
- 차량 대여 시 보통 기름이 가득 채워져 있으므로 반납 시에도 가득 채워 반납해야 한다.
- 별도로 음악파일을 준비하지 않았다면 라디오 주파수 95.5MHz에서 익숙한 팝송을 들을 수 있다.
- 모든 주차장은 무료지만 장애인 주차구역은 이용하지 말자.
- STOP 사인이 있는 사거리에서는 무조건 2~3초가량 일단 멈춰 살핀 후에 이동해야 한다.

셀프주유소 이용하는 방법

괌의 주유소 대부분은 셀프주유 시스템으로 운영된다. 주유소 중 일부 '76'과 '셸(Shell)' 주유소에서는 주유원이 있는 경우도 있다. 주유를 하려면 10여 분 이상을 기다려야 할 때도 있지만 느긋이 기다리는 것이 괌 현지인들의 스타일이니 절대 재촉하거나 인상 쓰는 일이 없어야 한다.

렌터카를 반납 할 때는 처음 빌릴 때와 마찬가지로 주유를 해놓는 경우가 대부분이니 렌터카회사 근처 주유소에서 주유를 해서 처음 상태대로 반납하도록 한다.

1. 주유기 앞에 차량을 주차한 후 주유소 카운터를 향해 엄지손가락을 올리거나 손을 번쩍 들어 주유의사를 표시한다.
2. 주유기 노즐을 빼서 연료공급레버를 위로 올리고 노즐을 연료 탱크 입구에 넣은 후 그립을 당겨 원하는 만큼 주유한다.
3. 주유가 끝나면 연료공급레버를 아래로 내린 다음 노즐을 이전 있던 자리에 올려놓고 카운터에서 계산한다.

베짱이가 추천하는 드라이빙투어코스

사랑의 절벽과 아가냐지역(추장카푸하공원, 이생송차모르빌리지, 파세오공원, 스페인광장, 알마센아치, 스키너광장, 아가냐대성당)은 렌터카를 이용하지 않더라도 사랑의 절벽 셔틀버스(Two Lovers Point Shuttle Bus)나 아가냐차모로버스(Hagatna Chamorro Bus)를 이용해 다녀올 수도 있다.

추천동선

투몬 내 숙소 출발 → 사랑의 절벽(Two Lovers Point) → 추장 카푸하 공원(Chief Quipuha Park) → 이생송차모르빌리지(Chamorro Village) → 파세오공원(Paseo De Sunsana Park) → 스페인광장(Plaza De Espana) → 알마센아치(Arches of the Almacen) → 스키너광장(Skinner Plaza) → 아가냐대성당(Dulce Nombre De Marina Cathedral Basillica) → 피시아이머린파크(Fish Eye Marine Park) → 잔지스바이더시(Jan z's By The Sea_식사) → 세티만전망대(Cetti bay Overlook) → 우마탁마을(Umatac Village) → 이나라한천연풀(Inarajan Natural Pool) → 탈로포포만(Talofofo Bay) → 제프스파이러츠코브(Jeff's Pirates Cove_식사) → 투몬 내 숙소 도착

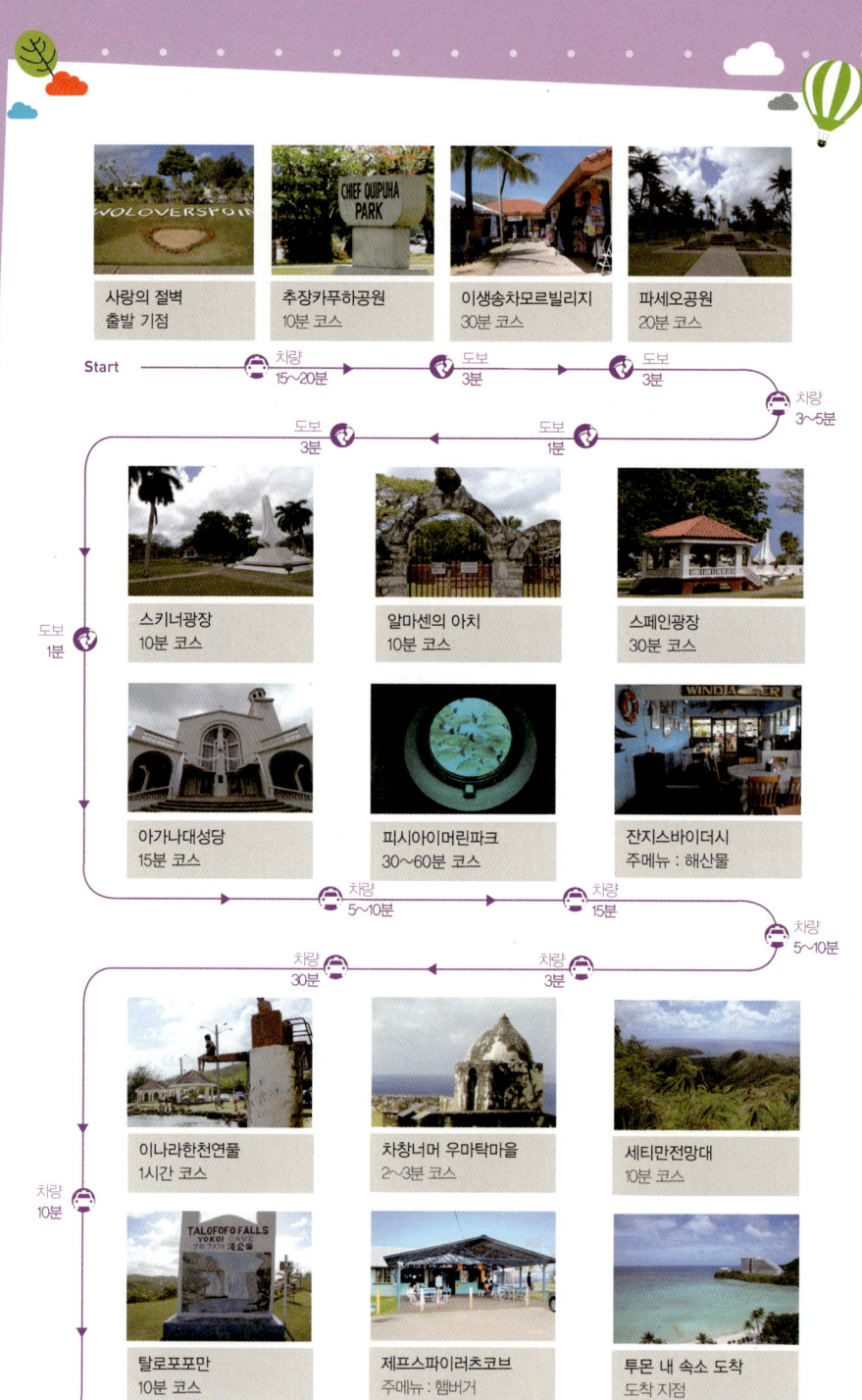

괌 드라이빙투어 추천코스

사랑의 절벽 Two Lovers Point

투몬만의 연인곶이라 불리며, 해발 100m가 넘는 곳으로 사랑하는 연인이 영원한 사랑을 다짐하며 서로의 머리를 묶고 투신한 전설이 서려 있다. 또한 탁 트인 전망대에서 아름다운 바다전경을 바라 볼 수 있다.

추장카푸하공원 Chief Quipuha Park

마리아나 제도에 파견된 예수교선교회를 환영하며, 처음 가톨릭세례를 받은 대추장 카푸하를 기념하기 위해 세워진 동상이다. 이름은 추장카푸하공원이지만 도로 중앙에 있는 작은 정원정도이다.

이생송차모르빌리지 Chamorro Village

괌의 원주민인 차모르인들의 삶을 간접적으로나마 접해볼 수 있는 마을로 차모로 전통음식과 기념품 등을 판매한다. 스페인풍 건물들이 많으며, 수요일 저녁에는 야시장이 열리므로 때를 맞추면 다채로운 행사도 경험할 수 있다.

파세오공원 Paseo De Sunsana Park

일본으로부터 1944년 해방되면서 당시 전쟁잔해물을 매립하여 조성한 공원이다. 바다를 따라 산책로가 있고 자유의 여신상을 축소한 동상이 있어 관광객들에게 인기 있는 곳이다.

스페인광장 Plaza De Espana

점령시기에 따라 스페인, 미국, 일본 행정부가 차례로 들어섰던 곳으로 점령기간이 가장 길었던 스페인의 역사유적이 특히 많아 명명된 광장이다. 지금은 공원으로 조성되어 현지인들의 쉼터로 활용된다.

알마센아치 Arches of the Almacen

스페인통치 시기 무기고가 있던 곳으로 원래는 2층 건물이었지만 현재의 3개의 아치만 남아 옛 얘기를 전해준다. 아쉽게도 내부는 들어갈 수 없다.

스키너광장 Skinner Plaza

스페인광장과 연결된 스키너광장에는 2차 세계대전 당시 괌의 해방을 위해 싸우다 희생된 군인들을 위한 기념비가 있다.

아가냐대성당 Dulce Nombre De Marina Cathedral Basillica

1699년 산비토레스(Padre San Vitores) 신부가 건립한 성당으로 북마리아제도의 모든 성당을 총괄하는 가톨릭의 본산이다. 매년 이곳에서는 '성모수태제'라는 성대한 종교행사가 개최된다. 성당 앞 도로변에는 교황 요한바오로2세 방문을 기념하여 세운 기념탑이 있는데, 신기하게도 교황동상은 360도 회전을 한다. 이는 교황이 바라보는 곳에 축복이 있고, 결국 괌 모든 곳에 축복을 내리기 위함이라고 한다.

피시아이 머린파크 Fish Eye Marine Park

에메랄드빛 바다를 향해 뻗은 300m 정도의 다리 끝에 수중 전망대가 위치해 있다. 나선형 계단을 따라 내려가면 수심 11m 지점에 총 24개의 창을 통해 360도를 돌며 실제 바다 속 세상을 감상할 수 있다. 피티베이(Piti Bay)에 서식하는 다양한 열대어와 산호초를 만날 수 있어 어린이가 있는 가족 단위라면 추천할 만하다.

운영시간 08:00~17:00 **입장료** 성인 US$10, 어린이(6~11세) US$5, 6세 이하 무료

세티만전망대 Cetti bay overlook

세티만전망대는 2번 도로를 따라 달리다 주황색 담벼락이 보이는 곳 인근에 위치한다. 특별한 안내 표지판이 없으므로 이 담벼락이 이정표 역할을 한다. 세티만 인근은 1700년대 형성된 차모르족의 어촌마을로 1852년 마을이 사라진 것으로 추정하는데, 스페인 고적탐사대에 의해 발견되면서 세상에 알려졌다. 전망대에 오르면 푸르른 정글 너머 푸른 바다 그리고 하늘이 그림처럼 아름답게 펼쳐진다.

우마탁마을 Pumatac Village

포르투갈태생의 스페인 탐험가 마젤란(Magellan)이 우연한 계기로 우마탁마을에 상륙했는데, 이는 괌이라는 곳이 세계사에 처음 등장하게 되는 일대 사건이었다. 우마탁마을을 지나다 보면 도로로 연결된 우마탁다리를 만난다. 이 다리 양쪽 끝에는 스페인통치 시기 세워진 아치형구조물이 잘 보존되어 있다.

이나라한천연풀장 Inarajan Natural Pool

이나라한의 최고 명소는 자연적으로 형성된 천연풀장이다. 풀장에는 다이빙대가 있는데, 다이빙을 즐기는 아이들의 해맑은 모습을 지켜보는 것만으로도 즐거운 일이다.

탈로포포만 Talofofo Bay

파도타기를 즐기려는 서퍼들에게 인기 있는 해변으로 서핑비치라고도 부른다. 산호초가루로 뒤덮인 괌의 다른 해변과 달리 검은 화산재로 덮여 있으며, 보기만 해도 가슴이 탁 트이는 빼어난 풍광을 만날 수 있다.

드라이빙투어 중 들릴만한 음식점 2곳 잔지스바이더시(Jan Z's by the sea), 제프스파이러츠코브(Jeff's Pirates Cove)

Section 05
괌에서 먹어봐야 할 **맛집**

오랜 세월동안 세계인들로부터 사랑받는 휴양지 괌은 세계 각국 요리는 물론 괌 현지인들 요리까지 더해져 다채로운 음식문화를 즐기기에 좋다. 각 호텔이나 리조트 등에서 운영하는 레스토랑, 카페에서 근사한 식사를 즐기거나 저렴하면서도 다양한 음식을 맛 볼 수 있는 쇼핑몰 푸드코트를 이용하면 된다.

■ 록을 좋아하는 이들을 위한
하드록카페 괌 Hard Rock Cafe Guam

하드록카페 괌은 세계 30여 개국 지점 가운데 규모만 보면 두 번째로 큰 지점이다. 기타 헤드가 돌출된 듯한 2층 록숍 Rock Shop에서는 하드록 Hard Rock이 새겨진 의류부터 모자, 컵 등을 판매한다. 파란 지구본과 벽면에 엘비스프레슬리가 그려진 3층에는 멋진 오토바이가 진열되어 있어 범상치 않은 분위기가 느껴진다. 홀 중앙에는 마치 하늘을 날 듯 자동차 한 대가 매달려 있어 손님들로부터 카메라 세례를 받는다.

하늘색 아치형 천장에는 록을 부르는 이들의 모습이 그려져 있고, 록을 사랑했던 뮤지션들의 악기와 의상, LP판, 사진 등이 빼곡하게 장식되어 있다. 하드록카페 괌에서는 스테이크, 샐러드, 샌드위치, 햄버거, 디저트 등의 식사는 물론 맥주, 칵테일, 음료 등 도 판매한다. 스테이크는 보통 US$20~50 내외이며, 대부분의 메뉴가 US$15~20 내외로 부담 없이 먹을 수 있다. 특히 뉴욕스테이크는 양이 많고, 사르르 녹는 맛보다는 약간 질기지만 씹을수록 담백한 맛을 낸다.

홈페이지 www.hardrock.com/cafes/guam **전화번호/주소** 671-648-7625/1273 Pale San Vitores Road Tamuning, 96913 **찾아가기** DFS갤러리아괌 맞은 편 더플라자(The Plaza) 2층에 위치한다. **주메뉴** 스테이크, 칵테일 **영업시간** 바 일~목요일 10:00~24:00, 금·토요일 10:00~02:00/키친 매일 10:00~24:00/록숍 매일 10:00~23:00 **귀띔 한마디** • 서비스차지 15%가 부과되니 별도 팁을 줄 필요가 없다. • 와이파이를 사용할 수 있다. • 시간대가 맞으면 라이브나 각종 이벤트 등에 참여할 수 있다.

해산물요리가 맛있는
나나스카페 Nana's Cafe

나나스카페는 영업이 시작됨과 동시에 많은 사람들로 붐비는 괌 최고의 인기레스토랑이다. 실내분위기는 아시아풍으로 다소 어두우며, 창밖으로 세일스바베큐Sails BBQ 레스토랑이 가리고 있어 투몬만을 바라보며 식사를 할 수 없는 점이 아쉽다. 맛집으로 소문난 만큼 육지와 바다를 넘나드는 다양한 메뉴를 즐길 수 있다. 이 집은 해산물요리, 애피타이저, 샐러드, 스테이크, 사이드메뉴, 어린이메뉴, 디저트 등으로 구성된 퓨전요리가 대표적이다.

식전에 나오는 피타브레드Pita Bread는 짭조름하면서도 고소하다. 특히 케이퍼버터소스 모듬해산물Assorted Seafood in Caper Butter Sauce은 새우와 오징어 등 여러 해산물을 튀겨 내오는데 버터소스와 어우러져 담백한 맛을 즐기기에 좋다. 다소 짜게 느껴지는 것은 흠이지만 추천할 만한 맛이다. 그 외에도 애피타이저 새우샐러드도 인기가 좋다.

홈페이지 www.guamplaza.com/nanas-cafe 전화번호/주소 671-649-7760/152 San Vitores Lane, Tumon, 96913 Guam 찾아가기 괌리프호텔(Reef Hotel Guam)과 더플라자(The Plaza) 사이 내리막길에 위치한다. 주메뉴 해산물요리 영업시간 월~일요일 11:00~14:00(마지막 주문 13:45), 18:00~22:00(마지막 주문 21:45) 귀띔 한마디 • 서비스차지 10%가 부과되니 별도의 팁을 줄 필요가 없다. • 샐러드바는 US$3.5로 무제한이지만 종류가 부실한 편이니 보고 판단하자.

현지음식을 맛볼 수 있는
킹스레스토랑 King's Restaurant

차모르음식과 현지음식을 맛볼 수 있는 킹스레스토랑은 괌프리미엄 아웃렛Guam Premier Outlets 입구에 위치하여 쇼핑을 겸해 들리기에 좋고, 24시간 운영하므로 시간적 구애를 받지 않는다. 실내 분위기는 다소 오래되고 칙칙하지만 식사를 즐기기에 전혀 문제될 것은 없다. 햄버거, 샌드위치, 스테이크, 디저트 등 셀 수 없이 다양한 메뉴가 섹션별로 잘 구분되어 있으며, 음식 사진이 있어 주문하기 쉽고, 대체적으로 가격도 저렴하다.

킹스레스토랑을 방문했다면 다양한 메뉴 중 차모르음식만큼 꼭 먹어보기를 권한다. 먹음직스럽고 푸짐한 차모르음식은 US$10 내외로 말로이오이축제요리Malojloj Fiesta Plate는 레드라이스 두 덩어리, 피타브레드, 비비큐치킨, 갈비, 오이샐러드, 치킨 켈라구엔Chicken Kelaguen이 한 접시로 나오는 알찬 구성이다. 레드라이스와 곁들여 먹으면 더욱 담백하고 맛있으며, 고기는 조금 질긴 편이다.

전화번호/주소 671-646-5930/Tamuning Guam Premier Outlets **찾아가기** 괌프리미엄아웃렛(Guam Premier Outlets) **주차장** 입구쪽에 자리한다. **주메뉴** 차모르음식, Loco Moco **영업시간** 24시간 **귀띔 한마디** 계산서에 서비스차지가 부과되지 않으므로 맛있고 친절했다면 10~15% 팁을 줘야 한다.

일본라멘이 먹고 싶다면
후지이찌방라멘 Fuji Ichiban Ramen

서양식 위주라 얼큰하고 따끈한 국물이 그립다면 후지이찌방라멘을 찾아가자. 밤늦도록 많은 사람들로 넘쳐나는 인기 높은 일본라멘집이다. 소이라멘Soy Ramen, 미소라멘Miso Ramen과 같은 일본라멘뿐만 아니라 김치라멘Kimchee Ramen, 타이완라멘, 카레라멘 등 종류가 다양하여 입맛에 맞게 주문할 수 있다. 또한 교자, 치킨, 삼각김밥, 카레, 디저트, 음료 등도 주문할 수 있다. 일본라멘 특유의 느끼함은 있지만 푸짐하면서도 얼큰한 맛이 있어 개운한 맛을 느낄 수 있다.

| Part 04
아름다운 자연을 만끽 할 수 있는 괌(Guam)

홈페이지 www.fujiichiban-usa.com **전화번호/주소** 671-647-4555/Pale San Vitores Road Tamuning **찾아가기** 하얏트리젠시 괌을 지나 피에스타리조트괌(Fiesta Resort)으로 가는 산비토레스로드(Pale san vitires Rd)에 위치한다. **주메뉴** 라멘 **영업시간** 24시간(월요일 03:00~06:00까지 일시휴무) **귀띔 한마디** • 주변 클럽이 있어 한 잔하고 들리기 좋다. • 서비스차지가 부과되지 않지만 별도로 팁을 줄 필요는 없다.

싱싱한 해산물요리를 맛볼 수 있는
잔지스바이더시 Jan Z's by the Sea

자동차로 괌 남부투어를 할 때 들려볼만한 집으로 푸른 바다에 정박되어 있는 요트를 배경으로 파란 삼각지붕이 먼저 눈에 띄는 레스토랑이다. 잔지스바이더시의 실내분위기는 마치 바다를 연상케 하려는 듯 온통 파란 벽에 물고기모형, 조타핸들, 구명튜브 등으로 장식되어 있다.

잔지스바이더시는 항구에서 갓 잡아 올린 싱싱한 해산물요리와 샌드위치, 오믈렛, 햄버거, 스테이크, 아이들을 위한 메뉴까지 다양하게 준비되어 있다. 해산물요리는 대략 US$25 이내이며, 그 밖에 음식들은 대부분 US$10 내외로 저렴한 편이다.

전화번호/주소 671-565-2814/Agat Marina, Agat Guam **찾아가기** 2번 도로를 따라 아가트마리나 근처에 위치한다. **주메뉴** 해산물요리 **영업시간** 08:00~22:00(마지막 주문 21:00) **귀띔 한마디** • 와이파이가 가능하지만 속도는 느리다. • 13:00~21:00까지 디너메뉴를 저렴하게 먹을 수 있다.

맛있는 버거를 먹을 수 있는 해적소굴,
제프스파이리츠코브 Jeff's Pirates cove

스스로를 해적이라 부르는 제프씨가 운영하는 제프스파이리츠코브는 해적선을 모티브로 탄생한 레스토랑이다. 실내로 들어서면 작은 배 모형에 까만색 해적깃발이 먼저 눈에 들어오고, 한쪽에는 기념품매장도 보인다. 점원들은 해적이 그려진 유니폼에 두건까지 머리에 두르고 콘셉트에 맞게 서비스를 제공한다.

수제버거를 주문하면 제프스버거를 상징하는 해적마크가 빵 위에 선명하게 찍혀 있어 소소한 재미를 더한다. 이집의 홈메이드치즈버거homemade cheese burger는 두툼하면서도 육즙이 풍부한 패티가 들어 있어 인기가 많다. 시원한 이판비치Ipan Beach를 바라보며 야외에서 식사를 할 수도 있고, 식사 후에는 이판비치를 산책하거나 멍히 앉아 바다를 바라보는 것만으로도 즐거운 곳이다.

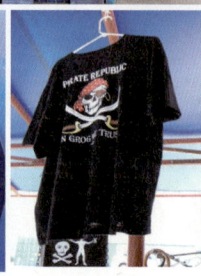

홈페이지 www.jeffspiratescove.com 전화번호/주소 671-789-2683/Route 4, Ipan Talafofo, Guam 96765 찾아가기 4번 도로 이판비치 근처에 위치한다. 주메뉴 홈메이드 치즈버거 영업시간 월~토요일 08:00~18:00, 일요일 08:00~19:00 귀띔 한마디 • 괌 드라이빙투어 시 들리기에 좋다. • 별도 서비스차지 10%가 부과된다.

Section 06
괌에서 눈이 즐거워지는
쇼핑거리

괌은 섬 전체가 면세지역인 만큼 수많은 쇼핑몰이 관광객을 유혹한다. 합리적인 가격의 명품부터 실속 있는 아웃렛 그리고 괌 현지인들이 주로 이용하는 대형할인마트까지 쇼핑하는 즐거움이 쏠쏠하다. 특히 늦은 밤까지 운영하는 쇼핑몰들이 많아 시간에 구애받지 않고 천천히 둘러보며 쇼핑을 즐길 수 있다.

기념품 사기에 좋은
JP슈퍼스토어 JP Superstore

쇼핑을 그다지 즐기지는 않지만 지인들 선물을 구입해야 하는 경우 번거롭지 않게 둘러보기 좋은 쇼핑센터이다. 2층 구조로 1층에는 아이스크림과 베이커리, 맥도날드 등이 입점해 있으며, 2층은 규모가 큰 쇼핑매장으로 다양한 제품들을 한자리에서 만날 수 있다.

화장품, 향수, 잡화, 생활용품, 주방용품, 의류, 가방 등 다양한 상품들이 있으므로 조금만 둘러본다면 저렴한 가격에 만족스러운 제품을 구매할 수 있다. 이곳은 뭐니 뭐니 해도 GUAM 로고가 새겨진 다양한 기념품, 토산품들이 넘쳐 나다 보니 기념품을 사려는 사람들로 항상 붐빈다. 특히 여러 종류의 초콜릿, 쿠키, 커피 등이 이곳의 인기상품이다.

전화번호/주소 671-646-7803/1328 Pale San Vitores Road Tumon **찾아가기** DFS갤러리아괌 바로 옆에 위치함. **영업시간** 09:00~23:00 **귀띔 한마디** DFS갤러리아괌 옆에 위치함으로 DFS갤러리아에서 운영하는 무료셔틀버스를 이용하면 교통비를 절약할 수 있다.

명품브랜드를 한자리에서 만나는
DFS갤러리아괌 DFS Galleria Guam

홈페이지 www.dfsgalleria.com 전화번호/주소 86-532-8584-5026/ 1296 Pale San Vitores Road Tumon, 96913 찾아가기 JP슈퍼스토어 바로 옆에 위치한다. 영업시간 10:00~23:00

DFS갤러리아괌은 명품브랜드의 집합소라 할 만큼 수많은 매장들이 입점되어 있는 면세점이다. 크게 4개 코너로 패션월드, 뷰티월드, 부티크갤러리아, 데스티네이션월드로 캐주얼의류, 고급 브랜드, 각종 화장품코너 등을 효과적으로 둘러볼 수 있다. 또한 독특한 아이템과 지역 토산물, 고디바초코릿 같은 인기상품도 판매되고 있다.

DFS갤러리아가 인기 높은 이유는 고객을 위한 맞춤서비스가 있기 때문이다. 오전 10시부터 오후 9시 30분까지 20~30분 간격으로 주요 호텔에서 무료셔틀버스를 운행하며, 호텔에서 택시를 타고 DFS갤러리아로 가자고 하면 요금이 무료이다.(편도) 또한 오후 4시 이전에 구입 상품은 요청 시 호텔까지 배달해주는 '호텔배달서비스'와 양주, 담배를 구입한 경우 출국 시 괌공항 DFS에서 인도받을 수 있는 '프리오더서비스'도 시행하고 있다. 귀국 후 구입한 모든 상품은 국내 DFS갤러리아(02-732-0799)를 통해 A/S까지 받을 수 있다.

●● 한국과 다른 미국(괌)의 신발 사이즈

신발을 구입할 경우 한국과 미국의 크기를 표시하는 단위가 달라서 곤혹스러울 경우가 있다. 다음 표를 참고하여 실수가 없도록 하자. 특히 어린이나 유아용은 KIDS나 YOUTH라고 명시되어 있는 신발인지부터 꼭 확인해야 한다. 사이즈 숫자가 신발의 크기와 비례하는 것이 아니기 때문에 더욱 주의를 요한다.

여성	한국	220	225	230	235	240	245	250	255	260	265	270
	미국	5	5.5	6	6.5	7	7.5	8	8.5	9	9.5	10
남성	한국	245	250	255	260	265	270	275	280	285	290	295	300
	미국	6.5	7	7.5	8	8.5	9	9.5	10	10.5	11	11.5	12
어린이 (Kids, 7~12세)	한국	170	175	180	185	190	195	200	205	210	215	220	225	230	235	240
	미국	11	11.5	12	12.5	13	13.5	1	1.5	2	2.5	3	3.5	4	4.5	5
유아동 (Youth, 0~6세)	한국	80	85	90	95	100	105	110	115	120	125	130	135	140
	미국	2	2.5	3	3.5	4	4.5	5	5.5	6	6.5	7	7.5	8

실속 있는 인기브랜드로 가득한 쇼핑몰, 더플라자 The Plaza

더플라자는 아웃리거Outrigger 괌리조트와 연결되어 있는 쇼핑몰로 발리, 구찌, 모르간, 마크제이콥스, 안나수이, 비비엔 웨스트우드, 로렉스 등 인기브랜드 매장들이 입점되어 있다. 의류, 가방, 액세서리, 신발 등 다른 쇼핑몰에 비해 더욱 다양한 아이템을 만날 수 있다. 2층 구조로 크지는 않지만 매장마다 잘 구분되어 있어 쇼핑하기에 수월하다. 건물 밖에는 하드록카페와 ABC스토어, 언더워터월드가 이어져 있다.

홈페이지 theplazaguam.com 전화번호/주소 671-649-1384/1257 Pale San Vitores Road Tumon 찾아가기 DFS갤러리아괌 길 건너편으로 바로 보인다. 영업시간 10:00~23:00

24시간 언제든지 즐길 수 있는 쇼핑센터 K마트 K Mart

언제든지 부담 없이 쇼핑을 즐길 수 있는 K마트는 미국식 대형할인마트로 현지주민뿐만 아니라 한국인을 포함한 여행자들에게도 필수코스라 할 만큼 인기가 높은 곳이다. 입구로 들어서면 맛있기로 소문난 피자 리틀시저스Little Caesars가 자리하고 있어 쇼핑 전후로 한 끼를 해결하기에 좋다. 의류, 속옷, 주방/생활용품, 가전제품, 유아용품, 장난감, 화장품, 의약품, 각종 생필품 등 생활에 필요한 모든 것이 구비되어 있다. 천천히 둘러보려면 상당한 시간이 소요되는 만큼 시간이 없는 여행자라면 원하는 코너로 바로 이동하여 둘러보는 것이 좋다. 선물용으로 괌초콜릿, 커피, 말린 망고, 각종 티, 캔디 등을 좀 더 저렴하게 구입할 수 있다.

홈페이지 www.kmart.com 전화번호/주소 671-649-9878/404 N Marine Corps DR(RTE 1) Tamuning, GU 96913 찾아가기 타무닝마린코트 드라이브 중에 만날 수 있다. 영업시간 24시간 귀띔 한 마디 렌터카가 있다면 늦은 밤 한가로이 쇼핑을 즐기는 것도 좋은 방법이다.

괌 최대 규모의 쇼핑몰,
마이크로네시아몰 Micronesia Mall

마이크로네시아몰은 데데도^{Dededo}에 위치한 괌 최대 규모의 쇼핑몰로 100여 개가 넘는 매장이 입점되어 있다. 영화관은 물론 각종 엔터테인먼트 시설이 잘 되어 있어 쇼핑을 겸해 즐기기 좋다. 1층 중앙광장을 중심으로 2층까지 수많은 매장들이 몰려 있다.

의류, 이너웨어, 유아용품, 가전제품, 생활용품, 기념품, 액세서리, 비타민월드 등 국내에서 취급하지 않는 다양한 미국 브랜드를 만날 수 있는 기회를 누려보자. 또한 모닝세일, 추가세일 등 저렴하게 구입할 수 있는 다양한 이벤트를 수시로 진행하므로 알뜰쇼핑의 기회도 잡아보자. 특히 한국인 엄마들에게는 유아동복을 취급하는 메이시Macy's 코너가 가장 인기 높다. 폴로브랜드의 경우 영유아복(24개월 이내)은 무려 80%까지 할인된 금액으로 판매하는 경우도 있다. 2층 피에스트코트에는 피자, 패스트푸드, 아시아 음식 전문점이 자리하고 있다.

홈페이지 www.micronesiamall.com **전화번호/주소** 671-632-6881/1088 W. Marine Corps Dr., Dededo, Guam 98929 **찾아가기** 마린콥스 드라이브(Marine Corps Drive)와 16번 도로가 만나는 지점에 위치한다. **영업시간** 10:00~21:00 **귀띔 한마디** • 오전에는 비교적 한산하게 쇼핑을 즐길 수 있다. • 위치가 다소 떨어진 곳이므로 여행 마지막 날 일정으로 오전에 들렀다가 공항으로 이동해도 좋다.

가족단위 쇼핑을 즐기기에 좋은
괌프리미어아웃렛 Guam Premier Outlet

괌 최대의 아웃렛으로 매장에 따라 20~80%까지 할인이 적용되므로 국내에서는 상상도 못할 가격에 원하는 상품을 구입할 수 있다. 아동복, 장난감, 학용품 등을 판매하는 트윙글스^{Twinkles}, 남녀노소 누구나 좋아하는 로스드레스포레드^{Ross Dress For Less}는 매장도 크고 각종 의류, 스포츠웨어, 잡화, 생활

용품 등으로 가득하다. 일부 인기브랜드는 품절이 빨라 구매하지 못하는 경우도 많다. 여성들이 많이 찾는 나인웨스트Nine west는 신상부터 이월상품까지 직접 신어보고 구매할 수 있다.

이외에도 나이키, 리바이스 등 국내에도 잘 알려진 브랜드는 물론 향수, 각종 스포츠화 등 30여 개 이상의 매장이 입점하고 있다. 비타민월드Vitamin World는 한국인 직원이 상주하며, 하나 가격에 둘을 구입할 수 있는 이벤트도 있으니 관심 있다면 놓치지 말자. 1층에는 대형 푸드코트가 자리하고, 별관에는 영화관이 있다. 괌프리미어아웃렛 주차장에는 한국식료품 등이 많아 한인마트라고도 불리는 캘리포니아마트California Mart가 있다.

홈페이지 www.gpoguam.com **전화번호/주소** 671-647-4032/199 Chalan San Antonio, Suite 200 Tamuning, Guam 96913 **영업시간** 10:00~21:00(추수감사절 10:00~17:00/ 12월 16일~23일 10:00~23:00, 크리스마스 휴무) **귀띔 한마디** 비타민월드 멤버십카드를 발급 받으면 회원가로 구입할 수 있고, 모든 지점에서 마일리지 적립 및 할인이 가능하다.

없는 게 없는 인기 마켓,
ABC스토어 ABC STORE

투몬지역 곳곳에서 볼 수 있는 ABC스토어는 대형슈퍼마켓으로 한번쯤은 들려볼만한 곳이다. 기념품으로 좋은 다양한 초콜릿, 진열대를 가득 메운 와인, 비타민제를 비롯한 의약품, 수영복과 비치타월, 슬리퍼 등과 같은 비치웨어류, 문구류, 액세서리, 괌 로고가 새겨진 티셔츠 그리고 유명인사 피규어까지 없는 게 없을 정도로 알차다. 또한 간단하게 끼니를 해결할 수 있는 샐러드, 샌드위치, 빵 등이 있는 스낵코너도 잘 되어 있다. 괌에서 짜고 느끼한 음식에 질렸다면 여기서 한국의 라면도 쉽게 찾을 수 있다.

홈페이지 www.abcstores.com **주소** 1257 Pale San Vitores Road Tumon **찾아가기** 투몬의 더플라자 건물 외에 여러 곳에서 체인점을 쉽게 찾을 수 있다. **영업시간** 10:00~22:00

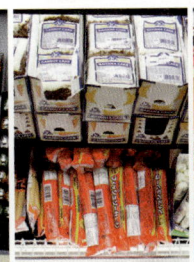

Section 07
배짱이가 머물렀던 괌의
숙소

괌지역 대부분의 호텔과 리조트는 투몬과 아가냐지역에 위치하며, 교통편이 잘 되어 있어 접근성도 편리하다. 특히 투몬은 괌 최고의 번화가로 쇼핑과 레스토랑 등을 쉽게 찾을 수 있고, 투몬비치에 인접해 있어 다양한 해양스포츠도 즐길 수 있다. 숙소를 선택할 때는 수영장, 교통편, 조식포함 여부 등을 체크한 후 결정하자. 보통 1박 당 룸메이드에게 US$2 팁을 주는 것이 일반적이다.

괌을 제대로 즐기기에 좋은
웨스틴리조트괌 The Westin Resort Guam

아름다운 투몬비치를 배경으로 타워형 외관이 돋보이는 웨스틴리조트괌은 21층 건물로 오션뷰, 파셜오션뷰 Partial Ocean View 등 9개 객실타입에 총 432개의 객실로 구성되어 있다. 투몬가에서 3분 거리로 JP슈퍼스토어, DFS갤러리아, 더플라자, 하드록카페, 나나스카페, ABC스토어 등 쇼핑과 식사를 즐기기 좋은 위치에 자리한다. 세련된 외관만큼이나 감각적인 인테리어가 돋보이는 로비에서는 무료로 와이파이를 즐길 수 있고, 때때로 피아노연주도 감상할 수 있다.

객실타입 중 가장 많이 찾는 파셜오션뷰는 전체적으로 감각적인 원목가구들과 조화를 이뤄 아늑한 실내분위기를 연출한다. 여느 호텔에서 느낄 수 없는 폭신한 침대와 작은 테이블, 의자 그리고 TV, 냉장고, 다리미, 금고 등의 편의시설이 갖춰져 있다. 욕조와 샤워부스는 아담하면서도 불편하지 않으며 면도기, 샴푸, 린스, 바디샴푸, 헤어캡, 면봉, 수건 등을 어메니티 Amenity 로 제공한다.

웨스틴리조트괌이 인기 좋은 이유는 전용풀장과 바로 이어지는 투몬비치가 있기 때문이다. 파도가 잔잔하고 수심이 얕으면서 넓게 펼쳐진 백사장을 갖춘 투몬비치는 아이가 있는 가족이 머물기에는 더우 좋다. 해양스포츠를 즐기려면 구명조끼, 튜브 등을 함께 대여해주는 원데이패스를 구입하는 것이 좋고, 이외에도 렌탈샵에서 카약, 스노클링 등 무동력 해양스포츠에 필요한 물품을 대여할 수 있다. 조식을 뷔페로 제공하고 씨푸드중식당으로 운영되는 테이스트TASTE에서는 신선한 과일, 와플, 베이컨, 생선구이, 딤섬류, 연어, 미소된장국, 푸딩, 아이스크림 등이 포함된 깔끔한 조식을 즐길 수 있다. 리조트 4층에는 일식, 이탈리아레스토랑 등과 칵테일바가 있으며 1층 로비에는 스타벅스와 만다린스파도 있어 리조트 내에서 식사와 휴식을 겸할 수 있다.

홈페이지 www.logoshotel.co.kr **전화번호/주소** 02-776-8600(한국), 671-647-1020(괌)/105 Gun Beach Road Tumon, Guam 96913 **찾아가기** 투몬시내의 건비치로드(Gun Beach Rd.) 북쪽에 위치한다. 독특한 타원형 외관이라 멀리서도 쉽게 찾을 수 있다. **객실타입** 파셜오션뷰, 오션뷰 등 총 9개 객실타입 **체크인/체크아웃** 15:00/12:00 **귀뜸 한마디** • 객실 내에서 와이파이를 이용하려면 리셉션에서 원데이(1day)이용권을 구매해야 한다. • 전용풀장에서 룸넘버를 말하면 비치타월을 대여해준다.

Part
05

작은 유럽을 담은 칭다오(Qingdao)

Section01 칭다오 여행을 시작하기 전에
Section02 고민 없이 즐기는 칭다오 맞춤 여행 루트
Section03 칭다오에서 환전 및 대중교통 이용방법
Section04 칭다오에서 둘러봐야 할 지역별 명소
Section05 칭다오에서 먹어봐야 할 맛집
Section06 칭다오에서 눈이 즐거워지는 쇼핑거리
Section07 배짱이가 머물렀던 칭다오 숙소

Qingdao Travel Information and Travel Guide

✈ Section 01
칭다오 여행을 **시작하기 전에**

중국 속 작은 유럽을 품고 있는 칭다오 Qingdao, 靑島는 우리나라 역사에도 자주 등장하는 산둥반도의 동부에 위치한 항구도시이다. 1897년 청나라 말기에 독일인 선교사가 피살된 사건을 발단으로 독일은 칭다오를 강제로 점령하였다. 강제점령 이후 조용한 어촌 마을이었던 칭다오는 독일, 스페인, 러시아의 지배를 지속적으로 받게 되면서 유럽의 문물을 자연스럽게 받아들여 대전환의 계기를 맞는다. 지금도 칭다오 곳곳에는 독일이나 유럽 문화의 당시 흔적들을 어렵지 않게 찾아볼 수 있다. 중국 입장에서 역사적으로는 가슴 아픈 일이었지만 현재 칭다오는 독일의 맥주 기술을 잘 발전시켜 중국을 대표하는 세계적인 칭다오맥주 Tsingtao Beer, 靑島啤酒를 탄생시켰으며, 도시 발전도 다른 곳에 비해 급속도로 성장하는 계기가 되었다.

칭다오는 동서양의 조화뿐만 아니라 항구도시이면서도 시내 동쪽에 라오산崂山이라는 명산이 있어, 바다와 산이 잘 어우러진 곳이다. 칭다오는 항구도시답게 신선한 해산물이 넘쳐나기 때문에 중국 내륙에서도 많은 여행자들이 찾아오는 곳이다. 칭다오 어디서나 저녁 무렵이면 삼삼오오 모여 푸짐한 해산물을 안주삼아 시원 칼칼한 칭다오맥주를 마시며 흥겨운 한때를 보내는 현지인들의 모습을 흔하게 볼 수 있다. 지금 당장 칭다오의 매력을 느끼고 싶다면 지리적으로도 우리 가까운 여행지 칭다오로 향해보자.

Part 05
작은 유럽을 담은 칭다오(Qingdao)

● ● 칭다오 가기 전 체크하세요!

비자 관광비자 가격 7만 원(동일 일정으로 2인 일 경우 4만 원 내외) **전압** 220V, 멀티어댑터 **시차** 한국 시간보다 1시간 느리다. **공용어** 중국어 **통화** 元/위안(1元 = 178원, 2015년 4월 기준) **날씨** 우리나라와 같이 사계절이 있으며 봄과 가을이 여행하기에는 좋다. 보통 6월 중순~7월 중순은 장마기간이며 여름에는 고온다습하다. **항공소요시간(인천-칭다오)** 약 1시간 30분 이내

국가/도시	도착 공항 이름	출발공항과 항공사(코드)	거리	예상 소요시간
칭다오	칭다오류팅국제공항 (青岛流亭国际机场, Qīngdǎo Liútíng Guójì Jīchǎng)	인천국제공항 – 제주항공(7C), 중국국제항공(CA), 대한항공(KE), 중국동방항공(MU), 아시아나항공(OZ), 중국산동항공(SC)	555Km(345마일)	1시간 30분
		김해국제공항 – 에어부산(BX), 대한항공(OZ)	782Km(486마일)	2시간 00분

● ● 선박소요시간(인천-칭다오) : 약 15시간 30분 소요(위동항운 www.weidong.com)

국가/도시	도착 공항 이름	출발항구와 운항사	출항 일시	예상 소요시간
칭다오	칭다오여객터미널 (青岛港客运站, Qingdao Port Passenger Station)	인천국제여객터미널(제2터미널) – 위동항운(뉴골드브릿지V호)	주 3회 운항 화(17:30), 목(19:00), 토(17:30)	15시간 30분

- 선박을 이용할 경우 생각보다 흔들림이 적어 뱃멀미를 크게 걱정하지 않아도 되며, 만약 멀미약이 필요하면 안내데스크에서 무료로 제공하는 멀미약을 이용할 수 있다.
- 음력 1월 1일 춘절과 양력 10월 1일 중추절이 시작되는데 보통 일주일간을 쉬는 중국 최대의 명절이다. 또한 5월 1일부터 3일간은 노동절로 이 기간에는 휴점하는 상점이 많아 여행이 불편할 수도 있다.
- 여행의 최적기는 봄, 가을이지만 여름휴가에 맞출 수 있는 6~9월도 좋다. 특히 8월에는 칭다오 국제 맥주축제가 열리므로 이때를 맞춰 여행하는 것도 좋다. 단, 맥주축제기간에는 숙박료가 2배 이상 상승하고, 택시잡기도 힘들다는 것은 고려해야 한다.
- 숙소는 보통 샹강중루 주변이나 타이둥 근방에 정하는 것이 여행을 즐기기에 편하다.
- 칭다오 일부 관광지에서는 비수기/성수기 입장료가 구분되어 있다.
- **칭다오 정보 사이트** : 여행 전에 미리 인터넷을 통해 필요한 여행정보를 수집해보자.
  다음중국여행동호회 cafe.daum.net/chinacommunity
  알짜배기청도여행 cafe.naver.com/tdhouse1
  중.정.공 cafe.naver.com/zhcafe

다음중국여행동호회

알짜배기청도여행

중.정.공

Section 02
고민 없이 즐기는
칭다오 맞춤 여행 루트

칭다오는 여행 스팟들이 몰려 있어 계획만 잘 세우면 하루에 5개 이상의 일정을 충분히 소화할 수 있다. 뿐만 아니라 택시와 버스를 잘 이용하면 저렴하게 이동할 수도 있다. 다음 제시하는 일정은 테마를 둔 일정이 아니라 칭다오를 처음 방문하는 여행자를 위하여 배짱이 여행을 토대로 재구성한 것이다. 해당 일정을 참고하여 본인에 맞게 여행 계획을 세우는 지혜가 필요하다.

※ 경로 시간과 목적지에서 보내는 소요 시간은 개인의 상황에 따라 달라질 수 있다.
※ 숙소는 임의로 조식은 제공되지 않지만 레지던스 시설을 갖춘 삼도공간(三度空間)으로 정했으며, 다음 제시된 동선을 참고하여 자신이 묵는 숙소를 기준으로 실제 동선은 다시 계획해야 한다.

이국적인 칭다오 풍경을 만끽하는 ● 첫째 날

칭다오로 가는 항공편이 늘어나면서 오전부터 오후까지 다양한 시간대에 운항된다. 보통 일찍부터 서두른다면 칭다오까지 1시간 30분이 소요되는데, 중국 표준시각이 우리보다 1시간 느리기 때문에 대체로 오전 9시경이면 칭다오류팅국제공항에 도착할 수 있다. 공항에 도착하면 시내로 바로 이동하여 호텔 체크인을 마치면 얼추 점심시간이므로 식사부터 하고 본격적인 여행을 시작한다.

식사 후에는 칭다오의 이국적인 모습을 한눈에 조망할 수 있는 소어산공원을 시작으로 제1해수욕장, 바다관광지, 화석루 등을 둘러보고 칭다오의 랜드마크인 5.4광장

으로 이동하여 칭다오 시민들 속에서 산책을 즐기면 한숨을 돌리자. 만일 그래도 시간에 여유가 있다면 양광백화점, 까르푸 등에서 쇼핑을 즐긴 뒤 운소로미식가에서 식사를 한 후 첫날 일정을 마무리하면 된다.

추천동선

인천국제공항 출발(기내식 1회 제공, 1시간 30분 소요) → 칭다오류팅국제공항 도착(입국심사 및 짐 찾기) → 호텔 체크인 및 짐 정리 → 해윤노반점 또는 홍콩97(점심식사) → 소어산공원 산책 → 칭다오 제1해수욕장 → 바다관광지 → 화석루 → 5.4광장 → 양광백화점, 까르푸 쇼핑 → 운소로미식가 내 추이평위엔 또는 비펑탕(저녁식사) → 숙소 도착(1박)

Part 05
작은 유럽을 담은 칭다오(Qingdao)

칭다오의 과거와 현재를 만나는 둘째 날

둘째 날은 독일총독부 관저로 사용되던 영빈관으로 향한다. 영빈관에서 잔교, 중산루, 천주교당 등을 둘러보면 점심시간이 된다. 오랜 전통을 이어온 춘허루에서 점심을 해결해도 좋지만 예약을 미처 하지 못했거나 중국음식이 입에 맞지 않는다면 다양한 먹거리가 있는 미식거리 피차이위엔으로 향하자. 먼저 거리를 한 바퀴 휘둘러보면서 먹고 싶은 것이 있는지 확인한 후 해당 음식점에 들어가서 점심을 해결하면 된다. 식사 후에는 이미테이션 제품으로 유명한 칭다오 찌모루시장을 둘러보고 다시 샹강중루 번화가로 이동하여 주변 백화점에서 아이쇼핑을 즐기거나 자유시간을 갖는다. 저녁에는 샹강화웬으로 이동하여 식사를 겸해 칭다오 맥주 한잔을 곁들이며 둘째 날을 마무리하자.

추천동선

호텔조식 → 영빈관 → 잔교 → 중산루 산책 → 천주교당 → 춘허루(점심식사) → 피차이위엔(점심식사) → 찌모루시장 → 쟈스코 쇼핑 및 자유시간 → 샹강화웬(저녁식사) → 숙소(2박)

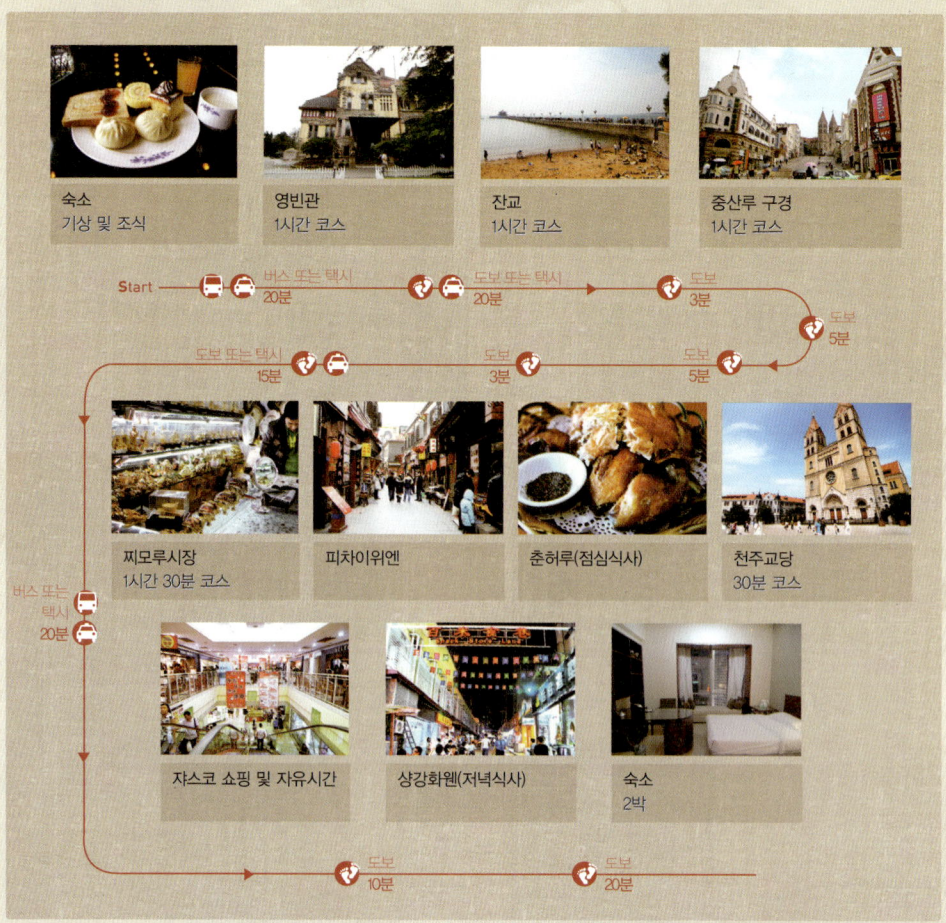

칭다오맥주가 있어 즐거운 ●셋째 날

셋째 날은 눈앞에 시원하게 펼쳐진 바다와 칭다오 10경 중의 하나를 만들어내는 샤오칭다오공원에서 시작한다. 여유롭게 공원 구석구석을 돌아보며 산책을 즐기다가 목이 마르오면 칭다오의 대표 명물 칭다오맥주를 만나러가자. 칭다오맥주박물관에서 탄생 과정부터 맛의 비결 등을 살펴본 후 바로 이어지는 맥주거리를 천천히 산책해보자. 가장 신선하고 맛있다는 맥주를 마시고 싶다면 이곳의 주점에서 점심식사를 겸해 가볍게 한잔을 즐겨도 좋다.

식사를 마친 후에는 실내 아케이드 티엔무청을 둘러보고, 칭다오 최고의 번화가 타이둥상업지구로 향하자. 오후 5시 무렵 시작되는 타이둥예스를 거쳐 운소로미식가로 이동해 빡빡한 여행일정에 피곤해진 몸을 마사지로 풀어보자. 몸이 한결 가뿐해지면 기분까지 좋아진다. 칭다오의 마지막 밤은 칭다오맥주와 함께 싱싱한 해산물로 마무리해보자.

추천동선

호텔 조식 → 샤오칭다오공원 → 칭다오맥주박물관 → 칭다오맥주거리(점심식사) → 티엔무청 → 타이둥 → 우즈성 마사지 → 운소로미식가 내 어가인해선채관 또는 비평탕. 추이펑위엔(저녁식사) → 숙소(3박)

아쉬움을 뒤로 한국으로 돌아가는 넷째 날

제주항공편을 이용하는 경우라면 마지막 날은 숙소 체크아웃을 하고 바로 공항으로 가야 한다. 택시를 이용할 것이 아니라면 미리 전날 공항버스 탑승지를 알아두는 것이 좋다. 비행기 출발시간을 체크하여 시내에 있다가 3시간 전에 공항으로 출발하면 된다. 만약 오후 비행기라면 앞서 3일 일정 중 일정상 무리가 있어 미뤄뒀던 일정을 오전 스케줄로 끼어 넣어 즐기면 된다.

추천동선
호텔조식 및 체크아웃 → 칭다오류팅국제공항(출국심사 및 탑승) 귀국

숙소 조식 후 체크아웃
칭다오류팅국제공항 출국심사 및 탑승

Start — 공항버스 1시간

동선에 따른 예산 책정하기

칭다오 여행에서 경비를 절약하는 최선의 방법은 먼저 위치 좋고 저렴한 숙소를 선택하는 것이다. 현지에서는 택시보다는 가급적 버스를 이용하고, 가까운 거리라면 지도를 참조하여 걸어 다니는 것이 소액이나마 여행경비를 절약할 수 있는 방법이다. 또한 혼자보다는 동행자를 구한다면 그만큼 여행경비를 줄이는데 도움이 된다.

구분	숙박료	식대 및 간식	관광지 입장료	교통비	기타 경비	합계
첫째 날	54,000원	32,000원	4,300원	9,500원	-	10~12만 원
둘째 날	54,000원	27,000원	3,600원	7,200원	-	9~10만 원
셋째 날	54,000원	40,000원	13,500원	9,500원	40,000원 (발마사지)	16만 원
넷째 날	-	-	-	3,600원	-	4천 원
총합계	162,000원	99,000원	21,400원	29,800원	40,000원	35~38만 원

※ 넉넉잡아 산출한 대략적인 여행경비 예산으로 항공료와 쇼핑은 제외한다.
※ 표 내용은 1인 기준으로 비수기 가격을 기준으로 하였다. 교통편은 공항에서 시내는 공항버스, 여행지간 이동수단은 택시 기준으로 예산을 책정하였다.

Section 03
칭다오에서 환전 및 대중교통
이용방법

칭다오는 현재도 도심 곳곳이 지하철 공사 중이다. 2016년부터 운행될 예정이라고 하니 당분간은 버스나 택시를 이용해야 한다. 다행히 칭다오의 버스는 대체로 여행자가 이용하기 편리하고 저렴한 편이다. 버스만으로도 충분히 칭다오의 여행지를 이동할 수 있고, 시간적 여유나 번거로운 것이 싫다면 버스 대신 택시를 이용해도 큰 부담이 되지 않는다.

공항에서 시내로 이동하기

칭다오류팅국제공항青岛流亭国际机场에서 시내로 가는 교통편은 공항버스와 택시가 있다. 공항에서부터 칭다오 시내 중심지까지는 대략 1시간 정도 소요되는데, 버스를 이용할 경우 20元, 택시를 이용할 경우 100元 내외가 나온다. 일행이 있다면 택시가 편안하고 빠른 대안이 될 수 있다.

공항버스 이용하기

공항에서 시내로 들어가는 버스는 3개의 노선이 있으며, 류팅국제공항 2번 출구로 나가기 전 공항버스 매표소가 있다. 칭다오 시내까지 가격은 20元 내외이며 목적지를 말하고 버스 티켓을 구입하면 된다. 공항리무진버스는 우리와 같은 서비스를 기대하지는 말자. 캐리어가 있음에도 짐칸에 두지 않고 들고 탑승하라는 경우가 많은데, 자리가 있으면 다행이지만 없다면 통로 쪽에 짐을 두고 힘겹게 잡고가야 되는 경우가 있다. 목적지 안내방송은 중국어로만 하기 때문에 유심히 듣지 않으면 지나칠 수 있으므로 꼭 기사에게 목적지를 확인해두자. 대부분 영어가 통하지 않으니 중국어로 표기된 종이를 미리 준비하여 기사에게 보여주고 하차할 때 알려 달라고 하는 것이 좋다. 여행자들이 주로 내리는 곳은 샹강중루香港中路의 까르푸가 있는 푸산소浮山所 정류장이므로 눈치껏 하차하거나 기사에게 넌지시 물어보고 하차하면 된다.

공항버스 매표소

공항버스

Part 05 작은 유럽을 담은 칭다오(Qingdao)

●● 칭다오류팅국제공항 공항버스 노선

시내로 이동하는 공항버스는 3개의 노선이 있다. 다음 정류장을 참고하여 하차하면 되는데, 발음이 어려우므로 미리 목적지를 중국어로 표기해서 가지고 다니는 것이 좋다. 시내 하차지점과 탑승지점이 다를 수도 있으므로 꼭 확인해두는 것이 좋다.

- **1번 공항버스(701번)** – 오전 7시 30부터 운행을 시작하며, 보통 승객이 모이면 출발한다. 칭다오 샹강중루 근처를 숙소로 정하는 경우가 많아 대부분 이곳에서 가장 많이 타고 내린다. 샹강중루까지는 대략 1시간 정도 소요된다. 푸산소(浮山所) 정류장은 까르푸(찌아러푸)와 국돈호텔, 양광백화점(阳光百货) 등이 있는 정류장이다.

  류팅공항(青岛机场) → 찌아러푸(Carrefour) / 국돈호텔(Copthrone Hotel Qingdao)_푸산소(浮山所) → 하이티엔호텔(海天大酒店)

  하이티엔호텔(海天大酒店)에서 류팅공항(青岛机场)으로 향하는 공항버스는 06:00~21:00까지 30분 간격으로 운행된다.

- **2번 공항버스(702번)** – 오전 7시 30부터 운행을 시작하며, 08:40~22:40까지 1시간 간격으로 운행된다. 거린하오타이 중산루호텔(格林豪泰中山路酒店)에서 류팅공항(青岛机场)으로 향하는 공항버스는 05:40~20:40까지 1시간 간격으로 운행된다.

  류팅공항(青岛机场) → 거린하오타이 중산루호텔(林豪泰中山路酒店)

- **3번 공항버스(703번)** – 07:30~18:30까지 1시간 간격으로 운행된다.

  류팅공항(青岛机场) → 스지원화호텔(世纪文华大酒店)

  스지원화호텔(世纪文华大酒店)에서 류팅공항(青岛机场)으로 향하는 공항버스는 중간에 소피아호텔(索菲亚大酒店)에도 정차를 하며, 06:45~17:45까지 1시간 간격으로 운행된다. 소피아호텔(索菲亚大酒店)에서 탑승하는 경우 07:00~18:00까지 1시간 간격으로 운행된다.

택시 이용하기

여럿이라면 택시가 빠르고 편리한 교통수단이 될 수 있다. 류팅공항 4번 출구 쪽에 택시승강장이 있으며 택시 안내원에게 목적지를 말하면 택시를 배정해준다. 일반택시 기본요금은 9元, 중대형택시는 12元이다. 좀 더 저렴한 택시를 찾는다면 차량 뒷좌석 창문에 부착된 기본요금표를 확인하고 탑승하면 된다. 시내까지는 대략 1시간이 걸리며 차량에 따라 80~100元이지만, 교통 상황에 따라 달라질 수 있으며, 고속도로 통행료 5元이 추가된다. 택시를 타기 전 미터기 작동 여부부터 확인해야 하며, 22:00~05:00까지 심야 시간에는 할증료가 붙는다.

공항택시승강장과 칭다오 택시 모습

🧳 시내에서 공항으로 이동하기

상강중루에 위치한 공항버스매표소와 승차장

공항에서 시내로 들어오는 노선과 대체로 동일한 정류장에서 출발하지만 그렇지 않은 경우도 있으므로 꼭 확인해야 한다. 시내에서 공항으로 갈 때는 샹강중루(양광백화점과 국돈호텔 사이의 건물)에 위치한 Harmony Forever Hotel 1층 공항버스 매표소로 가면 된다. 공항리무진 요금은 20元이며 05:50~21:00까지 30분마다 운행된다. 공항까지는 1시간 정도 소요되며, 다른 정류장에서는 공항버스 노선도를 미리 확인하여 탑승하거나 숙소 직원에게 문의하여 가까운 정류장을 이용하면 된다.

류팅국제공항에 도착하면 E구역인 국제선(국제/홍콩, 마카오, 대만) 방면으로 이동하자. 보통 체크인 수속은 탑승 2시간 전부터 이므로 시내에서 출발할 때 시간을 고려하여 계산하자. 택시를 이용할 경우 요금은 80~100元 정도이며 톨게이트비 5元이 추가되고, 교통상황에 따라 요금은 더 추가 될 수 있다.

> ●● 칭다오여객터미널에서 시내로 가기
>
> 항공편 못지않게 배편으로도 그다지 멀게 느껴지지 않는 칭다오는 가난한 여행자나 낭만적인 여행을 꿈꾸는 사람들에게는 좋은 교통수단이 된다. 선박을 이용하여 인천여객터밀널에서 칭다오까지는 15시간 30분 정도 소요되지만 저녁에 출발하여 아침에 도착하기 때문에 여행일정을 알차게 조정할 수 있다. 칭다오여객터미널(青岛港客运站)로 도착할 경우 여객터미널을 등지고 오른쪽으로 조금 내려가다 보면 건너편에 시내버스 정류장이 있다. 만약 짐이 많고 편안히 가고 싶다면 택시로 이동하는 것이 좋다.

🧳 현지 교통편 이용하기

칭다오는 비교적 대중교통이 잘 정비되어 있는 편이지만 교통사정은 생각보다 좋지 않다. 오후 4시만 넘어가도 도심 교통이 많이 혼잡해진다. 거기다가 질서의식도 다소 떨어지는 편이라 무단횡단, 신호무시, 꼬리물기 등을 도로 곳곳에서 어렵지 않게 보게 된다. 칭다오의 대중교통은 현재까지는 버스이지만 여행자는 저렴하고 편리한 택시를 주로 이용하게 된다.

🧳 버스 이용하기

여행 일정이 여유롭거나 경비를 아끼고자 한다면 택시보다는 버스를 이용하는 것도 좋다. 비교적 노선이 잘 정비되어 있고 무엇보다 저렴하면서도 칭

다오의 구석구석을 연결해주기 때문이다. 버스에 따라 에어컨이 없는 허름한 버스는 1元, 에어컨이 있는 버스는 2元이다. 버스를 이용할 때 가장 큰 문제는 노선이 모두 한자로

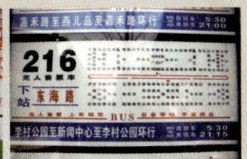

버스 창문에 표시된 노선도와 정류장에 표시된 노선도

만 표기되어 있기 때문에 한자를 모르면 승하차가 힘들다. 이를 최소화하는 방법은 미리 목적지의 버스노선번호와 노선도를 체크해두는 것이다. 그리고 목적지명을 중국어로 기재하여 탑승하기 전 버스기사에게 물어보고 탑승한다. 버스를 탑승하면 바로 버스비를 내는 것이 아니라 안내원이 직접 요금을 걷고 표를 준다. 버스는 대체로 04:30~22:30까지 운행되며, 노선에 따라 운영시간은 다를 수 있다.

●● 칭다오 주요 여행지 버스노선

다양한 노선의 칭다오 버스는 칭다오버스노선망(www.qingdaobus.com/Bus)에서 확인할 수 있다. 중국어로만 서비스되기 때문에 다소 불편할 수 있지만 여행 전에 버스로 여행지를 계획할 때 유용하게 찾아볼 수 있다.

여행지	하차할 정류장	버스 노선 번호
잔교(棧橋), 중산루(中山路), 천주교당(天主教堂)	잔교(棧橋) 정류장	6, 25, 26, 202, 217, 223, 225, 304, 307, 311, 312, 316, 321, 501, 801路
영빈관(迎賓館), 신호산공원(信号山公園)	칭다오의과부속병원(青医附院) 다쉐루(大学路) 정류장	칭다오의과부속병원(青医附院) - 214, 217, 220, 221路 다쉐루(大学路) - 214, 220, 228路
찌모루시장(卽墨路市场)	시립병원(市立医院) 중산루(中山路) 정류장	시립병원(市立医院) - 2, 5, 205, 212, 218, 222, 301, 305, 308, 320, 366路 중산루(中山路) - 228路
샤오칭다오공원(小青岛公园), 소어산공원(小鱼山公园), 루쉰공원(鲁迅公园), 해저세계(海低世界)	루쉰공원(鲁迅公园) 정류장	6, 26, 202, 223, 231, 304, 311, 312, 316, 321, 501, 801路
제1해수욕장(第一海水浴场), 강유위(康有为) 고택	해수욕장(海水浴场) 정류장	26, 31, 202, 214, 219, 223, 228, 231, 304, 312, 316, 321, 370, 501, 604, 801路
바다관관광지(八大关风景区), 화석루(花石楼), 제2해수욕장(第二海水浴场)	우성관루(武勝關路) 정류장	26, 31, 202, 206, 223, 228, 231, 304, 316, 317, 321, 312, 370, 501, 604, 605, 801路
5.4광장(五四广场), 음악광장(音乐广场)	시정부(市政府) 정류장	26, 31, 104, 224, 225, 228, 232, 304, 311, 312, 314, 316, 321, 374, 501, 802路
까르푸(家樂福), 양광백화점(阳光百货), 운소로미식가(云宵路美食街)	푸산소(浮山所) 정류장	12, 26, 33, 104, 110, 125, 224, 225, 228, 231, 232, 304, 311, 314, 316, 319, 321, 374, 601, 501, 802路
쟈스코(JUSCO, 佳世客), MYKAL백화점(麦凯乐百货店)	푸저우루(福州路) 정류장	31, 33, 104, 125, 208, 225, 232, 304, 311, 316, 321, 363, 374, 501, 801路
타이둥(台東), 월마트쇼핑센터(沃尔玛购物广场), 칭다오맥주거리(青岛啤酒街)	타이둥이루(台东一路) 십구중(十九中) 정류장	타이둥이루(台东一路) - 11, 125, 119, 226, 229, 232, 320路. 십구중(十九中) - 2, 11, 104, 119, 125, 218, 222, 232, 226, 229, 301, 320路

209

🧳 택시 이용하기

칭다오 여행에서 택시는 여행자에게 유용한 교통수단이 된다. 일일이 노선을 확인해가며 버스를 탑승하기 귀찮거나 시간적 여유가 없다면 택시를 이용해도 크게 무리가 없다. 대체로 시내 중심가에서 10~30元 정도면 대부분의 대표 여행지를 갈 수 있다. 택시를 탑승한 후 반드시 미터기로 가는지 꼭 확인해야 한다. 앞좌석에 있는 동그란 검은 판을 기사가 아래로 내리면 찌지직~~ 영수증 돌아가는 소리가 나면서 기본요금이 표시되며 미터기가 작동한다. 만일 동그란 판을 그대로 세운 상태로 출발한다면 미터기를 가리키며 작동해달라고 요청해야 한다. 목적지를 말할 때는 중국어로 지명을 말하거나 한자로 표기된 목적지를 보여주며 된다.

간혹 택시를 이용할 때 황당한 경험을 할 수 있는데, 분명 먼저 왔는데도 새치기하는 비양심적인 사람도 있으므로 가급적 시비 걸지 말고 참는 것이 좋다. 또한 외지인임을 눈치 채고 비양심적으로 빙빙 돌아가는 기사를 만날 수도 있다. 화는 나겠지만 그렇게 큰 비용차이가 아니라면 가급적 참는 것이 남은 여행에 도움이 된다. 그리고 거스름돈이 없다며 주지 않는 경우도 있으므로 꼭 잔돈을 챙기도록 한다.(물론 이런 상황들은 극히 드물게 발생하는 일이니 너무 걱정하지는 말자.) 택시 승차감도 쾌적한 택시를 만나기란 쉽지 않으므로 애당초 기대하지 않는 것이 좋다. 택시의 기본요금 9元 또는 12元이며, 심야시간인 22:00~05:00에는 할증료가 추가된다. 혹 택시비용에 1元씩 더 받는다면 이는 연료부가비용이다. 칭다오는 오후 4:30~6:30까지는 도로가 상습 정체되므로 이 시간대는 피해서 이용하는 것이 좋다.

택시 뒷문에 표시된 기본요금

택시 미터기가 작동하면 동그란판이 눕혀진다.

🧳 칭다오패스 이용하기

칭다오패스Qingdao Pass는 칭다오의 주요 볼거리를 단시간 내에 가장 효율적으로 돌아볼 수 있는 시티투어 버스시스템City Tour Bus System이다. 한국어가 가능한 도우미가 탑승한 채 칭다오 시내 주요관광지를 운행한다. 중국어가 부담스럽거나 짧은 시간에 칭다오를 둘러보고 싶은 여행자에게는 추천할 만하다.(패스에는 관광지 입장료, 식대 등은 포함되어 있지 않으며, 주요 관광지는 10% 할인된 가격으로 이용할 수도 있다.)

매년 운영되는 기간, 시간이 다르므로 칭다오패스 공식홈페이지를 통해 미리 확인해두는 것이 좋다. 5,4광장〈오월의 바람〉앞에서 오전 9시에 모여 타이둥루를 끝으로 요트경기장에서 오후 7시에 해산하는 일정이다. 칭다오패스 노선은 5·4광장 → 팔대관 → 잔교 → 천주교당 → 피차이위엔(점심식사_미포함) → 찌모루시장 → 신호산 → 영빈관 → 템무청 → 칭다오맥주박물관 → 타이둥루 → 요트경기장 순으로 운행되며 1일권 가격은 성인 40,000원, 어린이 20,000원(전용버스+가이드비용으로 관광지입장료와 중식은 포함되지 않는다.)이다. 투어는 4명 이상 신청 시 원하는 날짜에 즐길 수 있다.

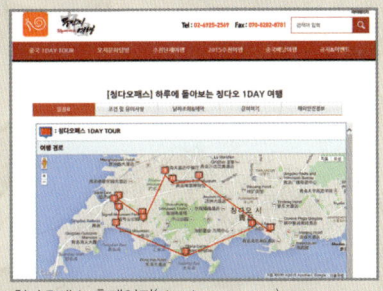

칭다오패스 홈페이지(qingdaopass.com)

🧳 환전하기

중국 위안화는 국내 시중은행에서 환율 할인권을 활용하여 환전한다. 환전할 때는 꼭 필요한 경비를 예측하여 위안화로 환전해야 하는데, 여행 후 남은 위안화를 다시 원화로 바꾸게 되면 손해를 보게 되므로 꼭 필요한 경비만 위안화로 환전하고, 예상되는 여유 경비는 미국달러로 환전해 가는 것도 좋은 방법이다. 실제 중국에서 원화를 위안화로 환전하는 것보다 미국달러를 위안화로 환전할 때가 환전율이 훨씬 좋기 때문이다.

중국은 위폐가 많은 곳이므로 환전을 할 때는 반드시 은행이나 호텔 등 믿을만한 곳을 이용해야 한다. 간혹 대만 돈으로 환전되는 경우도 있다고 하니 환전을 한 후에는 중국 돈 대부분에 그려져 있는 마오쩌둥이 있는지 확인해보는 것이 좋다.

Section 04
칭다오에서 둘러봐야 할
지역별 명소

칭다오는 역사적인 배경 탓에 이국적이면서도 전통적인 중국의 모습이 공존하는 곳이다. 볼거리가 넘쳐나는 것은 아니지만 바다와 산을 끼고 있는 도시 칭다오의 자연 풍경을 만끽할 수 있으며, 과거 역사를 되새겨볼 수 있고 한층 발전해나가는 칭다오 미래를 만날 수 있다.

이국적인 유럽 모습을 담은
소어산공원 小魚山公園, 샤오위산공원

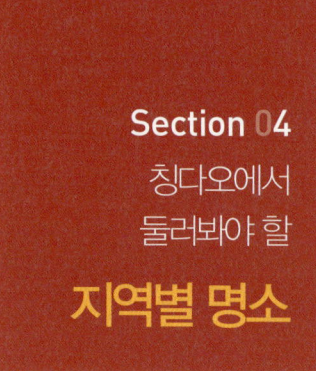

필자는 단 한 장의 사진을 보고 칭다오여행을 결심하였는데, 바로 소어산공원의 풍경사진이었다. 그리 높지 않은 해발 60m에 위치한 소어산공원은 신호산信号山, 신하오산공원만큼이나 아름다운 전망을 감상할 수 있는 곳이다. 규모가 크지 않은 공원 한가운데에는 란차오거覽潮閣라는 8각 3층짜리 누각이 자리하고 있다. 누각에는 각 층마다 기념품점이 들어서 있으며 나선형 계단을 따라 3층까지 오르면 가슴 벅차도록 아름다운 풍경이 눈앞에 펼쳐진다. 과히 중국의 나폴리라 불릴 만큼 빼어난 풍광이다. 고풍스러운 유럽식 주황색 지붕의 건물들이 빼곡히 들어서 있고 바다와 어우러진 모습은 이곳이 중국인가 싶을 정도로 이국적이다. 멀리 칭다오의 대표적 볼거리인 잔교栈桥, 중산공원中山公園, 제1해수욕장, 루쉰공원魯迅公園 등도 한눈에 들어온다.

전화번호/주소 86-532-8286-5645 / 山东省 青岛市 市南区 福山支路 24号 **찾아가기** 버스 6, 26, 202, 223, 231, 304, 311, 312, 316, 321, 501, 801路 루쉰공원(鲁迅公园) 정류장 하차 후 걸어서 10분 거리 **입장료** 성수기(4~10월) 15元, 비수기(11~3월) 10元 **개방시간** 성수기(4~10월) 07:30~17:30, 비수기(11~3월) 08:00~17:00

규모와 시설이 잘 갖춰진
칭다오 제1해수욕장 第一海水浴场, 띠이하이세이위창

칭다오에서 가장 인기가 있고 넓은 해변을 자랑하는 제1해수욕장. 칭다오맥주 축제기간에는 100만의 인파가 몰릴 정도로 유명한 해수욕장이다. 칭다오에서 유일하게 탈의실과 샤워실 등을 갖추고 있으며 이용료는 20元, 각종 해양레포츠도 즐길 수 있다. 여름과 축제시즌이 끝나는 9월경에는 인파에서 벗어나 여유롭게 해수욕을 즐길 수 있다. 생각만큼 바다가 푸르거나 깨끗하지는 않다는 점이 아쉽다. 해수욕장하면 으레 젊은 남녀들이 해변을 거닐 것이라 생각하겠지만 이곳 해수욕장은 지긋한 나이임에도 불구하고 비치볼을 하거나 해수욕을 즐기는 열정적인 어르신들을 많이 볼 수 있다.

전화번호/주소 862-532-8287-8020 / 山东省 青岛市 市南区 南海路 23号 **찾아가기** 버스 26, 31, 202, 214, 219, 223, 228, 231, 304, 312, 316, 321, 370, 501, 604, 801路 海水浴场정류장 하차 **영업시간** 09:00~18:00(성수기 ~21:00) **귀띔 한마디** 샤워장과 탈의실을 사용할 때는 요금이 부과된다.

전 세계 전통적인 건축양식이 모여 있는
바다관관광지 Badaguan Scenic Area, 八大关景区, 팔대관풍경구

나무들로 우거진 한적하면서도 여유로운 산책로를 따라 걷다보면 다양한 건축양식의 별장들을 만날 수 있다. 이곳이 바로 중국 개항기 역사의 흔적을 볼 수 있는, 한자로 팔대관풍경구八大关风景区라고도 하는 바다관관광지이다. 바다관은 개발당시 8개의 거리가 있다하여 붙여진 이름이지만 현재는 10개의 거리가 있으며, 거리마다 다른 풍경을 연출한다. 청나라 말기 독일의 조계지였던 바다관에는 유럽의 고위관료와 부호들이 머물렀던 별장들이 잘 보존되어 있는데, 독일은 물론 프랑스, 스페인, 영국, 러시아 등의 다양한 건축양식을 한곳에서 만날 수 있다. 그래서 이곳을 만국건축박람회장이라고도 부른다. 바다관 별장들은 아쉽게도 현재는 개인 소유인 곳이 많아 들어갈 수 없는데, 그나마 장제스가 머물렀던 화석루花石楼는 관람이 가능하다.

전화번호/주소 86-532-8386-9357 / 山东省 青岛市 市南区 黃海路 **찾아가기** 버스 26, 31, 202, 206, 223, 228, 231, 304, 316, 317, 321, 312, 370, 501, 604, 605, 801路 우성관루(武勝關路) 정류장에서 하차 **귀띔 한마디** 나무들이 우거져 있어 건물을 제대로 보기 힘들므로 일부러 보려고 노력하지 말고 산책하듯 바로 화석루로 향하자.

Part 05
작은 유럽을 담은 칭다오(Qingdao)

바다관에서 가장 유명한 별장,
화석루 花石楼, 화스러우

화강암과 자갈을 이용하여 건축한 화석루는 태풍이 불어도 끄떡없을 만큼 견고한 유럽풍의 고성형태와 고딕양식이 아름다운 5층짜리 건물이다. 화석루의 축조 시기는 정확하지 않은 듯 안내 문구에는 1903년 독일인이 건축했다 라고도 쓰여 있고, 다른 쪽에는 1931년 러시아 귀족이 건축했다 라고도 쓰여 있다. 틀림없는 것은 이 건물에 국민당 총통 장제스가 머물렀다는 것이며, 그래서 바다관에서는 가장 유명한 별장이 되었고 장제스러우 蒋介石楼라고도 부르고 있다.

화석루 내부에는 당시 사용됐던 옛 가구들이 그대로 진열되어 있다. 5층 전망대에 오르면 대단한 전망은 아니지만 제2해수욕장이 눈앞에 시원하게 펼쳐진다. 화석루에 딸린 정원에는 이곳과는 다소 어울리지 않은 듯 조화를 이룬 사랑을 표현한 하트조각과 항아리를 짊어진 여성 조각이 인상적이다.

전화번호/주소 86-387-2168-6163 / 山东省 青岛市 市南区 黄海路 18号(八大关风景区 内) **찾아가기** 버스 26, 31, 202, 206, 223, 228, 231, 304, 316, 317, 321, 312, 370, 501, 604, 605, 801路 우성관루(武勝關路) 정류장에서 하차 **입장료** 8.5元 (성수기, 비수기 요금이 다를 수 있음) **개관시간** 08:00~18:00

칭다오의 상징,
5월의 바람과 5.4광장 五月的风&五四广场, 우쓰광장

칭다오의 상징이자 시민들의 휴식처인 5.4광장은 칭다오 여행에서 빼놓을 수 없는 곳이다. 이곳은 제1차 세계대전의 패전국이 된 독일이 몰락하고 승전국인 일본이 칭다오를 양도 받게 되는 과정에 베이징 학생들이 1919년 5월 4일 톈안먼天安門광장에 모여 반제, 반봉건의 기치로 민주주의 운동을 시작한다. 그 운동의 도화선이 된 곳이 바로 이곳 칭다오였다. 이를 기념하기 위하여 5.4운동을 상징하는 '5월의 바람'을 조각하고 광장으로 조성하였다. 이 5월의 바람 조각상은 5.4운동의 상징이자 칭다오의 랜드마크로 자리 잡았다. 5.4운동의 반제, 반봉건의 바람을 상징하는 이 조각상은 멀리서 보면 횃불처럼도 보여 당시 들고 일어났던 민중들의 뜻이 잘 표현된 상징물처럼 보인다.

5.4광장 앞 해변로에는 베이징올림픽 당시의 요트경기장과 음악광장이 있어 또 다른 볼거리를 제공한다. 산책을 즐기거나 자전거를 타는 사람, 잔디에 앉아 쉬거나 멍히 바다를 바라보는 사람들까지 5.4광장은 그렇게 칭다오 시민들의 휴식처가 된다. 5.4광장에는 밤이 되면 더 화려하고 생동감이 느껴지는 5월의 바람 조각상도 있다. 5.4광장에서는 주말이면 수시로 다채로운 행사가 열리니 이 또한 볼거리가 된다.

전화번호/주소 86-532-8388-6355 / 山东省 青岛市 市南区 澳门路 9号 **찾아가기** 양광백화점에서 걸어서 10분 거리이며, 시정부 건너편으로 걸어서 5분 거리에 위치한다. 버스 26, 31, 104, 224, 225, 228, 232, 304, 311, 312, 314, 316, 321, 374, 501, 802路 시정부(市政府) 정류장에서 하차

동화책 속에서 튀어나온 듯한 집,
영빈관 迎宾館

짧은 산책로를 따라 걷다보면 아담한 정원과 잘 어우러진 멋지고 독특한 건축물 영빈관을 만날 수 있다. 영빈관은 독일 식민지 시절 독일총독부 관저로 이용된 곳이다. 1905년에 공사를 시작해 1907년에 완공될 만큼 막대한 정성과 비용을 들였는데, 결국 이게 빌미가 돼서 독일총독은 파면되어 본국에 송환되었다고 한다. 이후 일본군 사령

관의 거처로 사용되기도 했지만 주권 회복 후 시장의 저택으로 사용되다 귀빈 접대를 위한 영빈관으로 용도를 변경하였다. 특히 1957년 1달 동안 마오쩌둥이 여름별장으로 이용하면서 이곳이 더 유명해졌다고 한다.

영빈관 내부를 들어서면 고풍스러운 중앙홀이 눈에 띄고, 홀을 둘러싼 각 방의 내부는 목조라 아늑함이 느껴진다. 독일총독은 물론 유명 인사들이 집무를 봤을 방과 휴식공간, 식당 등에 당시 이용했던 엔틱 가구들을 재현해두었다. 건축물 외형만 보면 동화 속 헨젤과 그레텔의 과자집 같은 느낌이지만 주로 화강암을 사용한 독일식 고건물이라 아주 견고하다. 주변에는 정원과 야외테라스가 있어서 차 한 잔 마시며 쉬었다 갈 수 있다.

전화번호/주소 86-532-8288-9888 / 山东省 青岛市 市南区 龙山路 26号 **찾아가기** 버스 214, 217, 220, 221路, 다쉐루(大学路) 정류장 하차 / 또는 214, 220, 228路 칭다오의과부속병원(青医附院) 정류장 하차 **입장료** 성수기(4월~10월) 20元, 비수기(11월~3월) 13元 **영업시간** 성수기 08:30~17:30, 비수기 08:30~17:00

📷 아름다운 고딕양식의 건축물, **천주교당** 天主教堂, 티엔주지아오탕

천주교당은 독일 식민지 시절 독일인 건축가에 의해 탄생한 고딕과 로마양식이 혼재된 건축물이다. 천주교당의 본래 이름은 성미카엘성당 圣弥厄尔教堂이라 하며 칭다오에서는 가장 큰 고딕양식의 건축물이다. 천주교당 주변에는 이러한 유럽풍의 건축물들이 여럿 자리하고 있어 이국적인 느낌을 자아내기 때문에 이를 배경으로 웨딩촬영을 하려는 예비 신랑신부들에게는 인기명소이다. 높이 60m에

달하는 2개의 종탑과 미려한 천주교당은 안타깝게도 중국문화대혁명 때 상당 부분 파괴된 것을 1981년에 새롭게 복원한 것이다.

전화번호/주소 86-532-8286-5960 / 山东省 青岛市 市南区 浙江路 15号 **찾아가기** 중산루(中山路) 맥도날드 건너편 오르막 길 끝에 위치한다. 버스 6, 25, 26, 202, 217, 223, 225, 304, 307, 311, 312, 316, 321, 501, 801路 잔교(栈桥) 정류장 하차 **입장료** 5元(미사 시간에는 입장료를 받지 않는다.) **개방시간** 월~토요일 08:00~17:00, 일요일 12:00~17:00 **귀띔 한마디** • 매주 일요일 10:30에 한국인을 위한 미사가 있는데, 시간이 맞는다면 내부까지 들어가 볼 수 있다. • 예비신혼부부가 아니라도 기념으로 촬영하는 연인들도 있다고 한다.

칭다오잔교 青岛栈桥

칭다오맥주 로고로도 사용되는 대표 명물

칭다오를 대표하는 상징물 중의 하나인 칭다오 잔교는 현지어로 칭다오잔차오라고 부르는데, 1893년에 청나라 해군의 화물 접안용 부두로 건설되었다. 440m에 달하는 잔교 초입의 공원은 벤치에 앉아 쉬는 이들과 잡상인들로 늘 붐빈다. 부두 아래로 내려가면 칭다오의 현대식 건물과 바다가 어우러지게 멋진 풍경사진을 담을 수도 있다. 칭다오를 대표하는 곳답게 이른 시간부터 관람객 행렬이 끊이지 않는데, 재미난 캐릭터로 분장하고 같이 사진을 찍는 서비스(유료)도 있다. 잔교 끝에는 중국 전통양식으로 지어진 8각 2층의 후이란거 回漱阁 라는 누각이 있다. 이 후이란거는 칭다오맥주 상표에도 사용될 만큼 칭다오를 대표하는 곳이다. 잔교는 입장료가 없지만 후이란거를 들어가려면 4元의 입장료를 지불해야 한다. 하지만 막상 들어가면 기념품점 너머로 멀리 샤오칭다오 小青岛 의 바다전경을 볼 수 있을 뿐이다. 생각보다 대단치 않으므로 굳이 들어갈 필요는 없을 것 같다. 대신 후이란거 뒤편으로 가면 드넓은 바다 전망을 감상하기에 좋다.

전화번호/주소 86-532-8288-4548 / 山东省 青岛市 市南区 太平路 12号 栈桥 **찾아가기** 영빈관부터 걸어온다면 30분 정도가 소요된다. 버스 6, 25, 26, 202, 217, 223, 225, 304, 307, 311, 312, 316, 321, 501, 801路 잔교(栈桥) 정류장 하차 **입장료** 잔교는 무료지만 후이란거는 입장료 4元 **영업시간** 후이란거 06:00~20:00

샤오칭다오공원 小青島公園, 소청도공원
칭다오 10경을 완성하는 등대섬,

샤오칭다오는 칭다오해안에서 720m 떨어진 작은 섬이다. 이 섬은 청나라 말부터 점령군의 필요로 개발되었는데, 독일군 점령 시에 등대가 세워졌고, 일본군 점령 시에는 긴 둑을 쌓아 칭다오의 루쉰공원魯迅公園과 연결하였다. 처음에는 군사적 목적으로 개발하였지만 1988년 공원으로 단장하여 개방하면서 칭다오의 대표적인 관광지가 되었다.

샤오칭다오와 연결된 제방길 초입에는 군함, 전투기, 잠수함 등을 전시하고 있는 해군박물관海軍博物館이 자리하고 있고, 제방길을 따라 걷다 보면 넘실대는 바다를 배경으로 칭다오 시내전경이 아름답게 눈에 들어온다. 샤오칭다오등대小青島灯塔에 가까워질수록 칭다오의 명물 잔교를 근거리에서 볼 수 있다. 샤오칭다오등대는 16m 높이에 8각형 모양이며 출입은 통제된다. 이 등대는 칭다오 10경青岛十景 중의 하나인 친위퍄오덩琴屿飘灯인데, 등댓불이 켜지면 아름다운 야경이 볼만하다. 샤오칭다오공원 내에는 푸른 잔디와 시원하게 펼쳐진 바다 그리고 멋진 조각상들이 어우러져 여유롭게 쉬어가기 좋다.

전화번호/주소 86-532-8286-3944 / 山东省 青岛市 市南区 琴屿路 26号 **찾아가기** 버스 6, 26, 202, 223, 231, 304, 311, 312, 316, 321, 501, 801路 루쉰공원(鲁迅公園) 정류장 하차 **입장료** 성수기 15元, 비수기 10元 **영업시간** 성수기(4~10월) 07:30~18:00, 비수기(11~3월) 08:00~17:00 **귀띔 한마디** 샤오칭다오공원 매표소로 다시 가 택시가 있으면 모르겠지만 없다면 그 길을 따라 계속 걸어 나가면 큰 도로가 나오므로 거기서 택시를 잡으면 된다.

세계적인 맥주 칭다오맥주의 역사를 만나는
칭다오맥주박물관 青岛啤酒博物馆, 칭다오피지우보우관

칭다오맥주青岛啤酒는 17년간 독일이 칭다오를 점령하면서 이곳의 명산이라 손꼽히는 라오산崂山의 청정약수에 독일의 맥주 제조 노하우를 결합하여 탄생시킨 맥주이다. 전 세계적으로 유명한 맥주라 국내에서도 맛 볼 수 있으며, 칭다오를 넘어 중국을 대표하는 상품이 되었다. 중국 정부는 칭다오맥주 100주년을 기념하기 위해 발상지인 칭다오에 4,000만元을 투자해 칭다오맥주박물관을 설립하였다. 맥주박물관답게 정원에는 맥주병과 잔 모양의 독특한 분수대와 조각품들이 설치되어 있다.

박물관은 건물 A에서 건물 B로 이동하며 관람하는데, 건물 A는 칭다오맥주 100년의 역사를 한눈에 볼 수 있는 곳으로 설립당시의 사진부터 현재까지 사용되는 상표, 광고 등의 역사를 살펴볼 수 있다. 건물 B는 맥주의 생산과정을 볼 수 있는 곳으로 칭다오 맥주공장 초기의 모습부터 포장설비, 현대화된 포장생산라인까지 자세하게 보여준다. 중간중간 한국어로 된 안내서를 참고하여 보면 이해하는데 한결 도움이 된다. 관람 중에는 맥주 시음도 할 수 있는데, 맥주바에 티켓을 보여주면 시음용 맥주와 땅콩을 준다. 이곳의 맥주는 유통시한이 24시간밖에 안 되는 신선한 맥주로 제조과정에서 완전한 열처리를 하지 않아 효모가 살아있어 더욱 신선한 맛을 낸다고 한다.

전화번호/주소 86-532-8383-3437 / 山东省 青岛市 市北区 登州路 56号 **찾아가기** 버스 11, 125, 119, 226, 229, 232, 320路 타이둥이루(台東一路) 정류장 하차 / 버스 2, 11, 104, 119, 125, 218, 222, 232, 226, 229, 301, 320路 십구중(十九中) 정류장 하차 **입장료** 어른 60元, 학생할인 30元 **영업시간** 08:30~16:30 **귀띔 한마디** 한국어로 된 안내서를 받아두면 관람하는데 도움이 된다.

Part 05
작은 유럽을 담은 칭다오(Qingdao)

가장 신선하고 맛있는 맥주를 마실 수 있는
칭다오맥주거리 Qingdao Beer Street, 青岛啤酒街

700m에 달하는 칭다오맥주거리에는 많은 주점과 음식점들이 가득하다. 이곳의 맥주가 유명해진 이유는 아무래도 인접한 맥주 공장에서 바로 공급되므로 살아있는 맥주 맛을 느낄 수 있기 때문이다. 저녁 무렵이면 삼삼오오 모여 신선한 해산물 요리와 함께 기분 좋은 술자리를 할 수 있다. 이곳의 맥주는 병이나 캔보다는 생맥주生啤酒, 성피지우가 유

명한데, 일반 생맥주, 그린생맥주, 흑맥주 등 다양한 맥주를 판매한다. 그린생맥주는 맥주를 만들 때 스피룰리나Spirulina(사이아노박테리아 Cyanobacterium의 일종)를 첨가하기 때문에 몸에 해로운 물질까지 배출시키는데 도움이 된다. 술을 잘 마시지 못하는 사람이라도 부담 없이 먹을 수 있으니 한번 도전해보자. 여러 주점이 몰려 있으므로 주점을 선택할 때는 해산물의 수족관 상태를 먼저 확인해야 한다. 이끼가 가득하거나 물이 뿌옇게 보인다면 아무래도 피하는 것이 좋다. 이왕이면 청결하고 신선한 해산물이 가득한 곳에서 생생한 맥주와 함께 먹는 것이 즐거움을 배가시킬 수 있다.

전화번호/주소 86-532-8273-6937 / 山东省 青岛市 市北区 登州路 **찾아가기** 버스 11, 125, 119, 226, 229, 232, 320路 타이동이루(台东一路) 정류장 하차 / 버스 2, 11, 104, 119, 125, 218, 222, 232, 226, 229, 301, 320路 십구중(十九中) 정류장 하차 **추천주점** 어수정대주점(魚水情大酒店)

●●● 칭다오맥주 축제

매년 8월 중순부터 보름 동안 칭다오맥주축제가 개최한다. 중국뿐만 아니라 전 세계에서 많은 여행자들이 찾아올 만큼 그 인기가 대단하다. 이 기간에는 다양한 행사와 더불어 흥겨운 맥주파티가 매일 열린다. 단, 맥주축제가 시작되면 3, 4일 정도는 숙박료가 2배 이상 치솟고, 거리에서 택시를 타기도 쉽지 않아 진다. 그러므로 관광 위주로 여유롭게 여행을 하고 싶다면 이 축제기간은 오히려 피하는 것이 현명하다.

칭다오맥주축제

Section 05
칭다오에서 먹어봐야 할 맛집

칭다오는 항구도시답게 칭다오맥주가 있는 곳이라면 어디서나 싱싱한 해산물과 담백한 요리를 즐길 수 있다. 가격 또한 저렴하면서 중국의 전통요리까지 맛볼 수 있는 미식거리 음식점들도 많다. 다양한 음식을 맛볼 수 있는 칭다오의 맛집들을 찾아보자.

퓨전식 중국요리를 맛볼 수 있는
홍콩97 Hong Kong 97, 香港97

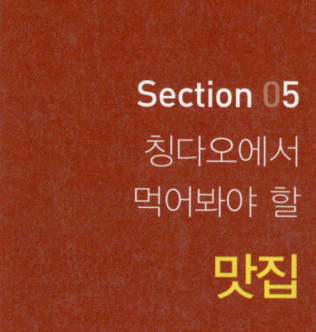

홍콩97은 퓨전식 중국음식전문, 고급 레스토랑으로 중국음식뿐만 아니라 양식, 일식 등도 맛볼 수 있다. 메뉴판에 음식 이미지가 사진으로 제공되므로 주문하기 쉽고 스테이크, 튀김, 크랩, 조개, 달팽이, 각종 야채 등 먹음직스러운 음식의 가짓수도 상당히 많다. 또한 향신료를 상대적으로 적게 사용하므로 한국인 입맛에도 잘 맞는 편이다.

무엇을 먹어야 할지 고민이 된다면 새로운 메뉴에 도전해보는 것도 재미있는 경험이 된다. 그중 칠리소스 국물에 담긴 황소개구리 요리는 어떨까? 생각보다 혐오스럽지 않으며, 맛은 닭고기와 비슷하다. 칠리소스의 매콤함 때문에 먹고 나면 입안이 얼얼해지는데 이때는 얇은 피 안에 달콤한 과일을 넣고, 생크림으로 감싼 화이트롤빵이 디저트로 그만이다. 차가운 과일의 맛과 더불어 상큼함이 느껴지는데 먹다보면 금방 질리는 것이 흠이지만 일행이 있다면 먹어볼 만하다. 퓨전 처리된 중식의 경우 대체로 짜고 맵고 시큼한 맛이 있어 입에 안 맞을 수도 있으며, 음식 가격은 대체로 비싼 편이다.

전화번호/주소 86-532-8588-3388 / 山东省 青岛市 市南区 香港中路 90号 **찾아가기** 샹강중루(香港中路) 마이칼(MYKAL)백화점 건너편에 위치한다. **영업시간** 점심 11:00~14:00, 저녁 17:00~21:30

칭다오에서 만나는 한국 음식점,
샹강화웬 香港花园, 홍콩화원

한국이 아닌가 착각할 만큼 한국 음식점들이 즐비한 샹강화웬은 2차선 도로를 가운데 두고 양쪽으로 다양한 상점들이 길게 들어서 있다. 숯불구이, 중국식 샤브샤브, 베이커리, 커피전문점, 헤어숍, PC방, 편의점 등 눈에 익숙한 상점들이 대부분이다. 칭다오 여행 중 무엇을 먹어야 할지 망설여진다면 무작정 이곳으로 향해보자. 해산물 가득한 식사와 양꼬치에 맥주 한잔 즐기고 싶다면 백미식항 百米食巷이라는 간식상점거리 Snack Store Lane 쪽으로 향해도 좋다.

주소 山东省 青岛市 市南区 古田路 18号 香港花园 찾아가기 샹강중루(香港中路) 마이칼(MYKAL)백화점 뒤쪽에 위치한다.

싱싱한 해산물과 맥주맛이 좋은
어수정대주점 鱼水情大酒店, 위수이칭

칭다오맥주거리 내 가장 눈에 띄는 어수정대주점은 청결하면서도 신선한 해산물과 각종 음식 그리고 생맥주를 맛볼 수 있는 곳이다. 별도의 수족관실이 마련되어 있으므로 직접 보면서 해산물을 골라 주문하면 된다. 뿐만 아니라 각종 요리가 모형으로 제작되어 있어 주문하기도 한결 쉽다. 병맥주뿐만

아니라 여러 종류의 생맥주도 판매하므로 맥주거리답게 병맥주보다는 신선한 생맥주를 권한다. 대체적으로 요리의 맛은 양호한 편이고 직원들도 친절하다. 또한 영어로도 소통이 가능한 직원이 있으므로 불편사항이나 요구사항을 바로 반영해준다.

전화번호/주소 86-532-8275-5321 / 山东省 青岛市 市北区 登州路 59号 찾아가기 칭다오맥주거리(青岛啤酒街) 내에 위치한다. 영업시간 09:00~23:30

중국 정통산동요리의 맛을 이어온
춘허루 春和樓, 춘화루

춘허루는 1891년 개점한 이래 120년 넘는 오랜 세월 동안 정통산동요리의 맛을 지켜온 칭다오의 유명한 식당이다. 보통 1시간 전에는 예약해야 할 만큼 인기가 많은 곳이지만 식사시간을 피한다면 굳이 예약하지 않아도 된다. 입구에 들어서면 그동안 다녀간 중국 유명인사들의

사진이 먹어보기도 전에 맛있는 집이라고 말하듯 쭉 걸려있다. 음식을 먹는 홀은 긴 복도를 따라 방으로 구분되어 있고 단체손님과 개별손님을 구분하여 테이블이 세팅되어 있다. 일부 메뉴만 사진으로 제공되기 때문에 주문에 다소 어려운 점은 있으나 이 집의 대표음식을 맛보기에는 문제될 게 없다.

춘허루에서 추천할 음식은 바로 샹쑤지香酥鸡라는 닭튀김요리이다. 닭 머리가 함께 나와 순간 흠칫하지만 개의치 말고 먹어보자. 껍질은 바삭하게 튀겨져 후추에 찍어 먹기 좋고, 살은 연해서 식감이 좋다. 국내에서 흔히 먹던 치킨과 크게 다르지 않으니 너무 큰 기대는 하지말자. 그밖에 해산물요리, 찐만두, 탕수육 등도 먹을 만한데, 아무래도 중국인 입맛에 맞춰 나오는 것이라 다소 느끼하거나 생소한 맛일 수 있다는 점을 감안해야 한다.

전화번호/주소 86-532-8282-7371 / 山东省 青岛市 市南区 中山路 146号
찾아가기 중산루(中山路)를 따라가 걷다가 티안진루(天津路)와 교차되는 사거리에 위치한다. **영업시간** 10:30~21:00

| Part 05
작은 유럽을 담은 칭다오(Qingdao)

맛있는 길거리 음식이 넘쳐나는 야시장,
타이둥예스 台东夜市, 태동야시

매일 오후 5시 어스름이 내릴 때면 어김없이 타이둥台东에서는 야시장이 열린다. 타이둥예스의 빼곡히 들어찬 노점상에는 각종 잡화, 신발, 의류, 속옷, 액세서리 등 정말 없는 것이 없을 것 같은 재래시장이다. 야시장 끝자락에는 길거리음식들이 맛과 향으로 사람들을 불러 모으는데 오징어구이, 오리목구이, 각종 꼬치 등 저렴한 가격이라 부담 없이 손이 먼저 간다. 재래시장답게 현지인들의 일상생활을 엿볼 수 있는 곳이지만 사람들도 많고 정신없을 정도로 시끄러우니 소지품관리에 신경을 써야 한다.

주소 山东省 青岛市 市北区 台东 **찾아가기** 타이둥상업지구 Taidong 3rd Rd 맥도날드 옆 거리이다. 버스 11, 125, 119, 226, 229, 232, 320路 타이둥이루(台东一路) 정류장 하차, 버스 2, 11, 104, 119, 125, 218, 222, 232, 226, 229, 301, 320路 십구중(十九中) 정류장 하차 **영업시간** 17:00~23:00 **귀띔 한마디** 먹다보면 흐르고 묻고 하는 경우가 많으니 물티슈를 챙겨가자.

●● 칭다오의 길거리 음식

사람이 많이 몰리는 곳에는 어김없이 길거리 음식을 판매하는 곳을 볼 수 있다. 군고구마, 오징어구이, 각종 꼬치 등 다양한 길거리 음식이 판매된다. 대부분 단돈 5元이면 먹을 수 있다.

소문난 칭다오 대표 먹자골목,
운소로미식가 云霄路美食街, 윈쇼루메이스제

운소로미식가는 칭다오에서 소문난 먹자골목이다. 아침부터 영업은 시작하지만 한산한 편이고, 저녁이 돼야 비로소 사람들로 소란스러워진다. 먹자골목답게 음식점마다 사람들이 넘쳐나는데 특히 신선한 해산물요리와 각종 꼬치를 안주삼아 맥주 한 잔 곁들인다면 더할 나위 없이 즐거운 곳이다. 도대체 어딜 가서 무엇을 먹어야 할지 가늠하

기가 힘들 정도로 다양한 음식들이 있으므로 마음이 끌리는 곳으로 무작정 들어가 보는 것도 나쁘지 않다. 운소로미식가 내에는 음식점뿐만 아니라 마사지점도 있으므로 여행 중 쌓인 피로도 가볍게 풀어낼 수 있다.

주소 山东省 青岛市 市南区 云霄路 **찾아가기** 까르푸, 양광백화점에서 걸어서 5분 거리이다. **영업시간** 업소마다 다소 차이는 있지만 대체로 오전 10시부터 늦은 밤까지 영업한다.

●● 여행의 피로를 한번에 날려버리는 우즈성 마사지

마사지는 혈액순환을 촉진시키고, 피로회복에도 효과적이다. 운소로미식가에 위치한 우즈성(五指生)은 친절한 서비스와 만족도가 높은 마사지숍이다. 대부분 1~2시간 정도로 마사지를 받는데, 가장 많이 받는 75분 발마사지부터 최고 마사지까지 20여 개의 다양한 마사지 프로그램이 있다. 중국의 오랜 전통이 이어지는 지압 발마사지와 전신마사지가 추천할 만하다. 선택한 마사지 종류에 따라 가격이 더 추가될 수도 있으며, 원치 않았는데도 차 값이 부과된다. 이래저래 부과되는게 많다보니 가격이 비싸진다. 가기 전 좀 더 저렴한 마사지점을 알아보고 가는 것도 좋겠다. 안락한 의자에서 TV를 보거나 차를 마시면서 마사지를 받을 수 있어 좋고, 마사지사들의 세심한 배려와 솜씨에 만족스럽다. 연인이나 친구와 함께 온 사람들을 위한 2인실도 있다.

우즈성 86-532-6677-6788 / 山东省 青岛市 市南区 云霄路 94号

  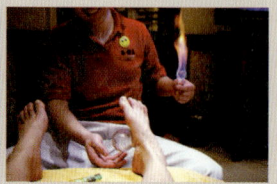

한국인 입맛에 맞는 딤섬 전문점,
비펑탕 Bi Feng Tang, 避风塘, 피풍당

딤섬으로 유명한 체인점 비펑탕은 저렴한 가격으로 맛 좋은 음식을 맛볼 수 있는 곳이다. 메뉴는 음식 사진과 영어로도 표기되어 있으므로 주문하기가 편하다. 다양한 종류의 딤섬과 볶음밥, 나물, 국물이 있는 요리 등 메뉴도 깔끔하고 다양한 편이다. 비펑탕을 왔다면 당연히 딤섬은 먹어봐야 한다. 투명하고 얇은 피 너머로 통새우가 살짝 보이는 히가우蝦餃는 한입 베어 물면 담백한 맛이 입안에 사르르 퍼진다. 또한 쫄깃쫄깃한 찹쌀 피로 통통한 새우를 말아서 간장소스를 끼얹어 내놓는 창펀腸粉 또한 잊지 못할 맛이다. 해산물로 유명한 칭다오답게 싱싱한 굴에 튀김가루를 입힌 굴튀김Sand Oysters도 먹어볼 만하다.

전화번호/주소 86-532-8575-9666 / 山东省 青岛市 市南区 闽江路 129号(云霄路口) 찾아가기 운소로미식가 쪽에서 민장루(闽江路) 방향으로 끝 쪽에 위치한다. 영업시간 10:00~04:00

중국을 대표하는 커피브랜드,
SPR커피 SPR Coffee

칭다오 역시 한국과 마찬가지로 많은 커피전문점들이 있다. 그 중에 칭다오뿐만 아니라 중국 전역에 많은 체인점을 보유하고 있는 중국 커피브랜드 SPR은 여행 중 잠시나마 여유로운 시간을 가질 수 있는 아늑하고 아기자기한 카페이다. SPR Coffee는 중국 내 성공을 발판으로 바리스타 양성 교육기관도 설립하고 세계 시장 진출도 꾀하고 있다. 커피의 종류는 스타벅스나 카페베네처럼 다양하게 준비되어 있으며, 커피 외에도 차나 주스도 있다.

공식 홈페이지 www.sprcoffee.com 전화번호/주소 86-532-8587-6689 / 山东省 青岛市 市南区 闽江路 172号 찾아가기 민장루 커피거리(咖啡街) 중간쯤에 위치한다. 영업시간 09:00~24:00 귀띔 한마디 석노인 해수욕장에 위치한 SPR Coffee가 전망이 좋아 인기가 많다.

딤섬 맛이 일품인
해윤노반점 海润老饭店, 하이룬라오판디엔

해윤노반점은 딤섬 맛이 좋기로 유명한 음식점인데, 대체로 평가가 양호한 곳이다. 히가우蝦餃, 샤오룽바오小籠包, 샤오마이燒賣, 창펀腸粉 등의 딤섬 종류와 탕수육, 훈제오리, 생선, 볶음밥 등 다양한 요리를 맛볼 수 있다. 주문을 할 때는 음식 이미지를 확인한 뒤 주문서에 체크 표시를 하면 된다. 통통한 새우가 담백한 히가
우, 육즙이 그대로 전해지는 샤오룽바오, 쫀득한 맛에 끌리는 창펀 등 딤섬전문점인 만큼 다양한 딤섬 맛에 반하게 될 것이다.

전화번호/주소 86-532-6678-8081 / 山东省 青岛市 市南区 东海西路海信广场 **찾아가기** 하이센스백화점(海信广场, Hisense Plaza) 지하 1층에 위치한다. **영업시간** 07:30~14:30, 19:30~22:30(15:00~17:00 브레이크타임) **귀띔 한마디** 같은 층에 허니문디저트와 스타벅스 등이 자리하고 있다.

백여 년의 역사를 지닌 미식거리,
피차이위엔 劈柴院, 벽시원

1902년 독일 점령기 때부터 형성되기 시작하여 백 년이 넘는 역사를 느낄 수 있는 미식거리 피차이위엔은 처음에는 상업지구로 형성되기 시작하여 점차 확대 발전되면서 미식거리로 발전했다. 시간이 흐르면서 노후하고 낙후된 피차이위엔을 2008년 청나라 말기의 풍경으로 대대적인 보수작업을 완료한 후 개방하여 칭다오의 새로운 관광지로 부상했다.

피차이위엔 입구에서부터 모락모락 피어나는 각종 먹거리는 마음 바쁜 여행자의 발걸음을 쉽게 옮기기 힘들 정도로 만든다. 칭다오를 대표하는 전통 먹거리뿐만 아니라 각종 해산물, 꼬치구이, 만두, 훠궈 등과 심지어 떡볶이까지 등장했고, 선뜻 먹기가 꺼려지는 이름 모를 곤충과 뱀 등도 판매하고 있다. 피차이위엔의 골목 안쪽에는 청나라 말기 객잔客棧의 모습을 그대로 복원유지해온 강녕회관江宁会馆, 장닝회관이 있다. 이곳에서는 방송에서도 몇 번 소개됐던 기다란 주둥이가 달린 주전자로 차를 따라주는 진귀한 풍경을 경험할 수 있다. 걷는 내내 시간을 거슬러 과거의 옛 골목을 걷는 듯한 기분이 들어 설레고, 주머니 사정이 여의치 않은 여행자에게는 푸짐한 한 끼를 해결 할 수 있어 좋다.

주소 山东省 青岛市 市北区 中山路 166号 **찾아가기** 중산루(中山路)에 위치한 춘허루를 지나 육교 못가서 1902라고 써진 입구가 보인다. **영업시간** 업소마다 다소 차이는 있지만 10:00~22:00

중국 훠궈 전문체인점,
추이펑위엔 CFY 翠峰苑, 취봉원

추이펑위엔은 중국의 대표적인 훠궈火锅 체인점으로 깔끔한 실내와 신선한 재료들을 사용하여 입소문이 난 곳이다. 훠궈는 중국식 샤브샤브로 이제는 우리와도 친숙해진 음식이다. 메뉴는 중국어로 되어 있어 주문하기 쉽지 않으므로 제대로 훠궈를 즐기고 싶다면 주문에 필요한 간단한 중국어 정도는 적어가는 것도 방법이다. 운소로미식가 내에 위치한 매장의 경우 이 회사의 경영철학인 듯한 CFY Care For You를 몸소 보여주는데, 매니저가 직접 스마트폰으로 한국어를 보여주며 주문을 도와주기도 한다.

훠궈는 먼저 육수를 선택해야 하는데 닭뼈를 푹 고아내 담백한 맛을 내는 백탕白汤과 산초와 쓰촨고추 등을 넣어 끓인 매운맛을 내는 홍탕红汤 중 한 가지를 선택하거나 두 가지 탕이 한 번에 나오는 웬양꿔鸳鸯锅을 주문하면 된다. 그 다음은 식재료 소고기牛肉, 양고기羊肉, 돼지고기猪肉, 닭고기鸡肉, 조개蛤, 새우虾, 생선鲜鱼, 게살蟹足棒, 어묵鱼丸, 고기완자肉丸, 배추大白菜, 상추生菜, 시금치菠菜, 죽순笋片, 미나리水芹菜, 팽이버섯金针菇, 송이버섯松茸, 각종 면粉, 두부豆腐 등 원하는 재료를 선택하여 주문하면 된다. 한 접시 또는 반 접시 단위로 주문할 수 있으며, 주문을 마친 후 별도 테이블에 놓인 다양한 소스를 골라 샤브샤브와 곁들여 먹으면 된다.

공식 홈페이지 www.cuifengyuan.com **전화번호/주소** 운소루점 86-532-8077-2111 / 山东省 青岛市 市南区 云霄路 82号 **찾아가기** 운소로미식가 내에 위치한다. 그 이외에도 민장루점(闽江路店) 등 칭다오시에만 17개의 체인점이 있다. **귀띔 한마디** • 간판에 火锅라는 한자가 있다면 훠궈 음식점이다. • 한국의 샤브샤브와 달라 입맛에 안 맞을 수 있으니 예민한 경우 고려해보자.

Part 05 작은 유럽을 담은 칭다오(Qingdao)

Section 06
칭다오에서 눈이 즐거워지는
쇼핑거리

칭다오에서는 쇼핑에 대해서는 그리 큰 기대를 하지 않는 것이 좋다. 국내에서 흔히 볼 수 있는 백화점과 할인마트 정도이므로 현지에서 판매되는 제품이나 물가 등을 파악할 목적으로 둘러보는 게 좋다. 혹시 맘에 드는 것이 있다면 국내 가격과 품질을 꼼꼼히 따져보고 구입해야 한다.

칭다오시의 대표 백화점,
양광백화점 Sunshine Department Store, 阳光百货, 양광바이훠

양광백화점은 2003년에 오픈한 칭다오시의 대표적인 백화점이다. 외관은 두 개의 동으로 나뉘어 있지만 구름다리로 연결되어 있어 세련미와 편의성이 고려되어 있다. 백화점 매장은 지상 3층, 지하 1층으로 이루어져 있으며 의류, 액세서리, 화장품 등 중국은 물론 세계 유명브랜드 매장들이 입점되어 있다.

지하에는 대형마트 슈퍼잇Super it이 있는데 중국은 물론 한국과 일본 제품들도 판매하며, 생필품 위주의 왓슨스Watsons도 입점되어 있다. 1층은 주로 화장품과 향수 브랜드 매장인데, 하겐다즈Haagen-Dazs나 스타벅스, 제과점 등도 보인다. 2층은 여성의류나 액세서리, 잡화 매장이 주를 이루고, 3층은 남성의류와 잡화 매장들이 입점되어 있다. 백화점 내는 대체로 한산한 편이라 여유롭게 쇼핑을 즐길 수 있다.

공식 홈페이지 www.sunshinedpt.com 전화번호/주소 86-532-8667-7166 / 山东省 青岛市 市南区 香港中路 38号 찾아가기 샹강중루(香港中路) 까르푸 건너편에 위치한다. 영업시간 봄, 겨울 – 10:00~21:30, 여름, 가을 – 10:00~22:00

세계적인 대형할인점
까르푸 Carrefour, 家乐福, 찌아러푸

양광백화점 길 건너편에 위치한 까르푸 건물 1층에는 KFC, 일본라멘점 등의 음식점이 입점되어 있다. 또한 중국 전통차를 저렴하게 판매하는 톈푸밍차天福茗茶, 동남아 유명 베이커리 전문점인 브레드토크Bread Talk 외에도 다양한 액세서리점 등이 입점되어 있다. 까르푸는 대형할인마트답게 2층에는 식품, 3층은 의류와 잡화 매장들이 1층 못지않게 다양한 상품들로 소비자를 유혹하고 있다. 대형할인마트라 가격은 저렴한 편이지만 중국임을 감안한다면 결코 싸다는 느낌보다는 국내보다 조금 저렴하거나 비슷한 수준이다. 그래도 칭다오맥주만큼은 아주 저렴하게 구입할 수 있으므로 맥주를 좋아하는 사람이라면 양껏 마실 수 있는 좋은 기회가 된다. 매장 한쪽에는 한국코너도 작게나마 있는데 과자, 술, 라면 등을 구입할 수 있다.

공식 홈페이지 www.carrefour.com.cn 전화번호/주소 86-532-8584-5026/ 山东省 青岛市 市南区 香港中路 21号 찾아가기 샹강중루(香港中路) 양광백화점 건너편에 위치한다. 영업시간 08:30~22:00

원스톱 쇼핑이 가능한

쟈스코 JUSCO

중국에 진출한 일본 대형할인마트 쟈스코는 할인마트와 의류 & 잡화, 식당, 카페 등이 입점되어 있어 원스톱으로 쇼핑이 가능하다. 할인마트의 경우 까르푸보다는 작은 편이지만 상품들은 알차게 구성되어 있어 쇼핑하기에 좋다. 일본 기업이라 일본제품이 많을 것 같지만 실상은 일부만 들어와 있으므로 오해하지 말자. 쟈스코 1층은 푸드코트가 자리하는데 다양한 종류의 음심점과 한국음식점도 입점되어 있어 저렴하게 한 끼 식사를 해결하기에 그만이다.

공식 홈페이지 www.qdaeon.com 전화번호/주소 칭다오 동부점 86-532-8571-9600 / 山东省 青岛市 市南区 香港中路 72号 찾아가기 샹강중루(香港中路)에 위치한다. 버스 31, 33, 104, 125, 208, 225, 232, 304, 311, 316, 321, 363, 374, 501, 801路 푸저우루(福州路) 정류장 하차 영업시간 하계 08:30~23:00, 동계 08:30~22:00

이국적인 정취와 중국 전통이 공존하는 거리,
중산루 Zhongshan-Lu, 中山路, 중산로

100여년의 역사를 간직한 중산루는 칭다오의 구시가지 거리로 오래된 상점, 백화점, 음식점, 미식거리 피차이위엔, 천주교당 등이 위치해 있다. 칭다오 속 유럽거리라고 하면 조금은 억지스러울지 모르지만 이국적인 정취와 중국의 전통이 공존하고 있는 공간이다. 중산루에는 청나라 말 독일과 일본 점령 당시 세워진 건물들이 곳곳에 자리하고 있어 색다른 느낌의 화보사진을 찍기에도 그만이다. 중국 음식이 맞지 않아 고생스러웠다면 패스트푸드 KFC나 맥도날드 등도 중산루에서 만날 수 있으므로 이곳에서 간단하게 한 끼를 해결할 수 있다.

주소 山东省 青岛市 市南区 中山路 **찾아가기** 잔교 초입에서 지하도를 건너면 중산루가 시작된다.

칭다오 최대의 번화가

타이둥상업지구 台东商业区, 태동상업구

타이둥상업거리는 우리나라 명동에 비견되는 칭다오의 쇼핑 번화가이다. 차량이 통제되는 보행자거리이기 때문에 항상 많은 사람들로 붐빈다. 과히 쇼핑 천국이라 부를 만큼 유명브랜드부터 중저가브랜드까지 총집결되어 있다. 그뿐 아니라 패스트푸드점부터 전문음식점들까지 먹을거리도 넘쳐나고 젊은 사람들이 많이 모이는 곳이라 영화관이나 카페들도 많이 보인다. 타이둥상업지구 내의 아파트나 건물에는 다양한 그림들이 그려져 있어 도시를 더욱 밝게 보이게 하고, 이를 보는 사람도 즐거워진다.

주소 山东省 青岛市 市北区 台东 **찾아가기** 맥주거리에서부터 걷는다면 15분 정도 걸린다. 버스 11, 125, 119, 226, 229, 232, 320路 타이둥이루(东一路) 정류장. 버스 2, 11, 104, 119, 125, 218, 222, 232, 226, 229, 301, 320路 십구중(十九中) 정류장 하차

비가와도 맑은 하늘 실내 아케이드 쇼핑몰,
티엔무청 天幕城, 천막성

티엔무청은 '환상적인 하늘'을 주제로 만들어진 실내 아케이드로 칭다오 역사를 대표하는 건축물 20여 개를 축소하여 만들어 놓아 이들을 살펴보는 재미가 있는 곳이다. 도쿄의 비너스포트를 보는 듯 높은 천장은 실제 외부의 하늘이 보이는 것처럼 시간흐름과 날씨를 반영한 구름, 노을, 달, 별 등으로 꾸며져 있어 이 또한 볼거리이다. 티엔무청 내에는 다양한 음식점, 상점, 오락실 등이 입점되어 있으며 칭다오 거리에서 흔히 볼 수 있는 상품들을 주로 판매한다. 대단한 볼거리를 보겠다는 생각보다는 여유롭게 산책하듯 가볍게 둘러볼 만한 곳으로 맥주박물관과 연계하여 둘러보기에 좋다.

주소 山东省 青岛市 市北区 寿光路~辽宁路 **찾아가기** 맥주박물관에서 걸어서 5분 거리에 위치한다.

맛있기로 소문난 음식점들이 모여 있는
민장루 闽江路, 민강로

긴 도로를 따라 각종 상점, 음식점, 카페 등이 즐비하게 늘어서 있다. 민장루는 잘 알려지지 않은 곳이 많아 초행길에는 그다지 흥미롭거나 이색적인 볼거리를 발견하기 힘들지만 곳곳에 유명한 음식점 등이 자리하고 있어 아는 사람들은 이 거리를 일부러 찾아온다. 미식거리로 알려진 만큼 훠궈, 딤섬, 사천식 요리, 해산물 식당, 다양한 커피전문점 등을 만날 수 있어 천천히 둘러본 후 먹고 싶은 음식점으로 향하면 된다.

주소 山东省 青岛市 市南区 闽江路

Part 05
작은 유럽을 담은 칭다오(Qingdao)

이미테이션 상품들을 판매하는
찌모루스창 即墨路市場, 즉묵로시장

일명 '짝퉁시장'이라 알려진 찌모루시장은 모조품 외에도 다양한 제품을 판매한다. 총 4개의 층으로 구분되어 지하 2층은 속옷, 장식품, 의류 등의 매장이 있고, 지하 1층은 이불, 차량용카펫, 인테리어장식품 등, 1층은 시계, 진주, 벨트 등의 액세서리, 2층은 가방, 신발, 의류 등의 잡화매장이 주를 이룬다. 보통 짝퉁이라 불리는 이미테이션 제품들은 1층과 2층에서 판매되는데 단속이 심해지면서 은밀히 거래가 이뤄지는 경우가 많다.

굳이 이미테이션 제품을 사지 않더라도 다양한 기념품을 구입하기에 좋고, 돌아보는 재미도 있으므로 한 번 들러볼 만하다. 여기저기서 관광객과 상점 주인이 계산기를 두드려가며 흥정하는 모습을 자주 볼 수 있는데, 이처럼 찌모루에서 가격흥정은 기본이다. 무조건 70% 이상을 깎고 시작해야 한다. 시장 밖에는 한국분식점 등 여러 음식점이 있으므로 간단하게 요기도 할 수도 있다.

주소 山东省 青岛市 市北区 即墨路 **찾아가기** 버스 2, 5, 205, 212, 218, 222, 301, 305, 308, 320, 366路 시립병원(市立医院) 정류장 하차, 버스 228路 중산루(中山路) 정류장 하차 **영업시간** 10:00~17:00

237

Section 07
배짱이가 머물렀던 칭다오
숙소

칭다오는 크게 칭다오시내와 청양城阳지역으로 나뉜다. 공항에서 1시간 거리에 위치한 칭다오시내는 해변관광지와 근접하여 여행하기는 편하지만 조금 비싼 반면, 청양지역은 공항에서 10분 내 거리로 한인 업소들이 밀집되어 있고 고급 호텔도 많지만 시내 관광지로 이동하려면 30~40분 이상 소요되므로 시간과 교통비가 많이 든다. 골프투어가 아닌 이상 관광지와 근접한 칭다오시내에 숙소를 정하는 것이 좋다.

■ 여행하기 좋은 위치에 있는
삼도공간 3rd Space, 三度空间, 산뚜쿵젠

칭다오 시내 중심지에 위치한 삼도공간은 52평방국제호텔이라고도 부르며, 양광백화점 후문 쪽에 위치한다. 주변에 5.4광장, 운소로미식가, 까르푸 등이 근접되어 있어 여행하면서 묵기에는 최적의 장소이다. 출입구, 엘리베이터, 객실 출입까지 카드키를 소지해야만 들어갈 수 있으므로 보안이나 치안상 안전하다. 삼도공간은 객실은 넓은 편이지만 전반적으로 TV나 가구 등이 오래되었고, 카펫 소파 등에 군데군데 얼룩이 보여 조금 지저분하다는 인상을 받는다. 어차피 숙소에서 오래 머물게 아니라면 크게 신경 쓸 정도까지는 아니므로 너무 위생 부분을 걱정할 필요는 없다.

더블침대와 싱글침대가 있어 3명이 머물기에 좋고, 수납장이 많은 편이며 식탁겸용 테이블, 업무용 테이블, 창가에는 소파가 놓여 있다. 삼도공간은 레지던스 Residence 형태로 숙소마다 작은 주방이 딸려 있어 가스레인지, 냉장고, 도마 등과 각종 식기류가 준비되어 있다. 실제 요리를 할 일은 없겠지만 전자레인지는 숙소에서 칭다오맥주를 즐길 때 간단한 인스턴트 음식을 데워먹기에 유용하다. 기본적으로 무료 생수 2개, 커피포트, 티, 잔, 기본적인 세면도구가 마련되어 있으며 인터넷도 무료 지원된다. 하지만 샤워타월이나 면도기가 필요할 경우 근처 까르푸에서 구입해야 한다. 호텔 같은 고급스러움은 기대하지 말고, 가격대비 위치 좋은 숙소를 원한다면 추천할 만하다.

작은 유럽을 담은 칭다오(Qingdao)

전화번호/주소 1321-017-4933 / 山东省 青岛市 市南区 海丰路 10号 数码港三度空间-阳光百货后门 **찾아가기** 양광백화점 정면을 보고 우측으로 돌아가 후문 쪽에 3rd Space라고 써진 입구로 가면 된다. **객실타입** 퀸룸, 비즈니스 트윈룸, 디럭스 트윈룸, 패밀리룸 **귀띔 한마디** • 조식은 포함되지 않으며 금연실/흡연실 구분이 없다. • 阳光百货后门의 三度空间을 보여주거나 请把我送到阳光百货, 后门的三度空间.(칭바워쑹 또우 양광바이훠, 허우 먼 더 싼뚜쿵졘.) 택시기사에게 말하면 호텔로 갈 수 있다.

여행에 도움을 받을 수 있는
양광신지호텔 Sunny World Hotel, 阳光新地大酒店, 양광씬띠따쥬땐

마이칼백화점, 샹강화웬과 근접한 3성급의 양광신지호텔은 늦은 밤까지 칭다오의 밤을 즐기기에 좋은 위치에 자리하고 있다. 쟈스코, 운소로미식가, 까르푸, 양광백화점, 5.4광장 등이 인접해 있으므로 순차적으로 둘러보기에도 멀지 않다. 필자가 머물렀던 객실은 일반룸으로 아늑하고 깔끔하면서 둘이 자도 넉넉한 슈퍼사이즈 침대와 오래된 듯한 TV, 탁자와 테이블 등이 있었으며 그 밖에도 가운, 슬리퍼, 커피포트, 잔, 헤어드라이기, 냉장고, 침구 여유분까지 마련되어 있다. 무료인터넷이 가능하며 한국만큼은 아니지만 웹서핑을 즐기기에도 무리가 없다. 욕실은 작은 편이며 샤워부스와 세면대가 분리되어 있으며 바디타월을 제외한 기본적인 세면도구들이 제공된다.

조식은 과일, 콘지, 베이커리, 딤섬 등이 뷔페식으로 제공되는데, 맛은 그리 큰 기대를 하지 않는 것이 좋다. 전체적인 분위기는 호텔보다는 국내 모텔 수준에 가깝다. 이 호텔에는 한국업체 상주직원들이 근무하고 있으므로 칭다오에 대한 궁금한 점, 교통편 등을 전화하면 친절하게 안내해준다. 칭다오를 여행하다가 현재 내가 있는 위치에서 어떤 버스를 타면 좋을지 궁금하다면 어려워말고 전화를 할 수 있다는 얘기이다.

Part 05
작은 유럽을 담은 칭다오(Qingdao)

호텔 사이트 cafe.naver.com/qingdaogoodhouse **전화번호/주소** 070-7073-5000(국내서 이용 시 시내전화요금 청구됨) / 山东省 青岛市 市南区 汕头路 1号 **찾아가기** 마이칼루백화점 맞은편 산토루(汕头路)쪽에 위치한다. **객실타입** 비수기 340元, 성수기 490元 (더블 기준, 가격변동이 있을 수 있으며 칭다오 맥주축제기간은 별도 요금으로 책정된다.) **귀띔 한마디** • 호텔 보증금 100元 지불함. 체크아웃 시 아무런 문제가 없으면 되돌려준다. • 가족 단위로 올 경우 호텔에서 공항까지 공항리무진 대행해준다.

Part
06

다이내믹한 즐거움이 가득한 보라카이(Boracay)

Section01 보라카이 여행을 시작하기 전에
Section02 고민 없이 즐기는 보라카이 맞춤 여행 루트
Section03 보라카이에서 환전 및 대중교통 이용방법
Section04 보라카이에서 둘러봐야 할 지역별 명소
Section05 보라카이에서 먹어봐야 할 맛집
Section06 보라카이에서 안 해보면 후회할 즐길거리
Section07 배짱이가 머물렀던 보라카이 숙소

Boracay Travel Information and Travel Guid

✈ Section 01
보라카이 여행을 시작하기 전에

7,000여 개의 섬으로 구성된 필리핀, 그 많은 섬 중 보라카이Boracay는 단연 동남아 최대의 휴양지로 손꼽힌다. 보라카이는 필리핀 파나이 섬Panay province 북서부에 위치하며, 특히 아름다운 화이트비치는 이곳에 있는 것만으로도 지친 영혼까지 말끔히 씻겨나갈 것 같은 매력을 풍기는 곳이다. 밀가루처럼 부드럽고 고운 흰 백사장과 눈이 시릴 정도로 푸른 바다. 더 이상 말이 필요 없는 아름다운 장관이 바로 눈앞에 끝없이 펼쳐진다. 아름다운 바다 한가운데에서 요트를 즐기거나 한가로이 낚싯줄을 던지는 풍경, 속이 훤히 비치는 바다 속 열대어들을 보려고 무수히 물속을 드나들며 스노클링을 즐기는 사람들의 모습, 저녁 무렵이면 선셋세일링보트에 몸을 맡기고 형용할 수 없는 아름다운 노을과 붉게 물들어가는 바다에 젖어든다. 직접 즐기는 것도, 멀리 해변에서 그냥 바라만 보고 있어도 충분히 낭만적이고 행복한 시간 속으로 빠져들 수 있다.

이 모든 것들이 작지만 알찬 보라카이에서는 가능하다. 24시간이 모자를 정도로 다이내믹한 즐길거리와 먹거리들로 넘쳐나는 이곳에서 일상은 잠시 벗고 재충전의 시간을 갖기에 안성맞춤이다. 보라카이가 단지 신혼여행지로 각광받던 시절은 지나가고 있다. 혼자서 또는 친구, 가족들과 즐기기에 너무도 좋은 여행지이다.

●● 보라카이 가기 전에 체크하세요!

비자 30일 무비자(여권 잔여 유효기간은 6개월 이상 남아 있어야 하고, 왕복항공권을 소지해야 한다.) **전압** 220V, 멀티어댑터 **시차** 한국 시간보다 1시간 느리다. **공용어** 타갈로그어(Wikang Tagalog), 영어 **통화** 페소 (Peso) 또는 php(1페소 = 24.7원, 2015년 4월 기준) **날씨** 일 년 내내 열대성 기후이며, 6~11월 우기, 12월~5월 건기로 10월~12월까지가 여행하기에는 가장 좋은 시기이다. **항공소요시간(인천공항 기준)** 직항일 경우 약 4시간

국가/도시	도착 공항 이름	출발공항과 항공사(코드)	거리	예상 소요시간
보라카이	칼리보국제공항 (Kalibo international airport)	인천국제공항 – 에어아시아제스트(Z2), 필리핀항공(PR)	2,897Km (1,800마일)	4시간 00분
		김해국제공항 – 에어아시아제스트(Z2), 필리핀항공(PR)	2,697Km (1,676마일)	4시간 00분

●● 마닐라를 경유하여 보라카이로 갈 경우

국가/도시	도착 공항 이름	출발공항과 항공사(코드)	거리	예상 소요시간
마닐라	마닐라국제공항(Manila International Airport)	인천국제공항 – 대한항공(KE), 아시아나항공(OZ), 세부퍼시픽(5J), 제주항공(7C), 필리핀항공(PR)	2,610Km (1,622마일)	4시간 00분
		김해국제공항 – 아시아나항공(OZ), 세부퍼시픽(5J), 필리핀항공(PR)	2,433Km (1,512마일)	4시간 00분
보라카이	까띠끌란공항(Caticlan Airport)	마닐라국제공항 – 세부퍼시픽(5J), 필리핀항공(PR), 에어필익스프레스(2P), 씨에어(DG)	304Km(189마일)	1시간 00분
	칼리보국제공항(Kalibo International Airport)	마닐라국제공항 – 세부퍼시픽(5J), 필리핀항공(PR), 에어필익스프레스(2P)	348Km(216마일)	1시간 00분

- 보라카이를 포함한 필리핀의 섬 여행 시 가급적 복수여권을 이용하는 것이 좋다
- 여행지 특성상 바다와 해변에서 보내는 시간이 많으므로 반드시 자외선 차단제를 준비하도록 한다.
- 보라카이는 우기라도 날씨가 좋을 때가 많으므로 너무 민감하게 반응하여 날씨 때문에 여행지를 바꿀 필요는 없다. 날씨는 어디까지나 운에 좌우되는 것이니 너무 걱정하지 말자.
- 보라카이 관련 정보 사이트 : 여행 전에 미리 인터넷을 통해 필요한 여행정보를 수집해보자.
  필리핀관광청 한국사무소 www.7107.co.kr
  온필 www.onfill.com

필리핀관광청   온필

Section 02
고민 없이 즐기는
보라카이 맞춤 여행 루트

동남아 최고 휴양지로 꼽히는 보라카이는 가는 여정이 다소 번거롭지만 보라카이섬을 밟는 순간부터 모든 것이 말끔히 씻기고 만다. 짧은 여행일정동안 다양한 해양스포츠를 즐기고 넘쳐나는 먹거리에 빠지고 밤낮 가리지 않는 무한한 즐길거리로 알찬 여행을 할 수 있다. 3박 5일 여행을 통한 보라카이를 알차게 보내는 일정을 소개하겠다.

※ 경로 시간과 목적지에서 보내는 소요 시간은 개인의 상황에 따라 달라질 수 있다.
※ 숙소는 임의로 화이트비치 제2선착장에 위치한 곳을 정했으므로 제시된 동선을 참고하여 자신이 묵는 숙소를 기준으로 실제 동선은 다시 계획해야 한다.
※ 해양스포츠와 마사지, 스파 등은 여행 상황에 따라 일정에 맞춰 자유롭게 선택하면 된다.

가깝고도 먼 곳, 보라카이를 만나는 ● 첫째 날

아침 일찍 서두르면 칼리보국제공항까지 4시간 정도 소요되고 우리보다 1시간 느리기 때문에 생각보다 빨리 도착한다. 하지만 1시간 30분 정도 차를 타고 까띠끌란제티포트로 이동하여 또 다시 방카를 타고 15분여간을 이동해야 한다. 다시 선착장에서 트라이씨클을 타야 비로소 숙소에 도착한다. 첫날은 화이트비치 주변, 디몰 내에서 여유롭게 여행을 시작하는 것이 좋다. 만약 늦은 밤 도착하는 일정이라면 숙소 가까운 곳에서 식사를 하고 화이트비치 주변을 둘러본 뒤 휴식을 취하는 것이 좋다. 액티비티를 국내에서 미리 현지여행사를 통해 예약했다면 출국 전 날 현지 날씨나 상황 등을 체크하여 필요하다면 일정을 조정하는 것이 좋다.

추천동선

인천국제공항 출발(기내식 1회 제공, 4시간 소요) → 칼리보국제공항공항 도착(입국심사 및 짐 찾기) → 까띠끌란제티포트 → 각반제티포트(우기 때에는 탐비산제티포트) → 호텔 체크인 및 짐 정리 → 마냐냐 → 디몰 → 드딸리빠빠 → 화이트비치(야경) 산책 → 숙소 1박

다양한 액티비티를 체험하는 ● 둘째 날

보라카이의 진가를 만끽할 수 있는 둘째 날은 다양한 해양스포츠를 즐겨보자. 에머랄드빛 바다 속 탐험을 하는 스쿠버다이빙, 버그카를 직접 몰고 푸카셀비치, 오션뷰, 루호산 전망대를 둘러보며 보라카이의 숨겨진 볼거리를 찾아보자. 그리고 저녁에는 피곤함을 한 방에 풀어줄 마사지를 경험해보고 가뿐해진 몸으로 보라카이의 밤을 즐겨보자. 디몰이나 화이트비치패스를 거닐기도 하고 클럽, 라이브바에서 신나게 보내거나 리조트 내 풀장에서 여유로운 시간을 가져도 좋다.

추천동선

호텔조식 → 스쿠버다이빙 → 시마(점심식사) → 버그카 체험 → 마사지 체험 → 가스트로프(저녁식사) → 숙소 2박

Part 06
다이내믹한 즐거움이 가득한 보라카이(Boracay)

여유와 낭만을 느낄 수 있는 셋째 날

셋째 날은 여유와 낭만을 찾아 시간을 보내보자. 이른 아침 반짝이는 바다를 가로 질러 낚시, 스노클링, 맛있는 야외 식사까지 마련된 호핑투어를 즐긴 후 리조트나 해변에서 달콤한 휴식시간을 가져보자. 해질 무렵에는 선셋세일링 보트를 타고 낭만적인 보라카이섬을 만끽한 후 밤 9시 이후에는 클럽이나 카페에서 흥겨운 리듬에 맞춰 마지막 밤을 즐겨보자.

추천동선

호텔조식 → 호핑투어 → 리조트 휴식 → 선셋세일링 → 올레(저녁식사) → 클럽퍼라우 → 숙소 3박

아쉬움을 뒤로한 채 여행을 정리하는 넷째 날

다음 날 이른 아침 귀국이라면 체크아웃을 한 후 바로 공항으로 향하자. 만약 오후 비행기라면 호텔에 짐을 맡기고 에어컨이 있는 카페나 화이트비치 내에서 마사지를 받으며 시간을 보내는 것도 좋다. 공항으로 가는 왕복 교통편을 예약하지 않았을 경우 날씨 상황에 따라 보라카이를 빠져 나오는 항구가 달라지므로 현지여행사나 숙소에 꼭 문의를 해보고 이동하자.

추천동선

호텔 기상 및 조식 → 리조트 휴식 및 체크아웃 → 아리아(점심식사) → 블라복비치 → 화이트비치 마사지 → 자유일정 → 짐 찾기 → 각반제티포트 → 까띠끌란제티포트 → 칼리보국제공항 → 귀국

동선에 따른 예산 책정하기

대부분 보라카이 여행은 에어텔(항공+숙박+픽업샌딩) 상품을 많이 이용하지만, 비수기 주중에 간다면 자유여행으로 땡처리항공권과 저렴한 숙소를 찾아 볼 수 있다. 보라카이의 해양 액티비티는 현지인이 운영하는 여행사나 호객꾼을 통해 흥정만 잘한다면 여행경비를 많이 절약할 수 있다.

구분	항공료/선박	숙박료	식대 및 간식	교통비	기타 경비	합계
첫째 날	-	에어텔	50,000원	25,500원	-	7~9만 원
둘째 날	-	에어텔	70,000원	2,000원	5,000원	8~10만 원
셋째 날	-	에어텔	30,000원	-	-	3~5만 원
넷째 날	-	에어텔	50,000원	20,000원	20,000원	9~11만 원
총합계	-	에어텔	200,000원	47,000원	25,000원	27~35만 원

※ 2인 기준으로 넉넉잡아 산출한 경비로, 에어텔(항공+숙박), 액티비티, 쇼핑 등은 제외했다. 참고로 스쿠버다이빙, 호핑투어, 버그카체험, 마사지, 선셋세일링은 한인아 운영하는 현지여행사에서 US$120 내외로 즐길 수 있다.
※ 에어텔을 많이 이용하게 되므로 변화가 많은 항공권과 숙소를 제외하였다.

Part 06
다이내믹한 즐거움이 가득한 보라카이(Boracay)

숙소
기상 및 조식

호핑투어
4시간 코스

리조트 휴식 or 해변 산책
3시간 코스

선셋세일링
1시간 코스

Start 도보 15분 → 도보 15분 → 도보 10분 → 도보 5분
도보 20분 ← 도보 15분 ←

숙소
3박

클럽퍼라우
2시간 코스

올레(저녁식사)
주메뉴 : 감바스, 파엘라

숙소
기상 및 조식

리조트 휴식 및 체크아웃

아리아(점심식사)
주메뉴 : 피자, 파스타

블라복비치
30분 코스

Start → 도보 5분 → 도보 15분 → 도보 15분
← 도보 5분

짐 찾기

화이트비치 마사지
1시간 코스

도보,
트라이씨클
25분

각반제티포트

까띠끌란제티포트

칼리보국제공항
출국심사 및 탑승

방카 15분 | 현지교통 2시간여

249

Section 03
보라카이에서 환전 및 대중교통 이용방법

보라카이는 마닐라를 경유해 까띠끌란공항이나 칼리보공항을 이용하는 방법과 직항으로 칼리보공항으로 바로 가는 방법이 있다. 아무래도 경유를 하는 경우 시간 변수가 많으므로 칼리보공항으로 가는 직항을 이용하는 편이 좋다. 보라카이 내에서는 대부분 도보나 트라이씨클만으로도 여행이 가능하다.

공항에서 보라카이로 이동하기

보라카이에는 공항이 없으므로 보라카이 인접 공항에 내려 다른 교통수단을 이용해야만 한다. 우리나라에서 취항하는 노선 중 대표적인 필리핀 주요도시 국제공항은 마닐라Manila, 세부Cebu, 칼리보Kalibo, 클라크Clark이다. 칼리보공항의 경우 바로 다른 교통편을 이용하여 보라카이로 이동할 수 있고, 마닐라나 세부, 클라크에서는 보라카이에 근접한 까띠끌란공항Caticlan Airport으로 가는 국내선을 갈아타면 좀더 빠르게 보라카이로 갈 수 있다.

칼리보공항에서 보라카이로 가기(직항 이용 시)

칼리보국제공항Kalibo International Airport에 내려 바로 보라카이라면 좋겠지만 아쉽게도 공항에서 차를 타고 까띠끌란제티포트Caticlan Jetty Port에서 다시 방카를 타야만 보라카이까지 들어갈 수 있다. 에어텔이나 여행사 상품을 이용한다면 까띠끌란까지 픽업서비스를 받을 수 있지만 자유여행은 공항에서 내려 승합차, 택시, 버스를 이용해야 한다. 호객꾼들과 합의하여 승합차를 탈 경우 보통 1인당 250페소 내외로 에어컨 여부 등을 확인 후 탑승하면 되는데, 보통 승객이 가득 차야 출발한다. 버스는 현지에서 운영하는 사우스웨스트(www.southwesttoursboracay.com)를 통해 국내에서 미리 픽업&샌딩을 예약할 수 있다. 메뉴 중 Transportation을 선택한 후 그 중 Roundtrip Door to Door with fees (Kalibo) 1,225페소를 선택하면 공항에서 숙소까지 왕복교통비는 물론 각종 비용이 포함되어 있어 저렴하게 이용할 수 있다. 이 밖에도 국내 보라카이다이어리(www.boracaydiary.com)에서도 택시, 승합차, 버스 교통편을 손쉽게 예약할 수 있다.

칼리보공항국제공항

칼리보공항국제공항의 승합차

칼리보공항에서 까띠끌란제티포트까지는 교통상황에 따라 차이는 나지만 대략 1시간 30분에서 2시간 30분 정도 소요된다. 간혹 짐을 들어주겠다며 포터가 다가오는데 공짜가 아니므로 원치 않을 경우 'No Thank you.'라고 말하면 된다. 까띠끌란제티포트에 도착하면 1, 2, 3창구가 보인다. 각 창구에서 승선료 25페소, 터미널비 100페소, 환경세 75페소를 각각 지불하고 티켓을 구입한다. 수화물은 엑스레이 검사를 하고, 탑승자 명단에 기재한 후 방카에 탑승하면 된다. 방카에 탑승할 때는 아슬아슬 길고 좁은 다리를 건너야 하니 조심히 탑승하자. 이때 포터의 도움을 받을 시 짐 한 개당 20페소를 지불해야 한다. 대략 15분 정도 소요되며 날씨 사정에 따라 평소에는 각반제티포트Cagban Jetty Port, 우기에는 탐비산제티포트Tambisaan Jetty Port로 도착한다. 도로 쪽으로 나가면 트라이씨클Tricycle이 대기하고 있으니 리조트 이름을 말하고 흥정한 후 탑승하자. 보통 화이트비치 내 제2선착장에 위치한 숙소라면 100페소 정도로 흥정하면 된다. 미리 픽업&샌딩서비스를 예약했다면 해당 업체 직원의 안내를 받아 이동하면 된다.

●● 보라카이 칼리보공항 입국 시 주의할 점

보라카이 입국 시 면세 한도는 0원이다. 칼리보공항으로 입국할 때는 수하물을 엑스레이 검사대를 통과시키지 않고 일일이 열어서 확인을 한다. 그런데 이 과정에서 간혹 면세품에 대해서도 세금을 물게 되는 경우가 종종 있다. 그러므로 사전에 방지하려면 검사 전 면세점 쇼핑백이나 케이스 등을 버리고 사용하던 물건인양 캐리어에 담아서 검사받는 것이 좋다. 늦장 부리는 것보다는 되도록 서둘러서 빨리 검사를 받는 것이 좋으며, 혹시 물어보면 100불 이내로 산 것처럼 말해야 한다. 혹, 불미스러운 일이 발생하더라도 그들의 신경을 건드리지 않는 것이 좋으므로 슬기롭게 대처하자. 또한 본인 짐이 맞는지 확인하는 경우도 있으므로 수화물표를 버리지 말고 보관하자.

까띠끌란공항에서 보라카이로 이동하기

까띠끌란공항Caticlan Airport의 정식명칭은 고도프레도 P 라모스공항Godofredo P. Ramos Airport이며, 보라카이와 가장 인접한 공항이다. 하지만 활주로가 짧은 작은 공항이라 큰 항공기들은 이착륙이 불가능하고 주로 경비행기 위주의 국내선만 운행된다. 결국 이 공항을 이용하려면 필리핀 주요도시의 국제공항에서 국내선 경비행기로 갈아타야만 된다.

까띠끌란공항 내 트라이시클스탠드TRICYCLE STAND에서 까띠클란제티포트 또는 타본제티포트로 가는 트라이시클 80페소와 보트비 25페소, 터미널비 100페소, 환경세 75페소를 한 번에 구입할 수 있다. 트라이씨클을 타고 5~10분 정도 이동하게 된다.

그 이후 이동 방법은 칼리보국제공항에서와 동일하다. 까띠끌란공항에서 국내선(마닐라 등)을 이용할 경우 공항세는 1인당 220페소이다.

까띠끌란공항

🧳 마닐라에서 보라카이로 이동하기(경유해서 갈 때)

마닐라국제공항Manila International Airport으로 도착했다면 필리핀 국내선으로 갈아타야 한다. 필리핀 이민국Immigration을 통과한 후 수화물을 찾고 마닐라공항 제3터미널에 위치한 3층에서 국내선 수속을 하면 된다. 마닐라공항에서 보라카이로 가려면 까띠끌란공항이나 칼리보공항행을 탑승해야 하는데, 미리 공항세 200페소를 준비해둬야 한다. 보라카이행 필리핀 국내선으로는 필리핀항공(www.philippineair.co.kr), 세부퍼시픽(www.cebupacificair.com), 아시안스피릿(www.asianspirit.com), 에어필익스프레스(www.airphilexpress.com), 씨에어(flyseair.com) 등의 항공편을 이용하면 된다.

경비행기를 이용할 때는 1인당 10kg의 수화물만 가능하며 까띠끌란항까지는 대략 1시간 정도 소요된다. 필리핀 국내선의 경우 태풍이나 폭우 등으로 인한 일시 연착, 지연이 더러 있으므로 환승에서 탑승까지 3시간 30분 이상의 여유를 가져야 한다. 또한 까띠끌란공항은 일몰 이후 이착륙이 금지되므로 상황을 파악하여 바로 칼리보공항행으로 예약해야 한다. 마닐라에서 국제선을 탑승할 때는 공항세 550페소를 지불해야 한다.

🧳 보라카이에서 칼리보공항으로 이동하기

보라카이는 날씨에 따라 각반제티포트Cagban Jetty Port, 우기에는 탐비산제티포트Tambisaan Jetty Port에서 까띠끌란제티포트로 향하는 방카를 타면 된다. 현지 사정이 밝은 트라이씨클 기사에게 까띠끌란제티포트로 가는 방카를 탄다고 하면 알아서 가주기도 하고, 화이트비치

내 여행사에 문의하여 어디로 갈지 결정한 후 탑승하자. 왕복 교통편을 미리 예약했다면 예약한 시간에 맞춰 숙소 앞에서 기다린다.

선착장에 도착하면 보트(방카)와 환경세, 칼리보공항행 밴을 묶어 패키지로 200페소에 판매한다. 밴을 탑승할 때 스티커를 나눠주는데 잘 보이는 곳에 부착해둔다. 간혹 탑승 차량에 안내하는 가이드가 없을 수도 있는데 이때는 같은 스티커를 부착한 사람들이 몰리는 곳으로 따라가면 되므로 당황하지 말고 함께 움직이자. 그리고 별도로 터미널세 100페소를 지불해야 한다. 칼리보공항은 24시간이 아니라 운항 항공편이 있을 경우 출발 2시간 전에 개방하므로 이른 시간에 도착했다면 공항 근처 레스토랑이나 주변에서 기다려야 한다. 칼리보공항에서 출국할 때는 국내선(마닐라 등)의 경우 40페소, 국제선은 500페소의 공항세를 내야 한다.

환전과 현지에서 사용하기

국내 시중은행에서 필리핀 화폐로 교환하지 못했다면 최소한의 금액(보라카이 가는 교통비, 점심식사비)만 인천공항 환전소에서 환전을 한 후 나머지는 미국달러로 준비하여 보라카이로 출발하자. 국내에서 USD로 환전한 후 보라카이에 도착하여 그곳 환전소에서 미국달러를 필리핀 화폐로 환전하는 것이 환전율이 좋은 편이다.

ATM기기를 이용할 경우 1회 인출 시 10,000페소까지 가능하며 200페소의 인출수수료가 붙는다. 귀국할 때 남은 필리핀 화폐는 보라카이 내 환전소에서 환전해도 되지만 일부 교환이 안 되는 경우도 있으므로 인천공항에 도착하여 공항환전소에서 환전하거나 시중은행을 이용하면 된다. 보라카이 시내에서 환전할 때는 디몰이 안전하고 환전율도 좋은 편이다.

만약 마닐라에서 환전이 필요한 경우라면 마닐라국제공항 내 환전소를 이용하면 된다. 2015년 4월 현재 원화 1,000원은 대략 40.5PHP이므로 경비로 50만 원 정도를 생각한다면 20,251PHP 정도를 준비하면 되고, 미국달러로 준비한다면 452USD 정도를 환전해가면 된다. 보라카이 내 대부분 상점에서는 신용카드 결제가 불가하며 만약 사용이 가능하더라도 7% 내외의 비싼 수수료를 별도로 부과하는 경우도 있으니 확인하고 사용해야 한다. 가장 좋은 방법은 현지화폐를 준비하는 것이 여러모로 편리하다.

현지 교통편 이용하기

보라카이 내에서 대중교통은 주로 오토바이 택시라 불리는 트라이씨클을 많이 이용하게 된다. 이 외에도 섬 투어 시에는 방카라 불리는 현지 보트를 이용할 수 있다.

트라이씨클

트라이씨클Tricycle은 앉아가면 총 6명까지 탑승할 수 있으며, 현지인들에게는 대중버스와도 같은 역할을 하고 있다. 한산한 곳에서는 속도를 내기 때문에 자칫 큰 사고로 이어질 수도 있으므로 배낭을 앞으로 메고 타는 것이 좋다. 탑승 전에 미리 거리를 기준으로 가격 정도는 알아보고 기사와 가격을 흥정해야 바가지를 쓰지 않을 수 있다. 또한 캐리어를 들고 탑승할 경우 캐리어는 뒤쪽 빈 공간에 눕혀두고 앞자리에 탑승해도 문제는 없다. 참고로 거리 구석구석을 갈 수 있어 편하지만 화이트비치 쪽은 운행하지 않으므로 화이트비치 쪽으로 이동하려면 메인로드 쪽 디몰 입구에 내려서 걸어가야 한다.

방카

필리핀의 전통배로 바다 길을 이어주는 교통수단이다. 보라카이 내에서 해양스포츠를 즐기려면 반드시 방카로 이동해야 한다. 방카는 배 양쪽 날개 부분을 대나무로 지지대를 만들어 균형을 잡아가면 이동한다.

Section 04
보라카이에서 둘러봐야 할
지역별 명소

세계가 인정한 보라카이 화이트비치는 동남아 최고의 휴양지답게 잊을 수 없는 추억을 만들 수 있는 명소이다. 화이트비치 주변에는 명성에 걸맞게 볼거리들로 가득하다. 다른 여행지와 달리 가이드북이나 지도 등을 들고 다닐 필요 없이 여유로운 발걸음으로 둘러볼 수 있어 더욱 멋지게 느껴지는 곳이다.

보라카이의 진수를 느낄 수 있는
화이트비치 White Beach

보라카이의 진가를 눈으로 확인할 수 있는 화이트비치, 내셔널 지오그래픽에서 선정한 세계적으로 아름다운 3대 해변에도 꼽힐 정도로 보라카이의 해변은 운치가 있다. 투명하고 아름다운 바다와 유난히 파란 하늘이 어우러질 때면 누구라도 넋을 잃고 바라볼 수밖에 없다. 펄럭이는 파란 돛이 인상적인 세일링보트는 바다에 떠 있는 그 자체만으로도 한 폭의 그림이 된다.

화이트비치 해변에서는 다양한 해양스포츠들을 즐길 수 있으며, 하늘 높이 치솟은 야자수 그늘 아래서 잠시 쉬면서 생각을 정리해도 좋다. 화이트비치를 따라 유명한 레스토랑, 상점들이 즐비하며 디몰이 있어 멀리 가지 않고서도 제대로 휴양을 즐길 수 있

다. 화이트비치에서는 호객행위가 많으므로 해양스포츠를 즐기고 싶다면 먼저 흥정부터 해보는 것이 좋다. 저녁이면 해변에 모래성을 만들어 로맨틱한 분위기도 자아내니 들려보도록 한다.

주소 Boracay Balabag, Boracay Island **저자 귀띔 한 마디** • 너무 늦은 시간 해변을 혼자 거니는 것은 소매치기 등의 위험이 있으니 조심하자. • 해변에 소지품을 놔두고 즐길 경우 도난 위험이 높다.

화이트비치의 메인거리,
화이트비치패스 White Beach Path

화이트비치를 따라 쭉쭉 뻗은 야자수 사이로 백사장 길이 있고, 길 양쪽으로 레스토랑, 상점, 각종 노점상, 맛사지 숍들이 가득 들어찬 이 거리를 화이트비치패스라고 부른다. 이곳 분위기와도 너무 잘 어울리는 타투Tattoo & 헤나Henna, 레게머리, 비치 의류, 각종 액티비티 상점들도 곳곳에 보인다. 보라카이에서만 즐긴다면 여행 내내 이 길을 수없이 반복하면 걷게 될 것이다. 밤낮을 가리지 않고, 늘 전 세계 여행자들로 붐비는 이 거리는 단지 휴양지로서의 해변 거리가 아니라 현지인부터 세계 각국의 다양한 사람들과 자연스럽게 어울릴 수 있는 곳이기도 하다. 이 거리를 걷다보면 귀찮을 정도로 필리피노Filipino들의 다양한 호객행위가 많다는 것에 유의하자. 화이트비치는 제1선착장, 제2선착장, 제3선착장으로 구분되며, 여행자들이 가장 많이 몰리는 지역은 제2선착장 디몰 근처이다.

한가로이 거닐기 좋은 해변
푸카쉘비치 Puka Shell Beach

보라카이섬 북단에 위치한 푸카쉘비치는 오래 전 광고이지만 이효리와 김씨가 망고 주스 CF를 촬영했던 곳이다. 아직까지도 개발이 덜된 편이라 화이트비치와 달리 조용하고 한적해서 여유롭게 쉬고 싶다면 이곳을 방문하는 것이 좋다. 쉘비치라는 이름에서 알 수 있듯이 이곳의 모래는 잘잘한 조개껍데기나 산호 조각이 섞여 있어 화이트비치의 고운모래와는 비교가 된다. 최근 관광코스로 개발되면서 주변에는 레스토랑과 노점상들이 많이 들어섰지만 여전히 비수기에는 현지인들 몇몇이 모여 한가로이 시간을 보내는 여유로운 곳이다.

찾아가기 보라카이 북단에 위치한다. 보통 버그카 & ATV를 타고 이동하거나 트라이씨클을 타고 가게 된다.

현지인들이 쉼터처럼 찾는 아담한 해변
블라복비치 Bulabog Beach

블라복비치로 가는 골목길은 오밀조밀 살아가는 현지인들의 모습을 꾸밈없이 볼 수 있는 곳이다. 골목길 끝에 아담한 해변이 눈에 들어오는데, 이곳은 파도가 높고, 바람이 많아 패러글라이딩이나 윈드서핑을 즐기기에 좋다. 여행자 대부분이 화이트비치 쪽으로만 몰려들기 때문에 상대적으로 푸카쉘비치와 블라복비치는 한산하고 조용한 느낌이 든다. 사람 많은 곳을 피하고 싶거나 해양레포츠를 한산하게 즐기려는 여행자들은 주로 블라복비치를 즐겨 찾는다. 특히 우기 때에는 화이트비치보다는 블라복비치가 인기가 좋다.

찾아가기 메인로드를 두고 화이트비치 건너편에 위치한다. 보라카이 선착장에서 트라이시클을 이용하면 된다. **저자 귀띔 한 마디** 블라복비치 주변에 있는 숙소가 상대적으로 저렴한 편이다.

보라카이를 대표하는 중심가, 디몰 D'mall

뾰족한 삼각 지붕 건물들이 죽 늘어서 있고, 주렁주렁 열매를 매달고 있는 야자수가 도로를 가르는 이곳이 보라카이의 가장 번화가이자 대표적인 쇼핑 거리인 디몰의 모습이다. 번화가답게 넘쳐나는 상점들에는 비치웨어, 액세서리, 각종 의류, 모자 등이 휴양지답게 형형색색으로 여행자들의 시선을 끌어당기고 있다. 브랜드의 경우는 가격이 저렴하지 않지만 보세는 흥정을 통해 저렴하게 구입할 수 있다. 필요한 여행용품 중 빼먹은 것이 있다면 여기서 준비하는 것도 좋은 방법이다.

보라카이 디몰에는 직접 그린 티셔츠를 구매할 수 있는 론리플래닛 Lonely Planet이라는 곳도 있고, 유명한 레스토랑, 카페들이 휴양지 밤거리를 환하게 밝히고 있다. 세계적인 해변이라는 명성에 맞게 이곳에는 세계 각국의 음식점들이 모여 있어 미식가들에게는 특히 인기가 좋다. 낮에는 화이트비치에서 보내고, 밤에는 자연스레 디몰로 몰려드는 일정은 어느 누가 일러주지 않아도 여행자라면 그냥 느껴진다. 디몰 내 곳곳에는 환전소 Money Changer도 자리하므로 페소를 미처 준비하지 못한 여행자라면 비교하여 환전하자.

공식 홈페이지 Puka Shell Beach, Boracay Island 주소 D'Mall Boracay Balabag, Boracay Island 찾아가기 화이트 제2선착장 부근 추천상점 아리아, 론리플래닛, 할로위치, 올레, 버짓마트 등 영업시간 상점마다 다르다. 24시간 운영하는 경우도 있고, 손님이 없으면 일찍 문을 닫는 곳도 많다. 저자 귀띔 한 마디 • 무엇을 먹어야 될지 고민이라면 무작정 디몰로 향해보자.

사람냄새 물씬 풍기는 현지시장,
드딸리빠빠 d'talipapa

드딸리빠빠에서는 각종 생필품, 각종 의류, 신선한 망고를 비롯하여 열대 과일도 판매한다. 또한 비치웨어, 모자, 해양용품 등 여행자를 위한 다양한 제품들도 저렴하게 판매하는 현지 시장이다. 기념품으로 살만한 것들도 눈에 띄므로 겸사겸사 둘러볼만하다.

드딸리빠빠를 찾는 많은 사람들은 다양한 상품 구매도 생각하지만 가장 큰 이유는 역시 수산시장이다. 재래시장답게 사람 냄새 나서 좋고, 저렴한 가격에 싱싱한 해산물도 맛볼 수 있어 좋은 곳이다. 가격은 매우 유동적이므로 저렴하게 먹고 싶다면 흥정을 잘해야 한다. 좌판가득 진열된 생선, 랍스터, 새우, 크랩 등이 보기만 해도 싱싱한 느낌이 팍팍 전해진다. 이곳에서 구입한 수산물은 드딸리빠빠 내 식당에 가져가면 조리를 해주는데, Cooking Service는 팻말이 부착된 음식점에서만 가능하다. 구입한 수산물을 보여준 후 소스 등의 조리법을 선택하면 맛있는 요리를 해준다. 보통 칠리소스나 갈릭버터 소스가 인기가 많다. 무엇보다 직접 고른 해산물을 자신이 원하는 요리로 주문해서 먹을 수 있다는 것이 큰 매력이다.

찾아가기 제3선착장 방향으로 가다보면 찰스바(Charlh's bar) 근처 d'talipapa라 써진 빨간 팻말이 보이는 데 그 골목 안쪽에 위치한다. **영업시간** 06:00~22:00 **저자 귀띔 한 마디** 흥정은 기본이다. 부르는 값보다 저렴하게 구입하도록 한다.

여행자들이 즐겨찾는 대형 슈퍼마켓, 버짓마트 Budget Mart

디몰 입구에 위치한 버짓마트는 대형 슈퍼마켓이자 여행자들에게는 만남의 장소이다. 세계 각국의 다양한 식품, 생필품 등 대형마트에서 흔히 봄직한 모든 것이 구비되어 있다. 일회용 샴푸, 린스, 바디샴푸, 생리대 등도 판매하므로 일일이 챙겨오지 못한 여행자들에게는 너무 행복한 쇼핑장소가 된다. 와인과 양주, 산미구엘San Miguel 등 필리핀 맥주도 저렴한 가격에 판매하므로 긴 밤을 리조트나 화이트비치 해변에 앉아 가볍게 한 잔 해도 좋다. 이곳이 한국인 여행자들에게 입소문이 돌게 된 이유는 한국 라면과 과자 등도 판매하고 있기 때문이다. 귀국할 때는 필리핀 특산 말린 망고도 이곳에 수북이 쌓여 있으므로 구입하여 지인들에게 선물하기에 좋다.

주소 D'Mall Boracay Balabag, Boracay Island **찾아가기** 보라카이 메인로드 디몰 입구에 위치한다. **추천상품** 각종 맥주, 말린 망고, 생필품 등 **영업시간** 09:00~23:00

여행 TIP

●● 보라카이 여행 기념품으로 좋아요!

- **비누** : 화이트비치패스에 위치한 캐치(Catch)에서는 천연수제비누를 판매한다.
- **열쇠고리** : 원하는 문구와 함께 그림을 그려주는 열쇠고리로 보라카이 내 곳곳에서 판매되므로 가격을 비교하여 선택하자.(일부 업체 한글도 가능)
- **말린 망고** : 필리핀에서 망고가 유명하듯 마트 어디서나 구입이 가능하다. 달콤하게 말린 망고 맛은 중독성이 강하다.

Section 05
보라카이에서 먹어봐야 할 맛집

보라카이에서는 작지만 세계 각국의 음식을 만날 수 있다. 이미 한국 여행자들에게도 소문난 맛집들이 많기 때문에 조금만 신경 쓴다면 만족할만한 식사를 할 수 있다. 특히 필리핀에서는 망고셰이크를 빼놓을 수 없는데, 국내에서 맛보기 힘든 진하면서도 당도가 강한 맛은 더운 날씨를 한방에 날릴 수 있을 만큼 중독성이 강하다.

멕시코 요리와 보라카이 최고의 망고셰이크를 만날 수 있는
마냐냐 Manana

멕시코 요리 전문점인 마냐냐는 들어서면 금방이라도 멕시코 전통 복장을 한 주인이 뛰쳐나올 것 같은 알록달록한 원색의 실내장식이 인상적인 레스토랑이다. 멕시코 음식인 엔칠라다 콤비네이션Enchiladas Combination은 토르티야Tortilla 위에 치즈, 소고기, 치킨 등을 넣고 돌돌 말아서 치즈가루를 뿌려 오븐에 구워낸 음식으로 쫄깃하고 부드러운 맛이 일품이다. 특히 바삭바삭한 토르티야에 튀겨낸 닭가슴살을 넣은 플라터 폴로Flautas de Pollo(치킨)는 기름기가 쏙 빠진 매콤한 맛이다. 마냐냐는 멕시코 요리뿐만 아니라 커다란 잔에 가득 채워주는 걸쭉한 망고셰이크도 유명하다. 워낙 양이 많으므로 일행이 있다면 한 잔 주문해서 나눠달라고 요청하면 두 잔으로 만들어주기까지 한다. 이 집의 망고셰이크는 보라카이에서 제일로 손꼽히는 맛이다.

전화번호/주소 036-288-5405 / Balabag, Boracay Island **찾아가기** 보라카이 샌드캐슬리조트(Sandcastles Resort) 부근에 위치한다. **대표메뉴** 엔칠라다 콤비네이션, 토르티야, 망고셰이크, 타코플래터 등 **영업시간** 11:00~22:00

지중해 향이 느껴지는 그리스 음식점
시마 CYMA

그리스 전문음식점인 시마는 보라카이에서는 유명한 레스토랑으로 입구에서부터 화이트와 블루 계열의 색상이 그리스 대표적인 도시 산토리니 Santorini의 느낌이 물씬 풍긴다. 레스토랑 내부는 그리 크지는 않지만 느낌만은 제대로 그리스에 와 있는 듯하다. 시마의 메뉴는 각종 해산물을 비롯하여 육류, 파스타, 샐러드, 스프 등 다양하게 준비되어 있다.

쇠고기 안심을 야채와 함께 꽂아 양념해서 나오는 솔로스테이크 Steak solo가 일품이다. 두툼한 토르티야 위에 꼬치를 제거하고 스테이크를 올려 돌돌 말아 먹으면 부드러운 고기와 양념이 어우러져 입에서 살살 녹는 맛이다. 쉬림프스파게티 Garides Mi Feta Spaghetti는 오동통한 새우를 구운 후 토마토소스로 요리한 스파게티이다. 파마산치즈까지 살짝 뿌려 나오므로 새콤하면서도 착착 감기는 맛이 그리스 지중해의 냄새가 우러나는 듯한 착각마저 든다. 전반적으로 가격은 저렴하지 않지만 만족할 만한 식사를 할 수 있다.

전화번호/주소 036-288-4283 / D'Mall Boracay Balabag, Boracay Island **찾아가기** 디몰 내에 위치한다. **대표메뉴** 솔로스테이크(Steak solo), 쉬림프스파게티(Garides Mi Feta Spaghetti), 망고셰이크 **영업시간** 10:00~24:00 **저자 귀띔 한 마디 •** 워낙 인기가 많은 곳이라 식사시간 때를 피하거나 조금 서두르는 것이 좋다.

여행 TIP

●● 잠 못 드는 휴양지의 밤, 보라카이는 이렇게 즐기자!

필리핀은 총기소지가 가능한 나라라 위험하지 않을까 걱정하는 이가 많다. 하지만 보라카이에서만큼은 그런 걱정을 하지 않아도 된다. 괜한 걱정으로 긴긴 휴양지의 밤을 숙소에서 보내지 말고 보라카이의 밤을 제대로 즐겨보자. 화이트비치를 따라 거리에는 라이브 공연, 신나는 불쇼 등 볼거리가 넘쳐난다. 세계 여러 나라에서 온 여행자들은 맥주 한 캔 달랑 들고 그 흥겨움을 만끽한다. 제대로 된 나이트문화를 즐기고 싶다면 제1선착장에 위치한 클럽퍼라우(Club Paraw), 코코망가스(Cocomangas)를 가보자. 너무 이른 시간에 도착하면 오히려 사람들이 없어 제대로 즐길 수 없으므로 9시 이후에 가는 것이 좋다.

갈릭버터 맛 새우가 일품인
가스트호프 GastHof

등갈비 맛이 일품이라고 알려진 가스트호프의 백립Back Ribs은 두툼한 살코기가 퍽퍽하지 않으면서도 달콤한 양념과 잘 어울려져 먹을 만하다. 하지만 예전의 명성만치는 아닌 듯하므로 큰 기대를 했다가는 실망할 수도 있다. 추천할 만한 요리는 새우요리이다.

새우요리는 요리하기에 앞서 새우를 보여주는데 원하는 크기와 개수를 말하고 갈릭버터Garlic Butter로 주문하면 된다. 오동통한 새우 살이 갈릭버터와 만나면 잊을 수 없는 절묘한 맛을 낸다. 가격이 비싼 것이 흠이지만 백립과 새우요리를 시켜 밥과 함께 먹으면 없던 입맛도 살아날 정도이다. 또한 밥에 양념까지 되어 있어 더욱 고소하게 즐길 수 있다.

전화번호/주소 036-288-6473/D'Mall Boracay Balabag, Boracay Island **찾아가기** 화이트비치 디몰 입구에 위치한다. **대표메뉴** 백립 Half 400페소, Full 700페소/새우는 시가에 따라 다르며 보통 4마리 540페소 **영업시간** 07:00~익일 02:00(성수기에는 24시간 운영)

보라카이 커피맛이 궁금하다면
카페델솔 Café Del Sol

커피 맛이 좋기로 유명한 카페델솔은 커피를 좋아하는 사람이라면 한번쯤 들려볼만한 곳이다. 화이트비치와 가까운 디몰 초입부에 위치해 있어 쉽게 찾을 수 있기 때문에 여행 중 잠시 더위를 피해 커피향을 즐기기에 좋다. 카페델솔에서는 커피뿐만 아니라 조각케이크, 간단한 식사나 맥주 등도 판매하므로 가볍게 아침식사를 대용하거나 오후에 간식으로 허기를 채우기에 그만이다. 하지만 가격은 대체로 비싸게 느껴지는 곳이다.

전화번호 036-288-5573 **찾아가기** 화이트비치패스 디몰 입구 왼쪽 편에 위치한다. **영업시간** 06:30~24:00

달콤하고 쫀득한
크레이지 크레페 Crazy Crepes

크레이지 크레페는 디몰 내에 위치한 크레페 전문점으로 늘 사람들로 북적이는 곳이다. 입구 진열대에는 여러 종류의 크레페를 모형으로 제작하여 전시하고 있으므로 살펴보고 원하는 크레페를 번호로 주문하면 된다. 테이크아웃 전문점이지만 늘 사람들이 줄서서 기다리고 있을 정도로 맛이 소문난 집이다. 싱싱한 계절 과일과 함께 푸짐하게 제공되는 크레페는 달콤하면서 쫀득쫀득한 맛으로 들어가는 재료에 따라 가격은 달라진다.

주소 D'Mall Boracay Balabag, Boracay Island **찾아가기** 디몰 내에 위치한다. **대표메뉴** 크레페

정통 이탈리안 피자를 먹을 수 있는
아리아 Aria

보라카이 내에서 정통 이탈리안 피자를 맛 볼 수 있는 레스토랑이 있다. 아리아는 오래전부터 이미 한국인들에게도 피자 맛 좋은 집으로 소문이 나 있는 곳이다. 다양한 종류의 피자뿐만 아니라 파스타 등도 먹을 수 있다.

특히 카프리초사 Capricciosa 피자는 한눈에 봐도 먹음직스럽다. 신선한 체리 토마토와 버섯, 올리브, 햄 등을 토핑한 후 모차렐라 치즈까지 듬뿍 올려주므로 한 조각 떼어보면 치즈가 쭉쭉 늘어나는 것이 눈까지 즐거워지는 맛이다.

전화번호/주소 036-288-6166/D'Mall Boracay Balabag, Boracay Island **찾아가기** 화이트비치패스 디몰 입구 왼쪽에 위치한다. **대표메뉴** 피자, 파스타 **영업시간** 11:30~01:00

정열적인 스페인 요리가 먹고 싶다면
올레 Ole

세계적인 휴양지답게 보라카이에는 스페인 요리 전문점도 있다. 올레는 여행자들 사이에 워낙 인기가 많은 곳이라 식사 시간 에는 자리가 없을 정도로 많은 사람들로 북적인다. 한국 여행자가 많아지면서 메뉴판에 한글까지 제공되고 있어 주문하기도 쉽다. 이 집 메뉴 중에는 특히 새우 요리 감바스Gambas와 볶음밥 파엘라Paella가 인기가 많다. 한 가지 아쉬운 점은 늘 많은 사람들로 붐비는 소문난 집인데도 에어컨이 없는 좁은 실내에서 오랜 시간을 기다려야 하는 불편함이 있다.

전화번호/주소 036-288-5940 / D'Mall Boracay Balabag, Boracay Island **찾아가기** 디몰 내에 위치한다. **대표메뉴** 감바스, 파엘라 대략 300페소 내외 **영업시간** 08:00~02:00

들고 다니며 먹는 망고셰이크,
요나스 Jonah's

보라카이에 가면 원 없이 망고셰이크를 먹겠다고 다짐하는 여행자가 많다. 달콤하면서도 걸쭉한 과즙이 맛도 좋지만 페트병 한가득 채워주므로 들고 다니면서 먹기에도 편리하다. 요나스에서는 망고 외에도 여러 가지 과일을 셰이크 형태로 판매하는데, 2가지 이상의 과일을 혼합하여 만든 셰이크는 독특하면서도 중독성이 강한 맛이라 입이 즐거워진다.

전화번호/주소 036-288-3281 / Balabag, Boracay Island **찾아가기** 화이트비치 메인로드 Crown 옆에 위치한다. **추천메뉴** 망고셰이크 100페소 **영업시간** 24시간 운영

여행 TIP
●● 배짱이의 여행 친구 김양이 추천하는 보라카이 망고셰이크 Top9

필리핀 망고셰이크는 그야말로 휴양지 최고 인기 음료이다. 입맛 까칠하기로 소문난 배짱이 여행 친구 김양이 추천하는 보라카이 망고셰이크 9! 어디까지나 주관적 입맛임을 감안해야 하며, 왼쪽부터 1위에서 9위까지 나열한 것이다. 국내에서 맛보기 힘든 만큼 맛집을 찾아다니는 즐거움도 있다.

1 마나냐 2 요나스 3 시마 4 스타벅스 5 가스트호프
6 아리아 7 할로위치 8 아이스몬스터 9 공항근처 카페

Section 06
보라카이에서 안 해보면 후회할 즐길거리

보라카이 여행을 와서 화이트비치만 물끄러미 바라보고 리조트 내에서만 머문다면 뭔가 빠진 듯 허전한 기분이 들지도 모른다. 이곳에 왔다면 당연히 해양스포츠와 마사지는 필수 코스로 보라카이를 100% 즐길 수 있는 방법이다. 국내에서 미리 예약하거나 현지인이 운영하는 여행사를 통해 예약할 수 있으므로 충분히 비교하고 결정하자.

열대어들과 한바탕 즐기는 바닷속 체험,
스쿠버다이빙 Scuba Diving

투명하고 신비한 보라카이의 바다 속을 직접 체험을 해볼 수 있는 스쿠버다이빙. 간단한 이론 교육과 실습 과정을 거치면 누구라도 즐길 수 있다. 수영을 못하거나 물을 무서워하는 사람이라도 바다에서 헬퍼들이 옆에 붙어 다니며 도움을 주기 때문에 걱정하지 않아도 된다. 바다로 들어가기 전에는 물안경 착용 방법부터 호흡기 사용 방법, 바다 속에서 가이드 수신호 이해 방법 등 생존에 필요한 기초 이론 수업을 진행한다. 그리고 얕은 바다에 직접 입수하여 호흡기 사용 방법 등을 실습해본다. 모든 교육이 끝나면 방카를 타고 이동하여 수심 5m 정도 되는 바다 속을 직접 30여분 동안 체험해볼 수 있다. 바다 속 풍경은 그야말로 흥미롭기만 하다. 스쿠버다이빙 상품에 따라 수중 사진과 영상 촬영을 한 후 CD로 제작해주기도 한다.

저자 귀띔 한 마디 • 생명이 직결된 문제이니 만큼 교육을 자세히 받고 연습을 충분히 해야 한다. • 스쿠버다이빙을 해보면 자연스레 스노클링도 할 수 있게 된다. 체험시간은 교육과 실습을 포함하여 총 2시간 내외이다.

보라카이를 보다 가까이 느끼는
버그카 & ATV 체험 Bug Car & ATV

오토바이를 타지 못해도 안전한 사륜구동 버그카와 사륜바이크 ATV를 체험해볼 수 있다. 직접 운전하여 보라카이섬 외곽을 둘러보는 투어인데 겁먹지만 않는다면 누구나 할 수 있으므로 한 번 도전해보자. 혼자 타야하는 경우라면 버그카보다는 ATV를 선택하는 것이 좋을 듯하다. 직접 운전해야 하므로 버그카나 ATV 작동법을 교육받고, 간단하게 실습을 해본 뒤 바로 투어를 시작한다. 버그카 & ATV 체험은 반드시 보호대를 착용해야 하며, 매연이 심하므로 불편하더라도 마스크를 착용하는 것이 좋다. 인솔하는 가이드를 따라 5m 간격을 벌려 따라가면 된다. 속도가 그리 빠르지 않으므로 주변 경치도 감상하고 보라카이 현지인들의 삶을 좀더 가까이에서 볼 수 있다. 보통 체험 코스는 2시간 정도 걸리는데, 보라카이섬 북쪽에 위치한 푸카쉘비치를 거쳐 야생조류동물원의 박쥐, 원숭이, 각종 조류를 관람한 후 마지막으로 오션뷰 Ocean View, 루호산Mt.Luho 전망대에 올라 보라카이 전경에 흠뻑 취해보는 일정이다. 투어 체험 중에는 위험할 수 있는 개인행동은 삼가야 한다.

저자 귀띔 한 마디 체험시가는 2시간 내외로 액티비티이기 때문에 안전사고에 유의하자.

1 루호산전망대 2 버그카 3 야생조류동물원

전통방식의 줄낚시와 스노클링을 즐기는
호핑투어 Hopping Tour

아름다운 섬 보라카이, 사면이 바다이므로 당연히 빼먹을 수 없는 호핑투어도 즐겨보자. 투어코스는 필리핀 전통방식의 낚시와 스노클링, 씨푸드 바베큐 식사로 구성되어 있다. 바다 한가운데에 방카를 세우고 페트병에 돌돌 말린 실낚시를 이용해 낚시를 한다. 낚시 바늘에 미끼를 끼워 바다로 던져두고 기다리면 되는데, 손끝에 뭔가 잡아당기는 느낌이 들 때 잽싸게 잡아채주면 되는 아주 간단한 낚시법이다. 처음 한두 번 시행착오를 겪다보면 운 좋게 몇 마리 정도는 초보자라도 잡을 수 있다. 그 다음 일정은 바다 속이 훤히 들여다보이는 포인트로 이동해서 구명조끼를 착용하고 자유롭게 스노클링을 즐긴다. 바다가 잔잔한 날은 바다 속 형형색색의 열대어를 제대로 감상할 수 있다. 마지막 일정은 씨푸드 바비큐코스이다. 왕게스팀과 각종 꼬치, 새우바비큐로 한상 가득 차려지는 식사에 이어 달콤한 파인애플, 바나나, 망고 등이 후식으로 제공된다. 투어시간은 대략 4시간 정도 소요된다.

저자 귀띔 한 마디 • 총 체험시간은 4시간여로 스노클링을 즐기려면 숙소에서 바디타월을 미리 챙겨가는 것이 좋다. • 뱃멀미가 심하다면 멀미약을 챙기자. 물티슈나 자외선차단제, 모자 등은 꼭 챙겨가자.

낭만적인 시간을 보낼 수밖에 없는
선셋세일링 Sunset Sailing

보라카이를 더욱 낭만적으로 만드는 선셋세일링은 석양이 질 무렵 화이트비치에서 세일링보트를 타면 즐길 수 있다. 해변에서 바라보는 것만으로도 아름다운데 직접 배를 타고 나가보면 시시각각 붉게 물드는 황홀한 광경에 적합한 형용사를 찾기 힘들 정도이다. 방카 양쪽 날개에 설치된 그물망에 걸터앉아 시원한 캔맥주 한 잔 들이킨다면 세상 고민까지 다 사라지는 기분이다. 세일링보트는 큰 돛으로 바람을 이용하는 무동력 보트라 모터소리마저 없어 고요한 바다를 느끼기에는 정말 제격이다. 선셋 세일링보트를 탈 때 자칫 옷이 젖을 수도 있으므로 젖어도 괜찮은 옷을 입어야 하고 카메라를 가져가려면 방수가방도 따로 챙겨야 한다. 선셋세일링은 금방 사라져 버리는 노을 때문에 아쉽게도 대략 1시간 정도만 진행된다.

저자 귀띔 한 마디 • 총소요시간은 30분에서 1시간 정도로 현지 여행사를 통해 예약하거나 현지 호객꾼과 흥정하여 2인 500페소 정도로 이용할 수 있다. • 일몰 20~30분 전에 탑승, 12~2월 오후 5시, 6~8월 오후 6시 30분(배에서는 흡연이 가능하다.)

온몸이 개운해지는
마사지 Massage

보통 투어패키지에 포함된 마사지의 경우 지정된 숍을 이용하므로 '세게~', '살살~' 등의 한국말 표현까지 알아듣고 마사지를 해주므로 만족할만하다. 유명한 마사지숍의 경우에는 손님이 많으므로 미리 예약을 해야만 이용할 수 있다. 일부 마사지숍에서는 마사지를 진행하기에 앞서 먼저 설문지를 통해 간단히 몸 상태를 체크까지 해준다. 마사지는 간단히 샤워를 하고 지정된 침대에서 받으면 된다. 마사지를 받고난 후에는 감사의 뜻으로 보통 100~150페소 정도의 팁을 별도로 건네는 것이 좋다.

 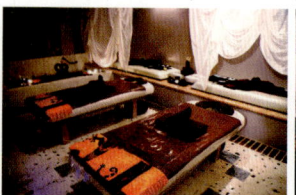 

저자 귀띔 한 마디 • CAEALS SPA는 한국인이 운영하는 보라카이 최초의 마사지점으로 유명하다. • POSEIDON은 영턱스클럽 출신 가수 임성은 씨가 운영하는데 평이 좋다. • HERA SPA는 그랜드비스타 내에 있어 가격은 비싸지만 체계적인 스파를 받을 수 있다.

즉석에서 즐기는
화이트비치 마사지 White Beach Massage

화이트비치패스 주변에는 '마사지~'를 외치며 호객행위를 하는 사람들이 많다. 가격은 대체로 비슷한 편이므로 전문 마사지숍을 예약하지 못했다면 이곳에서 노곤노곤 몸을 풀어도 괜찮다. 특히 보라카이를 떠나는 날 일정에서 공항에 가기 전까지 시간이 남는다면 이곳에서 휴양지에서 쌓인 피로를 깨끗이 씻어낼 수 있다.

저자 귀띔 한 마디 숙소 체크아웃을 한 후라면 가방 보관이나 샤워가 가능한지를 체크해야 한다.

●● 보라카이에서 즐기는 해양스포츠

보라카이에서 해양스포츠를 즐기기 위해서는 몇 가지 방법이 있다. 현지에서 호객행위를 하는 사람과 즉석에서 흥정하여 즐기거나 현지인이 운영하는 여행사에서 예약하는 방법, 그리고 국내에서 미리 한인이 운영하는 현지 여행사를 통해 예약한 후 즐기는 방법이 있다. 현지인을 통해 예약할 경우 가격 면에서는 훨씬 저렴하나 안전을 보장받기 힘들다. 그러나 한국 사람이 운영하는 여행사의 경우 한국어로 자세히 설명해주므로 언어에 대한 걱정은 할 필요가 없어 편리하다. 스쿠버다이빙, 호핑투어, 마사지, 선셋세일링, 버그카 & ATV 체험 등의 다양한 투어패키지를 선택할 수 있으므로 미리 예약하고 가는 것이 좋다. 국내에 현지 여행사들이 많으므로 서비스, 가격 등을 꼼꼼히 비교하여 선택하면 된다.

비나투어 www.vinatour.co.kr 보라카이다이어리 www.boracaydiary.com
드보라보라카이 cafe.naver.com/deboracay 광명보라카이 cafe.naver.com/boracaytkt

●● 보라카이를 시원하게 즐기는 여행 팁

현지인들은 보라카이에는 두 가지 날씨가 있다고 한다. 더운 날씨와 아주 더운 날씨로 365일 덥다는 말이다. 그렇기 때문에 여행자 입장에서는 자연스레 에어컨이 있는 시원한 레스토랑이나 카페를 찾지만 아쉽게도 보라카이에는 에어컨이 설치된 곳을 찾기가 쉽지 않다. 그렇기 때문에 다음 두 곳은 반가운 곳일 수 밖에 없다.

- 할로위치(Halowich) : 디몰 내에 위치하며 샌드위치, 빙수, 드링크 등을 판매한다. 이곳에서는 유선으로 무료 해외 전화도 가능하다.
- 스타벅스(Starbucks) : 화이트비치 제2선착장 주변에 위치하며 커피 외에 망고세이크도 판매된다. 2층 야외테라스에서 화이트비치를 감상할 수 있으며, 와이파이도 무료로 이용할 수 있다.

Section 07
배짱이가 머물렀던 보라카이
숙소

보라카이에도 저렴한 숙소부터 호화로운 리조트까지 다양한 숙박시설이 있다. 제대로 쉬고 싶은 여행자라면 리조트 또한 여행의 일부분이다. 보통 바들이 즐비한 제1선착장, 디몰과 가까운 제2선착장, 외국인들이 많고 저렴한 숙소가 몰려있는 제3선착장으로 구별되며 제2선착장이 접근성이 좋아 선호된다. 그 외에 중심가와 떨어진 리조트의 경우 대자연을 만끽하며 한적하게 보낼 수 있어 좋다.

■ 전 객실 스위트룸에 풀장까지 갖춘
그랜드비스타리조트 & 스파 Grand Vista Boracay Resort & Spa

시끌벅적 여행자들로 붐비는 중심가를 벗어나 자연을 벗 삼아 한가로이 리조트에서 보내고 싶다면 그랜드비스타리조트 & 스파를 찾아보자. 보라카이 최초의 풀빌라형 리조트로 전 객실이 스위트룸이고, 작은 풀장까지 갖추고 있다. 필자가 투숙했던 객실은 그랜드스위트룸Grand Suite Room으로 넓은 실내공간에 화이트와 레드 컬러가 조화를 이뤄 산뜻하면서도 생동감이 느껴진다. 부드럽고 환한 햇살이 객실 안까지 스며들면 온종일 객실에만 머물고 싶어진다. 발코니에 서면 반짝이는 바다와 파란 하늘이 수평선을 맞대고 작은 풀장이 있어 잠시나마 발을 담구고 독서하기에도 그만이다.

전반적으로 군더더기가 없는 깔끔한 스타일의 리조트로 특히 메인 풀장에서 수영을 하며 내려다보는 보라카이 전경은 그야말로 환상이다. 밤에는 리조트 외관을 로맨틱한 조명으로 밝히는데, 선베드에 누워 낭만적인 밤을 만끽하기에 좋다. 그 외에도 키즈풀장, 미니골프장, 스파 시설 등이 있다. 리조트에서 제공되는 음식의 맛은 명성에 걸맞지 않아 약간은 아쉽다.

보라카이 중심가에서 차량으로 15분 정도의 거리로 셔틀버스를 무료로 운행한다. 그랜드비스타리조트는 가족이나 연인 또는 여유롭게 리조트에서 쉬고 싶은 사람들이 머물기에 좋은 곳이다. 보라카이에서 3박 이상을 한다면 최소 1박은 북적이는 곳을 벗어나 자연을 만끽하며 여유롭게 보내는 것도 좋은 생각이다.

공식 홈페이지 www.egrandvista.com 전화번호/주소 63-36-288-5818/Hagdan Yapak, Station 1 Boracay Island 찾아가기 디몰에서 차량으로 15분 거리(무료 셔틀버스 이용 가능) 객실타입 허니문스위트, 비스타스위트, 그랜드풀스위트, 그랜드뷰스위트 체크인/체크아웃 14:00/12:00 저자 귀띔 한 마디 • 셔틀버스는 오전 9시 15분에서 오후 10시 15분까지만 운행된다. 운행시간 전후라면 트라이씨클을 이용하면 된다.

Part 06 | 다이내믹한 즐거움이 가득한 보라카이(Boracay)

저렴하면서 위치도 좋은
보라카이 홀리데이리조트 Boracay Holiday Resort

처음 이 리조트를 선택한 이유는 단지 화이트비치까지 걸어서 3분 거리라 가깝고 가격도 저렴한 리조트였기 때문이다. 주머니 사정이 넉넉지 않은 여행자들에게는 부담 없이 머물기에 안성맞춤이다. 필자는 보라카이 홀리데이리조트의 스탠더드 트윈룸에 머물렀으며 작은 객실에는 침대, 탁자, TV, 냉장고, 붙박이장 등이 전부였다.

쾌적한 분위기에 멋진 객실은 아니지만 저렴하면서도 중심지와 가까운 리조트를 원한다면 추천할 만하다. 침대가 작고 딱딱한 편이며 모든 객실에서 그런지는 모르지만 필자가 머물렀던 방에서는 상당수의 개미가 동거를 했다. 욕실에는 비누, 샴푸 & 린스, 수건, 휴지 등이 준비되어 있다. 이외의 필요한 물품이 있다면 별도로 준비해야 한다. 보라카이 홀리데이리조트는 작지만 아담한 풀장이 있어 한나절을 보내기에 좋다. 조식뷔페는 간단히 제공되며, 그 중 신선한 망고 맛은 일품이다. 늦은 밤까지 보라카이의 열기를 흠뻑 즐겨도 돌아갈 교통수단을 고민할 필요가 없어 그나마 위안이 되는 리조트이다.

공식 홈페이지 www.holidayresort-boracay.com **전화번호/주소** 63-36-288-4085 / Station 2, Corner Main and Tirol Roads Manggayad, Balabag, Boracay Island **찾아가기** 스테이션 2에 위치한다. **객실타입** 스탠더드, 디럭스, 스위트 등 **체크인/체크아웃** 14:00/12:00 **저자 귀띔 한 마디** • 귀중품은 금고가 없을 경우 리셉션에 요청하여 보관하자. • 비치타월이 필요하다면 리셉션에 요청하면 된다. • 모든 객실에서 금연이므로 흡연자라면 각 층별 공용 테라스를 이용하면 된다.

여행 TIP

●● 위치와 시설이 좋은 보라카이 리젠시 & 리젠시 가든 리조트

보라카이 리젠시(Boracay Regency)와 리젠시 가든리조트(Regency Garden Resort)는 한국 여행자들이 가장 선호하는 리조트이다. 보라카이의 모든 것을 누리기에 더할 나위 없는 곳, 제2선 착장에 위치하여 디몰과도 가깝다. 또한 각각 큰 풀장을 보유하고 있어 리조트에서 여유로운 한때를 보내기에 좋다. 추가적인 정보는 보라카이 리젠시(www.boracayregency.com), 리젠시 가든리조트(www.bora cayseraph.com) 홈페이지를 참고하자.

Part 06
다이내믹한 즐거움이 가득한 보라카이(Boracay)

Part
07

반할 수밖에 없는 매력을 지닌, 도쿄(Tokyo)

Section01 도쿄 여행을 시작하기 전에
Section02 고민 없이 즐기는 도쿄 맞춤 여행 루트
Section03 도쿄에서 환전 및 대중교통 이용방법
Section04 도쿄에서 둘러봐야 할 지역별 명소
Special06 특별하게 즐겨보는 도쿄
Section05 도쿄에서 먹어봐야 할 맛집
Section06 도쿄에서 눈이 즐거워지는 쇼핑거리
Special07 없는 것이 없을 거 같은 드럭스토어 탐방
Section07 도쿄 여행 중에 둘러볼만 한 근교여행지
Section08 배짱이가 머물렀던 도쿄 숙소

Tokyo Travel Information and Travel Guide

✈ Section 01
도쿄여행을 **시작하기 전에**

도쿄는 이런 곳이다라고 한 마디로 표현하기가 참 힘든 여행지 중에 한 곳이다. 현대화된 수많은 빌딩과 어디서나 넘쳐나는 사람들, 하지만 조금만 관심을 가지면 300년 전 에도시대江戸時代의 흔적도 어렵지 않게 만날 수 있는 역사를 품은 도시 도쿄. 일본의 과거와 현재 그리고 미래를 모두 담고 있는 도쿄는 다채로움이 넘쳐나는 매력적인 도시이다. 그만큼 여행자의 입맛에 맞는 다양한 여행지들이 넘쳐나므로 화려함과 세련됨 그리고 아기자기함과 소소한 볼거리들로 도쿄 여행자 누구나 매료될 수밖에 없다.

1960년대 일본의 거리 풍경이 펼쳐지는 오모이데요코초思い出横T에는 다닥다닥 붙어있는 선술집들이 어디선가 많이 본 듯 익숙한 거리이다. 2평 남짓 좁아 보이는 가게들마다 많은 현지인들이 서로 어깨를 부딪쳐가며 불평 없이 술 한잔 즐기는 모습이 정겹다. 드르륵 미닫이문을 열자, 어서 오라며 친절한 미소로 환영하는 주인. 테이블 앞 냉장실에는 이미 꽂아둔 각종 꼬치들이 신선한 빛깔을 내며 먹음직스럽게 진열되어 있다. 거품 가득한 맥주 한잔과 잘 구워진 꼬치구이 한 접시만으로도 그 분위기 속으로 빠져들기 충분하다. 혼자와도 좋고, 둘이라면 더욱 좋은 곳, 대단하지 않지만 그 시간만큼 행복함이 밀려온다. 소소한 시간마저 추억으로 만들어버리는 도쿄, 그 어디선가 맥주 한잔에 여행이야기가 싹트고 있지 않을까?

●● 도쿄 가기 전 체크하세요!

비자 90일 무비자 **전압** 110V, 일명 돼지코라 불리는 플러그 변환 어댑터를 준비해야 한다. **공용어** 일본어 **통화** 엔(JPY, 円), 100円 = 900원(2015년 4월 기준) **날씨** 우리나라와 같이 사계절이 뚜렷하지만 아열대성 기후가 나타나므로 여름에는 매우 덥고 습하다. **항공소요시간(인천공항 기준)** 나리타 2시간 20분, 하네다 2시간 05분

국가/도시	도착 공항 이름	출발공항과 항공사(코드)	거리	예상소요시간
도쿄	도쿄나리타국제공항 (Tokyo Narita International Airport)	인천국제공항 - 대한항공(KE), 아시아나(OZ), 이스타항공(ZE), 일본항공(JL), ANA항공(NH), 델타항공(DL), 유나이티드항공(UA), 제주항공(7C)	1,251Km(782마일)	2시간 20분
		김해국제공항 - 에어부산(BX), 일본항공(JL), 대한항공(KE)	1,022Km(639마일)	2시간 00분
		제주국제공항 - 대한항공(KE).	1,288Km(805마일)	2시간 10분
	도쿄하네다국제공항 (Tokyo Haneda International Airport)	인천국제공항 - 대한항공(KE), 아시아나(OZ)	1,203Km(752마일)	2시간 05분
		김포국제공항 - 대한항공(KE), 아시아나(OZ), 일본항공(JL), ANA항공(NH)	1,174Km(734마일)	2시간 05분

- 하네다국제공항은 시내까지 접근성이 좋으나 그만큼 항공료가 나리타국제공항 편보다 일반적으로 비싸다.
- 저렴하게 쇼핑을 하고 싶다면 일본의 세일시즌을 노려보자. 대체로 7월 말과 8월 초 그리고 연말과 연초에 대대적인 세일에 들어간다.
- 4월 말에서 5월 초에는 골든위크로 문을 닫는 상점들이 있지만 여행에 큰 문제는 없으며, 도쿄의 벚꽃놀이 하나미는 3월 말~4월 중순, 불꽃놀이 하나비는 7월 말~8월 중순에 진행된다.
- 도쿄에서는 길거리흡연이 제한되므로 지정된 흡연지역을 이용해야 하며, 이를 어길 시 벌금을 물게 된다.
- 상품 구입이나 음식점 이용시 정가에서 소비세 8%가 부과된다.
- 일본어 정보검색을 위해 일본어로만 제공되는 사이트를 한글로 번역하고 싶다면, 네이버에서 '일본어번역기'를 검색하면 문장이나 해당 웹사이트를 통째로 번역할 수 있다. 일본어와 한글은 어순이 같아서 번역의 품질은 다소 떨어지지만 그래도 여행 전 인터넷으로 일본 정보를 찾을 때 유용하게 사용할 수 있다.
- **도쿄 정보 사이트** : 여행 전에 미리 인터넷을 통해 필요한 여행정보를 수집해보자.
  일본관광청 www.welcometojapan.or.kr   네일동 cafe.naver.com/jpnstory
  J여동 cafe.daum.net/japanricky   도쿄동경 endeva.tistory.com

일본관광청

J여동

도쿄동경

Section 02
고민 없이 즐기는 도쿄 맞춤 여행 루트

사실상 도쿄는 3박 4일은 짧은 일정이다. 그렇기 때문에 여기서는 가장 선호되는 도쿄 맞춤 여행 루트를 제안하지만, 일정에 여유가 있다면 도쿄 근교 여행을 추가하는 것도 좋다. 볼거리가 많은 만큼 이곳저곳 여행을 하다보면 교통비가 만만치 않음으로 근접 여행지끼리 묶어서 일정을 세워보도록 한다.

※ 경로 시간과 목적지에서 보내는 소요 시간은 개인의 상황에 따라 달라질 수 있다.
※ 숙소는 임의로 신주쿠에 위치한 신주쿠빈티지호텔로 정했으며, 다음 제시된 동선을 참고하여 자신이 묵는 숙소를 기준으로 실제 동선은 다시 계획해야 한다.

도쿄의 심장부 신주쿠에서 ● 첫째 날

우리나라와 인접한 도쿄는 오전에 출발하면 나리타국제공항을 거쳐 도쿄 신주쿠 숙소까지 대략 오후 2~3시경이면 도착할 수 있다. 가까운 곳인 만큼 첫날부터 도쿄여행은 알차게 시작을 해보자. 신주쿠역 동쪽출구로 나가면 도쿄 최대의 쇼핑가로 알려진 신주쿠도리가 있다. 이곳에는 스튜디오알타부터 미츠코시, 이세탄, 마루이시티백화점 등이 늘어서 있다. 쇼핑에 관심 없더라도 신주쿠도리를 걷는 것만으로도 일본에 와있음을 실감할 수 있는 거리이다.

신주쿠 서쪽출구 방면에도 오다큐백화점을 비롯하여 요도바시카메라 등 번화한 쇼핑가들이 자리하고 있으며, 주오도리 쪽으로 이동하면 도쿄도청을 비롯한 세련된 고층 빌딩들이 도심을 덮을 듯 솟아 있다. 해질녘에는 무료로 운영되는 도쿄도청전망대에 올라 놓칠 수 없는 도쿄 야경을 감상할 수 있다. 돌아오는 길에는 선술집들이 늘어선 오모이데요코초에서 간단한 식사와 더불어 맥주 한잔 가볍게 걸치고, 카부키쵸 쪽을 거쳐 숙소로 향한다.

추천동선

인천국제공항 출발(기내식 1회 제공, 2시간 20분 소요) → 나리타국제공항 도착(입국심사 및 짐 찾기) → 호텔 체크인 및 짐 정리 → 츠나하치 또는 스시노세키(점심식사) → 신주쿠 동, 남쪽 거리 → 신주쿠 서쪽거리 → 오모이데요코초 → 카부키쵸 → 숙소 도착(1박)

| Part 07
반할 수밖에 없는 매력을 지닌, 도쿄(Tokyo)

인천국제공항
보딩, 출국심사

나리타국제공항
입국심사 및 짐 찾기

숙소 도착
호텔 체크인 및 짐정리

츠나하치(점심식사)
주메뉴 : 튀김정식

Start 비행기 2시간 20분 — NEX 1시간 45분 — 도보 15분 — 도보 1분 — 도보 10분 — 도보 15분

오모이데요코초
주메뉴 : 생맥주, 꼬치등 다양한 음식

신주쿠 서쪽거리
2시간 코스

신주쿠 동, 남쪽 거리
3시간 코스

도보 5분

카부키쵸
1시간 코스

숙소
1박

도보 5분

도쿄 쇼핑가이자 인기 명소를 만나는 ● 둘째 날

둘째 날 시작은 메이지신궁을 둘러본 후 요요기공원으로 향하자. 만약 일요일이라면 요요기공원에서 개성 넘치는 다양한 제품을 만날 수 있다. 하라주쿠의 대표 상점거리 다케시타도리, 도쿄의 샹젤리제로 꼽히는 오모테산도에서 명품숍과 멋진 건축물들을 감상하고 대표쇼핑몰 오모테산도힐즈도 함께 둘러보자. 시부야는 패션의 중심지답게 쇼핑거리로 가득하다. 도쿄의 랜드마크로 자리한 도쿄 스카이트리에서 소라마치, 기념품숍 등을 둘러보고, 푸드코트에서 식사를 한 후 전망대까지 올라가 광활하게 펼쳐지는 짜릿하고 아름다운 야경을 감상한 뒤 둘째 날을 마무리하자.

추천동선

1. 호텔조식 → 메이지신궁 → 하라주쿠 다케시타도리 → 오모테산도 → 규슈장가라(점심식사) → 캣스트리트 → 시부야 → 도쿄스카이트리 소라마치 구경(저녁식사) → 도쿄스카이트리 → 숙소(2박)

2. 호텔조식 → 메이지신궁 → 요요기공원 → 하라주쿠 다케시타도리 → 오모테산도 → 규슈장가라(점심식사) → 캣스트리트 → 시부야 → 도쿄미드타운(저녁식사) → 롯폰기힐즈 → 도쿄시티 뷰 → 숙소(2박)

활기가 넘치는 츠키지시장과 오다이바에서 보내는 셋째 날

이른 아침 서둘러 츠키지시장으로 출발하자. 다이와스시에서 싱싱한 스시를 맛보고 서민의 정취가 물씬 풍기는 츠키지 장외시장을 천천히 산책하듯 둘러보자. 카렛타시오도메의 오다이바, 하마리큐정원 등이 한 눈에 보이는 전망대에 올라 잠시 여유를 부린 후 근처 니혼TV의 미야자키하야오 감독이 디자인한 시계탑, 캐릭터샵 등을 구경하자. 다음 여정은 바다와 어우러진 테마파크 같은 오다이바의 이곳저곳을 구경하며 반나절 이상을 보내도 좋다. 피곤하다면 바로 숙소로 향해도 좋지만 시원한 맥주로 입가심 하며 여행의 담소를 즐겨보는 건 어떨까? 돌아가는 길에 24시간 운영하는 돈키호테에 들려 구경하는 것도 좋다.

추천동선

호텔 기상 → 다이와스시(식사) → 츠키지 구경 → 카렛타시오도메 → 니혼TV → 신바시역(유리카모메 탑승) → 메가웹 & 비너스포트 → 다이버시티 도쿄플라자(점심식사) → 자유의 여신상 → 덱스도쿄비치 → 오다이바 해변공원 → 킨노쿠라 → 돈키호테 → 숙소(3박)

일본스러운 관광명소 아사쿠사와 우에노에서의

● 넷째 날

추천동선

호텔조식 및 체크아웃 → 가미나리몬, 나카미세도리 → 덴보인도리 → 센소지 → 아오이마루신(점심식사) → 아메요코 시장 → 우에노공원 → 나리타 국제공항(출국심사 및 탑승) 귀국

일본 현지인들은 물론 많은 여행객들로 1년 내내 붐비는 관광명소, 아사쿠사에서 산책하듯 하루를 시작해보자. 커다란 빨간 제등이 있는 가미나리몬을 시작으로 아사쿠사의 대표적인 상점거리 나카미세도리를 둘러보고 일본의 대표 사찰 센소지로 향하자. 센소지의 이러저러한 모습들을 둘러본 후 에도시대를 재현했다는 덴보인도리를 천천히 거닐며 구경하자. 곳곳에 자리한 길거리음식이나 아사쿠사에서는 유명한 아오이마루신 등에서 점심식사를 즐기고 우에노로 향하자.

우에노 여행의 시작은 서민들의 삶이 묻어나는 소박한 시장, 아메요코이다. 소박하지만 생각보다 크기 때문에 시간을 정해두고 둘러보는 것이 좋다. 이곳저곳 둘러보느라 피곤했을 다리를 위해 우에노공원에서 잠시 쉬었다가 비행기 시간을 계산해서 나리타 국제공항으로 향하면 된다. 물론 바로 공항으로 가려면 아침에 숙소부터 체크아웃하고 짐을 숙소에 맡기기 보다는 아사쿠사역이나 우에노역의 코인락커를 이용하는 것이 좋다. 이렇게 여행하는 것이 시간적으로 동선을 짜기가 편하므로 참고하자.

●● 여행일정이 길 경우 추가로 둘러볼만한 여행지

워낙 볼거리, 쇼핑거리, 즐길거리가 많은 도쿄는 3박 4일 일정도 빠듯하다. 가장 이상적인 것은 도쿄를 구역별로 나눠 틈틈이 여행하는 것이지만, 그것이 쉽지 않다면 4박이나 5박 일정으로 도쿄를 즐길 수 있다. 이때 추가되는 일정으로 추천할 만한 스팟이 도쿄역, 긴자, 기치조지 등이다. 또한 단순 여행이 아니라 테마가 있는 도쿄 여행을 원한다면 다음 테마들도 고려해보자.

1. 슬램덩크가 사랑한 에노시마 & 가마쿠라
2. 도쿄 속 작은 에도 가와고에
3. 센과 치히로의 행방불명 배경이 된 에도도쿄건축공원 & 봄과 가을을 제대로 느낄 수 있는 고가네이공원

동선에 따른 예산 책정하기

도쿄 여행은 경비 대부분이 숙소와 교통, 식사 부분에서 많은 부분을 차지하게 된다. 특히 교통비가 만만치 않기 때문에 일정을 세울 때는 반드시 이점을 염두에 두어 도보로 가능한 여행지를 하나로 묶어서 계획하는 것이 좋다. 식사의 경우에도 한 끼 정도는 저렴하게 대체할 수 있는 일본식 패스트푸드점을 이용하는 것이 경비를 절감하는 방법이다. 여행 사이트나 소셜커머스 등에서 도쿄에어텔 특가 상품을 노려본다면 항공권과 숙박비에서 경비를 더욱 절감할 수 있다. 단, 혼자서 여행할 때는 싱글차지에 대한 부분을 고려해야 한다.

구분	숙박료	식대 및 간식	관광지 입장료	교통비	기타 경비	합계
첫째 날	80,000원	40,000원	-	14,000원	-	13~15만 원
둘째 날	80,000원	40,000원	24,000원	6,000원	-	15~17만 원
셋째 날	80,000원	80,000원	-	15,000원	-	17~19만 원
넷째 날	-	25,000원	-	30,000원	-	5~7만 원
총합계	240,000원	185,000원	24,000원	65,000원	-	40~48만 원

※ 넉넉잡아 산출한 대략적인 여행경비 예산으로 항공료와 쇼핑은 제외한다.
※ 표 내용은 1인 기준으로 비수기 가격을 기준으로 하였다.

Section 03
도쿄에서 환전 및 대중교통
이용방법

도쿄 여행은 교통비가 만만치 않다. 그렇기 때문에 다양한 교통 패스 등을 잘 활용해야 한다. 또한 도쿄는 지하철만으로도 대부분의 여행지를 충분히 가볼 수 있으므로 지하철 탑승 요령 등을 알고 가야 여행을 저렴하게 제대로 즐길 수 있다.

🧳 공항에서 시내로 이동하기

도쿄는 우리나라와 가까운 만큼 항공기 편수도 많고 출발하는 공항도 인천, 김포, 김해, 제주와 같이 다양하다. 도착도 일본의 대표 관문인 나리타 외에도 도쿄 도심과 가까운 하네다 공항이 있어 빠르고 편리하다. 공항에 도착한 후 도쿄 도심으로 이동하는 방법은 도착공항에 따라 다소 다르지만 연계 교통편이 잘 정리되어 있어 어렵지 않게 목적지까지 빠르게 이동할 수 있다.

🧳 나리타국제공항에서 시내로 이동하기

나리타국제공항Narita International Airport, 成田國際空港에서 도쿄 시내로 들어가는 교통편은 다양하다. 여행자들이 가장 선호하는 신주쿠 방향은 나리타익스프레스N'EX, 成田エクスプレス와 케이세이스카이라이너京成スカイライナー, 공항리무진버스가 대표적인 교통수단이다. 나리타익스프레스(N'EX)는 나리타국제공항 터미널1, 2에서 출발하여 도쿄東京역, 시나가와品川역, 시부야渋谷역, 신주쿠新宿역, 이케부쿠로池袋역 등을 운행한다. 운행시간에 따라 정차하는 역에 차이가 있으므로 미리 확인해야 한다. 보통 나리타국제공항에서 신주쿠까지는 1시간 30분 내외가 소요되며 N'EX 도쿄왕복티켓 기준으로 성인 4,000엔, 소인 2,000이다. 나리타익스프레스 노선과 요금 관련 정보 등은 한국어가 지원되는 홈페이지(www.jreast.co.jp/kr/pass/nex_round.html)에서 확인할 수 있다. 구입처는 나리타국제공항 제1, 제2터미털 JR동일본 외국인여행센터(영업시간 외에는 JR매표소 みどりの窓口에서 구입가능)로 영업시간은 나리타국

제공항 제1터미널 08:15~19:00, 제2터미널 09:30~20:00(연중무휴)이다.

케이세이스카이라이너는 나리타국제공항에서 닛포리日暮里역까지 36분, 케세이우에노京成上野역까지는 41분이면 도착할 정도로 빠르게 이동할 수 있다. 요금은 편도 2,470엔(어린이 1,240엔)으로 전 좌석 지정석제로 운영된다. 종착역이 케세이우에노京成上野역이므로 신주쿠까지 이동하려면 JR야마노테山手선으로 갈아타고 20분 정도를 더 가야 된다. 케이세이스카이라이너에 대한 자세한 정보는 한글이 지원되는 해당 홈페이지(www.keisei.co.jp/keisei/tetudou/skyliner/kr/index.html)에서 확인할 수 있다.

공항리무진버스는 도내 중심 호텔까지 한 번 탑승으로 편하게 이동할 수 있어 열차와 달리 짐을 들고 힘들게 환승할 필요가 없다. 또한 도쿄의 주요 거점을 대부분 갈 수 있고 운행편수도 많아 이용하기에 편리하다. 나리타국제공항 1층 도착 로비에 있는 리무진버스 종합카운터에서 호텔이나 인근 전철역을 말하면 티켓을 발행해주고 버스 탑승지를 안내해준다. 가격은 성인 편도 3,100엔, 소인 1,550엔이며 도심까지 평균 소요시간은 1시간 30분에서 2시간 내외이다. 물론 교통체증에 따라 시간이 더 늦춰질 수도 있다. 도쿄 공항리무진버스에 대한 자세한 정보는 한국어가 지원되는 홈페이지(www.limousinebus.co.jp/kr)에서 확인할 수 있다.

여행 TIP

●● 시내로 가는 저렴한 버스 안내

케세이버스
도쿄 출도착지 : 도쿄역, 긴자역
가격 : 900엔 (미 예약시 1,000엔)
소요시간 : 약 1시간
홈페이지 : www.keiseibus.co.jp/kousoku/nrt16.html

1,000엔 버스
도쿄 출도착지 : 도쿄역, 긴자역
가격 : 900엔 (미 예약시 1,000엔)
소요시간 : 약 1시간
홈페이지 : accessnarita.jp/kr/home

🧳 하네다국제공항에서 시내로 이동하기

하네다국제공항Haneda International Airport, 羽田国際空港은 도쿄 도심에 가장 인접한 공항이다. 나리타공항을 이용할 때보다 시간을 많이 절약할 수 있으며, 도쿄 도심까지 이동하는 교통편도 다양하다. 그 중 도쿄모노레일東京モノレール을 이용하면 하마마츠쵸浜松町역에서 JR 야마노테선을 갈아타고 시나가와品川, 시부야渋谷, 하라주쿠原宿, 신주쿠新宿, 이케부쿠로池袋를 10~30분 내외로 도착할 만큼 빠르다. 케이힌큐코急行를 이용할 경우 하네다공항역에서 시나가와역까지 이동한 후 JR 야마노테선을 갈아타고 신주쿠, 이케부쿠로 등으로 이동할 수 있다. 하네다공항이 새롭게 리뉴얼되면서 여객선터미널 빌딩이 증축되었다. 하네다공항 국제선빌딩공항羽田空港国際線ビル역에서 바로 모노레일을 탑승하고 하마마츠쵸역까지 19분만에 갈 수 있으며 요금은 470엔이다.

공항리무진버스를 이용할 때는 공항 도착 로비 내의 안내소에 있는 자동승차권 판매기에서 표를 구입한 뒤 버스 승강장에서 탑승하면 된다. 보통 신주쿠로 갈 경우 성인 편도는 1,230엔, 소인은 620엔이며 평균 소요시간은 35분에서 1시간 15분 내외로 걸린다. 단, 교통체증에 따라 시간은 더 늦춰질 수도 있다.

● ● 경제적 부담을 줄여주는 모노레일&야마노테선 할인티켓과 모노레일하네 할인왕복티켓

모노레일&야마노테선 할인 티켓은 하네다공항 국제선빌딩 공항역 제1빌딩역, 제2빌딩역을 출발로 JR야마노테선 어디 역에서 내려도 500엔(어린이 250엔)으로 갈 수 있다. 토·일·공휴일 및 특정일 한정발매 된다. 모노레일 하네 할인 왕복 티켓은 공항 각 역에서 모노레일을 타고 하마마츠쵸역까지 왕복 티켓으로 유효기간은 10일이며 요금은 성인 800엔(어린이 400엔)이다. 한국어가 지원되는 홈페이지(www.tokyo-monorail.co.jp)에서 확인 할 수 있다.

현지 교통편 이용하기

도쿄는 국제적인 도시답게 교통편이 거미줄처럼 편리하게 잘 연결되어 있다. 철도, 지하철, 버스, 택시 어느 것을 이용하더라도 크게 불편함을 찾기 힘들 정도이다. 여행자들이 많이 찾는 만큼 여행자들을 위한 교통카드의 종류도 다양하고, 이러한 정보들을 사전에 잘만 활용하면 저렴하게 도쿄여행을 즐길 수 있다.

다양한 교통편이 많지만 아무래도 여행자들은 빠르고 이용하기 편리한 지하철을 많이 이용하게 되므로 여기서는 지하철에 대해서만 구체적으로 살펴보겠다. 일본의 지하철 노선도를 본 사람이라면 거미줄처럼 복잡한 노선에 혀를 내두를 수밖에 없게 된다. 하지만 여행자들이 일반적으로 많이 찾는 여행지의 경우 노선 몇 개만 알아두면 쉽게 이용할 수 있으므로 걱정할 필요가 없다. 도쿄는 총 3개의 회사에서 거미줄처럼 뻗은 수많은 노선의 지하철을 운영하는데, 일본철도 JR, 도에이東映, 도쿄메트로東京メトロ이다. 운영하는 회사가 같은 경우 한 티켓으로 탑승하여 환승해도 되지만 다른 회사에서 운영하는 지하철을 갈아타야 할 때는 표를 다시 구매해야 하는 번거로움이 있다. 하지만 스이카카드의 경우 별도로 승차권 구매 없이 탑승이 가능하기 때문에 편리하다.

도쿄의 지하철 노선 종류

도쿄의 지하철을 잘 이용하려면 몇 가지를 미리 알고 있어야 한다. 우선 노선의 역을 알리는 표시는 상단에 알파벳으로 노선 기호가 표시되며 하단 숫자는 역 고유번호이다. 대표적인 영문이 뜻하는 지하철 노선은 G 긴자센銀座線(주황), M 마루노우치센丸ノ内線(빨강), H 히비야센日比谷線(회색), T 도자이센東西線(파랑), C 치요다센千代田線(녹색), Y 유라쿠초센有樂町線(노랑), Z 한조몬센半藏門線(보라), N 난보쿠센南北線(청록), F 후쿠토신센副都心線(갈색) 등이다. 보통 영문알파벳보다는 지하철 컬러를 확인하고 가려는 목적지 방면을 파악한 후 탑승하는 것이 쉽다.

도쿄의 노선도는 도쿄도교통국 홈페이지(www.tokyometro.jp/kr)를 통해서 확인이 가능한데, 출발전에 스마트폰 등에 담아가면 유용하게 사용할 수 있다. 또한 도쿄지하철 환승 검색 시스템을 이용하여 편리하게 지하철을 환승 및 소요시간을 알 수 있는데, 인조이도쿄 홈페이지(www.enjoytokyo.co.kr)에서 확인할 수 있다.

편리한 스이카카드

스이카 Suica는 JR동일본뿐만 아니라 지하철과 버스 그리고 차 내 판매나 자동판매기, 보관함, 편의점, 레스토랑 등에서도 이용할 수 있는 선불형 e-머니 카드이다. 발매기에서 차표를 매번 살 필요 없이 개찰기에서 원터치로 자동적으로 운임을 정산할 수 있다. 판매처는 모든 JR역 녹색창구 みどりの窓口, 미도리노마도구치 또는 매표소에 설치된 자판기를

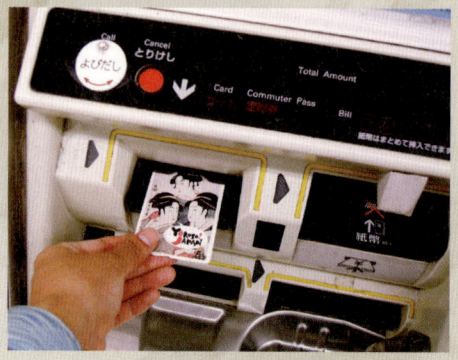

통해 구입할 수 있으며, 잔액 조회와 충전도 가능하다. 유효기간은 마지막 사용일로부터 10년간 사용하지 않을 경우 사용할 수 없으며 환불을 원할 경우 JR역 녹색창구에서 보증금 500엔을 포함하여 잔액을 환불받을 수 있다. 하네다국제공항의 모노레일 자판기에서 구입한 경우에는 하네다국제공항 모노레일 녹색창구에서 환불받으면 된다.

●● 알아두면 좋은 실속 있는 패스

도쿠나이패스(都区内パス) – JR 전 노선을 1일에 한하여 제한 없이 탑승할 수 있는 1일 승차권이다. 판매처는 JR역 내 자판기에서 영어를 선택 후 Discount Ticket 터치 → Tokunai Pass를 선택하여 구입하면 된다. 가격은 750엔이다.

도쿄메트로 1일승차권(東京メトロ一日乗車券) – 도쿄메트로 전 노선을 하루 동안 제한 없이 탑승할 수 있는 1일 승차권이다. 판매처는 도쿄메트로 역 내 자판기에서 1일권(一日券, One-day Open Ticket) 버튼을 누르고 돈을 삽입하면 된다. 가격은 710엔이다.

역 어디서나 볼 수 있는 코인락커

도쿄 시내 역마다 코인락커 Coin Lockers (보관함) 시설이 설치되어 있고 잘 운영되고 있다. 체크아웃을 한 뒤 호텔에 짐을 맡기고 가까운 여행지를 돌아볼 경우라면 모르지만 시간상 그렇지 못할 경우 코인락커를 이용하면 마지막 날까지 효과적으로 여행할 수 있다. 다만 이용객이 많아 큰 캐리어를 보관할 수 있는 락커를 찾기가 쉽지 않다는 것이 아쉬운 점이다.

대략 요금은 보관함 크기에 따라 300, 500, 800엔의 요금이 부과되면 1일 초과 시 해당 요금이 추가로 부과된다. 지하철 역내뿐만 아니라 하네다국제공항, 나리타국제공항 내에도 있으므로 짐이 많아서 다니기 힘들다면 이용해보자. 사용방법은 간단한데, 비어 있는 락커를 찾아 해당 요금을 확인하고 짐을 넣는다. 락커를 닫고 해당 요금을 삽입한 후

JR 승강장에서 흔히 볼 수 있는 코인락커

문을 잠그면 된다. 당연한 말이겠지만 열쇠는 보관을 잘해야 하며, 도쿄 내 역은 복잡하므로 어느 위치 코인락커에 보관해두었는지 정확히 기억해둬야 한다. 코인락커는 동전이 없는 경우 스이카카드로도 결제가 가능하다.

🧳 환전하기

일본 엔화로의 환전은 미국 달러만큼이나 쉬워서 국내 시중은행 어디에서나 가능하다. 최대한 환전이 우대될 수 있는 주거래 은행과 환율할인우대권 등을 활용하여 환전 받는 것이 최고의 요령이다. 일본의 화폐는 동전의 경우 1, 5, 10, 50, 100, 500엔짜리가 있으며, 지폐는 1,000, 2,000, 5,000, 10,000엔짜리가 발행되고 있다. 자판기 문화가

발전한 일본에서는 동전을 사용할 일이 많지만 국내에서 환전할 경우 바로 동전으로는 환전하는 것이 어려우므로 미리 전화를 해보고 은행에 방문하는 것이 좋다. 실제 환전은 사이버환전을 이용하는 것이 시중은행을 이용하는 것보다 큰 금액은 아니더라도 환전율이 더 좋으므로 인터넷으로 사이버환전을 한 후 출국할 때 공항의 해당 은행에서 찾는 것도 좋은 방법이다.

환전을 할 때는 사용할 여행경비를 잘 계산하여 가급적 1,000, 2,000, 5,000엔짜리를 적당하게 섞어서 환전을 한 후 동전이 필요한 경우라면 도쿄에 도착하여 현지 슈퍼마켓 등에서 물건을 사거나 동전으로의 교환을 요청해도 된다.

Section 04
도쿄에서 둘러봐야 할
지역별 명소

도쿄는 세계적인 국제도시 명성만큼이나 다채로운 명소들이 즐비하다. 역사적 배경을 둔 명소부터 새롭게 부상하는 현대적인 명소까지 짧은 일정의 여행이라면 다 둘러보지 못하고 돌아오는 것이 아쉬울 정도이다.

신주쿠 전체를 공짜로 조망할 수 있는
도쿄도청전망대 東京都庁展望台

일본의 세계적인 건축가 단게겐조丹下健三가 설계한 도쿄도청전망대는 도쿄를 대표하는 건축물이다. 도쿄도청전망대는 무료로 개방하기 때문에 여행자나 도쿄 시민들에게 인기 명소이다. 전망대는 건물 45층에 위치하는데 남쪽과 북쪽 두 개의 전망대로 나뉘어 운영된다. 정문에서 봤을 때 오른쪽이 북쪽타워이고, 왼쪽이 남쪽타워이다.

북쪽 전망대는 밤 11시까지 개방되지만, 남쪽 전망대는 오후 5시 30분까지만 운영된다. 고속으로 운행하는 엘리베이터를 타고 45층 전망대에 내려 바라보는 신주쿠의 야경은 마치 밤하늘에 수없는 별들이 반짝이는 것처럼 황홀한 풍경을 선사한다. 날씨가 맑은 날 오후라면 멀리 후지산富士山은 물론 도쿄타워東京タワー까지 조망된다고 한다.

홈페이지 www.yokoso.metro.tokyo.jp **전화번호/주소** 81-03-5321-1111 / 東京都 新宿区 西新宿 2-8-1 **찾아가기** 도초마에(都庁前)역에 내려 걸어서 3분 거리이다 / JR 신주쿠(新宿)역부터 걸어온다면 서쪽출구(西口)로 나와 추오도리(中央通リ) 방면으로 걸어서 10분 거리이다. **영업시간** 북쪽전망대(北展望室) - 09:30~23:00(매주 2, 4주 월요일 휴관), 남쪽전망대(南展望室) - 09:30~17:30(매주 1, 3주 화요일 휴관) 12.29~1.3까지 전망대 모두 휴관 **귀띔 한마디** 도쿄도청전망대에서는 삼각대 사용이 금지되어 있으나 작은 미니삼각대는 사용가능하다.

Part 07
반할 수밖에 없는 매력을 지닌, 도쿄(Tokyo)

도쿄 최고의 엔터테인먼트타운, 오다이바 お台場

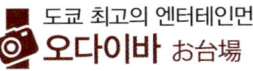

도쿄 속의 인공섬, 오다이바는 에도시대에 도심을 방어하기 위해 만들어졌지만 1990년 대 이후에는 상업 및 레저지구로 개발되면서 볼거리 가득한 도쿄의 최고 엔터테인먼트타운으로 발돋움하였다. 오다이바는 세계적인 건축물로 평가받는 후지TV 본사가 있는 다이바지역, 대관람차를 탈 수 있는 팔레트타운, 그리고 기타 지역으로 구분되는데, 각 구역은 유리카모메를 이용하거나 잘 조성된 산책로를 통해 천천히 둘러볼 수 있다. 다양한 볼거리뿐만 아니라 즐길거리로 넘쳐나기 때문에 하루나 반나절 일정으로 오다이바의 매력에 푹 빠져도 좋다. 만일 1박 3일 도쿄여행이라면 마지막 일정에 오다이바의 명물 오에도온천이라고도 불리는 오에도온센모노가타리 大江戸温泉物語에서 온천을 여유롭게 즐기고 새벽에 바로 공항으로 향해도 좋다.

홈페이지 오에도온센모노가타리 www.ooedoonsen.jp(한국어 지원) **전화번호/주소** 81-03-5500-1126 / 東京都 江東区 青海 2-5 **찾아가기** 유리카모메 텔레콤센터(テレコムセンター)역에 내려 걸어서 2분 거리, 린카이(りんかい)선 도쿄텔레포트(東京テレポート)역에서 셔틀버스 이용(7분 정도 소요) **입장료** 일반요금 : 어른(중학생 이상) 2,480엔(토/일/공휴일 2,680엔 · 특정일 2,880엔), 어린이(4세~초등학생) 1,000엔/ 야간 요금(18:00이후에 입관할 경우) : 성인 1,980엔(토/일/공휴일 2,180엔 · 특정일 2,380엔) 어린이 1,000엔 / 심야할증(02:00~) 2,000엔 **영업시간** 11:00~익일 09:00(연중무휴, 입장마감시간은 07:00까지) **귀띔 한마디** 요금에는 입욕료, 유카타, 타월, 시설이용료가 포함되어 있다. 매월 1회 시설 점검 · 정비로 인해 23:00 이후에 휴업을 한다.

 여행 TIP

●● 한 번은 타봐야 할 유리카모메

유리카모메(ゆりかもめ)는 JR 야마노테선 신바시(新橋)역에서 출발하여 오다이바의 주요 명소를 연결하는 무인 전동차이다. 맨 앞좌석에 앉으면 도쿄 도심 속 빌딩 사이를 달리는 듯한 기분을 만끽할 수 있다. 5~10분 간격으로 운행되므로 한 번쯤 기다려서라도 앞좌석을 노려볼만하다. 오다이바를 알차게 보낼 계획이라면 820엔(어린이 410엔)짜리 유리카모메 1일권(One Day Open Ticket)을 구입하는 것이 이득이다.

탑승위치 : JR 신바시역에서 YURIKAMOME 이정표를 따라 이동하면 유리카모메 티켓발권기가 보인다. 티켓을 구매한 후 플랫폼으로 이동하여 탑승하면 된다.

여유로운 오다이바를 느낄 수 있는
오다이바해변공원 お台場海浜公園

도쿄의 도심과 오다이바를 연결해주는 도쿄의 랜드마크, 레인보우브리지Rainbow Bridge를 건너면 오다이바해변공원을 만날 수 있다. 해변공원에는 강물처럼 유유히 흐르는 바다를 감싸고 백사장이 펼쳐져 있다. 해변과 레인보우브리지를 조망하기 좋은 곳에는 벌써 많은 커플들이 데크에 걸터앉아 사랑을 속삭이기도 하고, 삼삼오오 둘러앉은 이들은 캔맥주 한잔 기울이며 노을이 지기만을 기다리는 모습이다. 해변공원 왼쪽 끝에는 해상버스海上バス 승선장을 지나 오다이바의 상징이 된 자유의 여신상自由の女神像을 만날 수도 있다.

홈페이지 www.tptc.co.jp/tabid/62/Default.aspx **전화번호/주소** 81-03-5531-0852 / 東京都 港区 台場 1-4 **찾아가기** 유리카모메(ゆりかもめ) 오다이바해변공원역(お台場海浜公園)역 북쪽출구(北口)로 나와 걸어서 5분 거리이다. **귀띔 한마디** 근처에 편의점이 있으니 맥주 한 캔 사서 즐겨보자.

멋진 사진을 만드는 촬영 스팟,
오다이바 자유의 여신상 お台場自由の女神像

미국의 독립 백주년을 축하하기 위해 프랑스에서 선물한 자유의 여신상이 오다이바의 명물로 손꼽히고 있다. 물론 미국의 실제 자유여신상이 아닌 이를 축소하여 복제한 미니어처이다. 오다이바 자유의 여신상은 높이가 11.5m밖에 되지 않으므로 실물의 1/4 정도 크기밖에 안 되지만 레인보우브리지와 도쿄만을 배경으로 멋진 사진을 촬영할 수 있는 핫포인트로 소문난 곳이다. 낮에 보는 풍경도 괜찮지만 밤에 조명을 받으면 레인보우브리지와 더불어 더욱 멋진 풍경을 연출한다.

홈페이지 www.tptc.co.jp/tabid/62/Default.aspx **전화번호/주소** 81-03-5531-0852 / 東京都 港区台場 1-4 **찾아가기** 유리카모메(ゆりかもめ) 오다이바해변공원(お台場海浜公園)역에서 걸어서 10분 거리 / 다이바(台場)역 북쪽출구(北口) 나와 걸어서 3분 거리에 위치한다.

Part 07 반할 수밖에 없는 매력을 지닌, 도쿄(Tokyo)

다양한 볼거리로 넘쳐나는
덱스도쿄비치 Deck's Tokyo Beach, デックス東京ビーチ

덱스도쿄비치는 한 번 들어가면 나오기 싫어질 만큼 볼거리로 가득한 대형쇼핑몰이다. 크게 시사이드몰Sea Side Mall과 아일랜드몰Island Mall로 이루어진 건물에서는 쇼핑은 물론 식사 그리고 다양한 엔터테인먼트를 즐길 수 있다. 시사이드 4층에 위치한 1950~60년대 도쿄상점거리를 재현했다는 다이바잇초메台場1丁目는 그 시절을 연상케 하는 손때 묻은 소품들이 곳곳에서 눈길을 잡는다. 또한 달달한 맛이 느껴지는 가득한 군것질거리와 일본의 과거를 훔쳐보는 듯한 다채로운 볼거리가 넘쳐난다. 아일랜드 6, 7층에는 홍콩의 옛 모습을 재현한 다이바소홍콩台場小香港도 자리하고 있다. 화려한 네온사인이 번쩍이는 그 시절의 네이던로드Nathan Rd., 彌敦道를 사실적으로 재현해 놓아서 마치 홍콩에 와 있는 듯한 착각마저 든다. 또한 7층에는 딤섬 등 홍콩의 대표적인 먹거리들로 구성된 레스토랑이 있다.

홈페이지 www.odaiba-decks.com(일부 한글지원) 전화번호/주소 81-03-3599-6500 / 東京都 港区台場 1-6-1 찾아가기 유리카모메(ゆりかもめ) 오다이바해변공원(お台場海浜公園)역 북쪽출구(北口)로 나와 걸어서 3분 거리에 위치한다. 영업시간 11:00~21:00(5F 레스토랑 23시, 6F 레스토랑 24시까지 운영하는데, 대체로 1시간 전 마감된다.)

자동차에 관심이 많다면 자동차 테마파크
메가웹 Mega Web

자동차에 관심이 많은 사람이라면 놓칠 수 없는 곳으로, 세계적인 자동차기업 토요타의 신모델을 가장 먼저 만날 수 있는 곳이 메가웹이다. 자동차 테마파크답게 3개의 테마로 나눠 전시물을 둘러보거나 직접 시승해볼 수 있다. 또한 토요타의 미래형 자동차기술들도 체험해볼 수 있으며, 특히 비너스포트 쪽으로 연결되는 히스토리가레지 History Garage, ヒストリーガレージ 테마파크에서는 영화 속의 명품 자동차와 이제는 골동품으로 전락한 전 세계의 전통 있는 명차들을 둘러볼 수 있어 자동차 마니아들에게 인기가 높다. 추억의 명차를 배경으로 멋진 사진을 찍기에도 좋으므로 자동차에 관심이 없더라도 둘러볼만 하다.

홈페이지 www.megaweb.gr.jp(한국어지원) **전화번호/주소** 81-03-3599-0808 / 東京都 江東区 青海 1-3-12 **찾아가기** 유리카모메(ゆりかもめ) 아오미(青海)역 북쪽출구(北口)로 나와 걸어서 2분 거리에 위치한다. **영업시간** 토요타시티쇼케이스(トヨタ シティ ショウケース), 히스토리가레지(ヒストリーガレージ) 11:00〜21:00, 시승 11:00〜20:00, 어린이하이브리드 시승 11:00〜18:00 / 휴무는 부정기적이므로 홈페이지에서 확인해야 된다.

오다이바의 대표 쇼핑몰, 비너스포트 Venus Fort

비너스포트는 유럽을 재현한 이국적인 분위기가 물씬 풍기는 오다이바의 대표 쇼핑몰이다. 높은 천장은 실제 하늘처럼 보이고, 각종 조각품과 분수대 등 유럽 건축을 모방한 이색적인 거리는 마치 유럽의 거리를 걷는 듯해서 이 또한 볼거리가 된다. 총 3층으로 구분되는 비너스포트의 1층은 비너스패밀리 Venus Family로 스포츠의류, 인테리어, 인기 애니메이션 캐릭터상품 등을 판매하는 상점들이 입점되어 있다. 특히 온갖 잡화들로 구매욕을 불러일으키는 빌리지뱅가드 Village Vanguard는 붐비지 않아 구경하기 좋다. 2층은 비너스그랜드 Venus Grand로 중간 중간 분수광장이나 교회광장 같은 쉼터가 있고, 각종 잡화, 액세서리 등을 판매하는 매장과 다양한 요리를 판매하는 레스토랑 등이 입점되어 있다. 특히 2층 입구에는 영화 〈로마의 휴일〉에 등장했던 진실의 입 복원판이 있어 연인이라면 추억을 만들어 볼 수 있다. 3층은 비너스아울렛 Venus Outlet으로 2층처럼 잡화, 액세서리와 식당가가 입점되어 있다. 한국어가 가능한 안내원이 있어서 도움을 받을 수 있다.

홈페이지 www.venusfort.co.jp(한국어지원) **전화번호/주소** 81-03-3599-0700 / 東京都 江東区 青海 1-3-15 **찾아가기** 유리카모메(ゆりかもめ) 아오미(青海)역 북쪽출구(北口)로 나와 걸어서 2분 거리에 위치한다. **영업시간** 쇼핑매장 11:00~21:00 (8/11~8/19 10:30~21:30), 푸드코트 11:00~23:00(마지막 주문시간 22:00, 일부 점포 제외) **귀띔 한마디** 무료로 와이파이를 이용할 수 있다. 인포메이션에 가서 접속 방법을 안내 받으면 된다.

시오도메에 둘러볼만한
카렛타시오도메와 니혼TV Caretta 汐留 & 日本テレビ

카렛타시오도메는 일본 최대의 광고회사 덴쓰電通의 본사이다. 지하 1층에는 에도시대 때부터 현재까지 이어온 일본 광고의 역사를 한눈에 살펴볼 수 있으며, 초고속 엘리베이터를 타고 46~47층에 올라가면 오다이바, 하마리큐정원浜離宮恩賜庭園, 긴자 등이 눈앞에 펼쳐지는 전망대를 관람할 수 있다. 고맙게도 이 모든 것이 무료이며, 5분 거리에 위치한 니혼TV는 방송국이지만 보다 가깝게 접근 할 수 있는 엔터테인먼트 공간으로 꾸며져 있다. 입구부터 미야자키하야오宮崎駿 감독이 디자인했다는 거대한 시계가 눈길을 끈다. 니혼TV에서 방영중인 호빵맨을 비롯하여 다양한 캐릭터 상품 등도 판매하고 있다.

홈페이지 카렛타시오도메 : www.caretta.jp(한국어지원) / 니혼TV타워 : www.ntv.co.jp **전화번호/주소** • 카렛타시오도메 : 81-03-6218-2100 / 東京都 港區 東新橋 1-8-2 • 니혼TV타워 : 81-03-6215-4444 / 東京都 港區 東新橋 1-6-1 **찾아가기** 오에도(大江戶)선 시오도메(汐留)역에 내려 걸어서 5분 거리이다. **관람시간** 카렛타시오도메 11:00~23:00, 니혼 TV 10:00~19:00 **귀띔 한마디**
• 츠키지시장에 들려 오다이바로 가기 전에 들려보는 것이 동선에 맞다.
• 카렛타시오도메에서는 11월 중순경부터 1월 초순경까지 전구축제인 일루미네이션 행사를 진행한다.

도쿄에서 가장 세련된 공간,
롯폰기힐즈 六本木ヒルズ

롯폰기힐즈는 롯폰기 일대를 세련된 건축물들과 감각적인 멋이 조화되도록 만든 복합문화공간이다. 롯폰기힐즈 내에는 도심 속 휴식공간으로 조성된 모리정원과 미국 조각가 루이스부르주아Louise Bourgeois의 작품인 9m 높이의 거대한 거미조각 마망Maman, ママン이 이곳을 대표하고 있다. 원통형으로 날렵하게 죽 뻗은 모리타워森タワー는 일본의 유명기업들이 밀집되어 있는 고급 주상복합

단지로 세련미와 실용성을 두루 갖춘 현대적인 건물이다. 건물 내에는 모리미술관, 모리타워 전망대 도쿄시티뷰가 있어 멀리 도쿄타워를 조망할 수 있다.

홈페이지 www.roppongihills.com (한국어지원) **전화번호/주소** 81-03-6406-6000 / 東京都 港区 六本木 6-10-1 **찾아가기** 히비야(日比谷)선 롯폰기역 1C번 출구로 바로 연결되며 도보 3분 거리이다. 오에도(大江戸)선을 이용할 경우 롯폰기역에서 도보 5분 거리에 위치한다. **입장료** 모리미술관 일반 1500엔, 학생 1,000엔, 어린이 500엔 **영업시간** 모리미술관 10:00~22:00(화요일 10:00~17:00)

수많은 별들로 수놓은 듯한 야경, 모리타워 전망대
도쿄시티뷰 Tokyo City View, 東京シティビュ

해발 230m 높이, 모리타워 52층에 위치한 도쿄시티뷰전망대에서는 도쿄의 멋진 야경을 360도로 감상할 수 있다. 밤에 방문하는 것이 도쿄야경을 즐기기 좋지만 낮에도 시원하게 펼쳐지는 도쿄의 전망은 감탄을 금치 못한다. 도쿄의 야경은 홍콩이나 싱가포르와 달리 촘촘하게 들어서 있는 도쿄 시내 건물들이 마치 우주의 수많은 별들을 바라보는 듯한 기분이 든다. 해발 270m의 스카이데크는 오픈된 공간에서 도쿄시내를 관망할 수 있는데 오전 10시~오후 8시까지만 운영되며, 추가 입장료 500엔을 내야 한다. 오픈된 전망대에서는 가볍게 차 한 잔 할 수 있는 카페, 모리미술관 森美術館, 기념품판매점 등을 만날 수 있다.

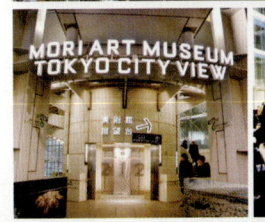

홈페이지 www.roppongihills.com/tcv/jp/index.html (한국어지원) **전화번호/주소** 81-03-6406-6652 / 東京都 港区 六本木 6-10-1 六本木ヒルズ 森タワー 52F **찾아가기** 히비야(日比谷)선 롯폰기역 1C번 출구로 바로 연결되어 있으며 걸어서 3분 거리이다. 오에도(大江戸)선을 이용할 경우 롯폰기(六本木)역에 내려 걸어서 5분 거리에 위치한다. **입장료** 성인 1,500엔, 학생 1,000엔, 어린이 500엔 **영업시간** 평일, 일요일 10:00~23:00(금, 토, 휴일 전날 10:00~25:00, 스카이데크 : 11:00~20:00, 마지막 입장은 마감 30분전까지) **귀띔 한마디** 국내 여행사 중 도쿄시티뷰 입장 할인권을 취급하는 사이트를 통하면 저렴하게 구매할 수도 있다.

공원 산책하는 기분으로 둘러보는
메이지신궁 明治神宮

메이지신궁은 무쓰히토睦仁 일왕부부를 기리기 위해 창건된 신사로 2차 세계대전 중 파괴된 것을 1958년에 복원한 것이다. 역사적으로 일왕 무쓰히토는 구한말 우리나라를 침략하고 조선의 마지막 국모 명성황후까지 살해한 배후 인물이라 그를 기리는 곳을 찾는다는 것은 유쾌하지 않은 일이다. 하지만 아는 만큼 보이는 것이고, 올바른 역사 인식만이 아픈 역사를 반복하지 않는 길이므로 역사적인 사실을 염두하고 일본의 신사라는 곳이 어떤 곳인지 둘러보는 것도 나름대로 의미가 있다. 메이지신궁 내에는 편백을 비롯한 수많은 나무들이 있어 도심 속 휴식공간의 역할을 하므로 공원을 산책하듯 가벼운 마음으로 둘러보자.

홈페이지 www.meijijingu.or.jp(일어, 영어만 지원) **전화번호/주소** 81-03-3379-5511 / 東京都 渋谷区 代々木神園町 1-1 **찾아가기** JR 하라주쿠(原宿)역에 내려 걸어서 20여 분 거리에 위치한다. **관람시간** 하절기(3~10월) 09:00~16:30, 동절기(11~2월) 09:00~16:00 **귀띔 한마디** 재미삼아 에마에 소원을 적어 걸어두기도 하는데, 누구를 위한 신사인지 한번쯤은 생각해보고 행동하자.

다채로움이 가득한 휴식처,
요요기공원 代々木公園

1964년 도쿄올림픽 당시 요요기경기장을 만들면서 경기장 주변에 선수촌과 공원을 조성한 것이 현재의 요요기공원이 되었다. 도쿄에서 4번째로 큰 공원인 만큼 넓은 부지가 온통 초록빛 잔디와 수목으로 가득하다. 요요기공원이 유명해진 것은 일요일마다 열리는 벼룩시장도 한 요인이다. 요요기 벼룩시장에서는 상상할 수 없는 상품도 만날 수 있을 만큼 다양하고 개성 넘치는 물품들로 가득하다. 벼룩시장이므로 가격이 표시되어 있어도 유일하게 도쿄에서 흥정이 가능한 곳이다. 또한 중고물품만 판매하는 것이 아니고, 시중에서 만나기 어려운 홈메이

드 제품들이나 직접 그린 그림, 골동품 등도 만날 수 있으므로 특별한 제품을 찾는다면 의외로 횡재를 할 수도 있다. 물건을 팔고 사는 사람들이 대체로 젊다보니 젊은 취향의 상품들이 많고, 주말, 공휴일에는 주변에 다양한 먹거리들도 맛 볼 수 있고 이름 없는 아마추어 밴드와 무명 댄서들의 신명나는 노래와 춤도 덤으로 볼 수 있다.

홈페이지 www.tokyo-park.or.jp/park/format/index039.html 전화번호/주소 81-03-3469-6081 / 東京都 渋谷区 代々木神園町 2-1 찾아가기 JR 하라주쿠(原宿)역에서 걸어서 10여 분 거리에 위치한다. 영업시간 하절기(5월 1일~10월 15일) 05:00~20:00, 동절기(10월 16일~4월 30일) 05:00~17:00

아사쿠사의 핵심 볼거리, 아사쿠사 센소지와 나카미세도리 浅草寺&仲見世通り

일본 최고(628년 창건)의 절이라 손꼽히는 센소지를 가려면 반드시 거쳐야 하는 거리가 있다. 아사쿠사의 상징인 빨간 제등이 있는 카미나리몬雷門을 시작으로 나카미세도리라 불리는 상점거리까지 300m에 달하는 거리를 지나면 센소지가 있다. 나카미세도리는 옛날 센소지로 향하는 참배길이 현재는 아사쿠사에서 가장 활기가 넘치는 상

점거리로 탈바꿈한 것이다. 상점마다 진열된 다양한 볼거리, 쇼핑거리와 넘쳐나는 일본 전통 먹거리가 많은 여행자들을 이곳으로 불러 모으고 있다.

나카미세도리가 끝나는 곳에는 센소지의 산문山門 역할을 하는 호조문寶藏門이 있고, 이곳을 들어서면 일본 대표 사찰 센소지가 시작된다. 센소지는 항상 많은 참배객들로 붐비는데, 사찰임에도 일본의 구복신앙적인 요소들이 곳곳에 널려 있다. 운세를 점치는 미쿠지みくじ, 본당 앞 화로에 손을 휘저어 온몸에 연기를 쐬며 건강을 기원하는 이들, 본당에 동전을 던지며 소원을 비는 사람들의 모습 속에 그들의 문화를 엿볼 수 있다.

홈페이지 www.asakusa-kankou.com(한국어지원) **전화번호/주소** 東京都 台東區 浅草 **찾아가기** 지하철 긴자(銀座)선 아사쿠사(浅草)역 1, 3번 출구로 나와 걸어서 5분 거리에 위치한다.

에도시대 거리를 재현한
아사쿠사 덴보인도리 浅草伝法院通り

일본을 제대로 느끼고 싶다면 아사쿠사浅草로 향해보자. 에도시대江戸時代의 고풍스러운 거리를 재현한 아사쿠사 덴보인도리는 150m 정도 일직선으로 뻗어있는 상점거리이다. 이곳에서는 일본 전통공예품들을 주로 판매하고 있으므로 여행 기념품을 사기에 좋다. 덴보인도리의 명물은 아이러니하게도 상점이 오픈하기 전이나 문을 닫은 후에나 볼 수 있는 셔터에 그려진 일본풍의 그림이라고 한다. 그러니 이를 보려면 아침 일찍 방문하거나 오후 늦은 시간에 방문하는 것이 좋다. 거리 곳곳에 진열된 아기자기한 상품들을 둘러보는 것 못지않게 상점마다 개성이 넘치는 간판 디자인을 살펴보는 것도 흥미로운 거리이다.

홈페이지 www.asakusa-kankou.com(한국어지원) **전화번호/주소** 東京都 台東區 浅草 **찾아가기** 지하철 긴자(銀座)선 아사쿠사(浅草)역 1, 3번 출구로 나와 걸어서 5분 거리에 위치한다.

세계에서 제일 높은 전파탑
도쿄스카이트리 Tokyo Skytree, 東京スカイツリー

도쿄의 랜드마크로 떠오른 도쿄스카이트리는 높이 634m로 세계 최고의 전파탑이다. 도쿄타워처럼 지상 디지털 방송을 위한 송신탑 역할을 한다. 스카이트리는 옅은 푸른색이 감도는 흰색으로 '스카이트리 화이트Skytree White'라고 부른다. 해가 지면 LED조명이 탑을 비추며 세련되면서도 우아하게 도쿄의 밤을 아름답게 밝힌다. 도쿄 스카이트리가 있는 타워야드Tower Yard와 좌우측으로 웨스트야드West Yard, 이스트야드East Yard로 구성된 대규모 건축물이다.

1층, 5층, 플로어345의 더스카이트리숍The Skytree Shop에서는 도쿄 스카이트리 모형의 각종 피규어, 쿠키, 수건, 인형, 문구류 등 다양한 제품과 도쿄스카이트리 캐릭터인 소라카라짱을 판매한다. 1층은 120m에 달하는 상점가 도쿄소라마치東京ソラマチ로 음식점, 잡화, 식품 등 35개의 상점이 자리하고 있다. Tower Yard와 West Yard 2층에 위치한 식품관Food Marche에서는 반찬, 각종 과일 & 채소 등의 먹거리가 수두룩하다. 그 밖에 각층마다 인기 브랜드점들이 입점되어 있으며 액세서리, 잡화, 완구점, 캐릭터숍 등 다양한 상품들이 판매되고 있다. 4층에 위치한 푸드코트에서는 각종 면요리, 커리, 만두, 돈가스 등 여러 가지 음식을 맛볼 수 있어 스카이트리 전망대에 오르기 전, 소라마치를 구경한 후 식사부터 해결하고 둘러보는 일정도 괜찮다.

4층 야외정원에서는 보다 가깝게 스카이트리를 배경으로 촬영할 수 있으며, 스카이트리 전망대 전용엘리베이터가 있고, 티켓 카운터에서 당일권과 사전예약 티켓을 교환할 수 있다. 플로어 350으로 가는 엘리베이터를 타면 단 50초 만에 이동하여, 도쿄에서 가장 광대하고 아름다운 야경을 360도 파노라마로 감상할 수 있다. 계단을 따라 내려가면 플로어 340에서도 전망을 감상할 수 있으며 5층까지 내려가는 전용 엘리베이터가 있다.

홈페이지 tokyo-skytree.jp(일부 한글지원) / **전화번호/주소** 81-03-5302-3470 / 東京都墨田区押上1丁目1-2 **찾아가기** 도쿄스카이트리(東京スカイツリー)역 또는 오시아게(押上)역을 나오면 보인다. **입장료 당일권** 성인 2,060엔, 중고등학생 1,540엔, 초등학생 930엔, 유아(4-5세) 620엔, **사전예약** 성인 2,570엔, 중고등학생 2,060엔, 초등학생 1,440엔, 유아 1,130엔/3세 이하 무료 **영업시간** 08:00~22:00(티켓 마감 21:00) **귀띔 한마디** · 사전 예약 TOKYO SKYTREE TEMBO DECK(제1전망대 350m)만 가능하며 예약 시각은 08:00~20:30으로 30분 단위로 입장 가능하다. · 도쿄 스카이트리 내 무료 Wi-Fi는 4층 TOBU백화점에서 여권을 제시하면 무료 Wi-Fi 카드를 준다.

소박한 일본인의 삶을 느낄 수 있는
우에노 上野

어떤 테마로 여행을 즐기는가에 따라 우에노는 볼거리가 없을 수도, 넘쳐날 수도 있다. 우에노는 교통의 요충지로 여러 철도가 교차되는 곳이라 접근성이 좋다. 우에노에는 일본 최대의 박물관인 도쿄국립박물관 東京国立博物館 을 비롯하여 도쿄도미술관 東京都美術館, 시타마치풍속자료관 下町風俗資料館, 국립서양미술관 国立西洋美術館 등이 있다. 또한 한가로이 산책하기 좋은 우에노공원 上野公園 과 자이언트팬더를 볼 수 있는 우에노동물원 上野動物園 도 둘러볼만하다. 또한 우리나라 남대문시장 같은 아메요코시장 アメ横市場 도 시간이 허락한다면 둘러보자. 공원이나 동물원, 박물관 등을 중요하게 생각되지 않는다면 여행 마지막 날 코스로 나리타국제공항을 들리기 전에 아사쿠사와 함께 둘러봐도 좋다.

홈페이지 www.ueno.or.jp **전화번호/주소** 東京都 台東区 上野 **찾아가기** JR 우에노(上野)역에 내려 주변을 둘러보면 된다.

Special 06 특별하게 즐기는 도쿄(Tokyo, 東京)

이미 익숙하게 알려진 도쿄 속의 또 다른 도쿄를 만나고 싶다면 다음 소개하는 세 곳의 특별함을 즐겨보자. 오랜 전통 뱃놀이 야카타부네를 타고 즐기는 뱃놀이, 도쿄역 이찌방가이에서 도쿄를 대표하는 캐릭터 상품, 라멘, 선물 등을 만나보자. 또한 겨울 여행이라면 일루미네이션의 아름다운 추억을 만들 수 있는 도쿄의 곳곳을 찾아가보자.

뱃놀이가 즐거운 야카타부네 후카카와후지미엔

도쿄에는 에도시대 때부터 내려온다는 오래 전통의 뱃놀이가 있다. 야카타부네(屋形船)라고 부르는 지붕이 있는 놀잇배를 타고 강물을 따라 유유자적 내려가며 푸짐한 식사와 담소를 나누며 유흥을 즐기는 뱃놀이라고 한다. 현재도 운행되는 야카타부네 내부시설은 화려하지는 않지만 깔끔하고 널찍한 다다미방 형식으로 식탁에는 신선한 회와 과일, 꼬치, 튀김 등이 세팅되어 있고 사케, 맥주, 음료, 와인 등을 무제한으로 즐길 수 있다.

운행 중인 야카타부네는 오다이바코스로 총 2시간, 레인보우브리지를 지나 오다이바에서 잠시 머문 뒤 도쿄타워, 시오도메(汐留) 등 둘러보고 다시 돌아오는 코스이다. 선상 위 전망데스크에 오르면 오다이바의 화려한 야경을 막힘없이 만끽할 수 있는데, 도쿄 하나비(花火)축제 시즌에 맞추려면 1년 전에 예약해도 힘들 정도라고 한다. 하지만 하나비시즌이 아니더라도 축제가 많은 일본에서는 선상에서 불꽃축제를 만날 수 있는 날이 많으므로 미리 확인하고 일정을 잡으면 된다. 보통 연말에는 나이 지긋하신 어르신들의 모임이나 회사 송별회 등을 하기 때문에 다소 시끄러울 수 있으나 이 또한 즐거운 경험이 된다.

홈페이지 www.f-fujimi.com **예약메일** info@f-fujimi.com (메일로 보낼 때는 일어로 예약 인원수(어른, 아이 구분), 승선 희망일을 꼭 기재해야 하며, 홈페이지에서 바로 예약해도 된다.) **전화** 81-03-3641-0507 **찾아가기** 몬젠나카쵸(門前仲町)역 4번 출구로 나와 직진, ENEOS 주유소 보이는 사거리에서 우측으로 보이는 다리를 건너고 직진. 또 다리가 있는 사거리에 건물 옥상에 후지미엔(富士見)이라는 큰 사인이 보이는 건물 1F. 걸어가면 대략 20~30분 걸리므로 몬젠나카쵸역에서 택시를 타는 것이 좋다.(택시비 1,000엔 정도) **이용요금** 성인 10,800엔, 어린이 9,500엔(가격 변동 있을 수 있음) **영업시간** 여름에는 매일 출발하지만 겨울에는 금, 토, 일요일에만 하루 한 번 오후 6시에 출발한다.(시간은 사정에 따라 달라질 수도 있다.) 태풍 같은 이상 기후가 아니라면 출발하기 때문에 취소되는 경우는 거의 드물다. **귀띔 한마디** • 150년 역사를 지닌 후카카와후지미엔(深川富士見)은 6대째 야카타부네를 고집해온 회사다. 개인이 직접 예약해도 되고 단체로 야카타부네 패키지를 통해 예약할 수도 있다. 반드시 예약을 해야 한다.

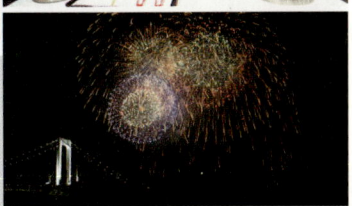

도쿄 제일의 거리, 도쿄역 이찌방가이

도쿄역일번가(東京駅一番街), 도쿄에키이찌방가이는 도쿄역 동쪽인 야에스(八重洲) 출구와 바로 연결되며 지하 1층부터 지상 2층까지 120여 개의 매장이 입점된 종합 쇼핑몰 성격의 상업지구이다. 일본을 대표하는 화과자(和菓子), 애니메이션 캐릭터 이름을 딴 케이크 등과 각종 패션, 잡화는 물론 음식점과 카페들도 자리하고 있다.

도쿄 캐릭터스트리트

일본의 TV 인기만화 캐릭터들을 만날 수 있는 도쿄역 이찌방가이의 인기 매장들이다. 무려 19개 캐릭터 숍들이 입점되어 있으며 캐릭터에 관심이 많은 마니아라면 시간가는 줄 모르고 보낼 수 있는 곳이다. 토미카숍(Tomica Shop), 프라레일숍(Plarail Shop), 스누피타운(Snoopy Town), 치비마루코짱(ちびまる子ちゃん), 리락쿠마(リラックマ) 등을 만날 수 있다. 자녀나 조카의 선물을 구입하기에 좋은 곳이다.

오미야게프라자

워낙 일본은 먹거리도 선물로 포장하여 파는 기술이 남다르니 쭉 둘러보고 지인들을 위한 선물을 사기에 안성맞춤이다. 총 29개의 점포로 구성되어 있으며 다양한 군것질거리들이 보기 좋게 포장되어 있다. 위치는 이찌방가이 지하 1층에서 G번 출구 계단으로 올라가면 바로 연결되는데, 상품의 종류가 다양하므로 먼저 매장들을 둘러보고 구입하는 것이 좋다.

라멘스트리트

도쿄에서 이름난 라멘가게들이 모인 라멘스트리트(ラーメンストリート), 도쿄에서 맛있기로 소문난 8개의 라멘전문점들이 모인 곳이므로 맛은 걱정하지 않아도 된다. 라멘스트리트에서 가장 인기 있는 가게는 로쿠린샤(六厘舍)로 원래 일반 주택가에 위치한 라멘집이었지만 그 맛이 알려지면서 찾는 이들이 많아 동네주민들의 항의로 어쩔 수 없이 이전까지 하였다고 한다. 과연 얼마나 맛이 대단한 집일까 궁금증이 유발될 수밖에 없다. 아직도 1시간 이상의 기다림을 감수해야 그맛을 볼 수 있으니 가급적 식사시간은 피해 가는 것이 좋다. 그 외에도 무츠미야(むつみ屋), 이카루가(斑鳩)를 추천할 만하다. 점심시간에는 라멘과 밥, 교자 등으로 구성된 저렴한 런치세트도 있다.

홈페이지 www.tokyoeki-1bangai.co.jp (한국어 지원) **전화번호/주소** 81-03-3210-0077 / 東京駅 八重洲南口, 東京駅一番街
찾아가기 도쿄역 내 지하 1F부터 지상 2층에 걸쳐 다양한 매장들이 분포되어 있다. **영업시간** 도쿄캐릭터스트리트 10:20~20:30, 오미야게프라자 09:00~20:30(토,일,공휴일 09:00~20:00), 도쿄라멘스트리트 07:30~22:30 - 매장에 따라 영업시간은 달라질 수 있다.

겨울에만 만날 수 있는 도쿄 일루미네이션

겨울철에 도쿄를 찾는다면 11월 중순경부터 1월 초순까지는 곳곳에서 화려한 일루미네이션(illumination)을 만날 수 있다. 장소와 기간은 해마다 변경이 되기 때문에 여행 시즌에 맞춰 검색을 통해 알아보고 방문하는 것이 좋다. 일반적으로 일루미네이션이 많이 진행됐던 곳은 아쿠아시티 오다이바(Aqua City Odaiba), 오다이바 해변공원(お台場海浜公園), 카렛타시오도메(カレッタ汐留), 롯폰기힐즈(六本木ヒルズ), 도쿄미드타운(東京ミッドタウン), 신주쿠테라스시티(新宿テラスシティ) 등이며, 마치 수많은 별들이 땅에 내려온 듯한 환상적인 분위기를 맘껏 느낄 수 있다.

카렛타시오도메

롯폰기힐즈

도쿄미드타운

Section 05
도쿄에서 먹어봐야 할
맛집

여행 와서 이렇게 행복한 고민을 해야 할까 싶을 정도로 도쿄에는 맛으로 승부하는 맛집들이 많다. 무엇보다 오랜 기간 한자리에서 똑같은 음식을 팔며 전통을 이어오는 맛집이기에 일단, 맛을 보지 않아도 믿음이 간다. 특히 밤이 되면 맥주와 곁들여 먹는 음식들은 여행의 즐거움을 배가시켜준다.

정통 덴푸라 맛이 일품인
츠나하치 つな八

츠나하치는 1923년 오픈한 튀김 맛이 일품인 정통 덴푸라てんぷら전문점으로 일본의 미식가들이 즐겨 찾는 음식점이다. 오픈된 주방에서는 깔끔한 복장으로 손님들이 주문한 음식들을 바쁘게 만들어 내놓는 모습이 믿음이 간다. 미리 초벌로 튀겨서 쌓아두고 다시 튀겨 파는 것

이 아니라 신선한 재료를 주문할 때마다 그때그때 바로 튀겨주기 때문에 더욱 바삭바삭한 맛이다. 한입 베물면 김이 모락모락 올라오면서 입안에서는 담백하고 고소한 맛이 느껴진다.

홈페이지 www.tunahachi.co.jp(한국어지원) **전화번호/주소** 본점(総本店) - 81-03-3352-1012 / 東京都 新宿区 新宿 3-31-8 **찾아가기** 신주쿠(新宿)역 주변에만 7개의 체인점이 있다. 대체로 걸어서 10분 이내 거리에 있으며, 본점은 5분 거리에 위치한다. **추천메뉴** 튀김정식(てんぷら定食) **영업시간** 11:00~22:30(마지막 주문 22:00) **귀띔 한마디** • 홈페이지에 간혹 음료수 무료 서비스 쿠폰이 올라오니 확인해서 프린트해 가자. • 갑각류, 밀가루, 달걀, 대두 등에 음식 알레르기 증상이 있다면 주문에 신경을 써야 한다.

신선한 스시맛,
스시노세키 すしの関

스시노세키는 힘차게 돌아가는 회전스시回転寿司만큼이나 인기 좋은 스시전문점이다. 스시의 종류만도 67가지나 되는데, 친절하게도 스시 사진과 더불어 메뉴가 한글로도 표시되어 있어 주문하기가 어렵지 않다. 회전바에서 신선한 스시를 그때그때 골라 먹어도 되고, 메뉴를 확인하여 원하는 스시를 콕 집어 주문해도 된다. 가격은 접시 색깔과 문양에 따라 120엔부터 1,500엔짜리까지 10여 가지 구성되어 있으므로 적당한 가격에 맞춰 식사를 즐길 수 있다.

전화번호/주소 81-03-3349-5250 / 東京都 新宿区 西新宿 1-17-1 宍戸ビル1F 찾아가기 신주쿠(新宿)역 서쪽 7번 출구로 나와 걸어서 5분거리, 요도바시카메라 대각선 방면에 위치하며 2층에 맥도날드가 있는 건물 1층이다. 영업시간 11:00~23:00

소박한 분위기에서 술 한 잔 기울이고 싶은
오모이데요코초 思い出横丁

화려한 신주쿠의 대로변과 달리 조금만 안쪽으로 들어가면 신주쿠의 맛집 골목들을 발견할 수 있다. 오모이데요코초는 이름 그대로 추억이 묻어나는 뒷골목이다. 꼬치 굽는 매캐한 연기가 입구부터 폴폴 풍기는 소박한 거리로 작은 선술집이 옹기종기 모여 있다. 어느 집을 들어가든 좁은 바에 어깨를 맞대고 둘러앉아 꼬치구이를 뜻하는 야키도리やきとり를 시켜놓고 맥주 한 잔 즐기는 모습이 자연스럽다. 한국에서 온 이방인에게도 미소를 지으며 말을 거는 친절한 일본인들도 만날 수 있어 즐거운 술자리를 기대해도 좋다. 화려한 실내장식도 필요 없고 넓은 실내공간도 필요치 않다. 그저 깔끔하면서도 맛있고, 거기에 가격까지 저렴하다면 꼭꼭 숨겨진 곳이라도 찾아가기 마련이다.

홈페이지 www.shinjuku-omoide.com **찾아가기** 신주쿠(新宿)역 서쪽출구(西口)에서 걸어서 5분 거리에 위치한다. **영업시간** 08:00~24:00 업소마다 다름

■ 신선한 재료의 먹거리가 넘치는 선술집,
토리엔 鳥園

토리엔은 오모이데요코초의 작은 선술집 분위기와 달리 3층으로 된 제법 규모가 있는 선술집이다. 꼬치구이뿐만 아니라 각종 생선회, 튀김, 과일 등 다양한 메뉴가 있고 무엇보다 가격이 저렴한 편이다. 일어를 몰라도 음식사진과 가격만 보고 주문할 수 있으므로 다양한 음식을 맛볼 수 있다. 또한 맥주부터 일본 전통 술까지 함께 곁들일 수 있어 좋다. 매일 전국 각지에서 신선한 재료를 가져오기 때문에 믿고 먹을 수 있는 집이다. 다닥다닥 붙어 있는 음식메뉴가 적힌 종이, 수수한 실내 분위기는 부담 없이 즐길 수 있어 여행의 피로가 술과 함께 녹아내리는 듯하다.

홈페이지 helios-jp.com/torien **전화번호/주소** 81-03-3342-2011 / 東京都 新宿区 西新宿 1-2-4 **찾아가기** 신주쿠(新宿)역 서쪽출구(西口)로 나와 걸어서 5분 거리에 위치한다. **영업시간** 12:00~23:40(마지막 주문 음식은 23:00, 음료(술 포함) 23:15), 매주 월요일 정기휴무 **귀띔 한마디** 테이블 차지 1인 300엔

츠키지의 유명한 스시전문점,
다이와스시 大和寿司

다이와스시는 이른 시간임에도 불구하고 길게 늘어선 줄이 익숙한 인기 절정의 스시전문점이다. 오픈된 주방에는 하얀 눈썹이 인상적인 주인장이 반겨준다. 원하는 스시를 골라 먹어도 좋지만 주인장이 직접 추천해주는 스시, 오마카세 메뉴お任せメニュー를 먹어보는 것이 이집에서는 인기이다. 갓 잡은 생선과 적당히 간이 베고 찰진 밥의 조화란 말로 표현할 수 없는 맛을 낸다. 사르르 녹는 스시 맛에 저절로 '오이시이おいしい(맛있다)'를 외치게 된다. 오마카세는 3,500엔으로 총 9가지 종류의 스시가 나온다. 가격면에서 결코 저렴하지 않지만 돈이 아깝지 않을 만큼 잊지 못할 맛을 선사한다.

홈페이지 www.tsukijigourmet.or.jp/17_daiwa **전화번호/주소** 81-03-3547-6807 / 東京都 中央区 築地 4-10-16 築地市場 6号館 **찾아가기** 히비야(日比谷)선 츠키지(築地)역 1번 출구로 나와 걸어서 7분 거리에 위치한다. 또는 오에도(大江戸)선 츠키지시죠(築地市場)역 A1 출구로 나와 걸어서 5분 거리에 위치한다. **영업시간** 05:30~13:30(재료가 떨어지면 일찍 문을 닫을 수도 있다.), 일요일, 공휴일(화요일은 부정기 휴무)

일본라멘을 맛보고 싶다면
규슈장가라 九州じゃんがら

일본을 구성하는 4개의 대표 섬 중 가장 남쪽에 위치한 규슈九州의 정통 라면을 맛볼 수 있는 곳이다. 규슈장가라는 소문난 맛집이라 일찍 가지 않으면 한참을 줄서서 기다리는 것이 기본이다. 한국 여행자들에게도 많이 알려진 집이라 한국어 메뉴판이 있어 메뉴를 고르는 것이 어렵지 않다. 이집의 대표적인 라면은 준비된 토핑을 모두 얹어서 내오는 규슈장가라 젠부이리라멘全部入りラーメン이다. 돼지뼈를 푹 고아 만든 담백한 육수에 쫄깃한 면발이 몇 젓가락 뜨지 않은 것 같은데 바닥이 보인다. 단 먹고 나면 얼큰한 국물이 갑자기 생각날 정도로 느끼함이 살짝 느껴지는 맛이다.

홈페이지 www.kyusyujangara.co.jp **전화번호/주소** 81-03-3404-5572 / 東京都 渋谷区 神宮前 1-13-21 **찾아가기** JR 하라주쿠(原宿)역 오모테산도출구(表参道口)로 나와 걸어서 3분 거리에 위치한다. **추천메뉴** 규슈장가라 젠부이리라멘(全部入りラーメン) - 1,100엔 내외 **영업시간** 월~금요일 10:45~02:00, 토, 일, 공휴일 10:00~02:00 **귀띔 한마디** 하라주쿠점 외에도 동경 시내 곳곳에 체인점이 자리한다.

유명 연예인도 반한다는 카레맛,
모우양카레 もうやんカレー

일본인들이 즐겨 먹는 음식 중의 하나가 카레이다. 실제 일본에는 유명 카레전문점들이 많은데 그 중 특별한 카레맛으로 TV방송에까지 소개된 곳이 모우양카레이다. 실내는 이것저것 정글처럼 정신없이 걸리고 붙여있지만 깔끔하게 정돈된 느낌이며, 주문을 기다리는 동안 볼 수 있도록 만화책도 빼곡히 꽂혀있다. 이집의 대표메뉴는 단연 카레이고 치킨, 치즈, 포크카레 등 종류도 다양하다. 여러 가지 카레를 한 번에 맛보고 싶다면 젠부카레全部カレ―를 주문하면 되는데, 주문할 때는 1~20으로 구분된 매운맛의 정도를 선택할 수 있다. 보통 한국인 입맛에는 5~10정도가 무난하리라 본다. 버터로 양념한 부드럽고 고슬고슬한 밥과 각종 채소로 고아진 카레는 한국에서는 쉽게 맛볼 수 없는 인상 깊은 맛을 낸다. 이곳에서는 카레뿐만 아니라 술과 함께 카레로 요리한 다양한 음식도 맛볼 수 있어 늦은 저녁에도 많은 사람들이 찾는 곳이다. 단, 국내 카레 맛에 익숙한 사람에게는 살짝 거부감이 들지 모른다.

홈페이지 moyan.jp **전화번호/주소** 오오메카이도점(青梅街道店) : 81-03-3371-5532 / 東京都 新宿区 西新宿 8-19-2 TK빌딩 1F **찾아가기** 마루노우치센(丸の内線) 니시신주쿠(西新宿)역에서 5분 거리, 또는 JR신주쿠(新宿)역에서 내려 걸어서 10여 분 거리에 위치한다. **추천메뉴** 젠부카레(全部カレ―), 카레는 900엔을 시작으로 다양한 세트메뉴들로 구성됨 **영업시간** 점심 11:30~15:00, 저녁 18:00~23:30(주문마감 점심 14:30, 저녁 22:30), 매주 토요일 휴무 **귀띔 한마디** • 신주쿠 오오메카이도점 외에도 도쿄 시내 곳곳에 모우양카레 체인점이 위치한다. • 테이블마다 인도요리에 쓰이는 향신료가 있으므로 살짝 뿌려 먹으면 더욱 맛있다. 또한 셀프테이블의 감자, 샐러드, 말차와 루이보스 티 등은 무료로 제공되며, 디저트로 두부푸딩과 치즈케익을 추가 주문할 수 있다. • 런치타임에는 뷔페식으로 카레와 샐러드가 무제한 제공되며, 여성과 어린이는 음료도 무료로 제공된다.

Part 07
반할 수밖에 없는 매력을 지닌, 도쿄(Tokyo)

터치스크린으로 주문하는 이자카야
킨노쿠라 金の蔵

신주쿠를 비롯해 시부야, 아사쿠사 등에 체인점을 운영하는 이자카야 킨노쿠라는 290엔이라는 노란색 간판만으로도 쉽게 찾을 수 있다. 모든 테이블에는 주문이 가능한 터치스크린이 설치되어 있으며, 한국어도 지원된다. 푸드류는 애피타이저, 샐러드, 씨푸드, 로스트, 후라이드, 스시, 디저트 등 11개 종류가 있고, 드링크류는 맥주, 칵테일, 와인, 위스키, 소주, 소프트드링크까지 10개 종류가 있다. 음식의 가격은 600엔 이내로 저렴한 편이며 원하는 메뉴를 터치스크린을 통해서 쉽게 주문해서 먹을 수 있는 편리함과 재미가 있다.

홈페이지 www.sankofoods.com **전화번호/주소** 신주쿠 가부키초 81-03-5291-9490 / 金の蔵Jr. 新宿歌舞伎町店 **찾아가기** 신주쿠(新宿)역 주변 여러 개의 체인점과 시부야, 아사쿠사 등 곳곳에 위치한다. **영업시간** 16:00~07:15(점포마다 영업시간이 다름) **귀띔 한마디** 늦은 시각까지 운영하는 관계로 밤 늦게 출발하는 항공이라면 시간을 보내기에 좋다.

탱탱한 새우튀김덮밥이 일품인
아오이마루신 葵丸進

아사쿠사浅草의 소문난 맛집 가운데 하나로 입구에서부터 북적이는 사람들만 봐도 그 인기를 가늠할 수 있다. 탱탱한 새우튀김덮밥えび天丼, 에비텐동의 전통을 이어온 집이다. 다양한 종류의 텐동天丼이 있으나 가격은 대체로 비싼 편이고, 새우튀김덮밥大海老天丼이 1,800엔으로 그나마 저렴하다. 흰쌀밥 위에 노릇하게 튀겨진 왕새우 두 마리가 얹혀 나오는데, 새우튀김을 한입 베무는 순간 탱탱하면서도 속이 꽉 찬 식감이 일품이다. 뜨거운 밥 위에 얹혀 나오기 때문에 조금만 시간이 지나도 바삭한 새우튀김이 누그러지는 것이 아쉽다. 저녁 식사라면 시원한 생맥주生ビール, 나마비루 한잔 함께 즐기는 것도 좋다.

홈페이지 www.aoi-marushin.co.jp **전화번호/주소** 81-03-3841-0110 / 東京都 台東区 浅草 1-4-4 **찾아가기** 지하철 긴자(銀座)선 아사쿠사(浅草)역 1번 출구로 나와 계속 직진하면 7분 정도 걸린다. **추천메뉴** 새우튀김덮밥(海老天丼) - 1,800엔 **영업시간** 11:00~20:00(매달 2, 4주 월요일 휴무) **귀띔 한마디** 입구에는 포장해서 가져갈 수 있는 튀김 종류도 판매한다.

스물다섯 겹의 밀푀유로 튀겨낸 돈가스,
키무카츠 キムカツ

키무카츠는 이미 국내 여행자들에게도 유명해진 돈가스전문점이다. 메뉴를 주문하면 한참 기다려야 한다는 것이 흠이지만 그 이유를 알고 나면 기다리는 시간도 즐거워진다. 이집은 윤기 나는 고슬고슬한 밥을 내오기 위해 주문이 들어감과 동시에 밥을 짓기 시작하기 때문에 늦어질 수밖에 없다고 한다. 밥도 밥이지만 돈가스とんかつ는 엄선한 고기를 밀푀유 Mille-Feuille처럼 얇게 25겹으로 튀겨내기 때문에 바삭하면서도 부드러운 식감이 입맛을 사로잡는다. 돈가스의 종류도 다양한데 치즈, 마늘, 매실, 유자 등이 있으므로 식성에 맞게 골라서 먹으면 된다.

홈페이지 www.kimukatsu.com(일어, 영어만 지원) **전화번호/주소** 81-03-3567-1129 / 東京都 中央区 銀座 4-6-18 銀座アクトビル 3F **찾아가기** 긴자주오도리(銀座中央通り)에 위치한다. **영업시간** 11:30~23:00, 금·토·공휴일 23:00 **귀띔 한마디** 긴자점뿐 아니라 에비스 본점(81-03-5420-2929)도 있다.

●● 도쿄에서 저렴하게 한 끼를 해결하고 싶다면!

도쿄에 넘쳐나는 일본식 패스트푸드점을 이용하면 저렴한 식사를 할 수 있다. 요시노야(吉野家), 마츠야(松屋), 스키야(すき家)가 대표적인 곳이다. 마츠야는 식권발매기를 통해 식권을 구입한 뒤 주문하면 되고, 다른 곳들은 직접 메뉴의 음식 이미지를 보고 주문하면 된다. 가장 인기 있는 메뉴는 규동(牛丼)으로 일본의 대표적인 국민음식 소고기샤브덮밥이라 할 수 있다. 대략 가격은 500엔 이내에서 주문이 가능하다.

Section 06
도쿄에서 눈이 즐거워지는 **쇼핑거리**

도쿄는 쇼핑을 좋아하는 이에게는 최고의 여행지라 할 수 있다. 도쿄 곳곳에 셀 수 없이 많은 쇼핑몰과 쇼핑거리들이 있어 상상만으로도 행복해지는 곳이다. 물론 굳이 쇼핑하지 않더라도 도쿄의 대표적인 거리인만큼 아이쇼핑만으로도 충분히 즐겁다.

도쿄 여행에 빼놓을 수 없는 1순위
신주쿠거리 新宿通り

신주쿠는 도쿄의 대표 중심지로 신주쿠역을 중심으로 동쪽에는 신주쿠 패션전문몰 스튜디오알타Studio ALTA를 비롯하여 신주쿠의 최대 번화가로 알려진 백화점 미츠코시三越, 이세탄伊勢丹, 마루이시티OIOI City 등이 자리하고 있다. 신주쿠거리는 쇼핑 목적의 여행자들에게는 놓칠 수 없는 곳으로 다양한 패션브랜드를 비롯해 화장품, 액세서리, 먹거리들이 넘쳐나는 곳이다. 신주쿠도리를 걷는 자체만으로 도쿄에 와있다는 것을 제대로 실감할 수 있다.

도쿄의 최대 환락가로 소문난 카부키쵸歌舞伎町는 폭력조직이나 어두운 이미지가 강해서 여행 중 들리는 것 자체를 꺼려하는 이들도 있지만 자정 이후 인적 드문 곳을 가는 것이 아니라면 빼먹으면 아쉬운 코스이다. 다양한 음식점, 오락실, 영화관뿐만 아니라 낯 뜨거운 간판을 걸어둔 스트립극장ストリシプ劇場이나 노조키극장のぞき劇場 등도 만날 수 있다. 곱상하게 생긴 일본의 꽃미남들이 호객행위를 하는 모습도 어렵지 않게 볼 수 있는 곳이다. 도쿄에서 꽃미남을 만나고 싶다면 카부키쵸로 가라는 말이 있을 정도이다.

신주쿠의 행정, 경제 중심지인 서쪽의 니시신주쿠西新宿는 현대화된 고층 빌딩들이 들어서 있다. 무료로 신주쿠를 전망할 수 있는 도쿄도청東京都庁을 비롯하여 많은 사람들로 북적이는 오다큐백화점 Odakyu, 小田急百貨店, 게이오백화점Keio, 京王百貨店, 요도바시카메라ヨドバシカメラ 등 활력 넘치는 쇼핑몰들이 주를 이룬다. 또한 맥주 한 잔 걸치기 좋은 서민적인 정취가 물씬 풍기는 오모이데요코초思い出横丁가 있어 볼거리, 먹거리 등으로 가득한 곳이다.

홈페이지 www.city.shinjuku.lg.jp(자동번역 지원) 전화번호/주소 81-03-3201-3331 / 東京都 新宿区 新宿 찾아가기 JR 신주쿠(新宿)역 주변 일대

Special 07 없는 것이 없을 거 같은 드럭스토어 탐방

일본 여행에서 한번쯤 들리는 드럭스토어(DrugStore)는 구경하는 재미에 시간 가는 줄 모르게 되는 곳이다. 드럭스토어에서 판매하는 상품들은 화장품, 의약품, 생활용품 등 구매욕을 자극하는 것들이 주를 이룬다. 드럭스토어만 찾아다니는 마니아가 있을 정도인데. 무엇보다 저렴한 가격에 다양한 제품을 만날 수 있다는 것이 큰 장점이다. 참고로 진짜 잘 나가는 제품, 알고 사야 되는 제품은 카운터 뒤편에 진열되어 있으니 유심히 살펴보자. 두손 가득 담아가고 싶은 충동을 부르는 대표적인 드럭스토어 두 곳을 살펴본다.

사쿠라드럭 サクラドラッグ

사쿠라드럭은 일본 전역에 800개 이상의 지점을 갖고 있는 대형 드럭스토어 체인이다. 우리에겐 호랑이연고라 알려진 만병통치약 스틱형 타이거, 튼 살에 좋고 비타민C의 영양과 수분함량이 좋은 유스킨핸드크림(Yuskin Hand Cream), 목이 아플 때 먹으면 좋은 스틱형 류각산(龍角散, 용각산), 자고 일어나면 부스스해진 머리를 차분하게 해주는 스프레이 등 사면서도 즐거워지는 제품들이다. 엠즈원(M's One)이라는 자체 브랜드로 최고의 품질과 최저 가격으로 사쿠라드럭에서만 만날 수 있는 제품도 있다. 일부 제품은 한국어까지 지원되므로 구매하는데 도움이 된다.

마츠모토키요시 マツモトキヨシ

일본 전역에 가장 많은 드럭스토어 지점을 갖고 있는 마츠모토키요시는 어렵지 않게 만날 수 있는 드럭스토어이다. 국내에서 유명한 시세이도(Shiseido) SK-Ⅱ 등 유명한 브랜드를 저렴한 가격에 구입할 수 있다. 그 외에도 파스의 일종인 휴족시간(休足時間), 클렌징 폼인 시세이도 퍼펙트휩(Perfect Whip) 등을 구매할 수 있다. 주말에는 이벤트로 특정 상품을 할인하기도 하니 놓치지 말자. 같은 마츠모토키요시라도 지점에 따라 가격은 다르므로 비교하고 구매하는 것이 현명하다.

언제라도 쇼핑이 가능한 할인마트,
돈키호테 ドン·キホーテ

24시간 운영되는 디스카운트 스토어 돈키호테에는 정말 없는 것이 없을 것 같은 잡화점이다. 정신없이 진열된 다양한 상품들을 보고 있자며 무엇을 사겠다라는 생각보다는 보면서 눈에 띄는 상품 위주로 구매하게 되는 곳이다. 그래도 저렴하게 구입할 수 있다는 이점 때문에 항상 많은 사람들로 문전성시를 이루는 집이다. 화장품 등을 다른 어떤 곳보다도 저렴하게 구입할 수 있으며, 상품 회전율도 빨라 현재 일본에서 유행하는 것이라면 대부분 돈키호테에서 구입할 수 있다. 그 외에도 액세서리, 명품시계, 식품, 음료, 주류, 선물용품, 가정용품, 전기제품까지 한 바퀴만 관심 있게 돌아봐도 장바구니가 가득해져버린다. 돈키호테에서는 면세 대상 상품만으로 1만 엔을 넘을 경우 면세금액에 구입할 수 있으므로 여권을 지참하는 것이 좋다.

홈페이지 www.donki-kr.com(한국어 지원) **전화번호/주소** 81-03-5291-9211 / 東京都 新宿区 歌舞伎町 1-16-5 **찾아가기** 세이부신주쿠(西武新宿)역 페페마에(ぺぺ前) 출구로 걸어서 5분 거리, 카부키쵸(歌舞伎町) 초입부 **영업시간** 24시간 **귀띔 한마디** • 돈키호테 인기상품은 파스 일종인 휴족시간(休足時間), 클렌징 폼인 시세이도 퍼펙트휩(Perfect Whip) 등이다. • 프라다, 구찌, 샤넬 등 다양한 종류의 브랜드 향수도 저렴하게 구입할 수 있다.

고민 없이 일본 인기 상품을 살 수 있는
랭킹랭퀸 Ranking Ranqueen

일본에서 가장 인기 있는 제품, 도쿄여행 기념으로 구입할 만한 선물 등과 같이 여행기간 동안 문득 궁금해지면서 수시로 고민하게 되는 것이 있다. 이러한 고민을 한 번에 해결해주는 곳이 바로 랭킹랭퀸이다. 신주쿠와 시부야는 물론 도쿄 내 곳곳에 체인을 두고 있는 랭킹랭퀸은 비록 매장 규모는 작지만 화장품, 식품, 책, 가전제품 등 다양한 상품을 판매하는 잡화점이다. 랭킹랭퀸은 전국 판매량을 집계하여 순위별로 상품을 진열하기 때문에 유행을 바로 알 수 있고, 선물을 고를 때 불필요한 시간을 절약할 수 있어 좋다는 것이다.

홈페이지 www.ranking-ranqueen.net **전화번호/주소** 81-03-6197-1263 / 東京都 新宿区 新宿 3-38-1 **찾아가기** 신주쿠(新宿)역 지하 동쪽출구 개찰구 바로 앞에 위치한다. **영업시간** 10:00~23:00(연중무휴)

생동감 넘치는 수산시장을 엿볼 수 있는
츠키지시장 築地市場

일본 최대 수산시장으로 알려진 츠키지시장은 크게 장외와 장내로 시장이 구분되어 있다. 장외시장場外市場은 일반 소비자를 상대하는 곳으로 좁은 골목을 따라 생선, 건어물 등을 판매하는 매장이 늘어서 있는데 서민의 정취가 물씬 풍긴다. 장내시장場內市場은 생산자와 판매업자를 연결하는 곳으로 갓잡아올린 싱싱한 어패류들을 경매하는 곳이다. 장내시장은 새벽 이른 시간에 잠시 형성되기 때문에 일반인들은 참관이 어렵다. 츠키지시장에서는 생선이나 건어물 외에도 주방에 필요한 칼이나 식기, 각종 주방도구들도 판매하며, 신선한 회를 즉석에서 즐길 수 있는 식당들도 자리하고 있다.

홈페이지 www.tsukiji.or.jp **전화번호/주소** 81-03-3541-9466 / 東京都 中央区 築地 4-10-16 **찾아가기** 히비야(日比谷)선 츠키지(築地)역 1번 출구로 나와 걸어서 5분 거리에 위치한다. / 오에도(大江戸)선 츠키지시죠(築地市場)역 A1출구로 나와 걸어서 5분 거리에 위치한다. **영업시간** 05:00~15:00 상점마다 영업시간은 다르다. 매주 일요일, 공휴일 휴무

롯폰기의 최첨단 주상복합단지,
도쿄미드타운 東京ミッドタウン

히노키초공원檜町公園의 넓은 녹지공간을 끼고 고급스러운 6개의 빌딩이 최첨단 주상복합단지를 형성하고 있다. 이곳이 롯폰기 최대명소 중의 하나로 손꼽히는 도쿄미드타운이다. 인간과 자연이 어우러진 새로운 도시문화를 꿈꾸는 도쿄미드타운은 갤러리아Galleria, 플라자Plaza, 미드타운타워Midtown Tower 등 크게 3개 테마단지로 구분된다. 대규모 단지이므로 캐릭터디자인 상품부터 가구, 의류, 서점, 생활용품, 음식점, 각종 마켓까지 원스톱으로 연결되므로 알찬 쇼핑을 즐기기에 좋다.

눈에 띄는 매장으로 갤러리아 3층에 위치한 이데숍IDEE SHOP은 러블리한 디자인이 돋보이는 제품과 가구 등을 판

매하며, 숍 내 이데카페파르크IDEE CAFE PARC 야외테라스에서는 부담 없는 가격에으로 도쿄미드타운을 관망할 수 있다.

홈페이지 www.tokyo-midtown.com(한국어지원) **전화번호/주소** 81-03-3475-3100 / 東京都 港区 赤坂 9-7 **찾아가기** 히비야(日比谷)선, 오에도(大江戶)선 롯폰기(六本木)역 7번 출구로 나가면 바로 보인다. **영업시간** 일반매장 11:00~21:00, 레스토랑 11:00~24:00(업소마다 시간을 다를 수 있음)

통통 튀는 젊음의 거리, 하라주쿠 다케시타도리 原宿竹下通り

하라주쿠의 대표적인 상점거리인 다케시타도리는 400여 미터 되지 않지만 항상 발 디딜 틈 없을 정도로 붐비는 곳이다. 젊은 10대들이 주로 몰리는 곳이라 그들에 눈높이 맞춘 의류, 액세서리, 팬시용품 등을 판매하는 상점들이 주를 이룬다. 다케시타도리에 왔다면 꼭 먹어야 한다는 크레이프Crepe도 맛보자. 엔젤스하트Angel's Heart와 마리온크레이프 Marion Crepes, マリオンクレープ는 이 거리에서 유명한 집으로 다양한 종류의 크레이프를 식성대로 골라 먹을 수 있는 곳이다. 항상 문전성

시를 이루는 곳들이라 길게 늘어선 줄에 놀라겠지만 생각보다 오래 기다리지 않아도 될 만큼 빠르게 주문한 것을 만들어 준다.

홈페이지 www.harajuku.jp(일어, 영어만 지원) **찾아가기** JR 하라주쿠(原宿)역 다케시타출구(竹下口)로 나와 길을 건너면 다케시타도리가 시작된다. **귀띔 한마디** 우라하라주쿠(裏原宿)에서는 한적한 패션 거리로 트렌드를 앞서가는 이들이라면 들려볼만하다.

시부야의 인기 쇼핑거리,
스페인자카와 센터가이 スペイン坂&センター街

쇼핑하면 단연 빼놓을 수 없는 곳이 시부야渋谷이다. 이 중 시부야의 완만한 언덕길을 따라 위치한 스페인자카는 의류, 액세서리는 물론 카페와 레스토랑들이 자리하고 있는 쇼핑거리이다. 거리 이름에 스페인이 들어가 있지만 특별히 스페인과 관련된 것을 찾을 수는 없고, 언덕 위쪽에 자리한 도쿄 FM 오픈 스튜디오에서 운이 좋으면 유명 아이돌을 볼 수도 있다. 또한 시부야 북서쪽에 위치한 센터가이는 우리나라 명동과 흡사한 젊은이들의 쇼핑거리이다. 도큐백화점東急百貨店, 세이부백화점西武百貨店, 시부야109 등의 유명 쇼핑센터들이 모여 있다. 시부야에서는 만남의 장소로 유명한 충견 하치공동상忠犬ハチ公像도 만날 수 있다.

홈페이지 스페인자카 www.spain-zaka.com / 센터가이 center-gai.jp **찾아가기** JR 시부야(渋谷)역 근방에 위치한다.

감각적인 건축물을 만날 수 있는
오모테산도힐즈 表参道ヒルズ

오모테산도表参道는 도쿄 건축물의 하이라이트라도 해도 과언이 아닐 정도로 디자인적으로 우수한 건축물들이 모여 있는 곳이다. 느티나무 가로수길을 따라 노천카페와 명품숍들이 즐비하게 늘어서 있다. 이 중 오모테산도힐즈는 홀을 중심으로 모든 층이 나선형으로 연결되어 있어 힘들이지 않고 자연스레 위아래 층을 둘러볼 수 있도록 설계되었다. 지상 6층에 지하 6층 규모로 럭셔리한 브랜드가 주를 이루지만 단순 쇼핑몰이 아닌 복합문화공간이다. 건축물도 독특하고, 수시로 전시회도 열리므로 쇼핑에 관심이 없다면 건축 디자인이나 전시회를 둘러봐도 좋다.

홈페이지 www.omotesandohills.com(한국어지원) 전화번호/주소 81-03-3497-0310 / 東京都 渋谷区 神宮前 4-12-10 찾아가기 오모테산도(表参道)역 A2 출구로 나와 걸어서 5분 거리 영업시간 11:00~21:00(일요일 20:00 닫음)

아이디어가 돋보이는 숍이 많은
캣스트리트 Cat's Street, キャットストリート

거리 자체로도 시선을 사로잡는 숍들이 즐비한 캣스트리트는 구제의류부터 모자, 액세서리, 바이크용품, 캐주얼브랜드 등 국내에서는 보기 드문 개성 넘치고 다양한 상품들로 가득하다. 특히 길거리에서 판매되는 타코야키たこ焼き는 맛있기로 소문난 거리이다. 보통 하라주쿠에서 오모테산도를 거쳐 캣스트리트를 둘러본 후 시부야 방면으로 도보여행이 가능하다.

Part 07
반할 수밖에 없는 매력을 지닌, 도쿄(Tokyo)

찾아가기 도쿄메트로 치요다(千代田)선 메이지진구마에(明治神宮)역 부근, 또는 JR 하라주쿠(原宿)역 오모테산도(表参道) 방향으로 걸어서 10분 거리이다.

걷는 즐거움이 있는 거리,
기치조지 Kitizyozi, 吉祥寺

도쿄 젊은이들이 가장 살고 싶어 하는 곳 기치조지의 이노카시라공원井の頭公園 가는 길에는 상점들이 즐비하게 늘어서 있다. 엔틱하면서도 에스닉한 제품들을 판매하는 카라코KARAKO, 빈티지한 액세서리를 판매하는 할리데이비슨Harley Davidson, 깜찍하고 귀여운 아동복 전문점인 정글짐Jungle Gym 등 감각적인 제품들을 판매하는 상점들이 위치한다.

맛있는 꼬치구이를 판매하는 이세야いせや는 야키도리やきとり 하나 가격이 80엔인데, 워낙 인기 있는 집이라 줄을 서서 기다려야 맛볼 수 있다. 기치조지 중앙 출구 쪽으로 나오면 날씨와 상관없이 쇼핑을 즐길 수 있는 선로드Sunroad를 만날 수 있다. 선로드 입구에 위치한 과자천국 오카시노마치오카おかしのまちおか에서는 저렴한 가격에 다양한 종류의 스낵, 초콜릿, 사탕 등을 구매할 수 있어 선물용으로 구입하기에 좋다.

홈페이지 hometown.ne.jp/ **찾아가기** JR 주오(中央)선 기치조지(吉祥寺)역에 내리면 바로 시작된다.

오다이바의 핫 복합쇼핑몰
다이버시티 도쿄플라자 DiverCity Tokyo Plaza

오다이바의 또 하나의 볼거리로 떠오른 다이버시티 도쿄플라자는 오픈한 지 몇 년 안 된 복합쇼핑몰이다. 최신식 쇼핑몰답게 쾌적한 환경과 세련된 감각이 돋보이는 실내 인테리어가 눈길을 끈다. 일본의 인기 캐릭터숍, 전통 기념품숍, 드럭스토어, 슈퍼마켓 등 있으며 각종 캐주얼브랜드, 잡화, 액세서리 등 구매욕을 일으키기에 충분한 상품들로 가득하다.

2층에 자리한 푸드코트에는 라멘, 우동, 돈가스, 오므라이스, 만두 등 일본사람들이 좋아하는 음식점 십여 개가 입점되어 있으며, 6층에는 좀 더 대중적으로 알려진 레스토랑과 카페들이 자리한다. 사실 이곳을 찾는 많은 사람들은 페스티벌광장에 우뚝 서 있는 건담프론트도쿄 Gundam Front Tokyo를 보려고 온다. 높이 18m에 달하며, 위풍당당하게 서있는 건담프론트도쿄는 실제크기로 제작되었음에도 디테일이 살아있어 보는 이들의 감탄을 자아낸다. 광장 주변에는 건담 카페도 있고, 건담의 제작과정을 멀티비전을 통해 확인할 수 있다.

홈페이지 www.divercity-tokyo.com(한글지원) **전화번호/주소** 81-03-6380-7800 / 東京都江東区青海1-1-10 **찾아가기** 도쿄임해고속철도 린카이센(東京臨海高速鉄道りんかい線) 도쿄텔레포트(東京テレポート)역 B출구 다이바구방면(For Daiba Area)로 나와 도보 5분 거리이다. **영업시간** 쇼핑,서비스 10:00~21:00, 푸드코트 10:00~22:00, 레스토랑 11:00~23:00

명품브랜드의 대표거리, 긴자 銀座

긴자는 명실상부한 일본 최고의 쇼핑가로 전 세계 명품브랜드를 만날 수 있다. 굳이 쇼핑이 목적이 아니더라도 백화점 밀집 지역을 걷다보면 자연스레 아이쇼핑을 즐기게 되는 곳이다. 특히 긴자의 메인거리인 주오도리 中央通り는 쇼핑만큼이나 눈길을 끄는 다양한 건축물들이 고급스러움과 생동감을 대변해주는 듯하다. 주오도리는 토요일에는 15~19시, 일요일과 공휴일에는 12시~17시에는 차량통행이 금지되면서 보행자거리로 바뀐다. 제대로 된 쇼핑을 즐기고 싶다면 긴자로 향해보자.

홈페이지 www.ginza.jp(일어, 영어만 지원) **찾아가기** 긴자(銀座)선 또는 마루노우치(丸の内)선, 히비야(日比谷)선의 긴자(銀座)역에 내리면 바로 주오도리가 시작된다.

Section 07
도쿄 여행 중에 둘러볼만 한
근교여행지

도쿄의 중심지를 조금만 벗어나도 색다른 일본 마을을 여행할 수 있다. 작은 에도로 불리는 가와고에, 슬램덩크의 배경지가 되었던 에노시마, 〈센과 치히로 행방불명〉의 배경이 된 에도 도쿄 건축공원까지 일정에 여유가 있다면 하루쯤 시간을 내어 이곳에 들려 색다른 여행을 즐겨보자.

역사와 문화의 도시, 작은 에도를 만나러 가는
가와고에 川越

일본 도쿄의 북쪽에 자리한 사이타마현埼玉縣 남부에 있는 작은 도시 가와고에. 신주쿠에서 1시간 정도면 이동할 수 있을 정도로 그렇게 멀지 않은 곳이다. 에도시대의 향수를 잘 보존하고 있어 작은 에도小江戶, 고에도라고도 불리며, 에도시대 때부터 상업도시로 발전해온 곳이다. 가와고에에는 우리나라 한옥마을 같은 쿠라즈쿠리노 마치나미蔵造りの町並み라 부르는 일본 전통가옥거리가 있다. 시간을 거슬러 옛길을 걷는 것 자체만으로도 운치가 느껴지는 곳이다. 이곳은 고구마가 유명한 곳이라 거리 곳곳에서 이와 관련된 음식들을 쉽게 만날 수 있다. 유명한 과자골목에서 고구마과자를 구입하여, 고즈넉한 옛길을 유유자적 걸어보는 것도 여행에서 즐거운 일이다.

Part 07
반할 수밖에 없는 매력을 지닌, 도쿄(Tokyo)

홈페이지 www.koedo.or.jp(한국어 지원) **전화번호/주소** 81-049-222-5556 / 埼玉県 川越市 幸町(川越市 川越駅 観光案内所) **찾아가기** JR사이쿄(埼京), 가와고에(東武東上)선 승차 후 가와고에(川越)역에 내려 토부버스(東武バス)를 타고 일번가(一番街)에 내린다.

📷 도쿄에서 가와고에로 이동하는 방법

교통편이 잘 발달되어 있어 도쿄 도심에서 가와고에로 가는 것은 어렵지 않다. 일반적으로 철도를 이용하는 것이 가장 빠르고 저렴하다. 일단 가와고에역까지 철도로 이동한 후 역에서 연계되는 일반버스로 갈아타거나 고에도 순환버스나 고에도 명소순례버스를 이용하면 된다. 가와고에를 처음 방문하는 것이라면 고에도순회버스 小江戸巡回バス나 명소순례버스 名所めぐりバス를 이용하는 것이 편리하다. 여기서는 가장 많은 관광객이 찾는 종탑이 위치한 나카쵸 中町 부근의 상점거리를 소개한다.

열차편	운행노선	소요시간	요금
도부도조선(東上本線)	이케부쿠로(池袋) → 가와고에(川越)	급행(急行) 31분	450엔
세이부신주쿠선(西武鉄道新宿線)	세이부신주쿠(西武新宿) → 혼가와고에(本川越)	특급(特急小江戸号) 43분	890엔
JR가와고에선(JR川越線)	신주쿠(新宿) → 가와고에(川越)	보통(普通) 60분	570엔

※ 가와고에 프리티켓 - 세이부신주쿠에서 혼가와고에역까지 왕복티켓(일반열차), 고에도순회버스 무제한탑승, 가와고에에서 사용가능한 할인쿠폰 / 프리티켓은 세이부신주쿠 출발 시 성인기준 1,280엔이며, 500엔 추가시 특급열차(레드애로우)도 이용 가능하다.

버스편	고에도순회버스(小江戸巡回バス)	고에도명소순례버스(小江戸名所めぐりバス)
홈페이지 정보	www.koedo.or.jp/foreign/hangle/bus	www.tobu-bus.com/pc/area/koedo.html
타는 곳	혼가와고에역 서쪽 출구에서 탑승	가와고에역 동쪽출구에서 탑승
운행시간	09:30 ~ 막차 16:05 반드시 시간체크 (30분 간격, 약 1시간 코스)	평일(50~60분 간격) - 가와고에역 출발 10:40~15:40 도착 11:15~16:15 토, 공휴일(20~30분 간격) - 가와고에역 출발 09:40~16:50 도착 10:15~17:25
티켓요금	성인 500엔, 12세 이하 250엔(하루 무제한 사용)	성인 300엔, 어린이 150엔(하루 무제한사용)
주요운행노선	혼가와고에역(本川越駅) → 나카인(中) → 기타인(喜多院) → 박물관앞(博物館前) → 쿠라마을(蔵のまち) → 혼가와고에역(本川越駅)	가와고에역(川越駅) → 키타인(喜多院) → 나리타산(成田山前) → 마츠에쵸니쵸메(松江町二丁目) → 오오테마치(大手町) → 시민회관(市民會館) → 박물관앞(博物館) → 미야시타마치(官下町) → 재판소(裁判所) → 시청(始役所) → 후다노츠지(札の辻) → 이치방가이(一番街) → 나카쵸(仲町) → 묘죠지(妙昌寺) → 가와고에시역(川越市駅) → 가와고에역(川越駅)

📷 가와고에의 상징 전통가옥거리와 종

가와고에 상징인 전통가옥거리는 쿠라즈쿠리노 마치나미蔵造りの町並み라고 부르는데, 이 거리 중심에는 멀리서도 잘 보이는 종루가 우뚝 솟아 있다. 종루의 정식이름 시간의 종時の鐘, 도키노카네인데 에도시대 때부터 시간을 알리는 시계탑의 역할을 해왔다고 한다. 물론 현재도 오전 6시, 정오 12시, 오후 3시, 오후 6시 하루 4번에 걸쳐 종소리를 들을 수 있다. 전통가옥거리는 파는 물건은 달라졌지만 에도시대 때 형성된 상업지구답게 여전히 활기가 넘친다. 다 비슷비슷해 보이는 가옥들은 관심을 가지고 둘러보면 가옥마다 조금씩 다른 특색을 발견해내는 재미가 있다. 천천히 산책하듯 상가에서 판매하는 물건들도 구경하면서 일본 에도시대의 전통가옥을 느껴보자.

📷 오랜 전통의 맛을 이어온 과자골목

길지는 않지만 과자가게 골목길도 가와고에의 즐거운 볼거리이다. 좁다란 골목에 다닥다닥 지붕을 맞대고 붙어 있는 과자가게에는 달콤한 막대사탕, 박하사탕, 캐러멜, 센베이せんべい과자 등 전통방식으로 만들어 낸 각종 군것질거리가 자꾸 시선을 잡아챈다. 예전 학교 가던 길 문방구 앞에 진열되어 있던 과자들이 문득 머리를 스쳐간다. 왠지 불량식품처럼 보이지만 가격도 저렴하고 어렸을 적 향수를 느껴보기 위해서라도 커다란 알사탕 하나 구입해서 입에 물어보는 것은 어떨까?

📷 다양한 맛의 콩을 판매하는 마메야(まめ屋)

가와고에 나가쵸仲町 교차로에 위치한 콩전문점 마메야는 이곳에서 인기 있는 곳이라 늘 문전성시를 이룬다. 점원이 문 앞에서 다양한 콩과자와 콩반찬 등을 열심히 홍보하는데, 설명을 들으면서 직접 시식해볼 수도 있어 좋다. 콩과자는 와사비 맛, 달콤한 맛 등 여러 가지가 있는데 대체로 1개에 200~400엔 정도로 판매된다. 몸에 좋은 콩으로 만든 것이라 간식거리로는 안성맞춤이다. 직접 시식해보고 입맛에 맞는다면 몇 개 구입해보는 것도 괜찮을 듯하다.

슬램덩크 강백호가 타던 에노덴을 타고 만나는
에노시마 江ノ島

넘실대는 바다를 배경으로 운치 있게 달리는 작은 전차 에노덴江ノ電, 만화 슬램덩크에서 강백호가 학교에 갈 때 타던 바로 그 전차이다. 후지사와藤沢역을 출발해서 에노시마역 → 가마쿠라코코마에鎌倉高校前역 → 이나무라가사키稲村ケ崎역 → 가마쿠라鎌倉역 등을 운행한다. 에노시마역에서 내려 골목을 따라 걸어가면 에노시마대교江の島大橋와 에노시마가 눈앞에 나타난다. 에노시마는 오래전 바다에서 흙더미가 용솟음치더니 21일 만에 생긴 섬이라고 전해진다. 조용한 섬마을 에노시마는 만화 슬램덩크를 그린 이노우에 다케히코井上雄彦의 고향이자 슬램덩크 마지막 편의 배경으로 유명해진 곳이다.

대략 20분 남짓 걸어가면 에노시마 입구를 알리는 청동으로 만들어진 토리이鳥居가 대문 역할을 하며 맞아준다. 좁다란 골목길은 먹거리로 유명한 먹자골목이라 다양한 먹거리들이 넘쳐난다. 특히 문어를 납작하게 누른 타코센베たこせんべい가 인기가 좋다.

거리 막바지쯤에는 에스컬레이터 타는 곳이 보인다. 에노시마 관광코스를 둘러보려면 이 계단을 올라야 하는데 시간과 체력이 좋다면 무료가 아니므로 걸어서 올라가도 된다. 그렇지 않다면 에스컬레이터(3회 사용)를 이용해야한다. 에스컬레이터 이용요금은 350엔(소인 170엔)이고, 전망대와 동굴에스컬레이터 패키지는 750엔(소인 370엔)이다. 5살 이하는 무료이므로 가족 여행자라면 참고하자.

Part 07 | 반할 수밖에 없는 매력을 지닌, 도쿄(Tokyo)

에노시마에는 헤츠노미야辺津宮, 오쿠츠노미야奥津宮, 나카츠노미야中津宮 등의 신사를 만날 수 있다. 에노시마 어느 골목을 들어서든 도쿄에서는 느낄 수 없었던 일본 정취를 제대로 느낄 수 있다. 에노시마 계단과 언덕을 지나야 만날 수 있는 치고가후치稚ヶ淵는 남태평양 바다가 시원하게 눈앞에 펼쳐지므로 가슴이 뻥 뚫리는 기분을 만끽할 수 있는 곳이다. 그 주변에는 치고가후치 절벽을 따라 파도의 침식과 해풍이 만들어낸 해식동굴, 이와야岩屋를 만날 수 있다. 동굴은 2개의 동굴로 이루어져 있는데 입장료 500엔을 내야 들어갈 수 있다. 에노시마는 고양이 천국이라 불릴 정도로 여기저기에서 나른하게 누워있는 고양이들을 만날 수 있다.

홈페이지 www.fujisawa-kanko.jp/korea(한국어 지원) **찾아가기** 전차 에노덴(江ノ電)을 탑승하면 후지사와(藤沢)역을 출발해서 에노시마(江ノ島)역에 내릴 수 있다.

800년 역사를 간직한 고도, 가마쿠라 鎌倉

에노덴의 종착역으로 츠루가오카 하치만궁鶴岡八幡宮과 고마치도리小町通り 상점가를 만날 수 있다. 고마치도리 상점가는 크지 않지만 상점가를 구경하는 재미가 쏠쏠한 곳이다. 미야자키하야오宮崎駿의 캐릭터 상점을 비롯하여 꽃집, 잡화점, 의류점, 음식점 등이 들어서 있으며, 늘 여행자들과 현지인들로 북적인다.

츠루가오카 하치만궁鶴岡八幡宮으로 가려면 1.8km에 달하는 와카미야오지若宮大路 거리를 지나야 한다. 거리 양 옆으로 다양한 상점들을 만날 수 있고, 많은 나무들이 심어져 있어 봄과 가을에 오면 산책하기에 좋은 거리이다. 가마쿠라의 대표 신사인 츠루가오카 하치만궁은 미나모토源 가문의 수호신인 하치만을 모시기 위해 지어진 신사이다. 1년 내내 다양한 행사가 열리며 주말에는 전통혼례를 치르는 사람들이 많아 운이 좋다면 일본의 전통혼례도 볼 수도 있다. 본궁으로 향하는 계단을 오르면 왼쪽 편에 천년 이상 되었다는 은행나무도 볼 수 있다. 본궁 주변에는 여기저기 군것질거리들을 판매하고 있어, 늘 사람들이 많아 활기 넘치는 신사 분위기를 느낄 수 있다.

Part 07
반할 수밖에 없는 매력을 지닌, 도쿄(Tokyo) ●●●

홈페이지 www.fujisawa-kanko.jp/korea(한국어 지원) **찾아가기** 에노덴을 타고 가마쿠라역에 하차하여 서쪽출구(西口)로 나와 시계탑을 지난 굴다리를 지나가면 우측에 버스정류장이 보이고 그대로 직진, 고마치도리 상점가 입구인 빨간 토리이가 보인다. 고마치도리 토리이를 지나 직진해 좌측으로 꺾으면 츠루가오카하치만궁으로 가는 와카미야오지가 나온다.

●● 도쿄에서 가마쿠라/에노시마로 이동하는 방법

가마쿠라/에노시마 프리패스를 구입하려면 JR신주쿠역 서쪽 출구로 나와 왼쪽으로 직진하면 오른쪽에 오다큐트 래블센터(Odakyu Travel Center)가 보이는데 거기서 구입하면 된다. 그 외에도 오다큐(小田急)선의 각 역에서도 구입이 가능하다. 오다큐트래블센터 영업시간은 오전 8시~오후 6시(연중무휴)까지이다.

신주쿠에서 에노시마/가마쿠라를 여행할 때 프리패스를 다음과 같이 무제한으로 이용할 수 있다.

(1) 에노덴(江ノ電) 전차

(2) 오다큐선(후지사와역과 가타세에노시마역 구간) : 오다큐선의 출발역 – 후지사와역 구간은 1회에 한해 승차가능하다.

* 자세한 사항은 홈페이지(www.odakyu.jp/korean/freepass/enokama_01.html)에서 확인할 수 있다.

에노시마/가마쿠라 프리패스	어른	어린이
신주쿠(新宿)	1,470엔	740엔
마치다(町田)	1,030엔	520엔
후지사와(藤沢)	640엔	330엔

- 카타세에노시마(片瀬江ノ島)행 : 신주쿠역에서 오다큐 특급 로만스카(ロマンスカー)를 타고 약 65분간 가면 가타세에노시마역에 도착한다. 개찰구로 나와 직진하면 앞에 자그만 다리가 나온다. 그 다리를 건너 왼쪽 상점 옆에 난 길로 좌회전해서 500미터 정도 걸어가면 에노덴(江ノ電) 에노시마역이 보인다.

- 후지사와(藤沢)행 : 신주쿠역에서 오다큐 특급 로만스카(ロマンスカー) 또는 오다큐쾌속급행(小田急快速急行)을 타고 약 55분 가면 후지사와역에 도착한다. 개찰구를 나와 오다큐백화점 2층의 에노덴노리바(江ノ電 のりば) 방향으로 간다. 에노덴 개찰구 앞에는 별도의 매표소와 자동판매기를 통해 표를 구입하면 된다.

센과 치히로의 행방불명 배경이 된
에도 도쿄건축공원 江戸東京たてもの園

〈센과 치히로의 행방불명〉이라는 애니메이션의 실제 모델이 된 건축을 만날 수 있는 곳이 에도 도쿄건축공원이다. 3개의 구역으로 나뉘어 있으며, 동쪽에 주로 '센과 치히로의 행방불명에 모델이 된 건물들이 몰려 있다. 치히로가 목욕탕에서 일할 때 머물던 방의 모델이 된 건물, 다카하시코레쿄高橋是清와 치히로가 바다를 건너기 위해 탔던 도덴都電, 치히로가 일하던 목욕탕의 모델이 됐던 고다카라유子宝湯, 치히로 부모가 음식을 먹다가 돼지로 변하던 선술집 가기야鍵屋 등을 볼 수 있다. 도쿄 옛 건축을 복원하여 그대로 옮겨 놓아 과거 일본인들의 생활을 엿볼 수 있는 뜻 깊은 시간이 된다. 이곳을 방문하기 전에 〈센과 치히로의 행방불명〉을 다시 한 번 보고 간다면 더욱 즐겁게 둘러볼 수 있다.

Part 07 반할 수밖에 없는 매력을 지닌, 도쿄(Tokyo)

홈페이지 www.tatemonoen.jp **전화번호/주소** 81-042-388-3300 / 東京都 小金井市 桜町 3-7-1(都立小金井公園内) **찾아가기** 신주쿠에서 JR추오센(中央線)을 타고 30분 정도 타카오(高尾) 방면으로 가다 무사시코가네이(武蔵小金井)역에 하차한다. JR추오센의 경우 몇 정거장 건너고 가는 급행 등이 있으니 주의해서 타자. 북쪽출구(北口)로 나와 우측으로 가면 육교가 보인다. 육교를 건너 좌측 아래 쪽 2번 또는 3번 버스 정류장에서 버스를 탑승하고, 5번째 정류장인 고가네이코엔니시구치(小金井公園西口) 하차하면 된다. 버스비 170엔. **입장료** 성인 400엔, 대학생 320엔, 중고등학생 200엔, 초등학생 이하 무료 **영업시간** 성수기(4~9월) 09:30~17:30, 비수기(10~3월) 09:30~16:30 / 매주 월요일과 12월 28일~1월 4일까지 휴무 **귀띔 한마디** 한국어 안내 팸플릿이 있으므로 챙겨두자.

📷 봄과 가을을 제대로 느낄 수 있는
고가네이공원 小金井公園

벚꽃의 명소로 알려진 고가네이공원은 봄뿐만 아니라 가을에 방문해도 노란 은행나무와 느티나무들이 아름답게 공원 전체를 물들인다. 넓은 공원에는 스포츠를 즐기는 사람, 책을 읽는 사람, 피크닉을 나온 사람, 자전거를 타는 사람, 산책하는 사람들로 여유로움이 묻어난다. 매월 2회에 걸쳐 일요일에 벼룩시장이 열린다.

홈페이지 www.tokyo-park.or.jp/park/tormat/index050.html **전화번호/주소** 81-042-385-5761 / 東京都 小金井市 関野町 1-13-1 **찾아가기** 신주쿠에서 JR추오센(中央線)을 타고 30분 정도 타카오(高尾) 방면으로 가다 무사시코가네이(武蔵小金井)역에 하차한다. JR추오센의 경우 몇 정거장 건너고 가는 급행 등이 있으니 주의해서 타자. 북쪽출구(北口)로 나와 우측으로 가면 육교가 보인다. 육교를 건너 좌측 아래 쪽 2번 또는 3번 버스 정류장에서 버스를 탑승하고, 5번째 정류장인 고가네이코엔니시구치(小金井公園西口) 하차하면 된다.

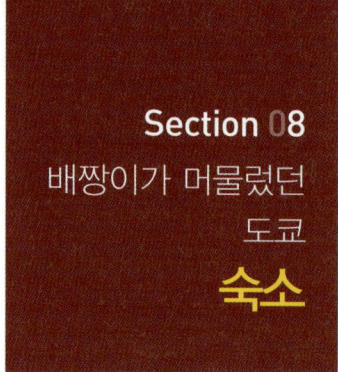

Section 08
배짱이가 머물렀던 도쿄
숙소

도쿄 여행에서 숙소를 결정할 때 위치와 숙박료를 잘 따져봐야 한다. 워낙 숙박과 교통비가 만만치 않기 때문에 이 두 가지를 흡족할만한 숙소를 선택하기 쉽지 않다. 만약 숙박비와 상관없이 제대로 쉬면서 여행을 즐기고 싶다면 룸 컨디션이나 주변 환경, 교통 등을 고려하여 결정하면 된다.

신주쿠 중심지의 저렴한
신주쿠빈티지호텔 Hotel Vintage Shinjuku

신주쿠 중심지에 위치해 있음에도 가격이 저렴한 편이라 오랜 기간 많은 여행자들로부터 사랑받는 신주쿠빈티지호텔. 아시아 최대의 환락가라 불리는 카부키쵸를 거쳐야만 가장 빠르게 호텔에 접근할 수 있는데 워낙 사람들로 붐비는 거리이고, 파출소도 근방에 있으므로 치안을 걱정할 필요는 없다. 무엇보다 구경하며 걷는 재미가 있어 신주쿠역에서 호텔까지 10분 정도 소요되는 시간마저 금세 흘러간다.

신주쿠빈티지호텔은 저렴한 편이라 객실과 욕실이 상당히 좁지만, 깔끔한 룸컨디션을 유지하므로 만족할 만하다. 층마다 음료자판기가 배치되어 있으며 호텔직원들도 대체로 친절하다. 또한 한국인 음식점, 상점 등이 많이 몰려 있어 한인타운이라 불리는 신오오쿠보 新大久保도 가까이 위치해 있어, 한국 음식이 그리울 때는 적절한 위로가 된다.

예약사이트 hwww.hotel-vintage.co.jp **전화번호/주소** 81-03-3205-6300 / 東京都 新宿区 歌舞伎町 2-40-3 **찾아가기** JR 야마노테(山手)선 신주쿠(新宿)역 동쪽출구(東口) For Kabukicho 방면으로 나간다. 카부키쵸 거리 끝자락 HUMAX 건물 뒤쪽, 경찰서 옆 골목으로 1분 정도 걸어가면 보인다. 대략 역에서 10여 분 정도 소요된다. **객실타입** 싱글, 더블, 트윈 **체크인/체크아웃** 15:00/11:00 **귀띔 한마디** 조식 07:00~10:00, 뷔페 1,000엔

위치와 주변 환경 모두 인기 만점인
호텔프린세스가든 Hotel Princess Garden

여행하기에 좋은 위치는 물론 호텔에서 5분 이내 도큐스토어 대형슈퍼마켓, 편의점, 음식점들이 위치하고 있는 호텔프린세스가든, 객실내의 가구들은 전반적으로 오래되어 보이지만 깔끔하고 아늑한 분위기 때문인지 편안함이 느껴진다. 커피포트, 잔세트, 각종 티, 방향제들이 비치되어 있다. 일부 객실은 도쿄타워가 보이기도 하므로 체크인할 때 미리 요청해보도록 한다.

욕실은 작지만 욕조, 세면대, 비데까지 설치되어 알차다는 느낌이다. 바디타월을 제외한 드라이기, 칫솔, 치약, 비누, 샤워캡, 면도기, 샴푸, 린스 등이 준비되어 있다, 인터넷은 무료이며 호텔 후문 쪽에는 작은 정원과 연못이 있어 아침 산책을 하면서 잠시나마 상쾌한 공기를 마실 수 있다.

예약사이트 www.princess-garden.co.jp(한국어지원) **전화번호/주소** 81-03-3779-1010 /東京都 品川区 上大崎 2-23 **찾아가기** JR 야마노테(山手)선 메구로(目黒)역에서 걸어서 5분 거리에 위치한다. **객실타입** 싱글룸, 더블룸, 이코노믹 트윈룸, 디럭스 트윈룸,, 세미 스위트룸, 스위트룸 **체크인/체크아웃** 15:00/12:00 **귀띔 한마디** 인터넷 무료

■ 세심한 배려가 돋보이는
우에노 미츠이가든호텔 Mitsui Garden Hotel Ueno

긴자, 시오도메, 삿포로 등 일본 전역에 체인호텔을 두고 있는 우에노 미츠이가든호텔. 우에노역에 근접해 있으며, 총 245객실에 투숙객을 위한 배려가 돋보이는 호텔로 손꼽히는 곳이다. 주변에는 아메요코시장アメ横市場, 마루이백화점丸井百貨店, 우에노공원上野公園 등이 있고 편의점, 요시노야吉野家 등 패스트푸드점이 있어 한 끼 식사를 해결하기에도 좋다. 객실은 한 눈에 들어오는 아늑하고 깔끔한 크기로 그리 넓지는 않다. 대형 액정 와이드TV와 가습 기능을 지닌 공기청정기 그리고 방음이 확실한 이중창 등 곳곳에 투숙자를 위한 배려가 엿보인다. 또한 레이디스룸에는 건조한 날씨에 수분을 채워줄 스티머, 찰랑찰랑 머릿결을 뽐내줄 매직기, 여성용 잠옷 등이 마련되어 있다. 그리고 바지프렛서가 있어 구겨진 바지를 걸쳐두고 눌러주면 다림질한 듯 구김이 사라지므로 편리하게 이용할 수 있다. 욕실에는 별도로 준비할 필요 없이 모든 것이 넉넉하게 구비되어 있다.

1층 이탈리안레스토랑에서는 오전 7시부터 10시까지 투숙객에 한하여 1,300엔에 식사를 제공한다. 파스타부터 스크램블에그, 소시지, 브레드, 샐러드, 과일 등 적당히 식사하기 좋은 메뉴들로 구성되어 있다. 미츠이가든호텔에서는 더블룸에 한하여 별도의 추가 금액없이 스카이트리가 보이는 룸을 배정해주기도 하니 별도로 요청해보자. 또한 이 호텔에는 특별한 룸인 팬더룸이 있는데, 총 4개 객실의 트윈룸으로 우에노의 마스코트 팬더캐릭터가 침대부터 잔세트, 욕조커튼 등 곳곳에 장식되어 있어 이를 좋아하는 사람들에게는 인기 객실이다. 나리타공항으로 향하기 전 마지막 일정으로 아사쿠사와 우에노를 둘러보려면 마지막 날 1박을 여기에서 머물러도 좋을 듯하다.

예약사이트 www.gardenhotels.co.jp(한국어지원, 예약가능) **전화번호/주소** 81-03-3839-1131 /東京都 台東區 東上野 3-19-7 **찾아가기** JR우에노역 아사쿠사 출구에서 걸어서 5분 거리, 도쿄메트로 긴자선, 히비야선 우에노역 1번 출구에서 걸어서 1분 거리, 케이세이 우에노역에서 걸어서 10분 거리에 위치한다. **객실타입** 모데라토, 슈페리어, 모데라토 더블, 모데라토 트윈, 슈페리어 트윈, 유니버설, 팬더룸, 레디스룸 **체크인/체크아웃** 15:00/11:00 **귀띔 한마디** • 로비에는 체크인과 체크아웃을 돕는 기계가 있다. 한국어가 지원되며 만약 호텔사이트를 통해 직접 예약했을 경우 체크인 시 프런트에서 방을 배정받고 이 기계를 통해 요금을 결제하면 된다. 체크아웃 시는 룸 키만 반납하면 된다. 만약 어렵다면 직원을 통해 도움을 받을 수 있다. • 인터넷 무료 제공

최고의 서비스를 지닌
호텔류메이칸 Hotel Ryumeikan Tokyo

도쿄역은 하루에도 수천 대의 열차가 오가는 일본 철도의 심장부이다. 출퇴근 시간에는 많은 비즈니스맨들과 여행객들이 뒤섞이는 이곳에 최고의 서비스로 편안한 휴식을 취할 수 있도록 자리한 호텔류메이칸. 도쿄역 야에수 북쪽출구八重洲北口로 나와 3분 거리에 위치하므로 교통편도 좋을 뿐만 아니라 도쿄역 이찌방가이는 걸어서 긴자까지 갈 수 있다. 본래 류메이칸은 호텔이 아니라 일본 전통 숙박시설인 료칸旅館이였으나 100주년을 기념하여 2009년에 호텔류메이칸으로 새롭게 오픈하였다. 2012년 도쿄 미슐랭에도 소개될 정도로 객실상태가 좋아 누구나 만족할만한 곳이다.

호텔프런트는 15층에 위치하며 모던하고 세련된 인테리어가 돋보인다. 특히 로비에서는 차 한 잔 마시며 커다란 창문을 통해 도쿄의 도심을 한눈에 내려 볼 수 있다. 필자가 머문 객실은 Forus 싱글크리에이트룸으로 일본의 전통적인 컬러인 보랏빛을 카펫과 커튼에 포인트로 주어 차분하면서도 모던한 느낌이 연출되었다. 고급스러움이 느껴지는 가구들과 기다란 소파, 다양하게 쓰일 수 있는 화이트보드, 공기청정기 그리고 네스프레소Nespresso 커피메이커와 캡슐 4개가 있어 최고급 커피도 즐길 수 있었다. 이 객실의 침대는 Forus system 즉 쾌면 시스템으로 편안한 잠을 잘 수 있도록 수면유도는 물론 자연스레 깨워주는 알람 기능까지 탑재되어 있다. 욕실은 일본답게 작은 편이지만 없는 게 없을 정도로 필요 용품은 다 구비되어 있다. 특히 미리 예약을 하면

남성은 남성용 세안제와 화장수, 헤어왁스를 제공하며, 여성은 기초화장품세트까지 준비해준다. 이곳 조식뷔페는 15F에 위치한 레스토랑 하나고요미Hanagoyomi에서 오전 7시부터 10시까지(일, 공휴일 07:00~14:00) 2,500엔에 즐길 수 있는데, 규동, 회, 다양한 반찬 등 군침 도는 20여 가지의 요리가 준비되어 있어 가히 추천할 만하다. 최고의 서비스를 만끽하는 만큼 객실 요금도 만만치는 않다.

예약사이트 www.ryumeikan-tokyo.jp(한국어지원, 예약가능) **전화번호/주소** 81-03-3271-0971/ 東京都 中央区 八重洲 1-3-22 **찾아가기** JR 도쿄역 야에수 북쪽출구(八重洲北口)에서 걸어서 3분 거리, 도쿄메트로 니혼바시역 A3 출구에서 걸어서 1분 거리, 도쿄메트로 오테마치역 B10 출구에서 걸어서 1분 거리, 도쿄메트로 미츠코시역 B3 출구에서 걸어서 2분 거리에 위치한다. **객실타입** 싱글, 트윈, 더블, 트리플룸, 유니버설 룸, 류메이칸 프리미엄 등으로 각각 룸 타입이 있다. **체크인/체크아웃** 14:00/11:00 **귀띔 한마디** • 인터넷 무료 제공
• 흡연자를 위해 15층 로비에 별도의 흡연실이 마련되어 있다.

Part 08

무지갯빛 색을 가진
싱가포르(Singapore)

Section01 싱가포르 여행을 시작하기 전에
Section02 고민 없이 즐기는 싱가포르 맞춤 여행 루트
Section03 싱가포르에서 환전 및 대중교통 이용방법
Section04 싱가포르에서 둘러봐야 할 지역별 명소
Special08 싱가포르에서 만나는 중국, 차이나타운
Section05 싱가포르에서 먹어봐야 할 맛집
Section06 싱가포르에서 눈이 즐거워지는 쇼핑거리
Section07 배짱이가 머물렀던 싱가포르 숙소

Singapore Travel Information and Travel Guide

✈ Section 01
싱가포르 여행을 시작하기 전에

빨주노초파남보 마치 무지개처럼 다양성을 지닌 도시국가 싱가포르Singapore, 영토 크기는 서울과 비슷하지만 다양한 인종들이 어우러져 그들만의 삶터를 아름답게 만들고 서로 조화를 이루며 살고 있다. 은은한 파스텔 톤 건물들이 늘어서 있는 아랍스트리트Arab Street에서는 빼곡히 들어선 상점마다 히잡Hijab을 두른 채 쇼핑을 즐기는 사람들을 만날 수 있다. 리틀인디아Little India에서는 빈디Bindi라 칭하는 이마 정중앙에 빨간 점을 콕 찍은 얼굴로 환한 미소를 머금은 사람들도 만날 수 있다. 또한 밤과 낮이 전혀 상반된 느낌으로 다가오는 차이나타운Chinatown에서는 북적이는 사람만큼이나 다양한 먹거리와 쇼핑거리들을 즐길 수 있다. 유럽의 한 작은 마을에 여행을 온 듯한 여유가 묻어나는 홀랜드빌리지Holland Village 등등....... 하나하나 모든 곳을 나열하기 힘들만큼 싱가포르는 다채로운 모습으로 다양한 인종들이 잘 어우러져 살아가고 있는 나라이다. 그래서 정신이 없을 것도 같지만 어느 곳을 가던 싱가포르는 그때마다 자연스럽게 그들과 동화되어 즐길 수 있는 곳이다.

서울을 상징하는 동물 해치가 있듯이 싱가포르에도 멀라이언Merlion이 있다. 상반신은 사자의 얼굴을 하고, 하반신은 물고기의 모습을 지닌 멀라이언은 싱가포르를 상징하는 전설 속의 동물이다. 싱가포르를 여행한다면 반드시 이 멀라이언상 앞에서 기념사진 한 장 정도는 찍어줘야 될 정도로 싱가포르를 상징하고 있다. 특히 멀라이언상 입에서 뿜어져 나오는 시원한 물줄기가 인상적인 멀라이언파크는 싱가포르를 추억하고 떠올릴 수 있는 싱가포르의 대표적인 여행지이다.

Part 08
무지갯빛 색을 가진 싱가포르(Singapore)

●● 싱가포르 가기 전에 체크하세요!

비자 3개월 무비자(통상은 30일 체류비자, 30일 이상 체류 시 이민국에서 체류기간 연장 가능) **전압** 220~240V (전압은 우리와 같지만 플러그가 3핀 방식이므로 멀티어댑터를 챙겨가야 한다.) **시차** 한국 시간보다 1시간 느리다. **공용어** 중국어, 영어, 말레이어 **통화** 싱가포르달러(1S$ = 806원, 2015년 4월 기준) **날씨** 아열대성 기후로 스콜이 자주 내린다. **항공소요시간(인천공항 기준)** 6시간 15분

국가/도시	도착 공항 이름	출발공항과 항공사(코드)	거리	예상 소요시간
싱가포르	싱가포르창이국제공항 (Singapore Changi International Airport)	인천국제공항 – 대한항공(KE), 아시아나(OZ), 싱가포르항공(SQ), 스쿠트항공(TZ)	4,604Km (2,678마일)	6시간 15분

- 레스토랑에서 음식을 먹는 경우 10% 봉사료(Service charge)와 7% 부가세(GST)가 청구된다.
- 숙소는 싱가포르 중심지인 오차드로드, 마리나베이, 차이나타운 등으로 정하는 것이 여행하기에 편리하다.
- 시아홀리데이 – 싱가포르항공의 자유여행 상품인 시아홀리데이SIA Holidays는 항공권에 호텔이 포함되어 있으며 공항-호텔간 왕복셔틀버스, 싱가포르 도심을 운행하는 시아홉온버스SIA Hop-on Bus 무료 탑승권, 그 외에도 다양한 할인쿠폰 등을 제공받을 수 있다. 출발 48시간 전부터 웹체크인Web Check-In이 가능하며 싱가포르 내 싱가포르항공사에서 얼리체크인Early Check-In도 가능하다. 창이국제공항에 도착하면 입국홀에서 Singapore Stopover Holiday라고 써진 카운터를 찾아 해당 호텔로 이동하는 교통편을 안내받으면 된다.
- 창이공항 샤워시설 활용하기 – 늦은 시간에 귀국하는 항공권을 소지했을 경우, 낮에는 여행을 하고 더위에 찌든 옷과 찝찝한 몸 상태로 탑승하는 것이 불쾌할 것이다. 만일 도착하는 날 바로 출근해야 하는 직장인이라면 더더욱 그럴 것이다. 이럴 때 창이공항 내 샤워시설을 활용할 수 있는데, 터미널마다 샤워실 위치는 다르므로 미리 체크해두자. 터미널 3의 샤워실은 출국장에 들어서자마자 우측 B1~B10 방향에서 에스컬레이터를 타고 2F Shower, Hairdressing 이정표를 확인하여 찾아가면 된다.
- 앰버서더 트랜짓라운지Ambassador Transit Lounge는 트랜짓호텔Transit Hotel에서 운영하는 곳으로 샤워뿐 아니라 마사지, 라운지, 헤어서비스 등을 이용할 수 있다. 라운지는 5시간 기준으로 S$35.31이며 간단한 식사부터 무선 인터넷 등을 이용할 수 있고, 샤워 시설은 S$8.56이며, 개별 샤워실에 샴푸, 비누, 수건 등은 있지만 치약, 칫솔은 없으므로 준비해야 한다. 터미널2, 3에 위치한 라운지에서는 PP카드priority pass card도 사용이 가능하다.
- 싱가포르 정보 관련 사이트 : 여행 전에 미리 인터넷을 통해 필요한 여행정보를 수집해보자.
  싱가포르관광청 www.yoursingapore.com
  싱가포르관광청카페(멀리가 전하는 싱가포르 이야기) cafe.naver.com/yoursingapore
  싱가폴사랑 cafe.naver.com/singaporelove

싱가포르관광청

싱가포르관광청카페

싱가폴사랑

Section 02
고민 없이 즐기는
싱가포르 맞춤 여행 루트

싱가포르는 작지만 볼거리, 즐길거리로 가득하여 사실 3박 4일로도 모자란다. 그렇기 때문에 여행지를 좀더 철저하게 고민하여 여행루트를 계획하는 것이 좋다. 다음 제시하는 일정은 테마를 둔 일정이 아니라 싱가포르를 처음 방문하는 여행자를 위한 싱가포르 알차게 보내기이다. 해당 일정을 참고하여 본인에 맞게 여행 계획을 세우는 지혜가 필요하다.

※ 경로 시간과 목적지에서 보내는 소요 시간은 개인의 상황에 따라 달라질 수 있다.
※ 숙소는 임의로 오차드역에 위치한 팬퍼시픽호텔로 정했으며, 다음 제시된 동선을 참고하여 자신이 묵는 숙소를 기준으로 실제 동선은 다시 계획해야 한다.

마리나베이를 도보로 즐기는 ● 첫째 날

아침 일찍 출발하더라도 싱가포르는 비행시간만 6시간이 더 걸리므로 여행은 늦은 오후부터 시작하게 된다. 넓지 않은 싱가포르지만 첫날부터 무리하게 교통편을 이용하여 어디어디를 이동하는 것보다는 한곳을 선택하여 도보만으로 즐길 수 있는 일정을 짜는 것이 좋다. 첫째 날은 싱가포르를 대표하는 명소 멀라이언파크 주변을 둘러보는 것이 싱가포르에 왔다는 기분을 내기에도 안성맞춤이다.

숙소에 체크인을 했다면 MRT를 타고 시티홀역으로 이동하여 지하상가와 에스플러네이드를 둘러보고 에스플러네이드 드라이브를 건너 멀라이언파크 쪽으로 가자. 멀라이언파크를 산책하듯 여유롭게 걸어 보트키 쪽으로 방향을 잡아보자. 멀라이언파크를 등지고 걷다가 에스플러네이드 드라이브 아래를 지나면 작은 카페들이 몇 곳 보인다. 그 카페를 지

나면 바로 보이는 계단을 올라 횡단보도를 건너 플러턴호텔 옆길로 이동하면 보트키가 이어진다. 계속해서 싱가포르강변을 따라 클락키 쪽으로 이동하다가 배가 출출해지면 싱가포르를 대표하는 음식 칠리크랩을 먹으면서 설레는 클락키의 밤을 즐겨보자.

> **추천동선**
>
> 인천국제공항 출발(기내식 1회 제공, 6시간 15분 소요) → 싱가포르창이국제공항 도착(입국심사 및 짐 찾기) → 호텔 체크인 및 짐 정리 → 시티홀역 → 에스플러네이드 → 멀라이언파크 → 보트키 → 점보시푸드레스토랑(저녁식사) → 클락키 → 숙소 1박

즐거운 테마로 가득한 둘째 날

싱가포르는 도시 전체가 다양한 테마로 이뤄진 테마파크 같은 느낌이다. 둘째 날 오전에는 무슬림들이 주로 거주하는 부기스지역을 둘러보고, 오후에는 다양한 즐길거리로 가득한 센토사섬으로 향하는 일정을 세워보자. 센토사섬을 제대로 즐기고 싶다면 부기스 일정을 짧게 조정하거나 다음날로 미루는 것도 괜찮다. 센토사섬을 저렴하게 즐기려면 센토사패스를 구입하여 다양한 어트랙션을 이용하면 된다. 밤에는 싱가포르슬링 한 잔 마시며 여행자들과 담소를 나누는 일정으로 마무리해보자.

추천동선
호텔조식 → 부기스정션 → 부기스빌리지/부기스스트리트 → 술탄모스크 → 잠잠(점심식사) → 아랍스트리트 → 비보시티 → 센토사섬(저녁식사) → 롱바 → 숙소(2박)

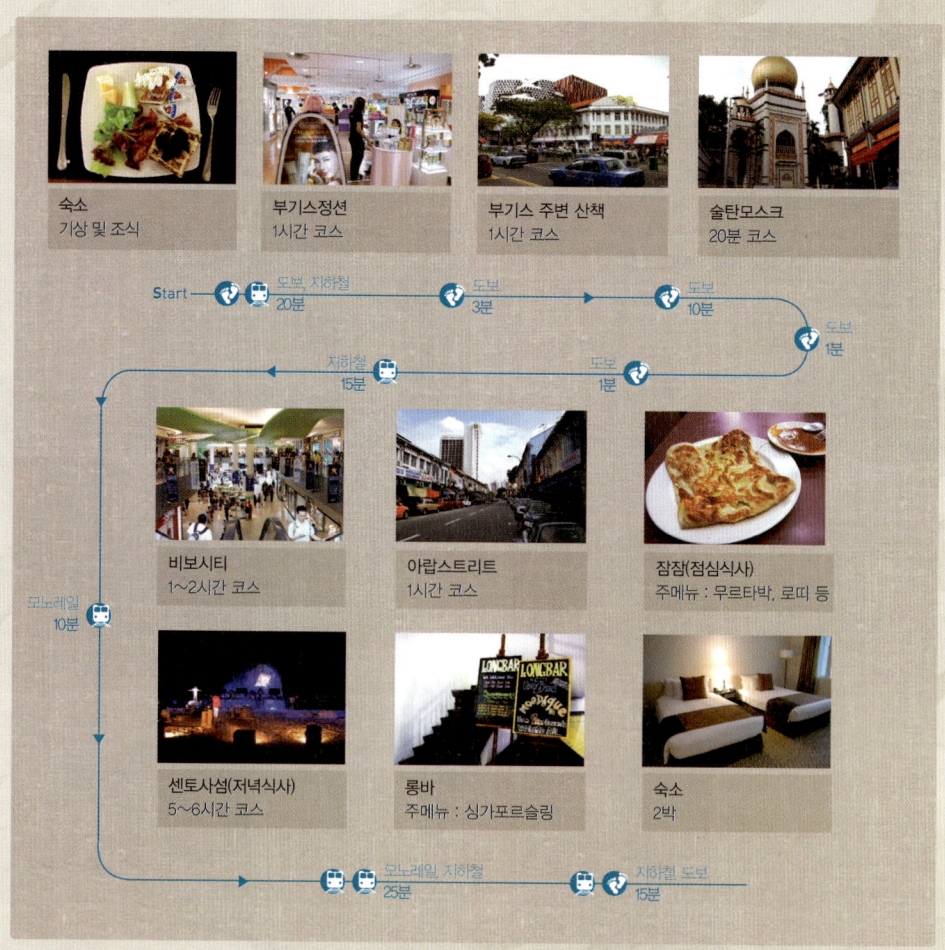

싱가포르 쇼핑아이콘 명소를 만나는 ●셋째 날

셋째 날은 핫한 쇼핑센터들이 몰려있는 오차드로드부터 시작해보자. 쇼핑도 즐기고 맛있는 식사와 차나 술을 한 잔 하면서 여행의 자유로움을 만끽할 수 있는 날이다. 오차드로드를 둘러봤다면 리틀인디아와 차이나타운으로 향해서 싱가포르 속에 다양한 문화를 체험해보자.

추천동선

호텔조식 → 오차드로드 시내투어(점심식사) → 리틀인디아 → 차이나타운 → 클락키 히포크루즈 → 라우파삿(저녁식사) → 사테스트리트 → 숙소(3박)

저녁 무렵에는 클락키 히포크루즈에 올라 강을 누비며 싱가포르의 주요 명소들을 다른 시선으로 느껴볼 수 있다. 어둠이 내리면 라우파삿에서 저녁을 먹고 그 뒤쪽으로 이어지는 사테스트리트에서 다양한 사테를 식성대로 골라 맥주한잔 걸쳐도 좋다. 쇼핑을 중요하게 생각하는 여행자라면 오차드로드 쇼핑 후에 싱가포르의 랜드마크로 급부상하는 마리나베이샌즈도 들려보자.

여행을 마무리하는 싱가포르 ●—— 넷째 날

돌아오는 비행기가 늦은 밤 시간이라면 호텔에서 체크아웃할 때까지 푹 쉬다가 센텍시티몰로 향하자. 까르푸를 비롯한 다양한 상점에서 쇼핑도 하고 식사를 한 후 오차드로드로 향한다. 얼리체크인을 끝낸 후 버스를 타고 홀랜드빌리지로 향하자. 여유롭고 한적한 작은 마을을 산책하듯 거닐며 여행의 마지막 날을 마무리한다. 구매한 물건들이 세금을 환급받아야 한다면 조금 더 서둘러 창이국제공항에 도착하는 것이 좋다. 그리고 주말을 이용한 여행일 경우 월요일 바로 출근이라면 샤워실도 요긴하게 이용할 수 있다.

> **추천동선**
> 호텔조식 및 체크아웃(짐 맡기기) → 선텍시티몰(점심식사) → 홀랜드빌리지 → 숙소에서 짐 찾기 → 싱가포르 창이국제공항(출국심사 및 탑승) 귀국

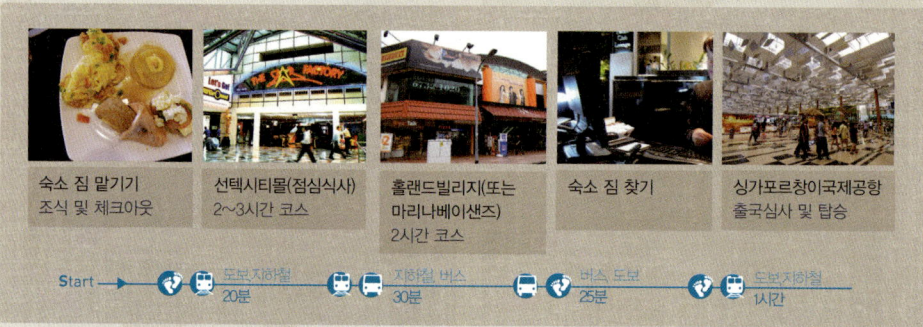

동선에 따른 ●—— 예산 책정하기

싱가포르 여행은 에어텔(항공+숙박) 여행상품을 이용하여 예산을 책정해보았다. 싱가포르 여행의 경우 개별적으로 예약하는 것보다는 에어텔(시아홀리데이)을 이용하는 것이 상대적으로 저렴한 편이며, 혼자서 여행하는 경우에는 싱글차지가 발생하므로 먼저 가격비교부터 해보고 결정해야 한다.

구분	숙박료	식대 및 간식	관광지 입장료	교통비	기타 경비	합계
첫째 날	에어텔	70,000원	-	4,500원	-	7~9만 원
둘째 날		50,000원	-	8,000원	-	6~15만 원
셋째 날		46,000원	20,000원	5,000원	-	7~9만 원
넷째 날		30,000원	-	4,500원		4~5만 원
총합계	-	196,000원	20,000원	22,000원	7,300원	24~38만 원

※ 넉넉잡아 산출한 대략적인 여행경비 예산으로 쇼핑은 제외하며, 둘째 날은 센토사 어트랙션 이용 여부에 따라 관광지 입장료가 추가된다.
※ 표 내용은 1인 기준으로 에어텔 상품을 이용한 항공권과 숙소비용도 제외한다.

Section 03
싱가포르에서 환전 및 대중교통
이용방법

싱가포르는 MRT만으로도 주요 관광지를 거의 돌아볼 수 있고, 도시국가답게 관광지간 소요시간도 짧은 편이다. 싱가포르를 구역으로 나눠 일별로 여행한다면 그날그날 충분히 걸어 다닐 수 있으므로 교통편 이용은 실상 많지 않을 수 있다. 그러므로 충분히 일정을 따져본 후 교통패스를 구입하든지 해야 한다.

공항에서 시내로 이동하기

싱가포르 창이국제공항에서 도심으로 이동하는 교통편은 MRT(지하철), 택시, 에어포트셔틀Airport Shuttle이 있다. 여행자들이 가장 많이 이용하는 방법은 MRT로 창이공항Changi Airport역에서 시티홀City Hall역까지 32분 소요되며, 요금도 S$2.2로 저렴하다. 터미널 1로 입국했다면 무료공항전철 스카이트레인Skytrain을 타고 터미널 3쪽으로 이동하여 MRT를 이용하면 된다. 창이공항Changi Airport역에서 다다음 역인 타나메라Tanah Merah역에 내려 조쿤Joo Koon역 방향으로 갈아타면 된다. 시내에서 공항으로 갈 때도 역시 MRT를 이용하는 것이 가장 편리한데, 올 때와 반대로 타나메라역에 내려 창이공항역 방향으로 갈아타면 된다. 짐이 많아 MRT를 이용하는 것이 불편하다면 택시나 에어포트셔틀을 이용해도 된다. 택시는 도심까지 S$28~34이며, 에어포트 셔틀은 S$10 정도로 MRT보다는 비싸고, 다른 관광객 숙소를 일일이 돌게 되므로 시간이 걸린다. 시아홀리데이SIA Holidays로 입국한 경우라면 입국장Singapore Stopover Holiday 카운터에서 셔틀버스를 안내받아 숙소로 이동할 수 있다. 또한 귀국할 때도 투숙했던 호텔 앞에서 픽업해주므로 공항까지 편리하게 이동할 수 있다.

Singapore Stopover Holiday 카운터

Part 08 무지갯빛 색을 가진 싱가포르(Singapore)

여행 TIP

● ● 싱가포르 벌금이 장난 아니라며?!

벌금 공화국이라는 멍에도 가지고 있는 싱가포르, 여행에 앞서 이 부분이 걱정되지 않을 수 없다. '모르고 가서 벌금을 물지 않을까, 벌금도 몇 만 원이 아니라 몇 십만 원이라고 하는데' 신경이 곤두설 수밖에 없다. 싱가포르는 담배와 껌을 반입할 수 없다. 개인 소비 목적으로 담배를 반입할 경우 세관신고는 물론 세금(GST)까지 납부해야 한다. 또한 SDPC(Singapore Duty Paid Cigarettes) 마크가 없는 담배를 피다 적발되면 어마마한 벌금을 물게 된다. 그러므로 세관에 신고한 담배라면 세금영수증을 필히 소지하고 다녀야 한다. 또한 지하철에서 음식을 먹거나 길거리에서 쓰레기를 버리거나 무단횡단, 금연구역에서 흡연 등 해서는 안 될 행동 등을 미리미리 숙지하고 있어야 한다. 물론 너무 겁부터 먹을 필요는 없다. 위 해당 사항들을 잘 지키면 되고 설령 지키지 않는다 하더라도 운이 적용되기도 한다. 아주 깔끔할 것만 같은 싱가포르도 곳곳에 쓰레기가 보이고 모두 신호를 잘 지킬 것 같지만 우르르 무단횡단도 한다. 또한 여행 중에 경찰을 볼까말까 할 정도이므로 너무 겁부터 먹을 필요는 없다. 하지 말아야 할 건 하지 않는 것이 마음 편히 여행하는 길이다.

현지 교통편 이용하기

싱가포르는 도시국가답게 대중교통이 잘 발달되어 있다. 대부분의 여행지를 MRT만으로 이동할 수 있고, MRT가 없는 경우 버스나 택시들도 효율적으로 이용할 수 있다.

MRT(Mass Rapid Transit)

싱가포르 MRT는 주요관광지를 여행하기에 편리하다. 여행에 맞춰 이용할 수 있는 카드도 다양하게 판매하고 있다. 가장 일반적으로 많이 사용하게 되는 이지링크카드ez-link card는 카드보증금 S$5와 기본 충전금 S$7를 합쳐 S$12에 구입이 가능하다. 충전식 교통카드로 충전한 만큼 자유롭게 MRT와 버스, 택시까지도 이용할 수 있다. 단, 보증금 S$5는 반납되지 않고 충전한 금액은 반환 받을 수 있다. 창이국제공항에 내리면 Ticket Office에서 구입하는 것이 바로 이용하기에 편리하다.

1일 스탠더드티켓Standard Ticket은 우리나라 1회권과 비슷하다. 목적지를 선택한 후 승차요금을 투입하면 승차권이 발급된다. 해당 티켓은 S$1의 보증금이 포함되어 있으므로 목적지에 내리면 티켓 발급기에서 Return Deposit를 선택하여 보증금을 반환받아야 한다. 할인이 적용되지 않으므로 지하철을 1회적으로 사용할 때 적합하다.

투어리스트패스Tourist Pass는 여행자를 위한 카드로 1일권 S$20, 2일권 S$26, 3일권 S$30로 각각 S$10 보증금이 포함되어 있다. 구입한 날을 기준으로 1일이 적용되며, 탑승은 무제한이고 발행일로부터 5일 이내 환불이 가능하다. 하루를 알차게 MRT로 즐기려는 사람들에게 추천한다. 창이공항역과 오차드, 시티홀, 부기스, 차이나타운, 앙모키오, 하버프런트, 래플즈플레이스역에서 구입할 수 있다.

싱가포르 MRT 노선도

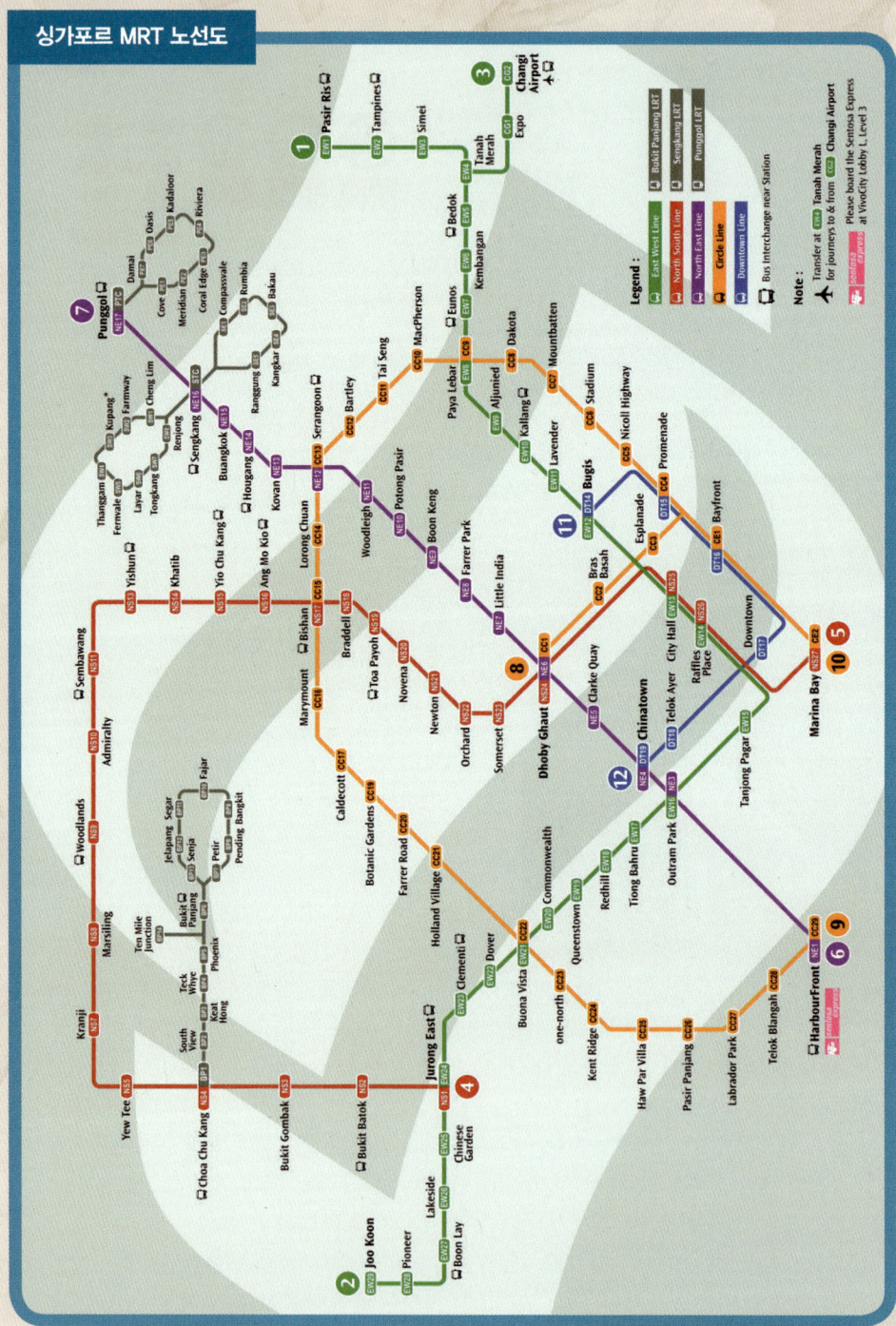

ⓒ출처 – SMRT(www.smrt.com.sg)

● ● 싱가포르 MRT 이용 시 주의사항

- 90cm 이상의 키를 가진 어린이는 연령에 상관없이 반드시 표를 구입해야한다.
- MRT 내에서는 음식물 섭취, 흡연 등이 금지되어 있으며 적발 시 벌금을 내야한다.

🧳 버스

싱가포르의 일반버스는 지하철만큼이나 다양한 노선으로 싱가포르 전역을 연결해주기 때문에 여행에 적합한 교통수단이다. 하지만 초보여행자의 경우 이용하기가 만만치 않다. 버스정류장에는 버스 노선번호와 정차역이 상세히 안내되어 있지만 정작 탑승하고 나면 별도의 안내방송을 하지 않기 때문에 정차역을 지나칠 수 있다. 이때는 기사나 주위사람들에게 물어보거나 정류장 안내판을 참조하여 몇 정거장을 가야 하는지 미리 파악해두어야 한다. 이지링크카드를 사용할 수 있고, 현금으로 승차하면 거스름돈을 내주지 않으므로 잔돈을 준비해야 한다.

여행자들이 많이 이용하는 시아홉온버스SIA Hop-on Bus는 싱가포르 항공사에서 운영하는 버스로 주요 관광지, 쇼핑몰, 레스토랑 및 엔터테인먼트장소를 순회하는 버스이다. 일반 홉온버스는 총 22개 역이고, 센토사 홉온버스는 총 6개 역을 운행한다. 시아홉온버스는 한쪽 방향으로만 운행하기 때문에 탑승과 하차 정류장이 동일하다. 시아홀리데이SIA Holidays와 싱가포르 스탑오버홀리데이SSH ; Singapore Stopover Holidays를 이용하면 1일 이용권이 무료로 제공된다. 또한 싱가포르항공을 이용한 경우 탑승권을 제출하면 성인은 S$8, 어린이는 S$4에 일일패스Oneday Pass를 구입할 수 있다. 물론 어느 쪽에 해당되지 않는 여행자라도 탑승할 수 있는데, 성인 S$25, 어린이 S$15이다. 버스정류장에서 SIA Hop-on 표지판을 확인하고 탑승하면 되고, 오전 9시부터 오후 9시까지 이용할 수 있다.

시아홉온버스의 정차역과 배차 시간은 시아홉온 홈페이지(www.siahopon.com)에서 확인할 수 있다. 교통상황에 따라 도착과 출발 시간이 다를 수 있으므로 보통 10분 전에 미리 도착해 있는 것이 좋다.

🧳 택시

도시국가인 싱가포르는 택시를 이용하는 것이 오히려 경제적이거나 편리할 수도 있다. 실제 아이들과 함께하는 여행이거나 일행이 2인 이상인 경우 MRT를 타기 위해 이동하는 거리, 시간 등을 고려해보면 택시가 유리할 수도 있다. 현재 싱가포르에는 총 4개의 택시회사에서 택시를 운영하고 있으며 차종에 따라 기본요금은 S$3.00~5.00이다. 지역과 시간대에 따라 할인 요금과 추가 요금이 달라진다. 택시를 탈 때에는 정해진 승강장을 이용해야 하며, 주로 호텔, 쇼핑몰, 관광지 등에는 택시 정류장 표시가 잘되어 있다.

🧳 센토사섬으로 이동하는 교통편

싱가포르 중심가에서 20분 거리 정도 떨어져 있는 센토사섬 Sentosa Island은 섬 전체가 관광지로 개발되어 볼거리, 즐길거리들이 넘쳐나는 곳이다. 센토사섬으로 들어가려면 3가지 교통수단 중 한 가지를 선택해야 한다.

모노레일은 MRT 하버프런트 Harbourfront역의 비보시티 3층에 있는 모노레일 티켓판매소나 발매기에서 표를 구입하여 탑승하면 된다. 티켓판매소에서는 모노레일 티켓뿐만 아니라 센토사섬 내의 다양한 어트랙션을 즐길 수 있는 패스도 할인된 금액으로 판매한다. 센토사 모노레일 티켓만 구매할 때는 티켓발매기에서 간편하게 구입해도 된다. 모노레일 요금은 섬 입장료를 포함하여 S$4로 4개의 역(센토사 Sentosa, 워터프런트 Waterfront, 임비아 Imbiah, 비치 Beach)을 운행하는데 한 번 구입하면 무제한 탑승할 수 있다.

케이블카는 센토사섬으로 들어가는 가장 멋진 교통수단이다. MRT 하버프런트역 하버프런트타워2의 1층에서 표를 구입하여 15층에서 탑승하면 된다. 운영시간은 08:45~22:00이며, 요금은 입장료 포함 왕복권이 어른은 S$29, 어린이는 S$18이며 약 15분 정도 소요된다.

센토사라이더는 시아홀리데이, 싱가포르 스탑오버 홀리데이 이용자라면 무료로 센토사섬까지 이동할 수 있다. 그렇지 않은 경우에는 편도 S$5, 왕복 S$8에 섬입장료 S$3를 별도로 지불해야 한다. 운영시간은 09:00~22:30까지이다.

환전하기

싱가포르에서는 공식적으로 싱가포르달러SGD만 사용할 수 있으므로 여행 전에 필요한 경비는 싱가포르달러로 환전해야 한다. 싱가포르는 발달된 도시국가이므로 카드 사용도 문제는 없지만 현금을 사용하는 것보다는 수수료면에서 좋지 않다. 하지만 장기간 여행을 한다면 시티은행의 국제현금카드를 이용하는 것도 고려할 만하다.

싱가포르달러 환전은 국내라면 외환은행을 이용하는 것이 편리하고, 국내에서 미처 환전을 하지 못한 경우라면 싱가포르 현지의 환전소를 이용해도 된다. 현지에서 환전하는 경우 시내 쇼핑몰이나 은행, 호텔, 공항 등을 이용할 수 있는데, 환전율은 쇼핑몰이 은행보다 좋고, 공항이나 호텔은 다른 곳에 비해 좋지 않은 편이다.

Section 04
싱가포르에서 둘러봐야 할
지역별 명소

싱가포르는 한 번의 여행만으로 다양한 아시아 민족의 문화를 체험할 수 있을 뿐만 아니라 그들만의 특별한 명소도 만날 수 있다는 장점이 있다. 어느 명소를 가던 자연스레 그들과 동화되고 익숙해지는 친근한 경험을 하게 될 것이다.

문화공간으로 꾸며진
시티홀역 주변 City Hall

싱가포르 도심을 체계적으로 연결하고 있는 MRT는 편리함과 쾌적한 환경을 자랑한다. 그 중 시티홀역 지하에는 다양한 음식점과 레스토랑을 비롯하여 세련된 각종 숍들이 즐비하게 늘어서 있는 곳이다. 또한 에스플러네이드Esplanade로 향하는 통로 벽면에는 다양한 그림이나 전시물들이 설치되어 있어 예술, 문화

공간으로서의 역할도 하고 있다. 시티홀역 지하상가는 에스플러네이드, 선텍시티Suntec City, 마리나광장Marina Square으로 빠져가는 출구가 있음으로 함께 둘러보면 된다.

주소 150 North Bridge Road 찾아가기 MRT 시티홀(City Hall)역 지하상가 일대

독특한 외관 속 문화공간,
에스플러네이드 Esplanade

에스플러네이드는 동남아의 대표적인 열대과일 두리안을 본떠 만든 건축물이다. 두리안Durian이라는 애칭답게 특이한 돔 형태의 외관을 지닌 이곳에서는 다양한 예술문화공연이 수시로 열린다. 극장과 쇼핑몰, 카페, 레스토랑 등이 위치해 있으며, 매년 싱가포르 아트페스티벌도 이곳에서 개최된다. 에스플러네이드 내 작은 공개무대에서는 비정기적으로 연주회나 공연행사가 자주 열리므로 언제라도 부드러운 선율에 잠시 취해볼 수 있다. 에스플러네이드 밖으로 나가면 마리나베이Marina Bay를 바라보며 산책로를 걸을 수 있다.

무지갯빛 색을 가진 싱가포르(Singapore)

홈페이지 www.esplanade.com 전화번호/주소 65-6828-8377 / 8Raffles Avenue 찾아가기 MRT 에스플러네이드(Esplanade)역, 시티홀(City Hall)역에서 걸어서 10분 거리이다.
영업시간 10:00~22:00 귀띔 한마디 맨 위층 테라스에 올라가면 아름다운 야경을 볼 수 있다.

싱가포르를 대표하는 이미지, 멀라이언파크 Merlion Park

멀라이언파크에는 높이가 8.6m에 달하는 거대한 크기의 멀라이언상Merlion statue이 있다. 상반신은 사자의 머리, 하반신은 물고기 형태를 하고 있는데, 이는 싱가포르를 상징하는 전설 속의 동물이다. 산스크리트어로 사자를 뜻하는 싱가Singa와 도시를 뜻하는 푸라Pura가 합쳐져 현재의 싱가포르라는 국명이 됐을 정도로 이 전설 속 동물은 싱가포르를 대표하고 있다. 멀라이언파크는 싱가포르의 랜드마크로 멀라이언상에서 뿜어져 나오는 시원한 물줄기를 배경으로 다양한 포즈를 취해가며 사진 한 장 정도는 추억으로 남겨야 한다. 특히 해질녘 조명들이 하나둘 켜지면 더욱 멋진 멀라이언상을 만날 수 있으며, 주변으로 마리나베이 샌즈와 에스플러네이드, 싱가포르플라이어 등이 조명을 받아 아름다운 볼거리를 제공한다.

전화번호/주소 65-6736-6622 / 1 Fullerton Square 찾아가기 MRT 래플즈플레이스(Raffles Place)역에서 걸어서 10분 거리이다. 에스플러네이드와 멀라이언파크를 연결해주는 에스플러네이드 드라이브(Esplanade Drive)를 건너가면 된다. 귀띔 한마디 해질녘 건물에 불이 켜지면 더욱 근사한 분위기로 촬영할 수 있다.

젊음과 낭만이 있는
보트키 | Boat Quay

마리나베이로 흘러가는 싱가포르강 Singapore River 주변에는 시원하게 솟아오른 빌딩들이 분위기 있는 야경을 만들고, 연인들은 야경을 감상하며 사랑을 속삭이기에 좋은 낭만적인 장소가 많다. 보트키는 맥주 한잔 들이키며 편하게 세상 이야기를 나누는 사람들의 소소한 일상을 만날 수 있는 곳이다. 클락키에 비해 조용한 곳이지만 여기에도 흥에 취해 발 디딜 틈 없을 정도인 오픈 바들도 있고 인도요리, 타이요리 등 다양한 음식을 맛볼 수 있는 노천카페들이 강을 따라 분위기를 내며 늘어서 있다. 이런 곳들도 좋지만 캔맥주와 육포 하나 사들고 어둠내린 강가에 둘러앉아 마시기에도 괜찮은 곳이다.

찾아가기 MRT 래플즈플레이스(Raffles Place)역에서 걸어서 5분 거리로 멀라이언파크부터 걸어온다면 10분 정도의 거리이다.

싱가포르의 열정이 느껴지는
클락키 Clarke Quay

클락키는 19세기 말 중국과 유럽의 상인들이 드나들던 부두와 창고 시설이 있던 곳이다. 사용되지 않는 시설을 싱가포르 정부에서 강변 정화사업의 일환으로 현재의 모습으로 탈바꿈시킨 것이다. 싱가포르강을 따라 늘어선 화려한 레스토랑, 바&클럽, 노천카페 등에는 사람들로 밤의 열기가 한층 무르익는다. 주말 오후에는 댄스나 퍼포먼스를 선보이는 길거리 공연이 수시로 열리는데 자유분방한 그들의 모습을 통해 클락키의 여유를 맘껏 느낄 수 있다. 클락키에서는 싱가포르 건국기념일(National Day Celebrations) 등 뜻 깊은 행사들을 많이 진행하는데 일정이 맞는다면 볼거리가 더욱 풍성해진다.

홈페이지 www.clarkequay.com.sg **전화번호/주소** 65-6337-3292 / Clarke Quay, 3 River Valley Road **찾아가기** MRT 클락키(Clarke Quay)역에서 걸어서 5분 거리이다. **귀띔 한마디** 강변을 따라 커다란 가림막이 있는 테이블좌석이 많으므로 우천 시에도 식사나 술을 즐길 수 있다.

싱가포르 대표 랜드마크로 떠오르는
마리나베이샌즈 Marina Bay Sands

오픈한 지 얼마 되지 않아 싱가포르의 대표 랜드마크가 돼버린 마리나베이샌즈는 복합 엔터테인먼트 단지이다. 2,560객실을 갖춘 호텔과 쇼핑몰인 더숍스The Shoppes at Marina Bay Sands, 극장, 박물관 그리고 카지노, 말 그대로 숙박에서부터 쇼핑과 엔터테인먼트 공간까지 한곳에 모두 갖춘 싱가포르 최대 규모의 복합단지이다. 50여 개가 넘는 레스토랑에는 세계적으로 인정받은 미슐랭Michelin 스타 셰프들의 음식을 맛볼 수 있다. 특히 마리나베이샌즈의 하이라이트는 옥외수영장에서 바라본 싱가포르 전망인데, 아쉽게도 객실 투숙객만 이용할 수 있도록 제한하고 있다. 하지만 굳이 옥외수영장이 아니라도 56층에 위치한 스카이파크SkyPark와 57층에 위치한 쿠데타바Ku De Ta Bar에서 싱가포르의 화려한 전망과 놀라운 경험을 할 수도 있다.

홈페이지 www.marinabaysands.com **전화번호/주소** 65-6688-8888 / 10 Bayfront Avenus **찾아가기** MRT 베이프런트(Bayfront)역과 연결되어 있다. **영업시간** 레스토랑 17:30~24:00, 더숍스 10:00~24:00 **귀띔 한마디** • 쿠데타바(타워3 엘리베이터 타고 57층, 복장규제 있음), 스카이파크(타워3 건물 밖 스카이파크 출입구, 56층에 위치하며, 입장료 성인 S$23, 어린이(2~12세) S$17, 경로우대(65세 이상) S$20, 월~목 09:30~22:00 금~일 09:30~23:00) • 스카이파크 티켓 구입하기 ko.marinabaysands.com/Sands-SkyPark/Ticketing(입장료 S$1 할인적용)

가장 오래된 이슬람사원
 술탄모스크 Sultan Mosque

술탄모스크는 다민족, 다종교 국가인 싱가포르의 대표적인 이슬람사원 중의 하나이다. 싱가포르에서 가장 오래되었으며, 사원의 규모도 가장 크다. 황금색으로 치장한 웅장한 돔은 멀리서도 보일만큼 크고 아름답다. 이슬람사원이므로 들어가려면 어깨와 무릎이 드러나지 않도록 해야 한다. 만일 반바지나 짧은 치마 차림이라면 입구에서 가운을 대여 받아 입고 들어가면 되는데, 우선 신발을 벗고 발을 씻은 후 맨발로 들어가야 한다. 자신의 종교를 떠나 새로운 것을 체험해본다는 생각으로 사원 내에 들어가 보는 것도 좋은 생각이다.

홈페이지 www.sultanmosque.org.sg 전화번호/주소 65-6293-4405 / 3 Muscat Street 찾아가기 MRT 부기스(Bugis)역 B출구 골드랜드마크 호텔 방향으로 나와 횡단보도를 건너 JIN Pinang Road 쪽으로 이동하면 된다. 입장가능시간 09:00~13:00, 14:00~16:00, 매주 금요일 11:30~14:30 예배시간은 입장불가 귀띔 한마디 • 사원 내에서 사진촬영은 금지되어 있다. • 반바지나 짧은 치마 차림이라면 사원 입구에서 무료로 빌려주는 옷을 입고 들어갈 수 있다.

화려하면서 아기자기한
 아랍스트리트 Arab Street

술탄모스크를 중심으로 형성된 아랍스트리트는 파스텔톤 형형색색의 건물들이 마치 장난감 세트장에라도 온 듯한 기분이 들게 하는 곳이다. 아름다운 거리 곳곳에는 화려하고 다양한 문양의 카펫, 의류, 액세서리 등 아랍풍의 상점들이 즐비하게 늘어서있다. 카펫은 최대 70%까지 할인된 가격으로 구매가 가능할 정도로 저렴하게 판매된다. 히잡을 두른 여인들이 무리지어 쇼핑하는 모습

을 보면 여기가 싱가포르가 맞나 하는 생각을 잠시 하게 된다. 대부분의 상점들이 이른 아침에는 문을 열지 않기 때문에 오후 시간에 방문하는 것이 볼거리가 많아진다.

찾아가기 MRT 부기스역에서 내려 걸어서 10여 분 거리이다. **영업시간** 08:00~18:00 **귀띔 한마디** 아랍스트리트 일대는 파스텔톤의 건물들이 자리하고 있어 이색적인 거리풍경을 만날 수 있다.

서민들의 재래시장,
부기스빌리지 & 부기스스트리트 Bugis Village & Bugis Street

부기스Bugis 지역은 인도네시아 북부 지역 술라웨시 셀레브Sulawesi Celebes 섬에서 건너온 부기스족들이 하나둘 모여들면서 거주지가 형성되며 번창한 곳이다. 1960~70년대에는 널리 알려질 정도로 부기스족들의 최대 환락가로 발전했지만 1985년 싱가포르 정부에서 재개발을 추진하며 새롭게 변모하였다. 현재는 초창기의 모습은 많이 찾을 수 없지만 여전히 활력 넘치는 시장의 모습을 유지하고 있다. 부기스빌리지와 부기스스트리트는 우리나라 남대문시장과도 흡사한 모습으로 저렴한 가격에 싱싱한 열대과일, 의류, 액세서리, 기념품 등 다양한 제품을 구입할 수 있다. S$1짜리 시원한 음료를 마시면서 천천히 둘러보는 것도 여행에 있어 즐거운 일이다.

전화번호/주소 65-6826-5590 / 4 New Bugis Streets. **찾아가기** MRT 부기스역 1번 출구로 나오면 된다. 맞은편에는 부기스정션이 위치하고 있다. **귀띔 한마디** 재래시장이므로 품질은 저렴한 만큼 좋지 않을 수도 있다.

인도인들의 작은 마을,
 리틀인디아 Little India

인도를 점령한 영국은 식민지 정책의 일환으로 1820년대부터 인도인들을 싱가포르에 정착하여 살게 하였는데, 그때부터 형성된 마을이 리틀인디아이다. 인도인들의 힌두교 문화를 싱가포르에서 만날 수 있는 곳으로 은은한 색상의 건물 사이를 걷는 것만으로도 이색적인 느낌이 밀려든다. 여러 신들의 조각상들이 화려하게 장식된 스리비라마칼리아만 사원 Sri Veeramakaliamman Temple 은 여신 칼리를 모신 사원으로 일반인들의 출입도 허용되므로 힌두교 문화가 궁금하다면 조용히 둘러보는 것도 괜찮다.

찾아가기 MRT 리틀인디아(Little India)역에서 내려 세랑군로드(Serangoon Road)쪽으로 나오면 된다.

센토사의 신나는 볼거리,
 윙스오브타임 Wings of Time

센토사섬의 대표적인 볼거리인 윙스오브타임은 다양한 영상효과와 워터쇼, 레이저 & 불꽃쇼과 멋진 음악과 어우러지는 센토사의 하이라이트이다. 공연이 시작되면 배우들은 음악에 맞춰 춤도 추고 노래도 하면서 관객들의 흥을 이끌어낸다. 어린이와 성인 모두가 관람할 수 있으며 영어로 진행되지만 굳이 영어를 알아듣지 못해도 즐겁게 감상할 수 있다. 공연시간은 대략 30분 정도 진행되는데, 공연이 끝나는 시간에는 많은 사람들이 한꺼번에 몰리기 때문에 그 시간을 피해 천천히 여운을 즐기다가 탑승하는 편이 붐비지 않아 오히려 좋다.

홈페이지 www.wingsoftime.com.sg **전화번호/주소** 65-6736-8672 / Sentosa Leisure Group, 33 Allanbrooke Road, Sentosa Island **찾아가기** beach station역 **입장료** 로컬 S$15, 스탠더드 S$18, 프리미엄 S$23 **영업시간** 매일 2차례 진행 19:40, 20:40 **귀띔 한마디** 야외공연이라 우천 시에는 취소될 수 있다.

●● 센토사 내 교통편과 다양한 즐길 거리

센토사에서는 실로소(Siloso)비치, 팔라완(Palawan)비치, 탄종(Tanjong)비치 3곳의 해변이 있으며 관광을 위해 조성된 인공해변이지만 휴양지에 온 듯한 기분을 만끽할 수 있다. 도보로도 충분히 이동할 수 있지만 무료로 운영되는 교통편이 있으므로 목적지에 맞게 선택하여 이용하자.

교통편	운행시간	운행노선(버스는 한쪽 방향으로 순환운행)
SENTOSA BUS 1 (Green Bus)	일~금요일(공휴일) 07:00~22:30, 토요일 07:00~24:00(배차간격 10분)	Beach Station(Transfer Hub) → Imbiah Lookout → Siloso Point → Artillery Avenue → Resorts World Sentosa → Merlion → Beach Station
SENTOSA BUS 2 (Red Bus)	매일 09:00~22:30(배차간격 10분)	Beach Station(Transfer Hub) → Artillery Avenue → Resorts World Sentosa → Merlion → Siloso Point → Imbiah Lookout → Beach Station
SENTOSA BUS 3 (Orange Bus)	매일 08:00~22:30(배차간격 10분)	Beach Station(Transfer Hub) → Artillery Avenue → Ranger Station(outbound) → Serapong(inbound) → Cove Arribal Plaza → Serapong(outbound) → Allanbrooke(inbound) → Palawan Beach → Allanbrooke(outbound) → Sentosa Golf Club → The Sentosa Resort& Spa → Ficus → Ranger Station(inbound) → Merlion → Beach Station
Sentosa Beach Tram	일~금요일(공휴일) 09:00~22:30, 토요일 09:00~24:00(배차간격 10분) ※ 비치스테이션 마감 30분 전까지	Siloso Beach → Costa Sands Resort → Siloso Beach Resort → Beach Station(Transfer Hub) → Port Of Lost Wonder → Animal&Bird Encounters → Southernmost Point → Palawan Beach → The Sentosa Resort&Spa → Tanjong Beach

●● 센토사의 다양한 즐길거리와 대표 어트랙션

1. 스피드하고 다이내믹한 놀이기구로 누구나 탈 수 있는 스카이라인루지 센토사(Skyline Luge Sentosa_루지와 스카이라이드 콤보티켓 S$15)
2. 스릴 만점 4D로 즐기는 센토사 4D어드벤처랜드(Sentosa 4D AdventureLand_성인 S$19.9, 어린이 S$12)
3. 물 속 탐험을 즐길 수 있는 언더워터월드(Underwater World Singapore _성인 S$29.9, 어린이 S$20.6, 돌핀라군 포함)
4. 센토사섬을 한눈에 볼 수 있는 360도 회전하며 올라가는 타이거스카이타워(Tiger Skytower_성인 S$15, 어린이 S$10)
5. 분홍색 돌고래를 만날 수 있는 쇼쇼쇼! 돌핀 라군(Dolphin Lagoon_성인 S$25.9, 어린이 S$17.6, 언더워터월드 포함)

●● 센토사를 알차게 즐길 수 있는 실용적인 패스

센토사를 좀더 경제적으로 즐기려면 패스를 구입하는 것도 좋은 방법이다. 패스는 5가지 종류가 있으며, 비치역, 실로소역, 임비아전망대, 멀라이언 광장, 센토사보드웍, 센토사방문자센터, 센토사역(비보시티 3층 로비 L에 위치), 워터프런트역 등에서 구입할 수 있다.

패스 종류	내용	운영시간	요금
Day Fun Pass PLAY UP TO	20개 어트랙션 이용 가능한 패스	09:00~	성인 S$79, 어린이 S$69
Day Fun Pass PLAY 5	20개 어트랙션 가운데 5개 를 이용할 수 있는 패스	09:00~	성인 S$59, 어린이 S$49
Day Fun Pass PLAY 3	20개 어트랙션 가운데 3개를 이용할 수 있는 패스	09:00~	성인 S$39, 어린이 S$34
Premium Fun Pass	14개의 프리미엄어트랙션 중 3개를 선택하여 이용할 수있는 패스	09:00~	성인 S$79, 어린이 S$69(4개 선택 S$20 추가, 5개 선택 S$40 추가)

Part 08
무지갯빛 색을 가진 싱가포르(Singapore)

센토사의 대표 해변
실로소비치 Siloso Beach

실로소비치는 센토사에 왔다면 인증샷을 찍기 위해서라도 반드시 들려야 되는 센토사의 대표 조형물이 있는 해변이다. 모래가 고운 넓은 백사장에는 늘씬한 남녀들이 비치발리볼을 즐기며 노는 모습도 보이고, 센토사 해변 중에서 가장 활기가 넘치는 해변이다. 해변에는 따갑게 내려쬐는 태양을 피할 노천카페들이 많으므로 덥다면 잠시 쉬어가도 좋다. 실외 그늘보다는 에어컨 바람이 센 곳에서 충분히 쉬었다가 나오는 것이 더위로 인한 피해를 예방할 수 있다.

홈페이지 www.sentosa.com.sg/en/beaches/siloso-beach **주소** Siloso Beach, Sentosa Island **찾아가기** 센토사섬 내를 운행하는 실로소비치트램(Siloso Beach Tram)을 이용하거나 블루, 레드라인 버스를 이용하여 실로소비치에 내리면 된다.

센토사를 한눈에 내려 보는
센토사 멀라이언 Sentosa Merlion

지나가는 모노레일마저 장난감처럼 보일만큼 높고 거대한 석상 멀라이언타워는 37m 높이로 제작된 싱가포르 상징물이자 전망대이다. 크기가 워낙 커서 센토사섬에 내리면 가장 먼저 멀라이언타워가 보인다. 타워 안으로 들어가면 멀라이언이 싱가포르의 상징이 된 사연을 담은 애니메이션을 관람할 수 있고, 엘리베이터를 타면 머리 꼭대기와 입속에서 센토사섬 전체 풍경을 감상할 수 있다.

홈페이지 www.sentosa.com.sg/en/attractions/imbiah-lookout/the-merlion **주소** 30 Imbiah Road, Sentosa Island **찾아가기** 센토사섬 내를 운행하는 무료교통편을 비치역(Beach Station)에 내리면 된다. **입장료** 성인 S$12, 어린이 S$9 **영업시간** 10:00~20:00

가족들이 즐기기 좋은
팔라완비치 Palawan Beach

팔라완비치는 이국적인 풍경을 만드는 야자수들이 백사장과 잘 어우러진 아담한 해변이다. 해수욕을 즐기는 사람들 그리고 돗자리 하나 펼쳐두고 주변 시선은 아랑곳없이 수다를 떠는 사람들로 가득하다. 팔라완비치에는 아이들을 위한 물놀이 공간을 별도로 설치되어 있어 가족 모두가 즐길 수 있는 곳이다. 해변에는 드문드문 우스꽝스러운 목각인형들이 서 있어서 나름 볼거리와 아이들과 사진을 찍기에 좋다.

홈페이지 www.sentosa.com.sg/en/beaches/palawan-beach **주소** Palawan Beach, Sentosa Island **찾아가기** 센토사섬 내를 운행하는 팔라완-탄종비치트램(Palawan-Tanjong Beach Tram)을 이용하거나 블루라인버스를 이용하여 팔라완비치에 내리면 된다.

싱가포르의 남쪽 끝,
아시아 최남단 포인트 Southernmost Point of Continental Asia

센토사 팔라완비치Sentosa Palawan Beach에 위치한 아시아 최남단 포인트는 출렁거리는 흔들다리Suspension Bridge를 건너면 만날 수 있는 아주 작은 섬에 위치한 지점이다. 최남단 포인트 섬 내에는 2개의 전망대가 있는데 3층에 올라서면 팔라완비치가 눈앞에 펼쳐지는 풍경이 정말 장관이다. 푸른빛이 아름다운 조용한 바다풍경을 혼자 혹은 둘이서 한적하게 즐기기에 좋은 곳이므로 잠시 머물러도 좋다.

홈페이지 www.sentosa.com.sg/en/attractions/beaches/southernmost-point-of-continental-asia 주소 Palawan Beach, Sentosa Island 찾아가기 센토사섬 내를 운행하는 팔라완-탄종비치트램(Palawan-Tanjong Beach Tram)을 이용하거나 블루라인버스를 이용하여 팔라완비치에 내려 흔들다리를 건너면 된다.

● ● 싱가포르 시티패스

관광객에게 인기 있는 명소를 최대 45% 할인된 가격으로 이용할 수 있는 패스이다. 165m로 세계 최대 높이의 관람차인 싱가포르플라이어(Singapore Flyer), 싱가포르리버크루즈(Singapore River Cruise), 나이트사파리(Night Safari), 장난감박물관(Mint museum of toys) 등을 이용할 수 있다.

요금 1일권 성인 S$68.9, 어린이 S$55.9 / 2일권 성인 S$88.9, 어린이 S$65.9 / 3일권 성인 S$158.9, 어린이 S$109.9 홈페이지 www.singaporecitypass.com

Special 08 싱가포르에서 만나는 중국, 차이나타운(Chinatown)

싱가포르 국민 75% 이상이 중국인이므로 차이나타운은 어쩌면 너무나 자연스러운 것이라 생각되지만, 실제 싱가포르에 차이나타운이 형성된 것은 1828년부터이다. 싱가포르를 점령하고 있던 영국에서 파견된 행정관 래플스(Thomas Stamford Raffles)가 도시를 계획하면서 만들어진 특성화된 주거지가 차이나타운이다.

기념품 사기에 적당한 차이나타운 야시장

싱가포르에 건너온 초창기 중국인들의 눈물과 땀이 결실이 되어 오늘의 차이나타운을 만들었고, 그들의 살아가는 방식을 가장 가까이에서 살펴볼 수 있는 곳이 바로 차이나타운 야시장이다. 야시장에서는 중국 전통의상과 도자기, 차뿐만 아니라 다양한 중국식 먹거리를 만날 수 있는 곳이다.

홈페이지 www.chinatown.sg **찾아가기** MRT 차이나타운(Chinatown)역 NE4 출구로 나오면 바로 연결된다. **귀띔 한마디** • 밤뿐만 아니라 낮에도 똑같이 시장이 오픈되므로 일정상 낮에 들려도 된다. • 싱가포르 이미지가 박힌 손톱깎이는 저렴하고 튼튼해서 선물용으로 구입해도 좋다.

차이나타운의 대표 거리 탐방

템플스트리트(Temple Street) : 지인들에게 선물하기 좋은 저렴한 기념품 상점들이 거리에 늘어서 있다. S$1라는 팻말이 가장 눈에 많이 띄는 곳이므로 품질은 보장받기 힘들지만 저렴한 가격에 만족스러운 선물을 고를 수도 있어 좋다. 차이나타운 헤리티지센터(Chinatown Heritage Center)에는 차이나타운의 역사를 그대로 재현해놓은 전시관도 있다.

스미스스트리트(Smith Street) : 노천식당의 옛 모습을 재현한 호커센터(Hawker Centre)로 식사를 즐기는 사람들로 밤이 되면 북적이는 곳이다. 노천식당이라 낮에는 아무래도 더워서 이용하기 힘들므로 저녁 무렵에 찾아가는 것이 좋다.

파고다스트리트(Pagoda Street) : 거리 초입에 있는 스리마리아만사원(Sri Mariamman Temple)의 탑(Pagoda)이 있는 거리다 하여 파고다스트리트라고 이름이 붙었다. 차이나타운에 웬 힌두교사원이 있는가 싶지만 19세기 당시에는 인도인들이 많이 살았던 곳으로 싱가포르에서 가장 오래된 힌두교 사원이다. 좁은 거리를 두고 양쪽에는 기념품 상점들이 늘어서 있고 부담 없는 가격에 물건을 구매할 수 있다. 차이나타운역 A출구 나오면 바로 이어진다.

트렝가누스트리트(Trengganu Street) : 파고다스트리트와 스미스스트리트를 가로지르는 거리로 밤에는 화려한 조명과 기념품들이 눈에 뜨이지만 낮에 방문하면 알록달록 파스텔톤의 건물들만 눈에 더 들어오는 거리이다.

● ● **비첸향육포의 원조는 싱가포르!!**

진짜 비첸향(Bee Cheng Hiang, 美珍香)육포의 원래 맛을 알고 싶다면 싱가포르에서 찾아봐야 한다. 차이나타운에는 큰 규모의 육포상점들이 있고, 차이나타운 외에도 부기스스트리트, 오차드로드쪽에서도 찾아볼 수 있다. 쫀득쫀득하면서도 맛이 있으므로 캔맥주와 함께 먹으면 금상첨화이다.

쇼퍼들의 천국, 오차드로드 Orchard Road

대형 쇼핑몰, 고급 호텔 등이 밀집되어 있는 약 3km에 이르는 쇼핑의 메카 거리이다. 오차드로드는 도로를 따라 오차드 Orchard, 서머셋 Somerset, 도비갓 Dhoby Ghaut 3개의 MRT역과 연결된다. 매년 싱가포르 대세일 시즌에는 대대적인 세일을 진행하므로 쇼핑을 즐기는 사람들에게는 더할 나위 없는 장소이다. 싱가포르 여행의 목적에 쇼핑이 있다면 절대 놓쳐서는 안 되는 곳이다. 거리에서는 즉흥적인 거리공연을 만날 수도 있고, 다양한 길거리음식들은 색다른 경험을 선사한다. 오차드로드에 위치한 싱가포르 방문자센터 Visitors Centre 를 방문하면 여행에 필요한 자료들을 무료로 얻을 수 있다.

찾아가기 MRT 오차드(Orchard)역 또는 서머셋(Somerset)역, 도비고트(Dhoby Ghaut)역 중 아무 곳이나 하차하여도 연결된다.

싱가포르강을 따라 도심을 관람하는
히포리버크루즈 Hippo River Cruise

크루즈를 타고 싱가포르강을 따라 클락키 Clarke Quay, 보트키 Boat Quay, 마리나베이 Marina Bay를 순차적으로 관람할 수 있는 히포리버크루즈. 리버크루즈는 2개의 노선으로 운영되는데 보트키와 클락키, 마리나베이를 경유하는 Singapore River Experience는 40분, 추가적으로 로버슨키 Robertson Quay까지 경유하는 New River Experience는 60분 정도 소요된다. 운행하는 동안 가이드가 영어로 싱가포르의 역사와 건축물 등에 대해 설명을

해준다. 강변에는 유명한 호텔과 회사들이 들어서 있고, 에스플러네이드, 멀라이언상 등도 둘러볼 수 있다. 밤에 이용하면 시원한 강바람을 맞으며 화려한 리버사이드의 향연에 제대로 빠져들 수 있다.

홈페이지 www.rivercruise.com.sg **전화번호/주소** 65-6336-6111/ 1 North Bridge Road High Street Centre **찾아가기** MRT 클락키역 C번 출구로 나와 강변 주위의 매표소에서 표부터 구입해야 한다. **승선료** 40분 – 성인 S$24, 어린이 S$15 **영업시간** 09:00~22:00 **귀띔 한마디** 육지와 바다를 오가는 덕투어(Duck Tours)는 선텍시티갤러리아 1층에서 출발하며, 가격은 성인 S$33, 어린이 S$17이고 1시간 정도 소요된다.

홀랜드빌리지 Holland Village
서양인들의 작은 마을,

미국, 영국, 독일 등 서양인들이 많이 거주하는 홀랜드빌리지는 한가로움과 여유가 묻어나는 마을이다. 로롱맘봉 스트리트 Lorong Mambong Street에는 화장품 멀티샵인 샤샤 Sa Sa, 태국요리를 맛볼 수 있는 타이익스프레스 Thai Express, 저렴한 발마사지를 받을 수 있는 홀리스틱웰니스 Holistic Wellness 등이 위치한다. 홀랜드빌리지마켓 & 푸드센터 Holland Village Market & Food Centre는 현지인들이 자주 이용하는 마켓뿐만 아니라 저렴한 먹거리 공간으로서의 역할도 하고 있다. 이곳은 소소한 볼거리들이 많이 있으므로 산책하는 기분으로 둘러보는 것이 좋다.

주소 1 Lorong Mambong, Holland Village **찾아가기** 오차드블러바드 로드에서 버스 106번 탑승(그 외에도 정차하는 차량 더 있으니 버스 안내판을 확인하고 타면 된다.)

여행 TIP

●● 물건을 구매했다면 세금을 환불받자

Global Refund, Premier Tax free 가맹점에서 S$100 이상의 상품을 구매했다면 7%의 세금을 환급받을 수 있다. 점원에게 GST 클레임 폼을 받아 작성한 후 출국할 때 공항 GST 환급검사 카운터에서 작성한 폼과 구입한 상품의 영수증을 제시하면 된다. 만일 수화물로 보낼 경우라면 여권을 지참하여 체크인 전에 확인 도장을 받아야 한다. Global Refund 창구에 서류를 제출하면 현금을 내주는데, 환불 금액이 일정 금액 이상이면 은행계좌로 송금을 해준다. 이때 부과되는 수수료는 환불 금액에서 공제된다.

Section 05
싱가포르에서 먹어봐야 할
맛집

맛을 찾아 떠나는 미식여행자라면 싱가포르에서만큼은 다양한 먹거리로 행복한 미소를 지을 수 있다. 이색적인 요리를 만날 수 있는 부기스, 차이나타운, 리틀인디아 지역 등이 있으며 최고의 요리사들이 선사하는 특별한 요리 그리고 입맛에 따라 골라먹을 수 있는 호커센터 등 여행자의 선택의 폭이 넓어 행복하다.

초콜릿을 좋아한다면
막스브래너 초콜릿바 Max Brenner Chocolate Bar

마치 초콜릿에 푹 담갔다 건진 듯 온통 초콜릿 빛으로 물들인 막스브래너 초콜릿바는 초콜릿을 좋아하는 사람이라면 그냥 지나칠 수 없는 곳이다. 막스브래너 초콜릿만의 다양한 초콜릿 메뉴인 촉테일Choctail, 퐁듀Fondue와 쿠키, 핫초코 등을 맛볼 수 있는데, 먹는 내내 달콤한 초코릿의 유혹에 빠져든다. 막스브래너 초콜릿바는 세계적인 체인으로 미국의 뉴욕, 보스턴, 라스베이거스 외에 이스라엘, 호주, 필리핀 등에도 지점을 두고 있다. 카페에서는 초콜릿, 쿠키, 머그잔 세트 등도 판매하므로 막스브래너 초콜릿을 기억하고 싶다면 구입해도 좋다.

홈페이지 www.maxbrenner.com **전화번호/주소** 65-6235-9556 / 8 Raffles Avenue, Esplanade Mall **찾아가기** MRT 시티홀역 A번 출구(마리나베이 방면)로 나와 에스플러네이드 1F에 위치한다. **영업시간** 12:00~23:00(금, 토요일 12:00~24:00) - 지점마다 영업시간은 다르다. **귀띔 한마디** • 주문 시 10%의 Service Charge와 7%의 GST가 별도로 부과된다. • 싱가포르에만 에스플러네이드, 비보시티, 이스트코스트로드 3개의 지점이 있다.

싱가포르 크랩의 대표,
점보시푸드 레스토랑 Jumbo Seafood

점보시푸드는 싱가포르 요리를 대표할 뿐만 아니라 국내 여행자들에게는 필수 맛집 코스이다. 칠리크랩Chilli Crab과 블랙페퍼크랩Black Pepper Crab이 이 집의 인기 메뉴인데, 속이 꽉 들어찬 칠리크랩은 달콤하면서도 매콤한 양념 맛이 과연 일품이다. 먹다보면 주저 없이 두 손으로 먹게 될 정도로 최고의 맛을 자랑한다. 겉은 바삭바삭하고 안은 방금 구워낸 온기를 간직한 미니번 딥프라이드Mini Bun-Deep Fried를 주문하여 칠리크랩 소스에 콕 찍어 먹으면 더욱 맛있다. 마지막으로 게장에 밥 비벼 먹듯이 크랩 껍데기에 밥을 수북이 담은 후 크랩 소스를 푸짐하게 넣어 비벼 먹으면 그 맛은 과히 환상적이다. 블랙페퍼크랩은 검은 후추를 잔뜩 뿌려 요리하므로 매콤한 맛을 좋아한다면 칠리크랩보다 훨씬 맛있게 먹을 수 있다. 하지만 아이들이 먹기에는 자극적일 수 있으므로 참고하자.

홈페이지 www.jumboseafood.com.sg 전화번호/주소 • Riverside Point : 65-6532-3435 / 30 Merchant Road # 01-01/02 Riverside Point Singapore 058282 • The Riverwalk : 65-6534-3435 / 20 Upper Circular Road, The Riverwalk 찾아가기 MRT 클락키역 등 총 6개의 매장이 있으며 가장 유명한 곳은 클락키에 위치한 점보 리버사이드 포인트점이다. 추천메뉴 Chili Crab 또는 Black Pepper Crab S$55(시가에 따라 달라짐), Mini Bun – Deep Fried(개당) 영업시간 12:00~15:00(주문 마감 14:15까지), 18:00~24:00(주문 마감 23:15까지) 귀띔 한마디 – 중간에 브레이크타임이 있으므로 반드시 시간을 체크해야 한다. • 리버사이드 포인트점에 갈 거라면 국내에서 미리 온라인으로 예약해두는 것이 좋다. 예약이 안 될 경우 보트키에 위치한 리버워크점을 이용해도 된다. 맛은 거의 비슷하지만 분위기가 좀더 정숙한 느낌이다. • 10% Service Charge와 7% GST 별도 부과

●● 점보시푸드 레스토랑을 이용하기 전에 알아두세요!!

• 차와 땅콩은 요금이 추가되므로 원치 않으면 거절하자.
• 레몬을 띄운 물은 손을 씻는 물이니 먹지 말자.
• **점보시푸드 레스토랑 예약방법** – 국내에서 온라인으로 미리 예약을 하고 가자. 인기 레스토랑이라 저녁이나 성수기에는 예약을 하지 않고 갈 경우 오랜 시간 기다림을 감수해야 한다. ONLINE RESERVATION 예약 버튼을 클릭한 후 총 6개의 매장 중에 원하는 지역을 선택한 후 – 리버사이드 포인트점에서 야외식사를 하고 싶다면 전망 좋은 자리를 요청하자. 예약이 완료되면 1~2일 내에 확인 메일이 온다. 이 메일 내용을 프린트해서 보여주거나 예약자명을 카운터에 말하면 된다.

이슬람 음식을 즐길 수 있는
잠잠 ZAM ZAM

이슬람에서 신성시하는 샘물 잠잠을 상호로 사용하는 이곳은 역사와 전통을 자랑하는 무슬림 식당으로 100년이 넘게 맛을 이어온 집이다. 1층에 들어서면 입구 쪽 주방에서는 반죽을 하고 기름을 두르며 열심히 요리하는 모습을 볼 수 있다. 이 집의 대표 요리는 얇은 반죽에 다진 고기와 양파를 넣어 부쳐주는 무르타박Murtabak과 볶음밥 비슷한 브리야니Briyani 등이다. 로띠텔루르Roti Telur는 얇게 반죽하여 계란을 넣은 로띠로 간식으로 먹기에는 그만이다. 아랍 마을에 왔다면 이슬람 음식을 먹어보는 것도 흥미로운 일이다.

전화번호/주소 65-6298-6320/697 North Bridge Road. **찾아가기** 술탄모스크 건너편 **영업시간** 08:00~23:00

●● 저렴하게 즐기는 길거리 대표 간식

• **S$1.2로 맛보는 아이스크림** : 싱가포르 도심 길거리에서 종종 만나게 되는 길거리 아이스크림. 바닐라, 초콜릿, 망고 등 원하는 아이스크림을 선택하면 바삭한 과자(혹은 식빵)사이에 잘라서 넣어 준다. 맛도 괜찮고 더운 날씨에는 잠시나마 시원함을 느낄 수 있다. 어디서 파느냐에 따라 S$1.5~2 사이로 팔기도 한다.

• **올드창키(Old Chang Kee)** : 1956년부터 시작한 튀김집으로 종류가 30여 개 되는 튀김과 파이를 맛 볼 수 있다. 가격도 저렴하고, 여행 중 배고플 때 간식거리로 그만 이다.(www.oldchangkee.com/products.php)

달콤한 향기가 가득한
캔디엠파이어 Candy Empire

캔디엠파이어는 달콤한 향이 가득한 사탕, 초콜릿, 젤리 등을 판매하는 상점이다. 넓은 매장에는 전부 캔디 관련 제품들이 진열되어 있는데, 어린이코너, 선물코너 등 섹션별로 구별되어 있어 용도에 맞게 구매하기 쉽다. 대부분 국내에서는 판매되지 않는 제품들이라 여행 기념선물로도 좋다. 다만 더운 나라이므로 초콜릿은 보관하기 어려우므로 구입할 때 참고하자.

전화번호/주소 65-6376-8382 / 1 Harbourfront Walk **찾아가기** HarbourFront 비보시티 지하 1층 **영업시간** 10:30~21:30 **귀띔 한 마디** 센토사를 들어갈 경우 미리 구입하면 짐이 되기 때문에 다 둘러보고 돌아갈 때 사는 것이 좋다.

●● 싱가포르 인기 만점 빵집

- **토스트박스(Toast Box)** : 싱가포르 국민 간식으로 불리는 야쿤토스트(Yakun Toast)가 이집의 가장 인기 메뉴이다. 토스트와 함께 마실 수 있는 커피나 음료 등도 판매한다.

- **브레드토크(Bread Talk)** : 창의적이면서 다양한 맛을 내는 빵을 만드는 곳으로 유명한 빵집이다. 싱가포르 대표 빵집답게 도심 곳곳에서 만날 수 있다. 우리나라 서울 명동에도 지점이 들어와 있을 정도로 맛으로 인정받는 집이다.

> Part 08 무지갯빛 색을 가진 싱가포르(Singapore)

다양한 맛집이 모여 있는
라우파삿 Lau Pa Sat

라우파삿 호커센터Hawker Center는 다양한 음식을 식성에 맞게 골라먹을 수 있는 식당가이다. 이곳의 식당들은 모두 정식으로 등록된 업소이므로 안심하고 먹을 수 있으며, 별도 세금이나 팁이 없어 저렴한 가격으로 싱가포르뿐만 아니라 세계 각국의 음식을 맛 볼 수 있다. '만나'라는 한국음식점도 있으므로 한국음식이 그립다면 아쉬운 대로 이곳에서 해결할 수 있다. 참고로 라우파삿은 빌딩 숲 사이에 위치하고 있으므로 평일 점심시간이라면 몰려드는 현지인들 때문에 자리 잡기가 쉽지 않을 수도 있다.

홈페이지 www.laupasat.biz 전화번호/주소 65-6220-2138 / 18 Raffles Quay, Lau Pa Sat Festival Market 찾아가기 MRT 래플즈 플레이스(Raffles Place)역 I출구로 나와 오른쪽 Raffles Quay거리를 따라 5분가량 걸어가면 된다. 영업시간 공식적으로는 24시간이지만 업체마다 다름 귀띔 한마디 라우파삿 뒤쪽으로 사테스트리트가 이어진다.

사테 맛을 제대로 즐길 수 있는
사테스트리트 Satay Street

사테Satay는 꼬치에 다양한 식재료를 끼워서 구워먹는 인도네시아 전통요리이다. 이 사테를 전문적으로 판매하는 노점들이 즐비한 거리가 바로 사테스트리트이다. 밤이 되면 입구부터 매캐한 꼬치 굽는 연기가 자욱하고, 맛있는 각종 꼬치 냄새가 진동을 한다. 메뉴나 맛은 다들 비슷비슷하므로 둘러보다 끌리는 곳으로 향해서 오리, 돼지, 새우 등 먹고 싶은 꼬치 종류를 주문하면 된다. 사테 맛에 반하고 꾸밈없는 소박한 분위기에 취해 즐거운 시간을 보낼 수 있다. 음료나 주류는

중앙에 별도 판매대가 있는데, 꼬치에 비해 비싼 편이다. 하루 여행을 마무리하면서 즐기는 맥주 한 잔과 사테는 그야말로 찰떡궁합이다.

찾아가기 MRT 래플즈플레이스역 I출구로 나와 오른쪽 Raffles Quay를 따라 5분가량 거리로 라우파삿 뒤편에 자리한다. **영업시간** 19:00~03:00 / 주말, 공휴일 15:00~03:00(업소마다 다를 수 있음) **귀띔 한마디** 안내을 받아 테이블에 앉으면 주문서를 갖다 주고, 주문한 뒤 음료 등을 구입하러 가면 된다.

싱가포르슬링이 처음 탄생한 곳, 롱바 Long Bar

1887년에 세워진 싱가포르 최초의 호텔 래플스호텔Raffles Hotel에는 이곳 명성만큼이나 유명한 싱가포르슬링Singapore Sling이 처음 탄생한 롱바가 있다. 1910년경 처음 만들어졌다는 싱가포르슬링은 진을 베이스로 체리브랜디와 파인애플주스 등을 혼합하여 만든 새콤달콤한 칵테일이다. 롱바라는 이름처럼 120m나 되는 긴 테이블이 눈에 띄고, 전체적인 실내 분위기는 고풍스럽고 클래식한 느낌이다. 재미있는 것은 이 집만의 오랜 전통이라는 땅콩인데, 테이블마다 수북이 담긴 땅콩은 먹고 나서 껍질을 마음껏 바닥에 버려도 된다. 공짜로 무한정 먹을 수 있으며 은근 바닥에 버리는 재미도 있다는 말씀!

홈페이지 www.raffles.com/singapore/restaurants-and-bars/long-bar **전화번호/주소** 65-6412-1816 / 1 Beach Road, 2F Raffles Hotel **찾아가기** MRT 시티홀역을 나와 North Bridge Rd를 따라 5분 거리로 래플스호텔 2F에 자리한다. **추천메뉴** 오리지널 싱가포르슬링 S$29 **영업시간** 11:00~24:30(금, 토요일 ~01:30) **귀띔 한마디** • 주문시 10%의 Service Charge와 7%의 GST가 별도로 부과된다. • 대부분 외국인이 삼삼오오 오지만 혼자라도 즐겁게 마실 수 있다.

| Part 08
무지갯빛 색을 가진 싱가포르(Singapore)

Section 06
싱가포르에서 눈이 즐거워지는
쇼핑거리

홍콩 못지않은 쇼핑의 천국 싱가포르. 다양한 민족이 사는 곳인 만큼 상품들도 다양하고 오차드로드에 넘쳐나는 쇼핑몰들은 하루가 부족할 정도로 볼거리, 살거리로 넘쳐난다. 굳이 물건을 사지 않더라도 각기 다른 문화 속에 판매되는 상품들을 눈으로만 쇼핑하는 것도 즐거운 일이다.

 백화점 같은 패션잡화점,
부기스정션 Bugis Junction

부기스정션은 백화점 분위기의 패션잡화점으로 국내에도 잘 알려진 탑샵TOPSHOP, 게스Guess, 지오다노Giordano 등과 같은 중저가 브랜드 매장들이 입점되어 있어 국내 여행자들에게 인기가 좋은 곳이다. 상설할인 매장으로 시기만 잘 맞추면 가판대에 진열된 제품들을 아주 저렴하게 구입할 수 있다. 지하에는 군것질하기 좋은 음식점들이 자리하고, 1층에는 화장품/잡화, 2층은 여성 & 아동의류, 3층은 가전제품 매장들이 입점되어 있다. 이 외에도 푸드코트와 서점도 있으므로 쇼핑이 목적이 아니더라도 들려서 책을 보거나 식사를 할 수 있다.

홈페이지 www.bugisjunction-mall.com.sg 전화번호/주소 65-6557-6557/ Bugis Junction, 200 Victoria Street 찾아가기 MRT 부기스(Bugis)역과 바로 연결된다. 영업시간 10:00~22:00

인도 상품을 싱가포르에 만나는
리틀인디아아케이드 Little india arcade

산뜻한 노란 건물에 청록색 창문이 인상적인 리틀인디아아케이드는 인도에서 들여 온 제품들을 주로 취급하는 쇼핑몰이다. 인도하면 생각나는 화려한 디자인의 옷이나 스카프, 코를 자극하는 향신료나 천연재료, 알록달록 예쁘게 장식된 각종 액세서리, 선물용으로 좋은 다양한 인도풍의 기념품 등을 구입할 수 있다. 잘 정리된 재래시장 같은 분위기로 인도의 다양한 상품과 푸드코트에서 인도식 먹거리를 즐길 수도 있다.

전화번호/주소 65-6295-5998/48 Serangoon Road **찾아가기** MRT 리틀인디아(Little India)역에서 걸어서 5분 거리로 세랑군로드(Serangoon Road)에 위치한다. **영업시간** 09:00 ~22:00

가족단위 쇼핑에도 적합한 쇼핑몰,
비보시티 Vivo City

싱가포르 여행의 필수코스 센토사섬의 관문인 비보시티는 300여 개의 매장을 비롯하여 푸드코트, 카페들이 들어서 있는 종합쇼핑몰이다. 내부로 들어서면 연두계열로 꾸며진 부드러운 물결 모양의 구조물이 자연채광을 받아 더욱 생동감 있게 느껴진다. 매장들은 중저가 브랜드 위주로 입점되어 있으며, 영화관이나 옥상의 안개정원, 키즈풀, 비누방울기계 등 다양한 즐길거리가 있어 가족이 와도 함께 둘러볼 곳이 많다. 센토사섬으로 향하는 모노레일이 비보시티 3층에서 출발하므로 센토사섬을 들어가기 전이나 다녀온 후에 둘러보면 안성맞춤이다.

홈페이지 www.vivocity.com.sg **전화번호/주소** 65-6377-6860/1 HarbourFront Walk **찾아가기** MRT 하버프론트(HarbourFront)역과 바로 연결된다. **영업시간** 10:00~22:00 **귀띔 한마디** 푸드코트에는 한국 음식점도 입점되어 있어 김치찌개 등을 먹을 수 있다.

● ● **싱가포르 빅세일!**

매년 5월 말에서 7월 말까지는 쇼핑을 제대로 즐길 수 있는 싱가포르 빅세일(Great Singapore Sale) 기간으로 최대 80%까지 할인된 가격으로 상품을 구입할 수 있다. 명품 브랜드를 비롯하여 다양한 상품을 저렴하게 구입할 수 있는 찬스이므로 출발 전 싱가포르관광청에 세일기간 등을 미리 확인하도록 하자.

오차드로드의 대표 쇼핑몰, 아이온오차드 Ion Orchard

오차드로드에서 딱 한군데 쇼핑몰만 둘러봐야 한다면 단연 아이온오차드를 추천한다. 생선 요리 향신료로 많이 사용하는 식물 육두구 Nutmeg 열매 모양을 본떠 디자인한 독특한 외관부터가 볼거리이다. 오차드역과 바로 연결되어 접근성도 좋고, 명품브랜드를 비롯하여 중저가브랜드까지 다양하게 갖춘 알찬 쇼핑몰이다. 또한 다이닝Dinning 코너에는 다양한 레스토랑이 입점되어 있어 쇼핑에서 식사까지 원스톱으로 해결할 수 있다. 쇼핑몰의 크기도 상당하여 다 둘러보는 것 자체가 힘든 일이다. 원하는 브랜드만을 찾아가고 싶다면 층별 안내를 확인하거나 아이폰용 앱을 다운 받아두면 효율적으로 쇼핑할 수 있다.

홈페이지 www.ionorchard.com 전화번호/주소 65-6238-8228 / 2 Orchard Turn 찾아가기 MRT 오차드로드(Orchard)역 E출구에서 바로 연결된다. 영업시간 10:00~22:00

로컬브랜드를 만날 수 있는 파이스트플라자 Far East Plaza

파이스트플라자는 우리나라 동대문 쇼핑센터와 흡사한 종합쇼핑몰로 고가의 브랜드보다는 중저가 상품 매장들이 주로 입점하고 있어 가격이 저렴한 편이다. 주로 싱가포르의 젊은 여성들이 많이 찾는 곳이며 아기자기한 액세서리부터 최신 유행의 의류까지 다양한 상품들을 쇼핑할 수 있다. 주로 젊은 여성들이 많이 찾는 곳이라 헤어샵이 눈에 많이 띄는 것도 파이스트플라자만의 특징이다.

홈페이지 www.fareast-plaza.com 전화번호/주소 65-6734-2325 / Far East Plaza, 14 Scotts Road 찾아가기 MRT 오차드로드(Orchard)역 A2 출구로 나와 걸어서 5분 거리이다. 영업시간 10:30~22:00

임산부부터 유아를 위한 쇼핑몰

포럼더쇼핑몰 Forum The Shopping Mall

오차드로드에 위치한 포럼더쇼핑몰은 엄마와 아이들을 위한 쇼핑센터라고 보면 된다. 이곳 매장 대부분이 임산부부터 유아나 아동을 대상으로 한 의류, 영양제, 도서, 장난감 등을 판매한다. 그래서 아이와 함께 쇼핑하는 현지인들도 많고, 함께 쇼핑 나온 아이들을 붙잡아 두기 위해 회전목마나 놀이공간들도 예쁘게 꾸며 놓았다. 가족 여행이라면 아이들을 이곳에 잠시 풀어놓아 외국 아이들과 뛰어놀게 하는 것도 산교육이 될 듯하다. 포럼에서 가장 인기 있는 곳은 3층에 위치한 세계적인 대형 장난감매장인 토이저러스Toysrus인데 잠시 유년의 시절로 돌아가 볼 수도 있고, 조카나 아이들 선물을 구입하기에도 좋다.

홈페이지 forumtheshoppingmall.com.sg **전화번호/주소** 65-6732-2479 / 583 Orchard Road **찾아가기** MRT 오차드로드(Orchard Road)역에서 걸어서 5분 거리 **영업시간** 10:00~21:00

명품브랜드 쇼핑몰,

파라곤 Paragon

오차드로드의 대표적인 쇼핑몰 중 하나로 세계적 명품브랜드 매장들이 많이 입점하고 있다. 우리나라보다 상품의 종류도 다양하고 신상품도 한두 달 먼저 만나 볼 수 있는 곳이다. 구찌, 프라다 같은 명품숍만 있는 것이 아니라 탑샵TopShop, 막스앤스펜서Marks & Spencer 같은 매장도 만날 수 있다. 또한 이곳 지하에는 명품 브랜드만큼 유명한 음식점 크리스탈 제이드Crystal Jade, 딘타이펑Din Tai Fung, 올드창키Old ChangKee 등의 레스토랑이 입점되어 있으므로 쇼핑이 길어지거나 여행 중 식사를 하기 위해 일부러 들려도 좋은 곳이다.

홈페이지 www.paragon.com.sg **전화번호/주소** 65-6738-5535/290 Orchard Road **찾아가기** MRT 오차드로드(Orchard Road)역에서 걸어서 5분 거리 **영업시간** 10:00~21:00

테마공간을 갖춘 복합쇼핑센터
선텍시티몰 Suntec City mall

없는 것이 없다는 싱가포르 최대의 선텍시티몰은 방문하는 사람 누구라도 만족할 만한 복합쇼핑센터이다. 명품 브랜드 매장들이 입점된 갤러리아 Galleria, 레스토랑과 카페가 입점된 분수테라스 Fountain Terrace, 대형 할인마트 까르푸 Carrefour와 영화관이 있는 엔터테인먼트콤플렉스 Entertainment Complex, 레저용품과 가전제품 매장들이 입점된 트로픽스 Tropics 등 4개의 테마공간과 선텍시티몰의 상징이 된 부의 분수 Fountain of Wealth가 자리한다.

선텍시티몰은 중저가 브랜드부터 명품 브랜드 그리고 유명 맛집과 아이들의 천국 토이저러스까지 입점되어 있다. 3층에는 여러 나라 음식을 맛볼 수 있는 식당들이 즐비하므로 쇼핑을 마친 후 마지막 코스로 들려도 좋다. 규모가 워낙 크다보니 위치안내도를 수시로 체크하며 둘러봐야 한다.

홈페이지 www.sunteccitymall.com 전화번호/주소 65-6825-2892 / 5 Temasek Blvd 찾아가기 MRT 에스플러네이드(Esplanade)역과 프로메나드(Promenade)역에서 걸어서 1분 거리. 시티홀역부터 걸어온다면 10분 정도 걸린다. 영업시간 10:00~22:00 귀띔 한마디 까르푸매장에서 7D망고를 저렴하게 팔기도 한다.

Part 08 무지갯빛 색을 가진 싱가포르(Singapore)

Section 07
배짱이가 머물렀던 싱가포르
숙소

싱가포르에는 많은 숙소가 있지만 가격이 만만치 않다. 그렇다 보니 중심가에서 조금 벗어난 지역을 선택하는 것이 나름 숙박비를 절감할 수 있는 방법이 된다. 싱가포르 여행의 경우 에어텔 상품을 이용하면 개별적으로 예약하는 것보다 저렴하게 위치 좋은 호텔을 예약할 수 있으므로 이점도 고려하여 계획해보자.

시내 접근성이 좋은
팬퍼시픽오차드 Pan Pacific Orchard

오차드역에서 10분 거리 이내에 위치한 팬퍼시픽오차드는 오차드로드와 접근성이 좋아 쇼핑을 위주로 하는 여행자에게는 최적의 숙소가 된다. 21층 건물에 객실은 총 206개로 디럭스룸, 프리미어룸, 비즈니스룸 등 다양한 타입의 객실을 보유하고 있다. 로비는 그리 크지 않지만 대리석 장식으로 고급스러움이 돋보인다. 객실은 고급스럽고 모던한 느낌으로 안락한 분위기이며, 아이보리색의 은은함과 엔틱가구의 고풍스러움 그리고 물결무늬 침대커버와 카펫이 잘 조화를 이뤄 편안한 느낌을 준다.

객실마다 샤워가운과 슬리퍼, 개인금고, 에어컨, 미니바, 냉장고 등을 갖추고 있으며, 모닝콜서비스와 전 객실에서 인터넷을 무료로

사용할 수 있다. 욕실은 대리석으로 장식되어 있어 고급스러운 느낌이다. 욕실 내에는 헤어드라이기와 각종 세안도구 등이 구비되어 있으며 샤워실과 욕조는 분리되어 있다. 호텔 내의 치안을 위해 엘리베이터를 이용하려면 룸카드를 삽입한 후 초록불이 켜진 후 객실 층을 눌러야 하는 번거로움이 있다.

홈페이지 www.panpacific.com/en/Orchard/Overview.html **전화번호/주소** 65-6737-0811 / 10 Claymore Road, Singapore 229540 **찾아가기** 오차드(Orchard)역 이세탄(ISETAN)백화점 방면으로 나와 직진 하여 오차드타워(Orchard Tower)를 끼고 클레이모어로드(Claymore Road)방향으로 가면 된다. **객실타입** Deluxe Room, Premium Room, Business Room, Penthouse, Pacific Club 등 다양한 객실 보유 **체크인/체크아웃** 13:00/12:00 **귀띔 한마디** • 개별적인 예약보다는 시아홀리데이 같은 에어텔 상품을 이용하는 것이 저렴한 편이다. • 에어텔 상품을 이용할 때는 조식이 포함되지 않을 수도 있다. 이 경우 투숙객에 한하여 조식을 할인해준다.

명성에 걸맞은 세계적인 호텔
그랜드하얏트 싱가포르 Grand Hyatt Singapore

오차드로드 중심가에 위치한 그랜드 하얏트 싱가포르는 세계적인 체인호텔이니만큼 그 명성에 맞게 모든 것이 만족스러운 곳이다. 필자가 머문 객실은 그랜드킹룸으로 은은한 조명에 넓은 객실과 침대 그리고 원목가구들이 아늑한 실내분위기를 자아내는 곳이었다. 곳곳에 비치된 가구들은 공간 활용이 잘되어 있어 실내가 더욱 넓어 보이는 효과를 낸다. 객실에는 미니바, 냉장고, 금고 등이 있으며, 붙박이장에는 다리미와 가운, 슬리퍼, 쇼핑백 등이 놓여 있다. 욕실은 전체적으로 고급스러운 대리석으로 장식되어 실내의 원목과 적절히 조화를 이룬다. 샤워실과 욕조는 분리되어 있고 화장실, 파우더룸도 별도로 마련되어 있어 이용하기에 편리하다.

호텔 1층에는 유명한 스트레이트키친Straits Kitchen이 자리하고 있다. 싱가포르의 대표 음식들을 만날 수 있는 뷔페로 각각의 코너에서 주문하면 오픈 키친이라 바로 요리해 준다. 굳이 호텔에 묵지 않더라도 들러볼만한 레스토랑이다. 엘리베이터를 이용할 때는 룸카드가 있어야만 객실 층을 누를 수 있어 치안과 보안에 신경을 쓰고 있다. 대체로 만족스런 호텔이라 적극 권장하고 싶지만 가격이 비싼 것이 결정적인 흠이다.

홈페이지 singapore.grand.hyatt.com 전화번호/주소 65-6738-1234 / 10 Scotts Road, Singapore 228211 찾아가기 오차드(Orchard)역에서 싱가포르 메리어트호텔(Singapore Marriott Hotel) 방면으로 나와 스콧츠로드(Scotts Road) 쪽으로 3분 거리에 위치한다. 객실타입 Grand King/Twin, Grand Deluxe King/Twin, Club King/Twin, Club Deluxe King/Twin 등 다양한 객실 보유 체크인/체크아웃 14:00/12:00

Part
09

중국의 과거와 미래가 공존하는 상하이(Shanghai)

Shanghai Travel Information and Travel Guide

Section01 상하이 여행을 시작하기 전에
Section02 고민 없이 즐기는 상하이 맞춤 여행 루트
Section03 상하이에서 환전 및 대중교통 이용방법
Section04 상하이에서 둘러봐야 할 지역별 명소
Special09 시간이 멈춰버린 상하이 뒷골목 풍경
Section05 상하이의 쇼핑거리와 먹어봐야 할 맛집
Section06 상하이 여행 중에 둘러볼만 할 근교여행지
Section07 배짱이가 머물렀던 상하이 숙소

✈ **Section 01**
상하이 여행을 시작하기 전에

처음 상하이의 사진을 보고 순간 멈칫했다. 중국에도 이런 곳이 있었단 말인가? 유럽식 건물들이 늘어서 있는 이국적인 광경과 고즈넉한 중국의 옛 정취가 자연스레 나를 그곳으로 이끌었다. 상하이는 중국의 과거와 미래 그리고 현재가 공존하는 다양한 모습을 지닌 여행지 중의 한 곳이다. 상하이를 동서로 나누는 황푸강黃浦江을 사이에 두고 유럽식 건물들이 운치를 더하는 프랑스 조계지와 중국 근세부터 금융중심지로 발전했던 와이탄 그리고 강 건너 푸둥浦东에는 높고 화려한 빌딩들이 중국의 미래를 만들어가고 있다.

하루가 다르게 급속도로 발전하는 상하이는 화려한 겉모습만 가진 것이 아니라 조금만 관심을 가지고 들여다보면 발전의 속도를 따라가지 못하고 소외된 다수의 현지인들이 약간은 부조화스러운 옛 모습을 유지한 채 살아가고 있다. 골목 담벼락마다 주렁주렁 널어놓은 옷가지들, 힘겹게 자전거 페달을 밟으며 짐을 싣고 어디론가 바삐 달려가는 사람들, 골목 어귀 쪼그려 모여 앉아 식사를 하는 소박한 모습들 이 모든 것들이 상하이를 살아가는 오늘의 모습이다.

상하이에서 1~2시간 남짓 이동하면 또 다른 상하이 모습을 간직한 수향水鄕마을도 들려볼 수 있다. 시간을 거슬러 온 듯한 중국의 옛 모습을 고스란히 간직한 채 살아가는 이 마을은 유유히 흘러가는 강을 따라 과거로의 추억 여행을 이끌어준다. 잠시 숨을 돌리면서 그윽한 향을 머금은 전통차를 마시며, 오랜 전 그들의 삶을 생각하며 여행 속의 또 다른 여행을 꿈꿔본다.

Part 09
중국의 과거와 미래가 공존하는 상하이(Shang hai)

●● 상하이 가기 전에 체크하세요!

비자 관광비자(단수 30일 체류비자 67,000~70,000원, 여권, 사진 1장, 신분증복사본 필요) **전압** 220V, 멀티어댑터 **시차** 한국 시간보다 1시간 느리다. **공용어** 중국어 **통화** 위안(1元 = 178원, 2015년 4월 기준) **날씨** 우리나라와 같이 사계절이 있으며 봄이나 가을여행이 좋다. 보통 6월 중순~7월 중순까지는 장마기간이며, 고온다습한 여름철에는 돌아다니기가 상당히 힘들 수 있다. **항공소요시간(인천공항 기준)** 약 2시간

국가/도시	도착 공항 이름	출발공항과 항공사(코드)	거리	예상 소요시간
상하이	상하이푸둥국제공항 (Shanghai Pudong International Airport)	인천국제공항 - 대한항공(KE), 아시아나(OZ), 중국남방항공(CZ), 상하이항공(FM), 중국동방항공(MU)	819Km(512마일)	2시간 00분
		김해국제공항 - 대한항공(KE), 아시아나(OZ), 상하이항공(FM), 중국동방항공(MU)	804Km(503마일)	1시간 50분
		대구국제공항 - 중국동방항공(MU)	822Km(514마일)	1시간 50분
		무안국제공항 - 중국동방항공(MU)	601Km(376마일)	1시간 55분
		제주국제공항 - 진에어(LJ), 중국동방항공(MU)	510Km(319마일)	1시간 20분
	상하이홍차오국제공항 (Shanghai Hongqiao International Airport)	김포국제공항 - 대한항공(KE), 아시아나(OZ), 상하이항공(FM), 중국동방항공(MU)	862Km(539마일)	2시간 00분

- 공항 입국장 인포메이션 데스크에는 상하이 관광지도가 비치되어 있다. 여행 중에 요긴하게 사용할 수 있으므로 입국장을 빠져나가기 전에 챙겨두는 것이 좋다.
- 음력 1월 1일 춘절과 양력 10월 1일 중추절이 시작되는데 보통 일주일간을 쉬는 중국 최대의 명절이다. 또한 5월 1일부터 3일간 노동절 휴무기간으로 휴점하는 상점이 많아 여행자들에게는 불편할 수 있다.
- 호텔과 쇼핑몰, 레스토랑에서만 일부 영어가 통용될 뿐 대부분의 여행지에서는 영어가 통용되지 않아 불편할 수 있다. 그러므로 여행하고자 하는 곳의 이름이나 주소를 중국어로 기록하여 다니는 것이 만일의 경우에 도움이 된다.
- 숙소는 지하철 인민광장역을 중심으로 3정거장 내에 숙소를 정하는 것이 상하이를 제대로 즐기기에 좋다.
- **상하이 정보 관련 사이트** : 여행 전에 미리 인터넷을 통해 필요한 여행정보를 수집해보자.
  상하이관광청 www.shanghaitrip.net
  중정공 cafe.naver.com/zhcafe

상하이관광청

중정공(중국정보공유카페)

Section 02
고민 없이 즐기는
상하이 맞춤 여행 루트

상하이는 중국의 과거와 미래, 그리고 현재의 모습을 동시에 볼 수 있는 다양성과 유연성을 지닌 도시이다. 상하이를 3박 4일 일정으로 도심과 근교를 여행한다면 더욱 알찬 여행이 될 수 있다. 여기서 제시하는 여행 루트는 배짱이의 여행을 바탕으로 재구성한 것이다. 해당 일정을 참고하여 자신만의 여행 계획을 세워보자.

※ 경로 시간과 목적지에서 보내는 소요 시간은 개인의 상황에 따라 달라질 수 있다.
※ 숙소는 임의로 인민광장역 부근 참스호텔로 정했으며, 다음 제시된 동선을 참고하여 자신이 묵는 숙소를 기준으로 실제 동선은 다시 계획해야 한다.

상하이 도심을 걸어보는 첫째 날

상하이는 우리나라에서 비행기로 2시간 남짓 거리에 위치하기 때문에 서둘러 아침 일찍 탑승한다면 여행을 더욱 알차게 보낼 수 있다. 여행시작 첫째 날은 도착하면서부터 인민광장을 중심으로 발전하는 상하이의 도심을 둘러보는 일정이다. 금강산도 식후경이라고 먼저 출출해진 배부터 채우자. 상하이의 인기만점 만두점인 샤오양성젠에서 만두로 배를 든든하게 채운 후 인민광장부터 둘러보고, 인민광장 주변에 있는 상하이미술관에도 들러 여유롭게 전시된 작품을 감상한다.

상하이를 느끼기 위해 난징둥루의 다양한 상점과 백화점 등을 쇼핑한 후 해질녘 하나 둘 조명이 밝혀지는 상하이 건물 숲도 걸어보자. 와이탄 쪽으로 방향을 잡으면 영국과 유럽식의 중후한 건물들이 줄지어 서있는 와이탄산책로와 황푸강에서 푸둥의 야경을 제대로 감상할 수 있다. 저녁에는 맛집들이

많은 신천지 쪽으로 향해 근사한 저녁식사로 설레었던 첫날 일정을 마무리한다.

만약 항공편이 오후 도착 일정이라면 첫날은 숙소에 도착하자마자 난징둥루보행가를 둘러보고 와이탄야경을 감상하는 정도로 일정을 잡는 것이 좋다.

Part 09 중국의 과거와 미래가 공존하는 상하이(Shang hai)

추천동선

인천국제공항 출발(기내식 1회 제공, 2시간 소요) → 상하이푸둥국제공항 도착(입국심사 및 짐 찾기) → 호텔 체크인 및 짐 정리 → 샤오양셩젠 또는 짜짜탕바오(점심식사) → 인민광장(상하이미술관 관람) → 래플즈시티 쇼핑 → 난징둥루 산책 → 와이탄산책로 → 신천지 → Zen(저녁식사) → 숙소 1박

인천국제공항
보딩, 출국심사

상하이푸둥국제공항
입국심사 및 짐 찾기

숙소 도착
호텔 체크인 및 짐정리

샤오양셩젠 또는 짜짜탕바오(점심식사)
주메뉴 : 군만두

Start 비행기 2시간 → 자기부상열차, 지하철 30분 → 도보 10분 → 도보 5분 → 도보 5분 → 도보 5분

난징둥루
2시간 코스

래플즈시티
1시간 30분 코스

인민광장
1시간 코스

도보 30분

와이탄산책로
1시간 30분 코스

신천지
1시간 코스

Zen(저녁식사)
주메뉴 : 유자샐러드, 닭고기찹쌀찜, 딤섬

숙소
1박

택시 15분 → 도보 1분 → 택시 15분

397

거대한 중국을 상하이에서 만나는 둘째 날

둘째 날 오전에는 명청시대를 대표하는 강남정원 예원에서 역사적 배경을 생각하며, 건축미 아름다운 정원을 산책하듯 둘러보자. 예원을 빠져 나오면 바로 예원상장으로 이어지는데 중국 전통의 웅장한 건물들 속에 다양한 상점을 구경할 수 있다. 중국영화 속 한 장면을 연상케 하는 노상하이차관에서 차 한 잔과 육즙이 흥건한 만두도 먹어보자. 상하이노가를 구경한 뒤에는 걸어서 둥타이루 골동시장으로 향할 수 있지만 찾아갈 자신이 없다면 택시를 타자. 카메라셔터를 멈출 수 없는 둥타이루 골동시장을 둘러보고 독립투사들의 흔적이 남아있는 대한민국임시정부로 향한다. 저녁 일정으로 푸둥으로 향해 멋진 상해의 야경을 감상하며 마무리하자.

추천동선

호텔조식 → 구곡교 → 예원 → 예원상장 → 상하이노가 → 노상하이차관(점심식사) → 둥타이루 골동시장 → 대한민국임시정부 → 상하이 IFC몰 → 진마오타워 또는 상하이 월드파이낸셜센터 → 빈장다다오 → 블루프로그(저녁식사) → 숙소 2박

선물이나 기념품도 준비하면서 여행을 마무리하는 셋째 날

셋째 날은 오후에 항공편을 끊었다면 무리하지 말고 여유롭게 일정으로 보내는 것이 좋다. 타이캉루 예술단지 공방, 갤러리들을 둘러보고 노천카페에서 차 한 잔을 즐겨보자. 난징둥루 부근에 위치한 톈푸밍차, 상하이제일식품상점 등을 들려서 지인들을 위한 선물이나 기념품도 산 후 공항으로 향하자.

추천동선

1. 호텔 기상 및 체크아웃 → 타이캉루 예술단지 → 위신촨차이(점심식사) → 난징둥루 쇼핑 → 숙소 짐 찾기 → 상하이푸둥국제공항(귀국)
2. 호텔 기상 및 체크아웃 → 모간산루 상하이디자인예술단지 M50 → 위신촨차이(점심식사) → 난징둥루 쇼핑 → 숙소 짐 찾기 → 상하이푸둥국제공항(귀국)

| 숙소 조식 및 체크아웃 | 타이캉루 예술단지 2시간 코스 | 위신촨차이 점심식사 및 난징둥루 쇼핑 | 숙소 짐 찾기 | 상하이푸둥국제공항 출국심사 및 탑승 |

Start → 지하철 20분 → 지하철, 도보 20분 → 도보 3분 → 지하철, 자기부상열차 30분

동선에 따른 예산 책정하기

상하이는 지하철이나 도보로 여행을 즐기는 것이 교통비를 절감할 수 있는 방법이다. 또한 공항에서 이동할 때는 자기부상열차보다는 공항버스, 지하철을 이용하는 것이 다소 시간은 걸리지만 비용을 절약하는 방법이다. 요즘 온라인이나 소셜커머스에서 항공권과 숙소가 포함된 에어텔상품이 저렴하게 많이 나오므로 비교하여 선택하는 지혜도 필요하다. 마지막으로 근교여행지인 시탕을 당일 자유여행으로 다녀온다면 순수 경비만 5만 원 정도가 추가된다고 생각하면 된다.

구분	숙박료	식대 및 간식	관광지 입장료	교통비	합계
첫째 날	에어텔	33,000원	–	12,000원	4~5만 원
둘째 날		38,000원	42,000원	3,000원	8~9만 원
셋째 날		24,000원	–	9,000원	3~4만 원
총합계		95,000원	42,000원	24,000원	14~18만 원

※ 푸둥국제공항 입국을 고려하여 넉넉잡아 산출한 대략적인 여행경비 예산으로 쇼핑 제외한다.
※ 표 내용은 1인 기준으로 에어텔상품을 이용한 항공권과 숙소비용도 제외한다.

Part 09
중국의 과거와 미래가 공존하는 상하이(Shang hai)

Section 03
상하이에서 환전 및 대중교통 이용방법

상하이 근교에는 2개의 국제공항이 있어, 비용과 일정 등의 편의를 고려하여 항공권을 선택할 수 있다. 인천국제공항에서 출발하는 비행기는 푸둥국제공항에 도착하고, 김포국제공항에서 출발하는 비행기는 훙차오국제공항에 도착하게 된다. 상하이 시내에서는 구공항으로 불리는 상하이훙차오국제공항이 훨씬 가깝게 위치해 있다.

공항에서 시내로 이동하기

상하이 근교에는 2개의 국제공항이 있어, 비용과 일정 등의 편의를 고려하여 항공권을 선택할 수 있다. 인천국제공항에서 출발하는 비행기는 푸둥국제공항Pudong International Airport에 도착하고, 김포국제공항에서 출발하는 비행기는 훙차오국제공항Hongqiao International Airport에 도착하게 된다. 상하이 시내에서는 구공항으로 불리는 상하이훙차오국제공항이 훨씬 가깝게 위치해 있다.

푸둥국제공항에서 상하이 시내로 이동하기

푸둥국제공항에서 상하이 시내로 이동하는 교통편은 자기부상열차上海磁浮列车, Shanghai Maglev Train, 택시, 공항버스 등이 있다. 공항 입구를 나오면 정면에 공항버스机场巴士 정류장이 있고, 오른쪽 끝에 택시 승차장이 있다. 요금이 50元(당일항공권 제시할 경우 40元)으로 비싸지만 가장 빠르게 이동할 수 있는 자기부상열차를 많이 이용한다. 공항 입국장에서 '磁浮 Maglev'라고 표기된 표지판을 따라 2층으로 올라가면 된다. 당일 항공권을 제시하면 10元을 바로 할인받을 수도 있다. 시속 430km라는 빠른 속도로 8분 정도면 지하철 2호선과 연결되는 롱양루龙阳路역에 도착하는데, 1층으로 내려가서 옆 건물의 지하철로 환승하면 된다. 또 다른 방법은 공항에서 바로 이어지는 지하철 2호선 푸둥국제공항Pudong International Airport역에서 1시간 남짓 걸려 시내로 이동하는 방법도 있다. 시내까지가 그리 먼 거리가 아니고, 택시요금도 저렴한 편이라 3인 이상일 경우에는 택시도 고려해볼만하다.

●● 푸동국제공항의 공항버스 안내

공항버스(机場巴士, Airport Bus) 표지판을 따라 가면 1층 공항 밖 승강장이 보인다. 타고자 하는 공항버스 번호를 확인한 후 승차할 때 버스 기사에게 목적지를 알려주고 탑승하는 것이 좋다. 요금은 14~30元으로 오전 7시~오후 11시 경까지 운행된다. 안내원이 도착지를 알려주면 손을 들어 하차 의사표시를 하면 된다. 버스비가 저렴하므로 버스 상태는 기대하지 않는 것이 좋다. 또한 원하는 목적지에 바로 내려주기보다는 근처 정류장에 하차시키는 일도 있어 내리는 순간부터 초보자는 당황하여 시간을 허비하는 경우가 있으므로 자기부상열차를 이용하는 것이 오히려 편리하다.

1번 : 푸동공항 → 홍차오공항(虹桥机场)
2번 : 푸동공항 → 정안사 도심터미널(静安寺城市航站楼)
3번 : 푸동공항 → 롱양루(龙阳路)역 → 따푸루(打浦路) → 쉬자회이(徐家汇) → 인허빈관(银河宾馆)
4번 : 푸동공항 → 더핑루(德平路) → 우자오창(五角场) → 따바이수(大柏树) → 홍커우축구장(口足球场)
5번 : 푸동공항 → 푸둥다다오(浦东大道) → 루자줴이동팡이웬(陆家嘴 东方医院) → 인민광장(人民广场) → 상하이기차역(上海火车站)
6번 : 푸동공항 → 장짱까오커(张江高科) → 롱양루(龙阳路)역 → 동팡루(东方路) → 라오시먼(老西门) → 슬먼이루(石门一路) → 화산루(华山路) → 중산공원(中山公园)
7번 : 푸동공항 → 상하이남(上海南)역
8번 : 푸동공항 → 남희(南戱)정류장, 동방항공(東邦航空)

홍차오국제공항에서 상하이 시내로 이동하기

홍차오국제공항에서 상하이 도심까지는 지하철, 택시, 공항버스 등을 이용한다. 지하철의 경우 터미널1 도착 시 10호선 홍차오공항터미널1Hongqiao Airport Terminal 1역, 터미널2 도착 시는 2, 10호선 홍차오공항터미널2Hongqiao Airport Terminal 2역에서 출발하므로 편하게 시내까지 이동할 수 있다. 주로 터미널1은 국제선, 터미널2는 국내선으로 생각하면 된다.

짐이 많고 3명이상일 경우에는 택시를 이용하는 것도 좋으며, 요금은 80元 내외로 시내까지 30분 남짓 걸린다. 홍차오국제공항에서 A구역 쪽으로 나가면 택시를 이용할 수 있으며, 미리 목적지를 중국어로 기록하여 보여주면 어렵지 않게 목적지까지 갈 수 있다.

시내에서 공항으로 이동하기

푸동공항으로 갈 때에는 정안사 도심터미널静安寺城市航站楼에서 공항리무진버스를 이용하거나 지하철 2호선 푸동국제공항Pudong International Airport역으로 한번에 이동하는 방법이 있다. 또한 지하철 2호선 롱양루龙阳路역 건너편 건물에서 자기부상열차를 탑승하는 것이 가장 빠르고 편리하다. 만일 홍차오공항 쪽으로 이동해야 한다면 본인이 가야 할 터미널을 확인한 뒤 터미널1로 갈 경우에는 10호선 홍차오공항터미널1Hongqiao Airport Terminal 1역에 하차하고, 터미널2로 갈 경우에는 2, 10호선 홍차오공항터미널2Hongqiao Airport Terminal 2역으로 가면 된다.

Part 09
중국의 과거와 미래가 공존하는 상하이(Shang hai)

현지 교통편 이용하기

상하이는 중국의 대표적인 도시답게 대중교통이 잘 발달되어 있는 곳이다. 그러나 사람들이 밀집한 곳이라 늘 교통체증에서 벗어날 수 없다는 단점이 있다. 도시 여행 중에는 시내버스보다는 지하철을 이용하는 것이 편리하고, 지하철이 다니지 않는 곳이라면 근처 지하철까지 이동한 후 저렴한 택시를 이용하는 것이 현명한 방법이다.

상하이 지하철 이용하기

지하철 노선이 많아 다소 복잡해보이지만 여행객이 이용하는 노선은 주로 1, 2, 10호선이라 걱정할 필요는 없다. 지하철 내부와 안내방송이 영어로도 안내되므로 어렵지 않게 이용할 수 있다. 지하철 기본요금은 3元이고 이동 구간이 길면 최대 8元까지 올라간다. 표는 발매기를 이용하여 구입하면 되는데 발매기 작동이 되지 않을 경우 티켓 판매부스에서 구매하면 된다.

간혹 지하철을 탈 때 소지한 짐이 클 경우 엑스레이 검사를 요구한다. 당황하지 말고 검사대에 가방이나 물건을 올려두고 통과하면 된다. 지하철을 탑승할 때 내리기도 전에 밀치고 들어오기 바쁜 사람들 때문에 놀랄 수 있다. 자칫 내리지 못할 수도 있으므로 정신을 바짝 차려야 한다. 원데이패스1 Day Pass는 사용시작 기준으로 당일 하루 동안 무제한으로 지하철을 이용할 수 있는 패스로 주요 관광지 지하철역, 공항 등에서 구입할 수 있다. 1일권은 18元, 3일권은 45元이다.

여행 TIP

●● 상하이에서 지하철 표 구입하는 방법

1. 가야할 곳의 지하철 호선 번호, 역 이름 등을 미리 파악하자.(중국어와 영어가 지원된다.)

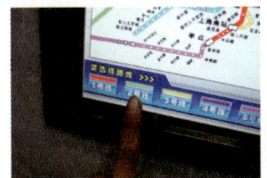

2. 화면에서 해당 노선과 원하는 역을 스크린 터치로 선택한다.

3. 탑승 인원과 가격을 체크한다.

4. 해당 금액을 투입하면 지하철 카드와 거스름돈이 나온다.

상하이지하철 노선도

🧳 택시 이용하기

상하이 택시는 기본요금이 처음 3km 구간까지가 14元이고 그 이후부터 10Km까지는 1Km마다 2.4元씩 가산되며, 10Km 이상부터는 3.6元씩 가산된다. 또한 심야에는 기본요금 16元이며 10Km까지는 1Km마다 3.1元씩 가산된다. 상하이 택시는 운영회사별로 색상이 다른데 따종大众(청록색), 치앙성强生(노란색), 빠스巴士(녹색), 진지앙锦江(흰색) 이 4개의 회사는 비교적 안전하고 서비스가 좋다고 알려져 있다. 이 외에도 파란색과 빨간색 택시가 있는데 개인택시이거나 조합에서 운영하는 것으로 외국인은 타지 않는 것이 좋다고 한다.

택시요금이 비교적 저렴한 편이라 상하이 시내에서 주요 관광지까지 대체로 기본요금에서 20~30元 이내로 갈 수 있다. 참고로 상하이 택시 앞좌석에는 택시기사의 정보와 별표시가 있는데 기사의 능력에 따라 별이 5개까지 주어진다고 한다. 별 3개 이상부터 한자를 읽을 수 있고, 기초 영어로 간단한 의사소통도 된다고 한다. 택시를 이용할 때는 미리 목적지를 한자로 기록하여 택시기사에게 보여주면 편하다.

🧳 수상버스 이용하기

황푸강 수상버스 海轮渡水上旅游巴는 단돈 2元으로 와이탄에서 푸둥까지 이동할 수 있는 가장 저렴한 교통수단이다. 와이탄에서 푸둥으로 갈 때에는 남쪽의 진링동루金陵东路 선착장을 이용하고, 푸둥에서 와이탄으로 이동할 때는 동창루东昌路 선착장을 주로 이용하게 된다. 와이탄에서 푸둥을 갈 때는 왼쪽 창가자리에 앉아야 멋진 푸둥을 제대로 볼 수 있다. 수상버스 영업시간은 07:00~22:00까지 연중무휴로 운영된다.

🧳 이층버스 이용하기

상하이 여행자를 타깃으로 운영하기 시작한 이층버스는 이층이 개방된 버스라 상하이 시내를 좀더 가까이 제대로 즐길 수 있다. 이층버스는 빅버스Big Bus와 시티투어City Sightseeing버스가 있다. 빅버스의 경우 100元이라는 요금이 부담되지만 시티투어버스는 30元(140cm 이하 어린이는 무료) 정도로 저렴한 가격이라 더욱 선호되는 편이다.

버스를 탑승하면 이어폰과 안내 팸플릿을 나눠주며 한국어 안내방송도 지원된다. 시티투어버스의 관광노선은 1호선, 2호선 루트로 나뉘며 탑승시간부터 24시간동안 지정된 탑승지에서 제한 없이 즐길 수 있다. 단, 교통체증이나 매연, 햇볕 때문에 불편할 수 있다. 더 자세한 정보는 해당 홈페이지를 이용하면 된다.

빅버스 홈페이지 www.bigbustours.com / 시티투어버스 홈페이지 service.springtour.com/CitySight

🧳 환전하기

중국 위안화는 국내 시중은행에서 환율 할인권을 활용하여 환전하면 된다. 환전을 할 때는 꼭 필요한 경비를 예측하여 위안화로 환전해야 한다. 여행 후 남은 위안화를 다시 원화로 바꾸면 손해를 보게 되므로, 꼭 필요한 경비는 위안화로 바꾸고, 예상되는 여유 경비는 미국 달러로 환전하는 것도 좋은 방법이다. 실제 중국에서 원화를 위안화로 환전하는 것보다 미국달러를 위안화로 환전할 때가 환전율이 훨씬 좋기 때문이다.

중국은 위폐가 많은 곳이므로 환전을 할 때는 반드시 은행이나 호텔 등 믿을만한 곳을 이용해야 한다. 간혹 대만 돈으로 환전되는 경우도 있다고 하니 환전을 한 후에는 중국 돈 대부분에 그려져 있는 마오쩌둥이 있는지 확인해보는 것이 좋다.

Part 09 중국의 과거와 미래가 공존하는 상하이(Shang hai)

Section 04
상하이에서 둘러봐야 할
지역별 명소

상하이는 중국 속의 다양한 모습을 보고 싶어 하는 여행자들에게는 흥미진진한 곳 중 하나다. 중국은 대륙이 넓은 만큼 볼거리 또한 넘쳐난다. 대륙 전체를 둘러볼 수 없으므로 결국 대륙의 축소판인 상하이를 중심으로 꼭 둘러봐야 될 명소를 소개한다.

상하이 현지인들의 여유가 느껴지는
상하이인민광장과 공원 Shanghai Peaple's Square, 上海人民广场

지하철 1, 2, 8호선 3개가 만나는 지점에 위치해 있어 늘 많은 사람들로 붐비는 상하이 인민광장. 과거 경마장이었던 곳을 공원과 광장으로 조성한 곳이다. 도심 속 공원답게 연인이나 가족 단위로 벤치에 앉아 오붓하게 시간을 보내는 모습이나 나이 지긋하신 분들이 아침에는 태극권 오후에는 마작을 즐기는 모습을 흔히 볼 수 있는 곳이다. 광장이나 공원을 보려고 일부러 찾아올 필요 없이 주변의 래플즈시티来福士广场, Raffles City나 상하이미술관上海美术馆, 상하이박물관上海博物馆 등과 연계하여 둘러볼만한 곳이다.

전화번호/주소 上海市 人民广场 **찾아가기** 지하철 1·2·8호선 인민광장(人民广场)역 1번 출구로 나와 걸어서 2분 거리이다. **영업시간** 06:00~17:30

중국 예술작품을 관람할 수 있는
상하이미술관 Shanghai Art Museum, 上海美术馆

2년에 한 번씩 비엔날레를 개최하는 곳으로 상하이미술관은 예술에 관심 있는 사람이라면 꼭 둘러봐야 할 곳이다. 지하 1층, 지상 4층의 시계탑 형태의 영국식 건물로 과거 인민광장처럼 경마장 부지였던 곳에 1930년대 신축 당시의 외형을 살려 재건축한 건물이다. 8,000여 점에 이르는 많은 중국 예술작품들이 전시되어 있는데 특히 중국 전통 수묵 담채화와 수묵채색화를 감상할 수 있다. 미술관은 1층부터 4층까지 시기별로 작품들을 번갈아가면 전시하고 있다. 미술관 5층은 테라스카페로 간단한 간식과 음료를 마시면서 탁 트인 상하이 전경을 한눈에 조망할 수 있는데, 미술관을 통해서 올라갈 수는 없고 1층에서 별도 엘리베이터를 타야만 한다.

공식 홈페이지 www.sh-artmuseum.org.cn **전화번호/주소** 86-21-6327-2829 / 上海市 南京西路 325号 **찾아가기** 지하철 1·2·8호선 인민광장(人民广场)역 11번 출구로 나와 걸어서 5분 거리이다. **입장료** 무료 **영업시간** 09:00~17:00(매표는 16:00까지이며, 매주 월요일 휴관) **귀띔 한마디** 미술관에서는 공식적으로 사진촬영을 금하고 있지만 눈치껏 사진을 찍는 사람들이 많이 보인다.

여행 TIP

●● 상하이의 공중화장실

상하이 공중화장실은 대부분 비위생적이거나 문고리가 고장 나 있어 당황스러울 때가 많다. 이럴 때는 근처의 유료화장실을 이용하거나 대부분의 호텔 로비 1층에 위치한 화장실을 이용하도록 하자.

상하이 최고의 번화가
난징둥루보행가 East Nanjing Rd. Pedestrian St., 南京东路步行街

상하이 최고의 번화가인 난징루南京路는 난징둥루南京东路와 난징시루南京西路로 나뉘는데 백화점, 상점, 음식점들이 밀집한 곳이라 늘 많은 사람들로 붐비는 거리이다. 특히 5Km가 넘는 난징둥루보행가南京东路步行街는 저녁이 되면 하나 둘 건물들이 불을 밝히면서 이국적인 분위기로 여행자의 마음을 들뜨게 한다. 이 거리는 보행자 전용이라 차량이 통제되지만 이곳의 명물 꼬마열차만은 외에로 북적이는 거리를 활보하며 느릿느릿 지나가며 난징둥루를 구경할 수 있어 타볼만 하다. 난징루 서쪽 난징시루는 고급백화점과 부티크가 있어 또 다른 볼거리들로 넘쳐난다.

전화번호/주소 上海市 南京东路 **찾아가기** 지하철 1·2·8호선 인민광장(人民广场)역 5, 6, 19번 출구 중 아무 곳으로나 나와 길 건너 걸어서 5분 거리이다. 꼬마열차 전기관광열차의 탑승료는 2元이다. **귀띔 한마디** • 낮과 저녁의 분위기가 다르다. 해질녘 건물들에 조명이 밝혀지는 시간대에도 꼭 들려보도록 하자. • 늘 많은 사람들로 붐비는 곳이라 소매치기가 많으니 가방, 지갑을 조심해야 한다. • 낯선 사람이 한국에 관심이 많다며 접근하는 경우가 있는데 이들의 호의를 경계해야 한다.

상하이를 대표하는 포토존
와이탄산책로 Waitan Zhongshan East 1st Rd., 外滩中山东一路

와이탄산책로는 상하이 근대화의 아픈 흔적을 간직하고 있는 관광명소이다. 영국과의 아편전쟁으로 맺게 된 난징조약에 따라 홍콩섬을 영국에 할양하고 상하이, 광저우 등의 문호가 활짝 열리면서 황푸강 黄浦江을 따라 영국과 유럽식의 중후한 건물들이 줄지어 들어서게 된다. 이곳이 유명해진 이유는 이러한 과거의 역사를 간직한 수많은 건물도 있지만 동방명주 东方明珠나 진마오타워 金茂大厦, Jīnmào Dàshà처럼 중국의 미래라고 얘기하는 황푸강 맞은편 푸둥의 발전상을 한눈에 건너다 볼 수 있기 때문이다. 와이탄산책로는 유럽의 한 거리를 걷고 있는 듯한 착각에 빠지기 쉬운 곳이라 매력적이며, 특히 이곳에서 바라보는 푸둥의 야경은 왜 이곳이 상하이 대표관광지인지를 느낄 만큼 황홀하다.

찾아가기 지하철 2·10호선 난징동루(南京东路)역 2번 출구로 나와 걸어서 15분 거리이다. **점등시간** 여름 19:00~22:00, 겨울 19:00~21:00(여름철 일부 기간에는 전력 확보를 위해 야경을 볼 수 없을 때도 있다.) **귀띔 한마디** 야경이 아름다운 곳이지만 오전에 한가롭게 산책로를 걸어보는 것도 나름 운치가 있다.

유럽식 건축물이 아름다운
신천지 | Xintiandi, 新天地

신천지新天地는 프랑스 조계지였던 타이창루太仓路와 싱예루兴业路에 걸쳐 새롭게 조성한 계획단지로 중국의 개혁과 개방을 한눈에 볼 수 있는 곳이다. 고풍스러운 유럽식 건물들을 재단장한 상점들이 많아 이국적인 풍경을 자아내며, 차가 다니지 않아 여행자들과 젊은 현지인들이 자유롭게 활보하는 거리이다. 상하이 최고의 레스토랑, 술집, 나이트클럽 등이 즐비하여 늦은 밤에도 많은 사람들로 시끌벅적하고 활기가 넘쳐난다. 우리에게도 유명한 상하이탕Shanghai Tang 등 럭셔리한 상점들이 몰려 있고, UME 신천지국제영성新天地國際影城에는 영화관과 뉴욕타임스가 선정한 세계 10대 레스토랑 중의 하나인 딘타이펑鼎泰豊이 입점되어 있다. 스타벅스 등 세계적인 커피체인점들도 있는데 가격이 국내와 비슷할 정도로 중국치고는 저렴하지 않다.

전화번호/주소 上海市 卢湾区 太仓路 **찾아가기** 지하철 1호선 황피난루(黄陂南路)역 2, 3번 출구로 나와 걸어서 5분 거리, 신천지(新天地)역에서는 걸어서 10분 거리에 위치한다. **귀띔 한마디** • 동타이루 골동시장과 대한민국임시정부가 멀지않기 때문에 일정을 묶어서 잡아 둘러봐도 된다. • 마지막 날 일정으로 신천지를 구경하고 마사지샵에 들린 후 공항으로 향해도 된다.

Special 09 시간이 멈춰버린 상하이 뒷골목 풍경

상하이의 화려함 뒤에는 힘겹지만 열심히 살아가는 상하이 서민들의 모습이 감춰져 있다. 갑자기 시간이 거꾸로 돌아간 것처럼 화려함 이면의 상하이가 일순간 다르게 보인다. 상하이 시내에서 골목을 좀더 깊이 들어가면 어렵지 않게 이런 모습을 목격할 수 있으며, 이 또한 상하이를 살아가는 현지인들의 모습이다.

여행 TIP

●● 여행 중 피로를 말끔히 풀어주는 그린마사지

국내여행자들에게도 잘 알려진 그린마사지(青专业按摩, Green Massage)는 시설대비 저렴하고 서비스가 좋은 곳으로 발마사지나 전신마사지가 유명하다. 예약하지 않고 가면 이용하지 못할 정도로 인기가 있으므로 방문 전에 미리 예약하는 것이 좋다. 또한 예약 시간에서 10분이 지나면 자동 취소 처리되므로 시간도 엄수해야 한다. 늦어도 하루 전날 직접 가서 예약하거나 국내에서 인터넷, 전화예약을 해도 된다.

공식 홈페이지 www.greenmassage.com.cn **전화번호** 신천지점 – 86-21-5386-0222(중국어, 영어, 일어 가능) **찾아가기** 신천지점 – 지하철 1호선 황피난루(黄陂南路)역에서 걸어서 10분 거리 **영업시간** 10:30~02:00

 아름다운 정원이 돋보이는
예원 Yuyuan Garden, 豫园

예원은 명나라 시대 관료였던 반윤단潘允端이 아버지 반은潘恩의 안락한 노후를 위해 18년 간이나 공들여 만든 남방식 중국 정통정원이다. 정원이 가질 수 있는 장점을 두루 갖추고 있어 명청시대를 대표하는 강남정원 중의 하나로 손꼽힌다. 예원 입구에는 아홉 번이나 꺾여있는 구곡교九曲橋가 인상적인데, 전설에 의하면 반씨 일가에게 죽임을 당한 사람들이 강시가 되어 밤마다 괴롭힐 것을 대비하여 직진만 하는 강시의 침입을 막고자 했다고도 하고 술에 취해 비틀거려도 빠지지 않게 이렇게 만들었다고도 전해진다.

예원의 양산탕仰山堂은 가장 아름다운 풍경을 감상할 수 있는 곳으로 사자성어 점입가경漸入佳境의 유래가 된 곳이라 걸어 들어갈수록 아름다움이 느껴진다. 또 하나의 볼거리 대가산大假山은 인공적으로 쌓아올린 석가산으로 현존하는 인공산 중에서는 중국에서 가장 오래되었다고 하며, 담장을 용으로 장식한 천운용장穿云龙墙 역시 뛰어난 건축미를 느낄만하다. 예원 전체를 둘러보는 데는 대략 1~2시간 정도가 소요되며, 이른 아침 산책하기에 좋고 저녁에는 화려한 조명으로 새로 태어나는 예원의 풍경을 밖에서 바라볼 수 있다.

공식 홈페이지 www.yugarden.com.cn **전화번호/주소** 86-21-6328-2465/上海市 黄浦区 安仁街 218号 **찾아가기** 지하철 10호선 예원(豫园)역 1번 출구로 나와 걸어서 10분 거리이다. **입장료** 비수기(7월 1일~8월 31일, 12월 1일~3월 31일) 30元, 성수기(4월 1일~6월 30일/9월 1일~11월 30일) 40元, 학생 10元 **영업시간** 08:30~17:30(동절기 08:30~17:00) **귀띔 한마디** 학생인 경우 영문이나 한자가 들어간 국내 학생증을 제시해도 할인을 받을 수 있다.

골동품의 천국
둥타이루 골동품시장 Dongtai Road Antique Market, 东台路故玩市场

중국의 오래된 물건들을 하나둘 내다파는 사람들이 모이면서 형성된 둥타이루 골동품시장은 상하이에서 후원해줄 만큼 지금은 상하이의 명물거리가 됐다. 100여년 이상된 물건부터 연대미상의 다양한 골동품들이 긴 거리에 빼곡히 진열되어 있다. 굳이 물건을 사지 않아도 추억이나 역사여행을 떠나기에는 더할 나위 없이 즐거운 곳이다. 잘 찾아보면 현지인들도 발견하지 못한 진귀한 골동품을 발견할 수 있을지도 모른다. 골동품이라는 것이 그렇지만 정해진 가격이 없으므로 가격 흥정은 기본이다. 일단 부르는 가격에서 70%까지 깎아서 제시해보고, 기분 좋은 선에서 흥정을 하는 것이 좋다.

전화번호/주소 上海市 东台路 **찾아가기** 지하철 10호선 라오시먼(老西门)역에서 걸어서 5분 거리, 신천지(新天地) 근방에서 걸어서 10분 거리이므로 신천지와 함께 둘러보면 된다. **영업시간** 06:00~해 질 무렵(상점마다 개폐점시간은 다르다.) **귀띔 한마디** 골동품만 파는 것이 아니라 다양한 기념품도 판매하는데, 같은 물건이라도 공항이나 도심 쇼핑가에서는 더 비싸므로 구입할 의사가 있던 물건이라면 여기서 구입하자.

국가란 무엇인가를 다시 생각하게 하는
대한민국임시정부유적지
Republic of Korea Temporary Government Former Site, 大韩民国临时政府旧址

일제강점기 나라를 되찾기 위해 상하이에 임시정부를 수립하고 독립운동을 지속적으로 해나갔다. 일제탄압이 상하이까지 미치자 거점을 수차례 이동했는데, 상하이 마당로 임시정부청사는 1926년부터 윤봉길의사의 훙구공원 의거로 다시 거점을 옮겨야 했던 1932년까지 7년간 독립운동을 지휘하던 임시정부청사가 있던 곳이다. 상하이 대한민국임시정부유적지는 독립운동의 성지로 1990년부터 복원하기 시작해 1993년 정식 개관하였다. 먼저 시청각 자료를 본 후 정부청사로 이동하면 임정시절 김구 선생님의 집무실 모습과 독립투사들의 사진 등을 둘러볼 수 있다. 다 둘러보고 청사를 나오면 가슴 한켠이 뭉클해지면서 자랑스러운 선열들에 대한 경외심이 저절로 우러난다.

공식 홈페이지 dh.luwan.sh.cn **전화번호/주소** 86-21-5382-9057/上海市 马당路 306弄 4号 **찾아가기** 지하철 10호선 신천지(新天地)역에서 걸어서 5분 거리, 지하철 1호선 황피난루(黄陂南路)역 2, 3번 출구로 나와 걸어서 10분 거리이다. **입장료** 20元 **영업시간** 화~일요일 09:00~12:00, 13:00~17:00/월요일 12:30~17:30 **귀띔 한마디** 임시정부청사 안으로 들어가려면 반드시 여권을 지참해야 한다. 또한 실내에서는 사진촬영이 전면적으로 금지된다.

진마오타워 Jin Mao Tower, 金茂大厦

상하이의 멋진 야경을 감상할 수 있는

금무대하라고도 부르는 진마오타워는 상하이의 멋진 야경을 제대로 조망할 수 있는 곳이다. 진마오타워는 52층까지는 일반 사무실 공간이고, 53~87층까지는 5성급 호텔인 하얏트호텔이 자리하며, 이 건물 꼭대기 층인 88층에 전망대가 설치되어 있다. 전망대까지는 초고속엘리베이터를 타고 이동하는데 45초면 올라갈 수 있다. 해질녘 88층 전망대에 올라 동방명주 쪽을 바라보면 저절로 탄성이 우러나올 정도 아름다운 상하이 야경이 눈앞에 펼쳐진다. 88층 전망대에는 우체통이 있는데, 엽서를 구입하여 가까운 지인에게 보내는 것도 멋진 추억이 될 수 있다. 진마오타워 87층에는 클라우드나인Cloud 9이라는 바가 있

는데, 칵테일 한 잔을 주문해서 상하이 야경을 즐겨보는 것도 나름 멋질 것이다. 클라우드나인을 가려면 53층 호텔 로비에서 엘리베이터를 타야한다.

공식 홈페이지 www.jinmao88.com **전화번호/주소** 86-21-5047-6688/上海市浦 东新区 世纪大道 88号 **찾아가기** 지하철 2호선 루자쮀이(陆家嘴)역 4번 출구로 나와 걸어서 15분 거리이다. **입장료** 88층 전망대 성인 120元, 어린이 90元 **영업시간** 08:30~21:30(연중무휴) **귀띔 한마디** 전망대에서 내려다보고 촬영된 53층 호텔 로비 사진은 이곳의 또 다른 촬영포인트이다.

상하이에서 가장 높은 전망대,
상하이 월드파이낸셜센터 Shanghai World Financial Center, 上海环球金融中心

상하이 월드파이낸셜센터 SWFC는 높이 492m에 달하는 101층 빌딩으로 100층 전망대는 한때 세계 기네스북에서 가장 높은 전망대로 오르기도 했다. SWFC는 보는 위치에 따라 모양이 다른 독특한 건물로 푸둥을 대표하는 고층 건물 중의 하나다. 5분가량 시청각 자료를 관람한 후 초고속엘리베이터를 탑승하면 전망대까지 한 번에 올라간다. 100층 전망대에 서면 건물 아래가 투명하게 보이는 강화유리 소재의 스카이워크가 있어 아찔하면서도 특별한 경험을 할 수 있다. 진마오타워에서 바라보는 야경과는 또 다른 느낌의 상하이 야경을 즐길 수 있다. 진마오타워처럼 중간의 호텔 층을 지나 92층에는 서양식 바와 중국식 바들이 위치해 있으므로 상하이 야경과 함께 술 한잔 즐기고 싶다면 들려볼만하다.

공식 홈페이지 www.swfc-shanghai.com **전화번호/주소** 86-21-6877-7878/上海市 浦东新区 世纪大道 100号 **찾아가기** 지하철 2호선 루자쮀이(陆家嘴)역 도보 15분 **입장료** 전망대 100층(94F, 97F 포함) 180元, 94층 120元(어린이·청소년·경로 할인 있음) **영업시간** 전망대 08:00~23:00(22:00까지 입장 가능)

여행 TIP
● ● 야경 촬영 이렇게 하세요!

전문가가 아닌 이상 멋진 야경을 찍기란 쉽지 않은 일이다. DSLR을 사용할 경우 ISO를 최소 수치로 낮추고, 조리개를 최대로 닫아준다. DSLR이나 컴팩트 디지털카메라로 촬영할 때는 삼각대를 이용하여 노출 시간을 길게 주는 것이 좋다. 멀리 있는 풍경이므로 플래시를 터트려도 효과가 없으므로 플래시 사용은 자제하자.

상하이의 랜드마크
동방명주타워 The Oriental Pearl Radio and Television Tower, 东方明珠塔

상하이 랜드마크인 동방명주타워는 468m로 아시아에서 가장 높은 방송송신탑이다. 동방명주는 상하이 야경을 더욱 아름답게 만드는 타워로 뾰족한 송신탑 사이 3개의 원형구는 전망대와 레스토랑이 위치하며 각 93, 263, 350m 지점에 설치되어 있다. 전망대 높이에 따라 코스 요금이 다르게 책정되는데, 초고층 건물들이 상하이 곳곳에 들어서면서 이곳 전망대의 인기는 예전만 못한 편이다. 하지만 랜드마크로서의 역할은 더욱 강조되어 상하이 푸동에서 길을 잃었다면 동방명주를 찾아보고 그를 기점으로 방향을 찾으면 된다.

공식 홈페이지 www.opg.cn **전화번호/주소** 86-21-5879-1888/上海市 浦东新区 世纪大道 1号 **찾아가기** 지하철 2호선 루자쮀이(陆家嘴)역 1번 출구로 나와 걸어서 5분 거리이다. **추천메뉴** A코스 220元, B코스 160元, C코스 120元(역사박물관 포함) **영업시간** 08:30~21:30(연중무휴)

가장 멋진 와이탄의 야경을 감상할 수 있는
빈장다다오 Binjiang Avenue, 滨江大道

황푸강을 사이에 두고 와이탄의 멋진 야경을 가장 제대로 감상할 수 있는 포인트가 빈장다다오이다. 빈장다다오 강변산책로 주변에는 예쁜 카페와 레스토랑들이 많이 위치하고 있으므로 화려한 와이탄의 야경도 즐기면서 달콤한 아이스크림을 먹거나 식사도 해결할 수 있다.

전화번호/주소 上海市 浦东新区 滨江大道 **찾아가기** 지하철 2호선 루자쮀이(陆家嘴)역 1번 출구로 나와 걸어서 10분 거리이다. 동방명주에서는 5분 거리에 위치한다. **귀띔 한마디** 오전에는 산책코스로 오후에는 야경이 멋진 곳이다. 상하이 젊은 남녀들의 데이트코스로 사랑 받는 곳이다.

거리 곳곳에 감각이 묻어나는
타이캉루 예술인단지 Taikang Lu Tianzifang, 泰康路田子坊

타이캉루 예술인단지는 중국의 젊은 예술가들이 하나둘 모여들면서 유명해진 곳으로 이들은 공방에서 작품 활동도 하면서 전시, 판매까지 행하는 복합예술단지로 발전하고 있다. 단지의 좁은 골목을 들어서는 순간부터 타이캉루만이 갖는 매력에 빠져들기 쉬워 카메라 셔터를 쉴 새 없이 누르게 된다. 복합예술단지이므로 개성넘치는 디자인의 의류, 도자기, 회화, 각종 수공예품 등을 만날 수 있다. 솔직히 이곳은 점점 공방보다는 갤러리가 많아지고 있는데, 갤러리는 전시실이 아닌 상점의 성격을 띠고 있어 다소 아쉽게 느껴진다. 하지만 범상치 않은 디자인이나 콘셉트에 끌려올 때마다 들려보게 되는 곳이다. 단지 내 곳곳에는 노천카페들도 있으므로 잠시 쉬면서 차 한 잔의 여유를 가져도 좋다.

공식 홈페이지 www.tianzifang.cn **전화번호/주소** 86-21-3425-0265/上海市 泰康路 210弄 **찾아가기** 지하철 9호선 다푸차오(打浦桥)역 1번 출구로 나와 걸어서 3분 거리에 위치한다. **영업시간** 09:00~22:00(공방에 따라 개점과 폐점 시간은 다를 수 있다.) **귀띔 한마디** 상점들도 많지만 실제 공방만으로 사용되는 공간도 있으므로 무턱대고 들어가서는 안 된다.

상하이 순수예술 종합단지, 모간산루 상하이디자인예술단지 M50
Mo Gan Shan Lu Shanghai Creative Industry Clusters, 莫干山路上海意集聚 50号

중국 최대의 순수예술 종합단지인 모간산루 상하이디자인예술단지 M50은 독립적인 아티스트들의 공간이다. 우리나라에도 문래동의 철강단지가 예술인들의 새로운 아지트로 발전하고 있는 것처럼 모간산루 M50도 봉제공장이었던 곳에 가난한 젊은 작가들이 모여들면서 자연스럽게 형성된 예술인단지이다. 타이캉루가 다소 상업적인 반면 이곳은 순수예술을 지향하는 작가들이 모여 있다는 것이 특징이다. 총 18개의 독립적인 디자인센터가 자리하고 있으며, 회화에서 부터 조각, 설치미술, 비디오아트까지 장르 또한 다양하다. 예술에 관심 있는 사람이라면 하루가 부족할 정도로 단지가 넓으므로 여유롭게 거닐면서 공방이나 갤러리 작품들을 둘러보면 된다.

공식 홈페이지 www.m50.com.cn **전화번호/주소** 86-21-6277-7284/ 上海市 莫干山路 50号 5号楼 2楼 **찾아가기** 지하철 1, 3, 4호선 상하이기차(上海火车)역에서 내려 걸어서 10여분 거리이다.(택시를 이용하면 기본료이다.) **영업시간** 10:00~17:00(공방에 따라 개점과 폐점 시간은 다를 수 있다.) **귀띔 한마디** 예술 작업을 하는 곳이 많아 특성상 내부 촬영을 금하는 경우가 많으므로 촬영 전에 허락을 구하는 것이 좋다.

Section 05
상하이의 **쇼핑거리**와 먹어봐야 할 **맛집**

단돈 10元도 안 되는 음식부터 현지 물가에 비해 다소 비싼 음식까지 맛도 가격대도 천차만별이다. 상하이여행이 더욱 즐거워지는 다양한 음식 탐방에 도전해보자. 더불어 저렴한 상품부터 고급스러운 명품까지 없는 것이 없다는 상하이 상점가 쇼핑도 즐겨보자.

■ 육즙이 흥건한 일품 만두를 만나는
짜짜탕바오 Jiajia Steamed Dumpling, 佳家汤包

멀리서 봐도 길게 줄을 선 모습이 '아! 여기구나' 할 정도로 인기 있는 만두집이다. 기다리는 것이 기본으로 1시간 이상 기다릴 수도 있다. 메뉴 선택 후 계산부터 하고 영수증을 받아 본인 탁자 위에 올려두면 주문이 들어간 것이다. 이 집 만두 중에는 돼지고기소롱포 纯鲜肉汤包 13元, 새우/돼지고기소롱포 虾仁鲜肉汤包 17元이 인기가 좋은데, 양도 푸짐하고 저렴하다. 한 판에 12개의 만두가 담겨져 나오는데, 모락모락 김이 올라오는 만두를 한입 베어 물면 육즙이 흥건해지면서 혀에서 담백한 맛을 느낄 수 있다. 우리 입맛에는 느끼할 수 있으니 탄산음료도 같이 주문하는 것이 좋다.

전화번호/주소 86-21-6327-6878 / 上海市 黄河路 90号 **찾아가기** 지하철 1, 2, 8호선 인민광장(人民广场)역에서 9번 출구로 나와 5분 거리로 파크호텔을 끼고 황허루(Huanghe Rd.) 골목 안에 위치한다. **추천메뉴** 돼지고기소롱포 13元, 새우/돼지고기소롱포 17元 **영업시간** 06:30~19:00(연중무휴) **귀띔 한마디** • 급하게 먹으면 입천장을 데일 수 있으므로 맛있더라도 천천히 먹어야 한다. • 자리가 없을 경우 일행이 아니더라도 합석해서 먹어야 한다.

■ 군침이 도는 군만두집
샤오양성젠 Xiaoyang Shengjian, 小杨生煎

샤오양성젠 또한 줄을 서서 기다려야 먹을 수 있을 정도로 인기 있는 군만두가게이다. 메뉴를 선택하고 먼저 계산한 뒤 옆에서 만두를 받으면 된다. 오픈주방이라 기다리면서 직접 만두 굽는 과정을 지켜볼 수 있어 흥미롭다. 샤오양성젠은 아래쪽은 노릇노릇 구워져 나오면서도 위는 말랑말랑 찐만두 형태를 유지하고 있다. 살짝 베어 물면 가득한 육즙이 흘러나오는데 냄새도 느껴지지 않고 담백한 맛이 난다. 한판에 4개가 나오는데 만두를 좋아하는 사람이라도 이정도면 충분할 정도로 포만감을 느낄 수 있다.

 전화번호/주소 86-21-5375-1793/上海市 黃河路 97号 찾아가기 지하철 1, 2, 8호선 인민광장(人民广场)역 9번 출구로 나와 5분 거리로 파크호텔을 끼고 황허루를 걷다보면 왼쪽에 빨간 간판이 눈에 띈다. 추천메뉴 군만두 6元 영업시간 06:30~23:30(연중무휴) 귀띔 한마디 뜨거운 음식이라 여름에는 실내에서 먹더라도 만두 맛보다는 더위에 먼저 지칠 수도 있다.

시간을 거슬러 온 듯한 찻집,
노상하이차관 Old Shanghai Tea House, 老上海茶馆

1930년대 와이탄의 찻집을 재현해 놓았다는 노상하이차관은 마치 영화세트장이라도 들어와 있는 듯한 느낌을 준다. 눈앞에 보이는 하나하나가 옛 추억을 불러일으키는 소품들로 골동품이라 부르는 것이 어색하지 않은 오르간, 전축, 선풍기, 냉장고 등이 보인다. 그 외에도 중국의 전통 주전자, 찻잔, 고풍스런 그림 등 볼거리가 가득하다. 종이가 일반화되기 전 많이 사용했던 죽간(竹簡)을 메뉴판으로 사용하는데, 이색적이고 이 집 분위기와도 잘 어울린다. 차를 주문하면 직접 차를 즉석에서 우려내주는데 이 모습 또한 매우 인상적이다. 5분 정도 차를 직접 우려낸 후 따뜻한 보온병에 담아주면 조금씩 따라 마시면 된다. 가격은 다소 비싸지만 아깝다는 생각이 들지 않게 실내인테리어도 훌륭하고 차 맛 또한 좋은 곳이다. 차를 마시고 있으면 방명록이 있는데 그동안 이곳을 방문한 손님들이 적어 놓은 글도 살펴보고 다녀간 흔적을 남기는 것도 좋은 추억이 될 것이다.

전화번호/주소 86-21-5382-1202/上海市 方浜中路 385号 찾아가기 지하철 10호선 예원(豫园)역 1번 출구로 나와 걸어서 10여 분 거리의 상하이노가(上海老街)에 위치한다. 추천메뉴 Chinese Kongfu Tea, Steam Cake 8Pie 영업시간 10:00~22:00(연중무휴) 귀띔 한마디 주문한 메뉴가 나오기까지 지루하다면 2008년 12월 26일에 배짱이가 남겨놓은 글도 한 번 찾아보자.

수제버거로 유명한
블루프로그 Blue Frog, 蓝蛙

파란 네온사인이 인상적인 서양 분위기가 물씬 풍기는 레스토랑 블루프로그. 실내장식은 블루와 브라운이 절묘하게 뒤섞여 있어 따뜻하면서도 도회적인 느낌이 난다. 블루프로그는 이벤트가 많기로 유명한 곳이어서 매일 오후 4시부터 8시까지 해피아워 타임에는 모든 음료와 술을 1+1행사로 추가 서비스해준다. 버거, 스테이크, 칵테일 등의 다양한 메뉴가 있는데 이곳의 수제버거는 맛있다고 소문이 나있다. 대체적으로 음식은 싸지 않지만 맛도 좋고 분위기가 좋아 한 번 찾아가면 반하게 될 곳이다.

공식 홈페이지 www.bluefrog.com.cn **전화번호/주소** 86-21-5047-3488 | 上海市 浦东新区 陆家嘴西路 168号(正大广场 GF-27) **찾아가기** 지하철 2호선 루자쥐이(陆家嘴)역 1번 출구로 나와 걸어서 3분 거리, 정대광장 1층에 위치한다. **대표메뉴** 수제버거, 스테이크, 칵테일 **영업시간** 10:00~02:00(연중무휴) **귀띔 한마디** 여기서 소개한 이곳 외에도 상하이 곳곳에 블루프로그 체인점들이 다수 있으므로 이용하기 편한 곳을 찾으면 된다.

중국의 다양한 선물용 차를 구입하기 좋은
텐푸밍차 Ten Fu's Tea, 天福茗茶

중국은 오래전부터 차 문화가 발달한 곳이다. 오랜 전통에 걸맞게 종류도 다양하고 중국하면 차를 떠올리는 사람도 많다. 안타까운 사실은 이러다보니 중국에서 수입되거나 현지에서 구입하더라도 함량미달의 상품이 많다는 것이다. 가격을 바가지 쓰는 것은 속이 쓰리고 말지만 품질에 속은 경우 마시지도 못하고 버리는 일이 발생한다. 중국 차를 잘 모르는 사람이라도 믿고 구입할 수 있는 곳이 바로 텐푸밍차이다. 중국 전역에 1,000여 개가 넘는 체인점을 두고 있으며, 상하이에만도 8개의 체인점이 있다. 다양한 종류의 녹차, 우롱차, 재스민차 등을 구입할 수 있는 전문매장으로 현장에서 바로 시음을 해볼 수도 있고 포장도 깔끔해서 지인들에게 선물하기도 좋다.

공식 홈페이지 www.tenfu.com **전화번호/주소** 86-21-3376-7510 | 上海市 黄浦区 西藏中路 500号 天福茗茶(思源店) **찾아가기** 지하철 1, 2, 8호선 인민광장(人民广场)역 7번 출구로 나와 걸어서 5분 거리에 위치한다. **영업시간** 09:00~23:30(연중무휴) **귀띔 한마디** 텐푸밍차에서는 종종 3개를 구입하면 1개를 덤으로 주는 행사도 진행하므로 관심을 갖고 살펴보자.

상하이의 대표적인 종합쇼핑몰, 래플즈시티 Raffles City, 来福士广场

래플즈시티는 2003년 오픈한 싱가포르 계열의 쇼핑몰로 다양한 브랜드상품, 극장, 푸드코트Food Court 등이 망라된 종합쇼핑몰이다. 특히 지하 푸드코트에는 유명한 비첸향美珍香육포 매장이 있고, 살살 녹는 에그타르트를 맛볼 수 있는 릴리안타르트莉连蛋挞, Lilian Tarte, 열대과일을 갈아 만든 신선한 주스를 판매하는 매일신선한과일바每日新鲜水果吧 매장 등이 자리하고 있다. 래플즈시티의 푸드코트는 쇼핑몰 이용고객뿐만 아니라 식사를 하려는 사람들까지 몰려들므로 주말에는 발 디딜 틈이 없을 정도이다.

공식 홈페이지 rafflescity.com.cn 전화번호/주소 86-21-6340-3333/上海市 西藏中路268号 찾아가기 지하철 1, 2, 8호선 인민광장(人民广场)역 15번 출구로 나와 걸어서 1분 거리에 위치한다. 영업시간 10:00~22:00 귀띔 한마디 쇼핑센터이지만 도대체 뭘 먹어야 할지 고민스럽다면 이곳을 둘러보고 먹거리를 선택하는 것도 좋은 방법이다.

푸둥을 대표하는 종합쇼핑몰, 상하이 IFC Mall 上海 国金中心商场

푸둥에 떠오르는 쇼핑몰로 홍콩에서 인지도를 쌓은 IFC 자본이 상하이에 투자한 종합쇼핑몰이다. 인접한 백화점 정대광장正大广场이 캐주얼브랜드 중심이라면 IFC Mall은 내로라하는 명품브랜드들이 이목을 끄는 곳이다. 쾌적하고 우아한 실내 인테리어는 눈이 호사하기에 충분해서 둘러보는 내내 감탄할 만하다. 명품브랜드 매장은 주로 1~2층에 위치하고 지하에는 영캐주얼과 스포츠브랜드가 입점하고 있다. 또한 수입식품 전문매장인 시티슈퍼와 푸드코트가 자리하고 있어 굳이 고가의 쇼핑을 하지 않더라도 눈과 입이 충분히 즐거워지는 곳이다.

공식 홈페이지 www.shanghaiifcmall.com.cn 전화번호/주소 86-21-6311-5588/上海市 浦东新区 陆家嘴世纪大道 8号 찾아가기 지하철 2호선 루자쮀이(陆家嘴)역에 내리면 6번 출구와 바로 연결된다. 영업시간 10:00~22:00

퓨전요리로 유명한 맛집, ZEN 香港采蝶軒

ZEN은 퓨전요리 전문점으로 모던하고 깔끔한 실내 분위기의 레스토랑이다. 메뉴도 다양해서 뭘 먹어야 할지 고민이 될 정도 많다. 이 집의 대표 메뉴들은 사진으로 메뉴판이 꾸며져 있어 주문하기도 어렵지 않다. 추천할 만한 메뉴는 유자의 새콤한 맛과 땅콩, 건포도 등의 소스가 잘 어울려져 달달하고 중독성 강한 맛을 내는 유자샐러드 柚子沙拉와 담백한 새우딤섬 虾饺, 노릇하게 튀겨진 닭날개 안에 양념된 찹쌀이 꽉 채워진 닭고기 찹쌀찜 糯米鸡翅으로 다소 짭짤하지만 쫀득하면서도 담백한 맛이 일품이다.

전화번호/주소 86-21-6385-6385/上海市 兴业路 123 弄新天地广场南里 2号楼(近马当路) **찾아가기** 지하철 10호선 신천지(新天地)역에서 나와 걸어서 5분 거리, 또는 지하철 1호선 황피난루(黄陂南路)역 2, 3번 출구로 나와 걸어서 10분 거리에 위치한다. **추천메뉴** 유자샐러드(柚子沙拉), 닭고기 찹쌀찜(糯米鸡翅) **영업시간** 11:30~14:30, 17:30~23:30(연중무휴)

믿을 수 있는 식료품을 판매하는, 상하이제일식품상점 Shanghai No.1 Food Store, 上海市第一食品商店

질 좋고 믿을 수 있는 식료품을 판매하는 상하이제일식품상점은 항상 많은 사람들로 붐비는 곳이다. 이렇게 사람이 많이 붐비는 이유는 이곳의 식품이 다양하고 저렴하면서 믿을 만하다는 사실 외에도 80년이 넘는 오랜 역사를 빼놓을 수 없다. 상점 1층에는 과자, 술, 말린 과일 등과 같은 다양한 식품매장이 자리하고, 2층은 푸드코트, 3층은 수입식품 전문매장이 자리하고 있다. 선물을 사야 하는데 뭘 사야 할지 고민이 된다면 이곳에 들려 건과류를 구입해보는 것도 좋다.

공식 홈페이지 www.firstfoodmall.com **전화번호/주소** 86-21-6322-2777/上海市 黄浦区 南京东路 720号 **찾아가기** 지하철 1, 2, 8호선 인민광장(人民广场)역에서 내려 걸어서 5분 거리에 위치한다. **영업시간** 10:00~21:30

상하이 최초의 번화가, 예원상장 Yuyuan Shangcheng, 豫园商场

예원상장은 상하이에서 최초로 형성된 번화가이자 가장 오래된 역사를 자랑하는 상설시장이다. 현지인뿐만 아니라 해외여행자들에게도 유명한 곳으로 중국 전통정원 예원을 둘러보면서 함께 들려야 할 곳이다. 거리 전체가 중국의 오랜 정취가 배어 있어 시간을 거슬러 여행하는 느낌마저 드는 곳으로 오전이나 오후도 좋지만 해가 진 후 방문하는 것도 나름 멋진 조명에 반할만 하다. 특히 이곳의 남상만두 南翔饅头는 상하이 명물이자 예원의 명물로 이 집 만두를 맛보려면 한참을 서서 기다려야 할 정도로 인기가 있다. 예원상장 거리에는 각종 먹거리나 기념품들을 파는 곳이 많은데 이곳에서 물건을 구매할 때는 반드시 흥정부터 해야 한다.

전화번호/주소 上海市 黄浦区 豫园商场 **찾아가기** 지하철 10호선 예원(豫园)역 1번 출구로 나와 걸어서 10분 거리이다. 전통정원 예원 출구와 바로 연결된다. **영업시간** 08:30~22:00 **귀띔 한마디** 사람들이 늘 많아 왁자지껄한 곳이므로 항상 소매치기를 조심해야 하며 물건을 구입할 때는 흥정도 잊지 말아야 한다.

푸짐한 사천요리를 맛볼 수 있는
위신촨차이 Yuxin Sichuan Dish, 渝信川菜

위신촨차이는 중국 사천요리 전문레스토랑으로 아주 넓은 홀이 금세 많은 사람들로 메워질 정도로 유명한 집이다. 모든 메뉴가 사진으로 제공되므로 주문하기도 쉽다. 국내와는 또 다른 맛을 내는 탕수육 糖醋里脊, 쫀득한 찹쌀과 살살 녹는 갈비가 어울려진 찹쌀갈비찜 糯米排骨 등은 한국인 입맛에도 잘 맞는 음식이다. 참고로 이곳은 현지인을 상대로 하는 사천요리 전문점이라 무턱대고 음식을 시키면 입에 맞지 않을 수도 있다는 것을 기억해야 한다. 식사가 끝나면 계절과일을 디저트로 내온다. 전체적으로 서비스는 다소 만족스럽지 않은 부분도 있지만 저렴하게 중국 요리를 맛볼 수 있는 곳이므로 가볼 만하다.

공식 홈페이지 yuxin.diancai.cc **전화번호/주소** 86-21-6361-1777/上海市 黃浦區 九江路 399号 华盛大厦 5楼(近山西南路) **찾아가기** 지하철 2, 10호선 난징동루(南京东路)역 4번 출구로 나와 걸어서 5분 거리이다. **영업시간** 11:00~14:00, 17:00~21:30(연중무휴) **저자 귀띔 한마디** 사진과 달리 실제 양은 상당히 많은 편이다.

옹기종기 옛 상점들이 모인
상하이노가 Shanghai Old Street, 上海老街

예원으로 가는 길에 만날 수 있는 중국 전통 풍물거리이다. 한적한 도로를 따라 골동품부터 다양한 중국 전통공예품을 파는 상점들이 즐비하게 늘어서 있다. 한 구역 전체는 중국 전통가옥으로 둘러싸인 모습도 보이는데, 집 앞에 가판대를 설치하고 장사하는 모습도 볼 수 있다. 예원과 연계 관광이 가능한 곳이라 오후시간에는 이러한 한적함을 누릴 수 없다. 조용히 산책하듯이 여유롭게 둘러보고 싶다면 점심시간 이전에 방문하는 것이 좋다.

전화번호/주소 上海市 黄浦区 方滨中路 **찾아가기** 지하철 10호선 예원(豫园)역 1번 출구로 나와 걸어서 10분 거리로 예원상장 부근에 있다. **영업시간** 09:00~20:00

Section 06
상하이 여행 중에 둘러볼만 한
근교여행지

상하이에서 하루 일정이 더 있다면 도심을 벗어나 근교여행도 즐겨보자. 상하이에서 2시간 남짓 떨어져 있지만 느낌은 전혀 다른 모습인 수향水鄕마을 중의 하나인 시탕西塘으로 향해보자. 톰크루즈가 출연했던 미션 임파서블로 더욱 유명해진 시탕은 많은 여행자들로 늘 인기가 있다. 이른 아침 출발하여 저녁에 도착하는 하루 코스로 잡는 것이 좋다.

고즈넉한 수향마을,
시탕 Xitang, 西塘

미션임파서블3 Mission Impossible III 촬영지로 알려지면서 더욱 유명해진 시탕은 중국의 강남 8진이라 불리는 8개의 수향마을 중 원형이 가장 잘 보전된 곳이다. 시탕의 건물들은 주로 명청시대 때에 지어진 것들로 역사적인 의미가 높고, 건물 또한 물길을 따라 아름답게 배치되어 있다. 집 앞으로 푸른 강물이 출렁이고, 그 강물에 비친 마을모습 또한 아름답다. 아침이면 수향마을답게 얕은안개가 몽환적으로 마을 전체를 감싸고 저녁 무렵에는 노을에 비친 마을 반영을 헤치며 뱃사공이 부지런히 노를 젓는다. 한 폭의 수채화처럼 아름다운 마을에서 먼 과거로의 여행을 즐겨보자. 시탕 지역은 조성한 관광지가 아니라 현지인들이 실제 살고 있는 곳이므로 여행 중에는 항상 폐가 되지 않게 주의하자. 이곳은 한국 여행자들이 많아지자 일부 안내판에 한글까지 병기하고 있어 여행에 다소나마 도움을 받을 수 있다.

공식 홈페이지 www.xitang.com.cn(한글지원) **전화번호/주소** 86-573-8456-7890/浙江省 嘉兴嘉善县 田园路 西塘 **찾아가기** 상하이(上海)역 4번 게이트와 마주 한 상하이 투어버스터미널(上海旅游集散中心)에서 시탕 1일 투어버스가 매일 운행된다. 1일 투어버스 1인당 140~150元(문의 86-21-6426-5555)

●● 상하이에서 시탕으로 이동하는 방법

상하이체육관(上海体育馆)역 6번 출구로 나와 왼쪽으로 10여 분 거리에 위치한 상하이투어버스터미널(上海旅游集散中心) 5번이라 표시된 건물 안쪽 창구로 가면 상하이에서 시탕을 왕복하는 버스표와 시탕입장권을 150元에 통합하여 구입할 수 있다.

구입할 때는 상하이→시탕과 시탕→상하이 버스 이용시간을 미리 체크하여 탑승시간을 예약하는 방법이다. 당연히 탑승할 때는 해당 시간이 기재된 투어버스에 탑승하면 된다. 소요시간은 2시간 정도 걸리며, 시탕에 도착한 후에는 도보나 인력거(5~6元)를 타고 시탕의 수향마을 입구까지 들어갈 수 있다.

※ 중국어에 자신이 없다면 버스표를 구입할 때 지명을 보여주면 된다.

📷 백성을 사랑했던 관리를 모신 사당.
호국수량왕묘 Huguo Grain Official Temple, 护国随粮王庙

어느 나라나 못된 벼슬아치들만 있는 것은 아니다. 명나라 말기 시탕 일대가 큰 가뭄이 들어 백성들은 먹고 사는 것이 너무 힘들었지만 황궁에서는 아랑곳하지 않고 세수로 쌀을 계속 걷어갔다. 결국 마을 사람들이 하나둘 굶어죽게 되는데, 쌀 운반을 책임지던 관리가 이곳을 지나다가 이를 안타깝게 여겨 세수로 걷어드린 쌀을 마을 백성들에게 풀어버린다. 이로 인해 관리는 국고를 빼돌린 죗값으로 사형을 당했지만 이후 이러한 사정을 알게 된 황제가 그를 호국수량왕护国随粮王으로 봉하였다. 시탕의 마을 사람들은 그가 행한 의를 잊지 않기 위해 이곳에 사당을 세우고 해마다 제를 지낸다고 한다.

📷 중국에서 가장 작은 정원.
취원 Drunk garden, 醉園

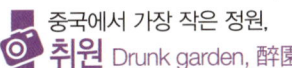

중국에서 가장 작은 강남정원이라 알려진 취원은 명나라 때 원래는 5채로 지어졌는데 현재는 4채만 남아 있다. 중국의 고전 양식인 벽돌을 이용하여 만든 작은 화단과 정원, 연못 등이 아기자기하게 배치되어 있다. 현재 취원에는 판화작가 왕형王亨이라는 사람이 시탕을 배경으로 하는 작품활동을 하고 있다. 아버지의 가업을 이어받았다고 하는데 시간대가 맞는다면 작업 중인 그를 직접 만날 수도 있다. 취원 곳곳에는 그가 작업한 판화작품들을 전시하고 있다. 원하는 작품이 있다면 바로 구입도 할 수 있다.

📷 운치 있는 상점거리.
연우장랑 Yanyu Gallery, 烟雨长廊

연우장랑은 시탕의 메인로드로 물길을 따라 1km 정도 조성된 상점거리이다. 영화 미션임파서블에서 톰크루즈가 열심히 뛰어가던 그 거리가 바로 이곳이다. 운하를 바라보며 차 한 잔의 여유를 누릴 수 있는 야외찻집부터 기념품점, 음식점들이 늘어서 있다. 연우장랑의 특징은 비가 많이 와도 행인들이 비를 맞지 않도록 처마를 회랑처럼

길게 두었다는 것이다. 이곳을 방문하기 전 미리 영화를 보고 간다면 또 다른 느낌을 받을 수 있다.

📷 중국술 황주를 만나는
주문화박물관 Wine Culture Museum, 酒文化博物馆

주문화박물관에서는 시탕 지역의 유명한 황주黃酒에 대한 다양한 자료를 살펴볼 수 있다. 황주는 중국에서 가장 오랜 역사를 갖고 있는 중국술 중의 하나로 곡물을 원료로 하여 누룩으로 발효시킨 술이다. 삼국지 명장 관우가 즐겨 마셨다고 전해지는 데 한국의 청주에 비해 시고 떫은맛이 강하다. 황주를 현장에서도 판매하므로 술을 좋아한다면 구입해도 된다.

📷 시탕 지역에서도 빠질 수 없는 도교사원,
성당 Sanctuary, 圣堂

시탕의 성당은 명나라 때인 1575년에 세워진 도교사원이다. 이곳은 삼국지에 나오는 명장 관우를 모신 관제묘关帝庙이지만 공자孔子를 모신 곳이라 하여 성당(聖堂)이라고 부른다. 중국의 전통 사원답게 담장은 노랗고, 대문을 비롯하여 곳곳에 빨간색이 눈에 많이 띈다.

중국 명청시대 만들어진 다양한 목조물을 만나는
명청목조관 明淸木雕館

시탕 일대의 목조가옥을 정비할 때 나온 집기들을 버리지 않고 모아 두었다가 이를 전시할 목적으로 개관한 곳이 명청목조관이다. 목조관 내부에는 명청시대에 만들어졌을 창문, 의자, 대들보 등이 전시되어 있다. 수백 년의 세월동안 누군가에게는 귀중한 물건으로 사용됐을 집기들이 잘 분류되어 있는데, 목조물들에 새겨진 그림이나 문양들은 세월과 손때에 더욱 고풍스럽게 보인다. 이 건물 안쪽에는 따로 기념품을 판매하는 곳이 있는데 주로 아기자기한 목공예품들을 판매하고 있다.

여행 TIP

● ● **시탕 유람선**

유람선을 유유히 타고 고즈넉한 수향마을 분위기에 빠지기 더없이 좋다. 유람선의 가격은 100元이고 15분 정도를 타고 물길을 따라 이동한다. 물의 도시 시탕을 좀더 가깝게 접할 수 있고, 물 위에서 바라본 시탕의 또 다른 모습을 즐길 수 있다.

● ● **수많은 다리와 어지럽게 연결된 골목**

시탕 지역은 강물을 따라 100여 개의 다리가 놓여 있다. 중국 송나라 때부터 명청시대를 거쳐 현재에 이르기까지 만들어진 옛 다리들은 대부분 아치형으로 나룻배가 지나다닐 수 있도록 만들어졌다. 건축기술도 뛰어나고 또한 보존도 잘되어 있으며, 다리 위에서 바라본 시탕 풍경은 한 폭의 그림과도 같다. 시탕은 눙탕이라 불리는 골목을 누비는 재미도 쏠쏠하다. 곳곳에 한글로 안내 표기가 되어 있어 가는 방향을 파악할 수 있다.

Section 07
배짱이가 머물렀던 상하이
숙소

상하이는 오랜 역사만큼 숙소의 종류도 많지만 노후하거나 시설이 기대에 못 미치는 경우도 많다. 이런 점을 감수할 수 있다면 위치 좋은 곳에 저렴하게 숙소를 정할 수도 있다. 보통 지하철을 많이 이용하게 되므로 지하철에서 가까운 숙소를 정하는 것이 여러모로 편리하다.

환상적인 위치에 자리한
참스호텔 Charms Hotel, 中福大酒店

참스호텔은 인민광장과 난징둥루에서 5분 남짓 거리에 위치하고 있어 여행자들에게는 최적이고, 가격도 3성급이지만 저렴한 편이다. 총 372개의 객실이 있으며 일본, 한국 관광객이 많이 찾는 호텔 중의 하나다. 객실과 욕실은 깔끔한 편이지만 객실에 카펫을 깔아둔 탓에 이물질들이 말끔히 닦이지 않아 지저분해 보일 수 있다. 또한 객실마다 차이가 있지만 샤워기에서 물이 샌다거나 헤어드라이기가 작동되지 않을 때도 있어 다소 불편함이 있다. 여행에 있어 이는 다소 감수할 수 있는 문제이므로 미리 걱정할 필요는 없다.

욕실에는 샤워부스와 샴푸, 린스, 칫솔 등 준비되어 있으며, 특이할 만한 사항은 전자레인지도 구비되어 있다는 것이다. 호텔 근처의 래플즈시티에서 에그타르트를 사와 식으면 간식용으로 데워서 먹을 수 있고 꼬치 등 먹거리도 따뜻하게 돌려 먹을 수 있어 좋다. 또한 무료로 와이파이를 사용할 수 있다. 호텔 근처에는 편의점, 제과점, 스타벅스 등의 상점들이 위치하여 이용하기에 편리하다.

공식 홈페이지 www.charmshotel.cn **전화번호/주소** 86-21-5359-4900/上海市 黄浦区 九江路 619号 **찾아가기** 지하철 1, 2, 8호선 인민광장(人民广场)역 14번 출구로 나와 한쿠어로드(Hankou Rd)를 따라 걸어서 5분 거리이다. **객실타입** 킹베드룸, 뉴킹베드룸, 스탠다드룸, 뉴스탠다드룸, 디럭스 킹베드룸 등 다양한 객실 타입을 보유하고 있다. **체크인/체크아웃** 14:00/12:00 **귀띔 한마디** • 컨시어지(Concierge)에 짐을 맡길 수 있으며, 요청하면 택시도 부를 수 있어, 예원, 신천지, 난징시루, 와이탄으로 이동할 때 편리하다. • 후문 쪽에 Zhongfu Mansion이라는 간판이 보인다.

룸 컨디션이 좋은
코트야드메리어트호텔 상하이푸시
Courtyard by Marriott Hotel Shanghai Puxi, 上海浦西万怡酒店

코트야드메리어트호텔 상하이푸시는 한쫑루 汉中路 역 1번 출구에서 5분 남짓 거리에 위치하며 객실 상태가 아주 좋은 4성급의 호텔이다. 인민광장역에서 지하철로 2정 거장밖에 되지 않아 여행하기에도 최적의 위치이다. 이 호텔은 보통 에어텔 상품의 패키지로 묶이는 경우가 많아 개인이 예약하는 것보다 더욱 저렴하게 투숙할 수 있다. 그렇다보니 한국 여행자들이 많은 편이다.

객실은 원목으로 아늑하면서도 고급스러움이 묻어난다. 침대 사이즈도 넉넉하고 햇살이 잘 들어오는 업무용 테이블, 쇼파, 대형 TV까지 마음에 쏙 든다. 그 외에 다리미와 개인금고가 마련되어 있으며 욕실에는 샤워부스와 샴푸 용품 등이 갖춰져 있다. 무선인터넷(유료 제공여부 확인)을 사용할 수 있으며, 조식이 포함될 경우 모모카페 Momo Cafe에서 식사를 하면 된다. 아쉬운 점은 여행자들이 많아 늘 북적이고 그다지 메뉴가 다양하지 않다.

공식 홈페이지 www.marriott.com/hotels/travel/shapx-courtyard-shanghai-puxi **전화번호/주소** 86-21-2215-3888/上海市 闸北区 恒丰路338号 **찾아가기** 한쭁루(汉中路)역 1번 출구로 나오자마자 왼쪽으로 걸어가다가 큰 사거리에서 길 건너 오른쪽으로 가면 길 건너편에 보인다. 걸어서 5분 거리이다. **객실타입** 프리미엄룸, 주니어스위트룸, 디럭스룸 등 다양한 객실 타입을 보유하고 있다. **체크인/체크아웃** 14:00/12:00 **귀띔 한마디** 체크인 시간보다 일찍 가더라도 룸이 비어 있다면 바로 체크인해준다.

Part 10

제대로 휴양을 만끽할 수 있는 세부(Cebu)

Cebu Travel Information and Travel Guide

Section01 세부여행을 시작하기 전에
Section02 고민 없이 즐기는 세부 맞춤여행루트
Section03 세부에서 환전 및 대중교통 이용방법
Section04 세부에서 둘러봐야 할 명소와 즐길거리
Section05 세부에서 먹어봐야 할 맛집
Section06 세부에서 눈이 즐거워지는 쇼핑거리
Section07 배짱이가 머물렀던 세부의 숙소

✈ Section 01
세부 여행을 **시작하기 전에**

필리핀 세부지역은 보라카이와는 또 다른 매력 때문에 수많은 한국인들이 찾는 곳이다. 4시간 30분 정도면 도착할 수 있는 길지 않은 비행시간과 공항에서 숙소까지 대략 20분 내외로 이동 가능한 위치에 리조트들이 잘 되어 있어 휴양을 즐기기에 그만이다. 다만 막탄섬 해변에 위치한 리조트가 아니고서는 바다를 쉽게 접할 수 없는 점은 아쉽다. 대신 반나절로 즐길 수 있는 호핑투어는 보라카이 못지않은 에머랄드빛 바다에서 열대어들과 신나게 스노클링을 즐길 수 있고, 선상 레스토랑에서 아름다운 바다를 만끽하며 씨푸드를 즐길 수 있다. 또한 합리적인 가격에 최고의 마사지까지 받을 수 있어서 그야말로 제대로 휴양지에서 보낼 수 있다.

리조트지역을 벗어나 세부시티로 이동하면 180도 다른 분위기에서 쇼핑과 맛집 투어를 즐길 수 있다. 세부를 대표하는 쇼핑몰 아얄라몰과 SM몰에서 선물하기 좋은 기념품이나 평소 가지고 싶었던 상품 등을 구할 수 있고, 이름난 맛집을 찾아 또 다른 여행을 즐길 수 있다. 다만, 세부시티는 여전히 치안이 불안한 곳이므로 늦은 밤이나 한적한 곳은 절대 가지 말아야 하며 짧은 거리라도 택시로 이동하는 것이 좋다. 세부는 많은 저가항공사들이 운항하고 있어 우리에게는 부담 없이 떠날 수 있는 가까운 휴양지로 인식되고 있다.

●● 세부 가기 전에 체크하세요!

비자 30일 무비자(여권 잔여 유효기간 6개월 이상 남아야 하며, 왕복항공권을 소지해야 한다.) **전압** 200V, 멀티어댑터 시차 한국보다 1시간 느리다. **공용어** 타갈로그어(Wikang Tagalog), 영어 **통화** 페소(Peso) 또는 php(1페소 = 24.7원, 2015년 4월 기준) **날씨** 일 년 내내 열대성기후이며, 6~11월 우기, 12~5월 건기로 특히 12~2월까지 여행하기에는 가장 좋은 시기이다. **항공소요시간**(인천-세부) 약 4시간 30분 이내

도시	도착공항(코드)	출발공항과 항공사(코드)	거리	예상 소요시간
세부	막탄국제공항 (Mactan-Cebu International Airport, CEB)	인천국제공항 - 대한항공(KE), 아시아나항공(OZ), 제주항공(7C), 진에어(LJ), 필리핀항공(PR), 세부퍼시픽항공(CEB), 에어아시아제스트(Z2)	3,032Km(1,884마일)	4시간 30분
		김해국제공항 - 에어부산(BX), 세부퍼시픽항공(CEB), 에어아시아제스트(Z2)	2,813Km(1,748마일)	4시간 00분

- 세부를 포함한 필리핀의 섬 여행 시 가급적 복수여권을 이용하는 것이 좋다.
- 세부입국 시 면세한도는 0원이며, 막탄세부국제공항으로 입국 할 때는 수하물을 엑스레이 검사대에 통과시키지 않고 일일이 열어서 확인을 한다. 만약 면세품 구매가 발각되면 세금을 무는 경우가 종종 있으므로 미리 면세점 쇼핑백이나 케이스 등은 버리고 사용하던 물건인양 캐리어에 담아서 검사받는 것이 좋다.
- 필리핀 영어 발음은 우리가 아는 영어 발음과는 조금은 다르게 들린다. 대체로 ㅅ→ㅆ, ㅍ→ㅃ, ㅋ→ㄲ, ㅌ→ㄸ, ㅔ→ㅜ→ㅐ 등으로 발음한다.
- 세부는 물 상태가 좋지 않으므로 반드시 생수를 구입해서 먹어야 하며, 간혹 가짜 생수를 판매하는 경우도 있으니 병뚜껑 따는 소리를 확인해봐야 한다.
- 세부에서 출국 시에는 공항세 750페소를 현금으로 준비한다.

●● 괌 정보 사이트

여행 전에 미리 인터넷을 통해 필요한 여행정보를 수집해보자.

필리핀관광청한국사무소 www.7107.co.kr
세부 100배 즐기기 cafe.naver.com/cebu100x

필리핀관광청한국사무소

세부 100배 즐기기

Section 02
고민 없이 즐기는 세부 맞춤 여행 루트

세부는 휴양이나 힐링과 더불어 호핑투어, 마사지 등을 이유로 찾게 되는 곳이다. 저가항공편이 많아 직장인들은 목, 금요일 늦은 오후 출발로 단기여행이 가능한 만큼 어떻게 효율적으로 시간을 활용할 수 있을지 알아본다. 다음 일정은 세부를 처음 찾는 이들을 위해 막탄섬에 위치한 리조트에서 투숙하는 것을 가정하여 구성한 3박 4일 일정으로 본인에 맞게 재구성해야 한다.

※ 경로시간과 목적지에서 보내는 소요시간은 개인 상황에 따라 편차가 클 수 있다.
※ 숙소는 임의로 막탄섬에 위치한 제이파크아일랜드리조트를 기준으로 설명한다.

다음 날 컨디션을 위해 바로 취침해버리는 ● 첫째 날

추천동선
인천국제공항 출발(기내식 1회 제공, 4시간 30분 소요) → 막탄세부국제공항 도착(입국심사 및 짐찾기) → 리조트 체크인 및 짐정리 → 숙소 1박

국내에서 운항되는 저가항공은 주로 늦은 밤 출발하는 항공편이므로 세부 도착 시간이 새벽 1시를 넘는 경우가 많다. 바로 입국수속을 해도 늦은 시간이지만 극성수기에는 저가항공사들이 몰리는 시간대라 보통 30분~1시간까지 기다림을 감수해야 한다. 입국수속이 늦어지는 만큼 수하물은 미리 나와 있는 경우가 많으므로 바로 본인의 짐을 찾아 마지막 짐검사를 마친 후 입국홀을 빠져나오면 된다. 숙소까지 이동하는 교통편은 보통 리조트셔틀버스나 택시를 이용하면 된다. 첫째 날은 다음 일정을 위해 숙소 체크인이 끝나면 바로 취침에 드는 것이 좋다.

| 인천국제공항 보딩, 출국심사 | 막탄세부국제공항 입국심사 및 짐찾기 | 숙소 체크인 숙소 체크인 및 1박 |

Start → 비행기 4시간 30분 → 픽업차량/택시 15분여

맛보기 휴양과 세부시티를 즐기는 ● 둘째 날

둘째 날은 호텔조식시간을 미리 체크하여 늦지 않게 식사를 마친 후 리조트 내 수영장, 워터파크 등에서 편안하게 휴양을 즐기자. 새벽 도착으로 피로감이 있다면 리조트 내에서 식사를 해결하고 휴식을 취하며 첫 날을 여유롭게 보내는 것도 괜찮다. 만약 일정상 세부시티의 쇼핑몰과 맛집 등을 둘러봐야 한다면 하루나 한나절 코스로 다

녀올 수 있다. 막탄섬을 빠져 나와 세부시티로 가는 구간은 교통이 혼잡하여 가는 데만 1시간 이상 소요되므로 하루 날을 잡아 편안하게 둘러보는 것이 좋다.

아얄라몰 1층 테라시스에 위치한 이탈리아요리로 유명한 라테골라에서 점심식사를 하고 아얄로몰에서 쇼핑을 즐긴 후 필리핀스타일 팥빙수인 할로할로도 놓치지 말고 맛보자. 시간적 여유가 있다면 더워크에서 차 한 잔을 마시거나 가벼운 발마사지 등을 받은 후 저녁식사는 세부에서 유명하다는 바비큐요리를 선택한다. 바로 숙소로 이동해도 되고, 마르코폴로호텔 24층에 위치한 블루바에서 칵테일 한 잔과 더불어 세부시티의 야경을 즐겨보는 것도 좋다.

추천동선

리조트조식 → 리조트 내 수영장, 해변산책 → 라테골라(점심식사) → 아얄라몰 → 더워크(카페, 마사지 등) → AA바비큐(저녁식사) → 블루바 → 숙소 2박

세부의 아름다운 바다를 만나는 ● 셋째 날

셋째 날은 세부의 진가를 알 수 있는 호핑투어를 즐겨보자. 예약을 했다면 여행사차량을 타고 10여 분 달려 도착한 선착장에서

추천동선

리조트조식 → 호핑투어 → 리조트휴식 → 골드그릴망고(저녁식사) → 어메이징쇼 → 숙소 3박

필리핀 전통 배인 방카를 타고 열대어를 만날 수 있는 포인트로 이동한 후 스노클링과 낚시 등을 즐긴 후 선상레스토랑에서 씨푸드를 배불리 먹으며 행복한 한때를 보낸다. 숙소로 돌아와 잠시 휴식을 취하고 저녁에는 막탄섬에서 인기가 좋다는 골드그릴망고에서 근사한 저녁식사를 한 뒤 트렌스젠더의 화려한 어메이징쇼를 관람하며 흥겨운 시간으로 하루 일정을 마무리 한다.

마지막까지 알차게 보내는 ● 넷째 날

마지막 날은 오후 항공편이라면 충분히 휴식을 취한 뒤 체크아웃을 하고 공항으로 가면 된다. 만약 다음 날 새벽 항공편이라면 체크아웃 후에도 10시간 가까이 외부에서 보내야 하기 때문에 굉장히 피곤할 수밖에 없다. 이럴 경우 리조트데이트립을 이용해 반나절을 리조트풀장 등에서 보내거나 레이트체크아웃을 신청해 객실체크아웃 시간을 늦추는 방법이 있다.

아니면 세부시티투어를 즐긴 후 마리나몰에서 마사지를 받고 바로 공항으로 가는 방법도 있다. 이 일정은 레이트체크아웃을 할 때 마리나몰의 골든카우리에서 점심식사를 하고 세이브모어 등에서 쇼핑을 한 뒤 숙소로 돌아와 예약해둔 마사지를 받는 일정이다. 저녁에는 리조트 내 레스토랑에서 식사를 하고 체크아웃을 한 뒤 택시나 공항샌딩차량을 타고 막탄세부국제공항으로 이동한다. 성수기에는 비슷한 시간대 저가항공편이 몰리므로 출국심사도 오랜 기다려야 한다. 출국세 750페소를 현금으로 미리 준비해두자.

추천동선

1. 레이트체크아웃 시 : 리조트조식 → 리조트 내 수영장, 해변산책 → 골든카우리(점심식사) → 마리나몰 → 숙소 → 마사지 → 리조트 내 식사 또는 근처 레스토랑 → 체크아웃 → 막탄세부국제공항(출국심사 및 탑승)
2. 세부시티투어 시 : 리조트조식 및 체크아웃 → 산페드로요새 → 졸리비(점심식사) → 산토니뇨성당 → 마젤란 십자가 → 숙소에서 짐찾기 → 마리나몰 → 골든카우리(저녁식사) → 막탄세부국제공항(출국심사 및 탑승)

동선에 따른 예산 책정하기

세부는 2인 이상이라면 에어텔상품을 이용해볼 만하지만 혼자라면 싱글차지가 부과됨으로 개별적으로 예약하는 것이 좀 더 경비를 절감할 수 있다. 또한 얼리버드로 저가항공을 예약하거나 비수기여행을 간다면 더욱 경비를 절감할 수 있다. 또는 세부시티와 막탄섬에 저렴한 숙소를 정하고 하루 이틀 데이트립을 이용하는 방법도 고려해볼만하다.

구분	숙박료	식대 및 간식	관광지 입장료	교통비	합계
첫째 날	에어텔 (레이트체크아웃 포함)	-		5,000원	5천원
둘째 날		35,000원	145,800원(별도)	20,000원	6~8만 원
셋째 날		25,000원		4,000원	3~5만 원
넷째 날		40,000원		13,000원	5~7만 원
총합계		100,000원	145,800원(포함)	42,000원	30~35만 원

※ 해당 경비는 넉넉잡아 산출한 대략적인 여행경비 예산으로 에어텔(항공+숙박), 쇼핑은 제외된다. 본 예산은 1인 기준으로 공항 리조트간 택시, 3종 패키지(호핑투어, 아메이징쇼, 마사지), 레이트체크아웃을 신청하여 다녀올 시 책정된 예산이다. 레이트체크아웃은 국내에서 미리 신청하거나 현지 도착해서 예약가능 여부를 확인해야 한다.
※ 에어텔상품은 숙소, 출발 시기에 따라 요금이 다르므로 여행사를 통해 비교하여 선택한다.

- 1일차 동선
- 2일차 동선
- 3일차 동선
- 4일차 동선

보다 자세한 지도는 배짱이의 여행스토리
blog.naver.com/1978mm
[메모게시판]-[여행지도]에서 볼 수 있습니다.

Santa Rosa Port

올랑고섬
(Olango Island)

Hilton Port

호핑투어

상그릴라막탄
리조트&스파

Angasil Port

크림슨리조트&스파막탄

마리바고그릴
골드그릴망고

마리바고블루워터비치리조트

세부제이파크아일랜드
(구 임페리얼팰리스)
어메이징쇼

플랜테이션
리조트&스파

마리나몰
골든카우리
세이브모어

막탄세부국제공항
(Mactan-Cebu International Airport)

Mactan Island Memorial Garden

Marcelo Fernan Bridge

Quezon National Hwy

Osmeña Bridge

U.N. Ave

Cebu Light Industrial Park

막탄섬
(Mactan Island)

Jose L. Briones

Mactan Circumferential Rd

세부
(Lungsod ng Cebu)

M. L. Quezon Ave

Lopez Jaena St

A. S. Fortuna St

Quano Ave

Cebu International Port

Pier 5 Terminal

Cebu Memorial Park
Cebu Country Club

Gov. M. Cuenco Ave

SM시티몰

Pier 3 Terminal
Pier 2 Terminal

세부IT파크
더파크

아얄라몰
라테골라

산페드로요새

AA BBQ

퀘스트호텔세부

졸리비

산토니뇨성당/마젤란십자가

마르코폴로플라자세부

Section 03
세부에서 환전 및 대중교통
이용방법

세부에서는 현지인들이 주로 이용하는 지프니가 있지만 외국인이 이용하기에는 쉽지 않으며, 공항에서는 운행하지 않는다. 그래서 여행자는 대부분 택시나 일부 숙소에서 운행하는 셔틀버스를 이용한다. 모든 택시가 미터요금으로 가는 것은 아니므로 흥정이 필요할 때에는 적정한 요금으로 흥정해야 하고 반드시 잔돈을 미리 준비해야 한다.

🧳 공항에서 숙소로 이동하기

막탄세부국제공항 Mactan-Cebu International Airport에서 숙소로 이동할 수 있는 교통편은 택시와 호텔, 리조트 및 여행사의 픽업차량이 있다. 공항에서 막탄섬의 리조트까지는 대부분 10~15분 내외로 가까우며, 쇼핑몰 등이 몰려 있는 중심가 세부시티까지는 대략 30분 내외(새벽 기준)로 소요된다.

🧳 택시 이용하기

세부의 공항택시는 쿠폰택시, 미터택시, 일반택시로 운영된다. 쿠폰택시는 공항 바깥쪽 안내데스크에서 숙소마다 정해진 택시요금을 지불하고 영수증을 받아 탑승하면 된다. 안전한 만큼 요금도 비싼 편이고, 도착 후에는 별도로 기사에게 US$1를 팁으로 줘야 한다. 미터택시는 출구를 나와 오른쪽 미터택시스테이션 Metered Taxi Station 방향으로 가면 데스크가 있다. 옐로우캡 Yellow Cap은 기본요금 70페소로 정해진 구간마다 4페소씩 올라가며 쿠폰택시처럼 안전하지만 요금은 저렴한 편이다. 기사가 잔돈이 없다고 하는 경우가 많으므로 미리 준비하거나 나머지는 팁으로 주는 것도 괜찮다. 택시 탑승 전 택시를 지정해주는 담당자가 준 쪽지는 기사에게 주지 말고 추후 문제발생 시, 해당 쪽지에 기재된 택시를 컴플레인할 수 있으므로 잘 보관한다. 일반택시(흰 택시)는 일부지만 터무니없이 미터요금이 올라가거나 바가지 흥정을 하는 경우가 있으니 유의하자.

🧳 호텔&리조트 픽업 차량 이용하기

에어텔상품은 숙소까지 픽업 및 샌딩서비스가 포함된 경우도 있고, 리조트와 호텔예약 시 픽업서비스를 별도로 요청하는 경우도 있다. 에어텔상품이라면 입국장에서 이름이 적힌 피켓을 확인하여 탑승하면 된다. 3명 이상 가족단위로 간다면 고려해볼 만하다. 픽업은 미리 국내에서 예약하고 가는 것이 일반적이다.

🧳 숙소에서 공항으로 이동하기

공항에서 시내로 들어가는 방법과 동일하게 택시나 숙소에서 제공하는 차량을 이용하면 된다. 리조트나 호텔프런트에 콜택시 혹은 샌딩서비스를 미리 요청해두는 것이 좋다.

현지 교통편 이용하기

여행자라면 세부에서는 주로 택시를 이용하게 된다. 간혹 여행 후기를 보면 택시관련 사기를 당하거나 불미스러운 일들이 빈번히 발생하므로 유의하여 탑승하도록 한다.

택시 이용하기

택시 기본요금은 40페소로 250m마다 3.5페소씩 올라간다. 보통 가까운 거리라면 미터요금으로 갈 수 있지만 막탄섬과 세부시티간은 기사들이 꺼리는 경우가 종종 있다. 막탄섬에서 세부시티 구간은 미터로 갈 때 250페소 내외인데, 막히지 않으면 30분, 교통체증이 심하면 1시간 이상도 소요된다. 그렇기 때문에 막탄섬에서 세부시티로 나갈 때는 하루코스로 여유 있게 돌아보는 것이 좋다. 간혹 사기를 치는 기사들도 있기 때문에 미터로 가는지 여부부터 확인한 후 탑승해야 한다. 다소 늦은 시간대에 세부시티와 막탄섬 구간은 기사들이 택시 잡기가 힘들다면 터무니없는 요금을 요구하는데, 이때는 바로 하차하거나 50~100페소 정도를 더 주겠다고 흥정하는 것도 한 방법이다. 또한 문제없이 타더라도 잔돈이 없다며 거스름돈을 주지 않는 경우도 많으니 탑승 전 잔돈도 미리 챙겨야 한다. 흔하지는 않지만 사고사례 중에는 정차된 택시 문을 열고 날치기를 하는 경우도 있다 하니 탑승과 동시에 택시문은 잠그도록 하자.

리조트 셔틀버스 이용하기

막탄섬에 위치한 유명리조트에서는 세부시티(아얄라몰, SM몰)까지 셔틀버스를 운행한다. 셔틀버스들은 대부분 승하차 지점이 동일하며 지정된 시간에 출발하기 때문에 미리 운행스케줄을 체크하여 탑승하면 된다. 리조트에 체크인할 때 프런트에서 셔틀버스 운행스케줄을 미리 챙겨두면 편리하다.

환전하기

출국 전 국내 시중은행에서 필리핀화폐로 환전하지 못했다면 최소한의 금액(막탄세부국제공항에서 숙소로 가는 택시비와 기타 비용)만 인천공항 환전소에서 환전한 후 나머지는 미국달러로 준비하여 세부로 출발하자. 국내에서 US$로 환전한 후 세부에 도착하여 그곳 환전소에서 필리핀화폐로 환전하는 것이 환전율이 좋은 편이다. 현지에서 환전할 때 리조트와 호텔 등의 서비스를 이용하면 환전율이 그다지 좋지 않다. 막탄섬에 자리한 골드그릴망고에서는 오후 9시까지 식사하는 손님을 대상으로 환전율이 좋은 환전소를 운영하니 참고하자. 만약 세부시티로 간다면 환전율이 좋은 편으로 소문난 아얄라몰 3층 엑스체인지 Xchange 환전소를 이용하는 것도 좋은 방법이다.

Section 04
세부에서 둘러봐야 할 지역별 명소

세부는 생각만큼 명소와 즐길거리가 많은 곳은 아니다. 리조트에서 휴양하거나 호핑투어, 마사지, 어메이징쇼 등을 즐기며 한가롭게 보내는 자체만으로도 만족스러운 곳이다. 세부여행사마다 호핑투어, 마사지, 어메이징쇼 등을 패키지로 판매하므로 가격과 서비스 등을 비교하여 국내에서 미리 예약하고 가면 편리하다.

푸른바다를 만끽할 수 있는
호핑투어 Hopping Tour

세부는 해변 가까이 즐길만한 곳이 많지 않기 때문에 호핑투어가 이러한 아쉬움을 채울 수 있다. 오전 9~10시부터 4시간가량 일정으로 스노클링, 낚시, 씨푸드 바비큐를 차례로 즐기는데, 필리핀 전통배인 방카를 타고 올랑고섬 Olango Island 근처 탈리마포인트 Talima Point 에서 스노클링을 시작한다. 세부에서 이러한 해변을 만나리라 상상되지 않을 만큼 아름답고 투명한 바닷속 형형색색 열대어를 감상할 수 있다.

스노클링을 즐긴 후 낚시포인트로 이동하여 갯지렁이 줄낚시를 하는데, 운이 좋다면 손맛을 느낄 수 있다. 낚시 후에는 다시 방카를 타고 바다 한 가운데 선상레스토랑으로 이동한다. 라이브로 노래를 들으며 씨푸드식사를 하면서 아름답게 펼쳐진 바다를 배경으로 휴식을 취한 후 오후 1~2시 정도에 숙소로 돌아오는 일정이다.

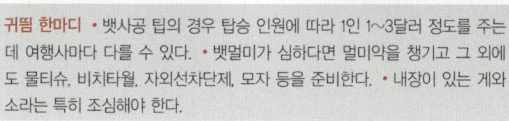

귀띔 한마디 • 뱃사공 팁의 경우 탑승 인원에 따라 1인 1~3달러 정도를 주는데 여행사마다 다를 수 있다. • 뱃멀미가 심하다면 멀미약을 챙기고 그 외에도 물티슈, 비치타월, 자외선차단제, 모자 등을 준비한다. • 내장이 있는 게와 소라는 특히 조심해야 한다.

온 가족이 즐길 수 있는
어메이징쇼 Amazing Show

온 가족이 관람할 수 있는 트렌스젠더들의 화려한 쇼! 어메이징쇼는 세부에서 굉장히 인기가 좋은 쇼이니 만큼 예약이 필수이다. 트렌스젠더들의 화려한 의상과 댄스로 립싱크무대를 선보이며, 우리에게 친숙한 노래들로 흥을 돋운다. 쇼 중간마다 객석과 소통하는 상황극을 펼치거나 무작위로 어른, 아이 할 거 없이 무대로 올라와 림보게임을 즐기는 등 또 다른 볼거리를 제공한다.

두 눈을 의심케 하는 무희들의 우아한 몸짓과 재미까지 더한 쇼는 시간이 가는 줄 모르게 만든다. 시작 전, 쇼 관람객에게는 맥주, 소프트드링크, 생수 중 택일 할 수 있는 드링크쿠폰이 증정된다. 공연은 오후 6시와 8시로 1시간가량 진행되며 쇼가 끝나고 마지막 포토타임에서 마음에 드는 트랜스젠더와 사진 촬영도 가능하다. 물론 팁이 있으므로 미리 준비해야 한다.

찾아가기 제이파크아일랜드리조트 뒤쪽에 위치한다. **귀띔 한마디** 골드그릴망고에서 저렴하게 티켓을 구입할 수 있다.

여행 TIP

● ● 세부에서 즐기는 여행패키지

세부여행에서 주로 즐기게 되는 호핑투어, 마사지, 어메이징쇼 등은 미리 국내에서도 예약할 수 있다. 항공편 이용 시 할인이 적용되는 프로모션도 진행되고 패키지로 묶어서 더욱 저렴하게 즐길 수 있으므로, 여행계획이 잡히면 수시로 '세부여행사'를 검색해보기 바란다. 세부관련 많은 여행사들이 검색되므로 서비스, 가격 등을 꼼꼼히 비교하여 선택하면 된다.

비나투어(www.vinatour.co.kr)   제주항공세부라운지(www.jejuair-lounge-cebu.net)

여행의 피로를 마사지로 풀어내는
큐스파 q-spa

세부는 가격대비 만족스러운 마사지를 받을 만한 곳이 많다. 그 중 막탄섬에 위치한 큐스파는 스파 풀패키지, 스톤마사지, 아로마마사지 등 다양한 마사지 프로그램을 준비하고 있다. 한국인들이 많이 찾는 곳이라 한국어로 된 마사지 주의사항 등도 확인할 수 있다.

여러 마사지 프로그램 중 스톤마사지가 특히 인기 있는데, 뜨거운 스톤으로 땀을 내어 몸속 노폐물과 독소를 배출할 수 있게 도와준다고 한다. 마사지는 뭉친 근육을 풀어주고 막힌 혈을 뚫어 혈액순환과 아름다운 피부결을 유지하는 데 도움이 된다. 보통 2시간가량으로 진행되며 숙소까지 픽업 및 샌딩서비스를 해준다.

홈페이지 q-spa.net **귀띔 한마디** • 편안한 복장으로 가면 되고 마사지를 받은 후 바로 샤워를 하지 않는 것이 좋다. • 마사지 서비스에 따라 다르지만 보통 100페소를 팁으로 준다. • 큐스파 외에도 로미스파(cafe.naver.com/lomispa)도 유명하다.

●● 세부에서 즐기는 데이트립(Daytrip)

막탄섬에 위치한 리조트를 숙박하지 않더라도 하루 동안 수영장과 기타 부대시설을 이용할 수 있는 데이트립이 있다. 각 리조트에서 직접 예약할 수 있고, 세부시티 내 호텔과 연계해서 데이트립상품을 판매하기도 한다. 보통 성인기준 1,500~4,000페소 정도이며 주중, 주말, 피크시즌에 따라 요금은 각각 다르다. 또한 일부 리조트의 경우 런치가 포함되기도 한다.

세부제이파크아일랜드

리조트	홈페이지
샹그릴라막탄리조트&스파	www.shangri-la.com/cebu/mactanresort
세부제이파크아일랜드	www.cebu-imperial.co.kr
막탄크림슨리조트&스파	www.crimsonhotel.com/mactan
플랜테이션리조트&스파	www.plantationbayresort.com
마리바고블루워터	www.bluewatermaribago.com.ph

가볍게 산책하기 좋은
산페드로요새 Fort San Pedro

스페인군이 해적의 침입에 대비하여 세운 요새로 규모는 그리 크지 않지만 산책로가 잘 조성되어 있다. 요새를 따라 한 바퀴 둘러보면 당시의 흔적을 곳곳에서 찾을 수 있다. 요새 앞 공원에는 스페인 레가스피Legazpi 총독의 기념비가 있는데, 레가스피총독이 필리핀 세부에 상륙한 것은 1565년의 일이다. 그 이후 그는 원주민 왕들의 협조로 마닐라를 점령하고 식민지 수도로 건설하였다.

주소 A. Pigafetta Street Cebu City 6000 찾아가기 세부시티 남쪽 오션젯페리터미널(Oceanjet Ferry Terminal) 1번 선착장(Pier 1) 근처에 위치한다. 찾아갈 때는 택시를 이용하는 것이 안전하다. 입장료 30페소 운영시간 07:00~22:00(매주 일~월요일 휴무)

오랜 세월의 흔적을 그대로 간직한
산토니뇨성당 Balilica Minoro Del Santo Nino

얼핏 보면 폐허처럼 보이는 건물이지만 필리핀에서 가장 오래되고 유명한 성당으로 필리핀 최초의 스페인식 건물이다. 산토니뇨성당은 웅장하면서도 오랜 세월의 흔적이 느껴지는 고풍스러움을 현재까지 간직하고 있다. 400여년이나 된 성당으로 여러 차례 화재도 있었지만 다행히 큰 사고 없이 원형 그대로를 보존할 수 있었다. 이 성당은 아기예수상에게 기도하기 위해 현지인들이 많이 찾아온다고 하는데, 이들의 신앙심이 얼마나 깊은지를 여기저기에서 느낄 수 있다. 성당 입구 맞은편에는 필리핀에서 인기 높은 패스트푸드점 졸리비Jollibee가 자리하고 있다.

주소 Santo Nino Chapel Ln Cebu City 찾아가기 산페드로요새에서 북동쪽의 오스메냐대로(Osmeña Blvd)를 따라 도보 7분 거리이다.

필리핀 가톨릭의 역사가 시작된
마젤란십자가 Magellan's Cross

산토니뇨성당의 반대쪽 출구로 나가면 팔각지붕의 오래된 석조건물이 눈에 띈다. 이 팔각건물 안쪽에는 탐험가 마젤란 Ferdinand Magellan 이 세부에 도착한 후 이 섬의 왕과 왕비 등을 설득하여 가톨릭으로 개종하게 함으로서 이를 기념하기 위하여 세운 십자가가 있다. 현재 보존된 십자가는 가짜이며, 천장 위 벽화만이 당시 그려진 그림을 그대로 보존하고 있다.

주소 Santo Niño Cebu City **찾아가기**
산토니뇨성당의 반대쪽 출구로 나가면 바로 보인다.

●● 반나절로 즐기는 세부시티여행

세부의 역사와 현지인들의 삶을 좀 더 가까이 살펴볼 수 있는 세부시티를 2~3시간으로 돌아 볼 수 있다. 불안한 치안 때문에 위험이 항시 존재하므로 되도록 늦은 오후 시간대는 피하는 것이 좋으며, 산페드로요새를 시작으로 산토리뇨성까지 돌아보는 코스이다. 산페드로요새로 갈 때나 산토리뇨성을 빠져나와 숙소로 이동할 때는 가급적 택시를 이용하고, 그 외는 도보로 돌아 다닐만 하다. 동선 상에 카본시장도 포함시킬 수 있지만 현지인들조차 꺼리는 시장이니만큼 일부러 방문할 필요는 없다.

●● 무모한 배짱으로 걸은 세부시티 살리나스드라이브에서 생긴 일

해마다 끊이지 않는 필리핀에서의 여행자들 사고는 여행자체에서 두려움을 갖게 한다. 실제 몇 년 전에는 한국인 납치사건이 큰 이슈가 되기도 했었다. 여행 카페 등을 통해 동행자를 구하여 술을 마시고, 액티비티를 같이 하자고 만났다가 납치당하는 사례가 있는 만큼 절대 이러한 만남은 계획하지 않는 것이 좋다. 특히 현지에 있다면서 주변을 잘 안다고 다가오는 사람은 의심할 필요가 있다.

저자의 경우 세부시티에서 한국어간판을 내건 음식점, 미용실 등이 있어 한국인이 많이 찾는 거리 살리나스드라이브(Sallinas Drive)에서 워터프론트호텔 방향으로 가다가 봉변을 당할 뻔 했다. 살리나스드라이브는 저녁이면 가로등이 거의 보이지 않고 몇몇 상점에서 새어나오는 조명 외에는 지나가는 차량 헤드라이트 불빛만이 길을 밝힐 뿐이다. 그 거리를 아무생각 없이 걷던 중 4명의 아이들이 불쑥 튀어나와 양쪽 옷소매와 가방을 붙잡고 집요하게 따라 붙었다. 다행히 침착하게 자극적인 말없이 묵묵히 가던 길을 가니 어깨를 툭 치고 욕을 하면서 사라졌다. 정말 다행이었지만 지인은 아는 동생도 비슷한 경우에 칼까지 들고 있어 가진 것을 어쩔 수 없이 다 빼앗길 수밖에 없었다고 한다.

세부에서는 어두운 밤 외진 거리를 절대 혼자 걸어서는 안 되며 돈과 여권 등 귀중품은 숙소에 잘 보관해두는 것이 좋다. 또한 낮이라도 가급적 택시로 이동하기를 권장한다. 현지인도 조심한다는 카본시장(Carbon Market)은 가지 않는 것이 좋겠다. 대신 리조트와 호텔 내는 안전하니 걱정하지 않아도 된다.

Section 05
세부에서 먹어봐야 할 맛집

세부는 필리핀 전통 음식점을 비롯해 세계 각국의 음식을 만날 수 있는 곳이 많으며, 대체적으로 한국인 입맛에 잘 맞는 편이나 짜다는 평도 있으므로 주문할 때는 소금을 덜 넣어달라고 요청해도 된다. 가격적인 면에서 큰 부담이 없기 때문에 어느새 맛집 투어를 하고 있는 자신을 발견할지도 모른다.

필리핀의 국민햄버거, 졸리비 Jollibee

필리핀 현지브랜드로 인기 높은 햄버거를 맛볼 수 있는 졸리비는 패스트푸드점으로 필리핀 국민햄버거라 불리며 어디에서나 쉽게 만날 수 있다. 햄버거와 아침식사, 스파게티, 치킨, 어린이용 식사를 포함해 다양한 메뉴가 준비되어 있다. 세계적인 프랜차이즈 햄버거보다 가격도 저렴한 편이며, 현지인들에게는 세계적인 맥도날드도 명함을 못 내민다고 한다. 맛이 대단하지는 않지만 현지인들이 좋아하는 인기햄버거를 한 번쯤 먹어보는 것도 재밌는 경험이 된다.

홈페이지 www.jollibee.com.ph **찾아가기** 아얄라몰 3층, SM몰 등 곳곳에 지점이 위치한다. **영업시간** 10:00~21:00(지점마다 다를 수 있다) **귀띔 한마디** 주문하면 대기번호판을 주는데, 직접 가지러 갈 필요 없이 테이블 위에 번호판을 두면 갖다 준다.

필리핀의 인기빙수를 맛 볼 수 있는 차우킹 Chow king

세부에서 졸리비만큼 흔히 만날 수 있는 차우킹은 딤섬, 면류, 밥 등 중국요리와 간편한 디저트를 맛 볼 수 있는 곳이다. 특히 이 집은 필리핀 디저트의 대명사 할로할로 Halo Halo라는 빙수가 유명하다. 보기만 해도 먹음직스러운 알록달록한 빙수에는 보라색 아이스크림과 각종 젤리 등이 들어 있어 달콤하면서도 고소한 맛이 일품이다. 혼자서 먹을 때는 레귤러사이즈 79페소, 둘이서 먹을 때는 라지사이즈 110페소를 시키면 적당하다.

홈페이지 chowkingdelivery.com **찾아가기** 아얄라몰 3층, SM몰 등 곳곳에 지점이 위치한다. **영업시간** 10:00~21:00(지점마다 다를 수 있다) **귀띔 한마디** 주문하면 대기번호판을 주는데, 직접 가지러 갈 필요 없이 테이블 위에 번호판을 두면 갖다 준다.

세부에서 유명한 바비큐전문점, AA바비큐 AA BBQ

세부에는 수많은 바비큐전문점이 있으며 그 중 세부시티와 막탄섬에만 총 6개의 지점이 있을 정도로 유명한 AA바비큐가 있다. 소박하고 깔끔한 분위기로 현지인뿐만 아니라 관광객들도 많이 찾는 음식점으로, 직접 쟁반에 원하는 바비큐 재료를 담아서 주문하면 된다.

생선, 새우, 오징어, 조개, 가리비, 소시지, 닭, 돼지 등 10여 가지가 넘는 바비큐 재료들이 있으며, 그 중 삼겹살과 비슷한 포크밸리 Pork belly가 가장 인기 높다. 그 외 볶음밥과 왕새우를 칠리소스에 볶은 시즐링감바스 Sizzling Gambas, 오징어튀김인 깔리마리 Calamari 등이 있다. 주류는 필리핀 맥주는 물론 한국소주도 있으며, 술 대신 생과일로 만든 포시즌 Four seasons 주스가 인기 많다. 지점에 따라 맛의 평가가 다르다는 점을 염두하고 너무 많은 기대보다는 합리적인 가격에 세부의 유명한 비비큐를 맛보자.

찾아가기 세부시티, 막탄섬 마리나몰 등 6개의 지점이 있다. **영업시간** 10:00~23:00(지점마다 다를 수 있다) **귀띔 한마디** 계산 시 12% 서비스차지 등이 부과된다.

늦은 밤에도 안전하게 즐길 수 있는
더워크 The Walk

세부시티 워터프론트호텔 Waterfront hotel 앞는 세부아이티파크 CEBU IT PARK가 위치하고 있다. 아이티파크는 세련되고 현대적인 건물로 필리핀의 IT관련 회사들이 많이 입주해 있다. 또한 다양한 프랜차이즈 음식점과 카페 등이 즐비하며 마사지숍, 약국, 환전소 등도 찾아볼 수 있다. 그 중 더워크에는 여러 레스토랑들이 늦은 밤까지 운영되는데, 안전하게 식사를 할 수 있어 여행자들에게 인기가 있다. 특히 더워크 내에 있는 문카페 Moon Cafe는 멕시칸요리로 유명하다.

찾아가기 세부시티 워터프론트 호텔 앞에 위치한다. **영업시간** 11:00~02:30(운영시간은 매장마다 다르다.) **귀띔 한마디** 돌아갈 때 미터로 가는 택시를 잡기 쉽지 않으므로 대략적인 택시요금을 미리 알아보고 흥정하여 가는 것이 좋다.

한국인들에게 입소문 난 맛집,
골드그릴망고 Gold mango grill

한국인 여행자들 사이에 입소문 난 맛집 골드망고 그릴은 한국인이 운영하는 레스토랑으로 막탄섬에 위치한다. 세련되고 고급스러운 분위기로 간단한 음료 한 잔부터 필리핀이나 이태리 음식들을 즐길 수 있어 많은 사람들이 찾는다. 식사 시간대는 많이 붐비므로 미리 홈페이지를 통해 예약하는 것이 좋고, 별도 룸도 잡을 수 있다. 다른 레스토랑에 비해 가격은 비싸지만 최고급 재료를 사용할 뿐 아니라 위생을 위해 생수로 설거지를 하는 등 차별화된 서비스로 입소문이 났다.

추천메뉴로는 으깬 감자, 야채, 포테이토와 함께 최상급 안심스테이크를 맛볼 수 있는 차차필렛스테이크(Cha-cha Fillet Steak), 필리핀을 대표하는 요리로 껍데기를 벗긴 작은 새우와 양파, 마늘, 고추 등을 곁들여 요리한 시즐링감바스(Sizzling Spicy Gambas), 코코넛 껍데기를 이용하여 그 안에 생선, 오징어, 새우 등을 함께 넣어 요리한 해산물커리(Mixed Seafood Curry in Coconut Shell), 오징어튀김 깔리마리(Calamare) 등이 있으며, 망고밀크세이크, 열대과일과 아이스크림에 연유를 뿌린 할로할로(Halo Halo), 비타민C 함양이 높은 깔라만시주스(Calamansi juice) 등도 있다.

홈페이지 cafe.naver.com/goldmangogrill **전화번호** 63-917-323-0201 **찾아가기** 막탄섬 마리바고 블루워터 리조트에서 도보 5분 거리이다. **영업시간** 11:00~24:00(마지막 주문 23:00) **귀띔 한마디** • 오후 9시까지 손님을 대상으로 환전율이 좋은 환전소를 운영한다. • 식사 후에는 호핑투어, 어메이징쇼 등을 저렴하게 예약할 수 있다. • 공식카페에서 디저트쿠폰 증정 등 이벤트가 수시로 있으니 체크해보고 가는 것이 좋다.

맛과 가격 모두 만족할 수 있는
골든카우리 Golden Cowrie

필리핀 전통음식을 맛 볼 수 있는 레스토랑 골든카우리는 맛 좋고 저렴한 가격으로 유명하다. 특이한 점은 직원이 목에 밥통을 메고 직접 밥을 퍼주며 다니는데 흰밥Plain Rice와 마늘밥Garlic Rice 중 선택할 수 있으면 테이블마다 바나나잎이 깔린 개인접시에 덜어준다. 종업원들은 자신의 명찰을 보여주며, 더 먹고 싶을 때 언제든지 부르라고 친절히 안내해준다.

골든카우리의 음식은 대부분 맛있다는 평가를 받는데, 그 중 바삭하면서도 담백한 맛이 일품인 스페인식 오징어튀김 깔레마레스Calamares, 맛있게 그을린 백립Grilled back ribs, 시즐링 감바스Sizzling Gambas 등은 밥과 함께 먹으면 더욱 맛있다.

전화번호 63-32-233-4670 **찾아가기** 세부시티, 막탄섬 마리나 몰 등 여러 곳에 지점이 있다. **영업시간** 11:00~14:00, 18:30~22:00(지점마다 다를 수 있다) **귀띔 한마디** 계산 시 12%의 서비스차지가 부과된다.

블루바 The Blu Bar
세부시티의 야경을 감상하며 칵테일 한 잔,

세부시티의 야경을 한눈에 감상할 수 있는 탑스힐전망대Top's Hill도 있지만 택시로 오가야 하는 번거로움이 있다. 이를 피하고 싶다면 마르코폴로호텔MarcoPolo Hotel 24층에 위치한 블루바를 가보자. 블루바라는 이름답게 조명부터 파랑 톤으로 쿨하면서도 고급스러운 분위기를 연출하며 실내와 야외로 구분된 오픈형 바이다. 야경을 볼 수 있는 테이블이 고작 3개라 앉기 쉽지 않으니 일찍 서두르거나 예약하는 것이 좋다. 물론 꼭 그 자리는 아니더라도 세부시티를 촘촘히 밝히는 로맨틱한 불빛들을 볼 수 있다.

블루바에서는 칵테일, 보드카, 위스키, 와인, 맥주, 주스, 셰이크, 티 등 수많은 드링크류가 있으며 간단한 식사도 가능하다. 블루바와 특히 잘 어울리는 블루칵테일 서머플링Summer Fling은 달콤한 맛인데, 양이 적은 편이라 맥주 한 병 더 먹고 싶어질지 모른다.

홈페이지 www.marcopolohotels.com **전화번호/주소** 63-32-253-1111/Cebu Veterans Drive, Nivel Hills Apas, Cebu City **찾아가기** 마르코폴로호텔 24F 위치하는데, PH 버튼이 있는 엘리베이터를 타고 PH를 누르면 바로 올라간다. **영업시간** 16:00~24:00 **귀띔 한마디** • 우천 시 야외석은 이용이 제한된다. • 계산 시 12% 서비스차지가 부과된다.

피자와 파스타가 맛있는
라테골라 La Tegola

전화번호 63-32-233-4258 **찾아가기** 세부시티 아얄라몰 1층 테라시스나 막탄섬의 라혹 등에 위치한다.
영업시간 아얄라몰 지점 11:00~23:00, 그 외 11:00~14:30, 17:30~22:30 **귀띔 한마디** 별도로 서비스 차지 10%가 부과된다.

이탈리안 전문레스토랑 라테골라는 영업시간 전부터도 손님들이 찾을 정도로 인기가 높다. 둥근 아치형 천장과 통나무로 장식된 독특한 실내분위기와 친절한 직원 덕분에 기분까지 편안해지는 곳이다. 식전 제공되는 포카치아 Focaccia는 라테골라에서 빼놓을 수 없는 애피타이저로 바삭한 과자 위에 올리브유와 토마토 등을 얹어 짭조름하면서도 바삭한 맛이 한층 입맛을 돋운다.

라테골라의 이탈리안 전문레스토랑답게 피자와 파스타가 인기가 높다. 피자 중 4가지 치즈로 맛을 낸 아이콰트로포르마지 Ai Quattro Formaggi는 도우 두께만큼이나 치즈가 꽉 차있어 쫄깃하면서도 치즈향이 강해 치즈를 좋아한다면 딱 입에 맞을 것이다. 또한 카르보나라 Carbone는 느끼하지 않고 베이컨의 짭조름한 맛이 일품이라 왜 파스타가 유명한지도 알 수 있다.

Part 10 제대로 휴양을 만끽할 수 있는 세부(Cebu)

Section 06
세부에서 눈이 즐거워지는
쇼핑거리

세부에서는 다른 여행지와 달리 쇼핑의 즐거움을 찾기 힘들다. 그래서 대부분의 여행자들은 국내에서 쉽게 구하지 못하거나 가격이 저렴한 과자류, 식료품 등을 구매하는 편이다. 대부분의 쇼핑몰들은 에어컨시설이 잘되어 있어 더위를 피해 아이쇼핑을 즐기거나 맛있는 음식을 즐기며 잠시 쉬어가기에 좋다.

세부시티를 대표하는 쇼핑센터,
아얄라센터세부 Ayala Center Cebu

세부시티를 대표하는 쇼핑센터인 아얄라센터는 보통 아얄라몰이라고도 부른다. 화려함과 고급스러움보다는 소박하고 쾌적한 분위기로 유명 의류 브랜드들이 입점되어 있으며, 사람들이 붐비지 않아 쇼핑하기에 좋다. 1층에 있는 대형할인마트 메트로슈퍼마켓 Metro Supermarket에서는 세계 각국의 다양한 상품들을 만날 수 있는데, 한쪽 코너에는 한국상품들도 있어 당면부터 국수, 각종 라면, 과자 등을 구입할 수 있다.

3층에는 필리핀 인기 프랜차이즈 졸리비 Jolibee와 차우킹 Chow king 등이 입점되어 있으며, 3층 야외로 나가면 환전율이 좋은 엑스체인지 Xchange 환전소도 있다. 또한 아얄라몰 1층 외부 테라시스 Terraces에는 세부에서 유명한 맛집들이 모여 있는 작은 정원이 있어 잠시 쉬어갈 수도 있다.

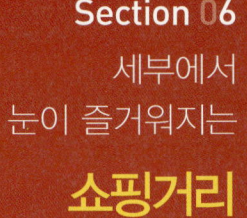

홈페이지 www.ayalamalls.com.ph **전화번호/주소** 63-32-231-5342/Cebu Business Park, Archbishop Reyes Avenue, Cebu City 6000, Metro Cebu **찾아가기** 세부시티 중심부에 위치한다. **영업시간** 10:00~21:00 **귀뜸 한마디** 아얄라몰 1층 Metered Taxi Stand에는 미터택시 승강장이 있으며, 담당직원이 택시를 잡아주면서 차량넘버를 적어주므로 믿고 탈 수 있다.

세부에서 가장 큰 규모를 자랑하는
SM시티세부 SM CITY CEBU

홈페이지 www.smsupermalls.com **전화번호/주소** 63-32-231-0557/ North Reclamation Area, Cebu City **찾아가기** 세부시티 세부페리터미널 Pier5 근처에 위치한다. **영업시간** 10:00~21:00 **귀띔 한마디**
• SM몰은 출입구가 여러 곳이므로 호텔&리조트 셔틀버스를 타고 왔다면 승하차 지점을 반드시 확인해둬야 한다. • 사람들로 붐비는 곳이니 특히 소매치기에 주의하자.

필리핀 전역에 지점을 둔 SM시티세부는 보통 SM몰이라 불리며 없는 게 없을 정도로 다양한 상품을 갖춘 세부에서 가장 큰 규모의 쇼핑몰이다. 아얄라몰에 비해 현지인들이 많이 몰려드는 곳으로 다소 정신이 없고 쇼핑몰 안내가이드를 미리 파악해두지 않으면 무작정 이리저리 다니기 일쑤일 만큼 복잡하다.

SM몰은 졸리비, 딤섬브레이크Dimsum Break 같은 프랜차이즈 음식점은 물론 다양한 브랜드의 상품을 파는 매장들로 가득하다. PC시설이 되어 있는 사이버존, 장난감 판매점인 토이킹덤, 멀티플렉스 영화관, 대형 볼링장, 아시아요리에서 필리핀 현지식까지 저렴하게 먹을 수 있는 푸드코트가 있다. 또한 상당한 규모의 SM 슈퍼마켓SM Supermarket은 한국, 일본, 미국 등의 상품이 국가별로 정리되어 있을 정도로 다양한 상품들이 판매되고 있어 둘러보는 데만도 상당한 시간이 소요된다.

기념품을 구입하기에 좋은 대형슈퍼마켓, 세이브모어 Savemore Supermarket

한국인들이 세부여행 중 가장 많이 구입하는 품목들이 한곳에 모인 세이브모어는 대형할인마트이다. 쾌적하고 깔끔한 매장으로 상품 종류별로 잘 구분되어 진열돼 있다. 한국의 대형마트와 크게 다르지 않으며, 각종 신선한 열대과일부터 다양한 먹거리, 의약품, 생필품 등을 구입할 수 있다.

세이브모어는 세부여행에서 빼놓을 수 없는 쇼핑거리, 카라멜을 발라 더욱 달콤한 죠비스바나나칩 JOVY'S Banana Chips과 필리핀레몬이라 불리며 레몬 10배 이상의 비타민C가 함유된 깔라만시 Calamansi 원액 그리고 말린 망고 등을 구입할 수 있다.

전화번호/주소 M, L, Quezon Avenue Mandaue City Cebu **찾아가기** 마리나몰, 마리바고 옆에 위치한다. **영업시간** 월~목요일 09:00~20:00, 금~일요일 08:00~20:00(매장에 따라 다름)

출국 전 들리기 좋은 쇼핑몰, 마리나몰 Marina Mall

막탄세부국제공항에서 차량으로 5분 거리라 귀국하기 전에 마지막으로 들리기에 좋은 쇼핑몰이다. 마리나몰은 단일건물이 아니라 여러 건물이 이어진 단지로 규모는 그리 크지 않다. 차우킹, 스타벅스와 같은 카페, 맛 좋기로 유명한 골든카우리 같은 레스토랑, 마사지숍, 한인교회, 의류 쇼핑몰 등 규모에 비해 쇼핑하기 좋은 세이브모어까지 함께 자리하고 있다. 단 가격만큼이나 제품의 질은 보장받기 어려우므로 꼼꼼하게 체크해보고 구입하는 지혜가 필요하다.

전화번호/주소 Mactan Marina Mall, Mez IBO, Lapulapu City/63-32-254-9400 **찾아가기** 막탄섬 에어포트로드 근방의 번화가에 위치한다. **귀띔 한마디** 세이브모어에서 짐 보관이 가능하다.

막탄섬은 해변을 끼고 수많은 리조트가 위치하고 있다. 시설과 서비스, 인지도에 따라 리조트의 가격은 천차만별이다. 가격적으로 부담을 느낀다면 막탄섬과 세부시티의 저렴한 숙소를 잡아 머물면서 하루 이틀 정도 데이트립을 이용해 고급리조트 휴양을 즐기는 것도 괜찮은 방법이다.

필리핀 최대 규모의 워터파크, 제이파크아일랜드리조트 세부 Jpark Island Resort

다양한 시설이 완비된 워터파크로 인기 있는 세부 제이파크아일랜드(구 임페리얼팰리스Imperial Palace)는 다이내믹한 즐거움을 누릴 수 있는 리조트이다. 수영장 중앙 바를 갖춘 곡선형 아일랜드풀Island Pool을 시작으로 인공파도에서 신나게 점프를 즐길 수 있는 웨이브라이더Wave Rider, 세부해변 가까이 위치한 비치풀Beach Pool, 어린이들이 즐길 수 있는 캡틴훅스풀&토들러스풀Captain Hook'S Pool & Toddler'S Pool, 매트를 이용하여 즐기는 바디슬라이드Open Body Slide/Closed Body Slide, 커다란 볼에서 원심력으로 회전되는 스페이스볼Space Bowl 그리고 어트랙션 주위를 튜브 타고 곡선 따라 도는 아마존리버Amazon River 등 다양한 물놀이시설이 있어 한나절을 즐기기에 충분하다. 또한 워터파크 내에서 식사나 음료를 즐길 수 있는 아쿠스풀바Aqus Pool Bar와 아일랜드바Island Bar도 운영하고 있다.

제이파크아일랜드리조트는 디럭스룸, 스위트룸, 빌라 등 10가지 타입의 객실을 보유하고 있으며, 빌라타입의 경우 사생활보호공간이 있어 커플이나 신혼부부에게 인기가 좋다. 이 중 우리나라 여행자가 가장 선호하는 룸타입은 막탄스위트룸Mactan Suite Room으로 가족, 친구, 연인이 오면 좋을 만큼 넉넉한 공간과 아늑한 분위기의 객실이다. 크게 거실과 키친, 침실, 화장실, 욕실이 갖추어져 있으며, 전자렌지, 전기포트, 냉장고, 금고 그리고 미니바, 각종 티, 커피 잔, 유리컵 등이 제공된다. 거실공간은 고급스러운 카펫과 은은한 조명이 안락한 분위기를 연출하고, 별도의 침실에는 푹신한 침대와 화장대, 쇼파, 대형 LCD TV 등이 갖춰져 있다. 침실 안쪽 욕실은 고급스러우면서도 심플한데, 치약&치솔, 빗, 바디로션, 면봉, 헤어캡, 화장솜 등의 어메니티와 샴푸, 컨디셔너, 바디샴푸, 비누, 바디 타월 등이 준비되 있으므로 별도로 준비할 것이 없다.

막탄스위트룸은 오션뷰와 가든뷰가 있는데 하루 종일 앉아만 있어도 행복한 발코니가 있어 오션뷰라면 아름다운 바다와 워터파크 전망을 만끽할 수 있다. 또한 아메리칸스타일의 메뉴와 즉석요리, 각종 신선한 해산물 및 한식 코너까지 운영하는 레스토랑 더아발론뷔페The Abalone에서 아침식사를 해결하기 좋다. 하지만 투숙객이 많은 리조트라 여유롭게 식사를 하고 싶다면 8시 이전에 가는 것이 좋다. 그 밖에도 중식당, 해산물레스토랑, 한식당 마루Maru 등이 있어 리조트 내에서만 보내기에 부족함이 없다. 리조트에서 세부시티 간 무료셔틀버스도 운행되며, 공항까지는 유료지만 미리 예약할 수 있다.

홈페이지 www.jparkisland.co.kr **전화번호/주소** 02-3448-9322(한국), 63-32-494-5000(세부)/M.L Quezon Highway, Bray, Maribago Lapu-Lapu City, Cebu, Philippines **찾아가기** 막탄섬 내에 위치한다. **객실타입** 디럭스룸, 막탄스위트룸, 세부스위트룸, 자쿠지빌라 등 10가지 타입의 객실이 운영된다. **체크인/체크아웃** 14:00/12:00 **귀띔 한마디** 숙박하지 않더라도 데이트립이 가능하다.

세부시티 최적의 위치에 자리한
퀘스트호텔&컨퍼런스센터 세부 Quest Hotel & Conference Center-Cebu

막탄섬 리조트가 비싸서 망설여진다면 세부시티에 위치한 퀘스트호텔을 고려해보자. 호텔 맞은편 도로를 사이에 두고 메트로백화점과 아얄라몰이 있어 쇼핑과 맛집 투어를 한 번에 해결할 수 있는 최적의 위치이다. 퀘스트호텔은 세련된 현대식 건물로 모던하면서도 감각적인 인테리어가 돋보인다. 호텔입구부터 일일이 엑스레이체크를 하는 등 보안이 아주 철저하다.

호텔은 총 18층에 디럭스, 프리미어디럭스, 주니어스위트, 엑세큐티브스위트 4가지 객실타입이 있다. 여행자들이 선호하는 디럭스의 경우 호텔예약사이트를 통해 1박당 최대 3만 원 내외로 예약할 수도 있다. 실내는 고급스러운 카펫이 깔려 있고, 더운 날씨를 잊게 하는 에어컨, 국내 휴대기기를 그대로 사용할 수 있는 콘센트, 와이파이가 제공되며, 벽면 TV, 티백, 전기포트, 미니바, 금고 등의 편의시설이 갖춰져 있다. 샤워부스가 따로 있는 욕실, 타월, 드라이기, 면도기, 헤어캡, 헤어&린스, 바디샴푸, 비누 등이 구비되어 있다.

일부 객실의 경우 차량 소음과 외부 소음이 심한 경우가 있으니 예민하다면 다시 생각해 봐야 한다. 퀘스트호텔 7층 야외수영장은 수심이 1.4미터로 작은 수영장이지만 세부도심에서 수영을 할 수 있어 인기가 좋으며, 오전 7시부터 오후 9시까지 이용가능하다. 막탄섬에 위치한 크림스리조트 Crimson Resort와 같은 계열호텔로서 크림스리조트 데이트립을 여기서 예약할 수 있으며 무료셔틀버스도 운행된다. 더불어 아얄라몰, SM몰 간의 셔틀버스도 운행되므로 이용할 계획이라면 운행스케줄을 미리 체크하자.

홈페이지 www.questhotels.com 전화번호/주소 63-32-4025999/Archbishop Reyes Avenue, Cebu City, Philippines 찾아가기 메트로백화점과 아얄라몰 맞은 편에 위치한다. 객실타입 디럭스, 프리미어디럭스, 주니어스위트, 엑세큐티브스위트 4가지 체크인/체크아웃 15:00/11:00 귀띔 한마디 • 모든 객실이 금연으로 흡연은 1층과 7층 외부에서만 가능하다. • 택시기사에게 쿠에스트호텔이라고 해야 알아듣는 경우가 있다.

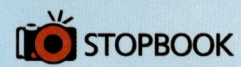

www.stopbook.com

홍대리도 만든 포토북

TOP SECRET! 근무시간
5분 동안 만든 건 특급비밀

여행사진 책으로 만들고 **추억**을 영원히!

스탑북은 전세계 유명 여행지별 디자인을 제공합니다. 온라인 편집기를
이용해 사진만 넣어주세요! 멋진 포토북을 만들어 보내드립니다.